考古学リーダー5

南関東の弥生土器

シンポジウム 南関東の弥生土器 開催記録

シンポジウム 南関東の弥生土器 実行委員会 編

六一書房

Archaeological L & Reader vol.5
Yayoi pottery at South Kantoh district
A record of symposium

Edited by ISHIKAWA Hideshi, ITAMI Tohru,
KUROSAWA Hiroshi and OGURA Jun'ichi
Written by ISHIKAWA Hideshi, KUROSAWA Hiroshi, ITAMI Tohru,
TANIGUCHI Hajime, OGURA Jun'ichi, MATSUMOTO Tamotsu,
TACHIBANA Minoru, KODAMA Hidenari, YOSHIDA Minoru,
HAGINOYA Masahiro, HASHIMOTO Hiroyuki, KAKINUMA Mikio,
TAKAHANA Hiroyuki, SUZUKI Masahiro, OHSHIMA Shin'ichi,
ANDOH Hiromichi and HIDAI Katsuhito
5.25.2005
Published by Rokuichi Shobo

ISHIKAWA  KUROSAWA  ITAMI  TANIGUCHI  OGURA

MATSUMOTO  TACHIBANA  KODAMA  YOSHIDA  HAGINOYA

KAKINUMA  TAKAHANA  OHSHIMA  ANDOH  HIDAI  SHINOHARA

KANOH  SUZUKI T.  KOBAYASHI  ISHIGURO  FUJITA  NAKAJIMA

序 ― ここから始まる ―

　弥生土器研究は南関東で産声を上げた。1884（明治17）年、東京市本郷区弥生町向ヶ岡貝塚で発見された1個の壺形土器が、それまで貝塚で見つかってきた土器（縄文土器）とは異なるとして弥生式土器と命名された。これを報じた蒔田鎗次郎論文（蒔田1896）を再読すると、重要なことは、縄文土器との識別の前に、向ヶ岡貝塚の土器と蒔田が自宅庭で掘り出した土器、さらに伝通院裏で採集された土器が同じ範疇であることが明確な点にある。土器のタイポロジーの原点といってよい。

　向ヶ岡の壺発見以来120年、蒔田報文以来約110年、南関東の弥生土器研究はもちろん飛躍的に前進した。もっともよく知られた南関東の弥生土器型式の体系は、杉原荘介の須和田式―宮ノ台式―久ヶ原式―弥生町式―前野町式（杉原1968など）である。これは『弥生式土器集成』などを通じて全国に知れわたった。しかし、岡本孝之（1974）や滝沢浩（1979）以来、杉原型式群は体系たりえないという批判が相次ぎ、弥生後期については1980年代に激しい議論がたたかわされた。中期はもっぱら須和田式土器に批判が集中した。明治大学に身をおく私としては、じつに激しい嵐と感じられた。

　しかし、1990年代はうってかわって静かな時が流れた。議論がなかった訳ではない。蓄積された大量の資料をもとに各地で着実な分析が進められた。だが、相模地域の成果は広く発信されて受けとめられたものの、それ以外は細部の議論が多いこともあって、周囲からはなかなか見えにくいものとなった。─── こりゃあ、いかん ─── 黒沢浩の思いから、近年の蓄積をコンパクトに整理し、問題点を明示することを目指し、シンポジウムを行ない、まとめたのが本書である。

　本書は決定版ではない。しかし、ここから始めよう、という一冊である。ここから始め、学び、批判し、乗り越えよう、と思うのです。

2005年3月25日
実行委員会を代表して　石川日出志

例　言

　本書は 2003 年 9 月 25・26 日に明治大学（駿河台校舎リバティータワー 1001 教室）において開催した同名のシンポジウムの記録である。

　シンポジウム開催に際し、『予稿集』を作成した（当日用 200 部、後日増刷 100 部＝完売）。本書の第Ⅰ部（予稿集第 1 部）・第Ⅱ部（予稿集第 2 部）はこれをもとにしたものである（全面改稿・一部改稿およびそのまま転載のものがある。挿図は基本的に予稿集・当日配布資料のものを使用しているが、黒沢の第 2 部と当日配布資料は本書第Ⅲ部に関わる部分以外は採録していない）。シンポジウムの内容は第Ⅱ部の演者の発表（ただし鈴木正博氏は欠席のため、レジュメを石川が代読）と、それに伴なう質疑と討議からなる。第Ⅲ部はこの質疑・討議部分のみを文章化したものである。

　テープ起こしは六一書房による粗起こしがあり、それをもとに伊丹が手を加え（復元不能部分については発言者に照会した）、最終的に石川が成稿した。文献の照合は執筆者・小坂の協力のもと伊丹が、索引かわりの引用遺跡一覧表と論攷に付随しない挿図については小倉の協力を得て伊丹が作成した。その上で全体の調整を小迫俊一さんの助力を得て実行委員会で行なった。なお、第Ⅲ部の〔○頁〕は本書での頁数を示し、地の文での頁は予稿集のものを表わす。また適宜文中に註を施した。土器図版について縮尺は統一しておらず、実測図では 1／8～1／18 と様々である。文献・引用遺跡は重要なものを網羅したわけではなく、本書に登場したものに限っている。

当日の日程

25 日（土）
13:00　開会挨拶　石川
13:05　主旨説明　黒沢
13:11　比田井報告
13:45　黒沢報告
14:55　討議　司会：伊丹
16:35　中締め
16:45　懇親会・燦
19:00　懇親会・アミ
22:00　懇親会・三幸園

26 日（日）
10:29　再開宣言　石川
10:30　大島報告
11:25　鈴木報告（石川代読）
11:50　昼食
12:52　安藤報告
13:39　小倉報告
14:25　休憩
14:40　討議　司会：石川
16:57　閉会
17:10　反省会・高田屋

目　次

序　— ここから始まる —　　　　　　　　　　石川日出志　　　1
主旨説明　　　　　　　　　　　　　　　　　　黒沢　浩　　　　5

第Ⅰ部　型式・様式の諸相　　　　　　　　　　　　　　　　　7
　総　論　　　　　　　　　　　　　　　　　　伊丹　徹　　　　9
　1．南関東における古式弥生土器　　　　　　　谷口　肇　　　19
　2．須和田式（平沢式・中里式・池上式）　　　石川日出志　　26
　3．宮ノ台式　　　　　　　　　　　　　　　　小倉　淳一　　33
　4．久ヶ原式　　　　　　　　　　　　　　　　松本　完　　　40
　5．弥生町式と前野町式　　　　　　　　　　　黒沢　浩　　　49
　6．相模地方の後期弥生土器　　　　　　　　　立花　実　　　56
　コラム1．佐野原式・足洗式　　　　　　　　　小玉　秀成　　66
　コラム2．北島式・御新田式　　　　　　　　　吉田　稔　　　70
　コラム3．有東式・白岩式　　　　　　　　　　萩野谷正宏　　74
　コラム4．朝光寺原式　　　　　　　　　　　　橋本　裕行　　78
　コラム5．「岩鼻式」・吉ヶ谷式　　　　　　　　柿沼　幹夫　　82
　コラム6．臼井南式　　　　　　　　　　　　　高花　宏行　　86

第Ⅱ部　シンポジウム「南関東の弥生土器」　　　　　　　　91
　テーマ1．宮ノ台式の成立
　　報告（1）　　　　　　　　　　　　　　　　鈴木　正博　　93
　　報告（2）　　　　　　　　　　　　　　　　大島　慎一　100
　テーマ2．宮ノ台式の地域差と周辺
　　報告（1）　　　　　　　　　　　　　　　　安藤　広道　107
　　報告（2）　　　　　　　　　　　　　　　　小倉　淳一　116
　テーマ3．後期土器の地域性　— 久ヶ原式・弥生町式の今日 —
　　報告（1）　　　　　　　　　　　　　　　　比田井克仁　125
　　報告（2）　　　　　　　　　　　　　　　　黒沢　浩　　135

第Ⅲ部　シンポジウム討議記録　　　　　　　　　　　　　147
　第1日　後期について　　　　　　　司会：伊丹　徹　　　149
　第2日　中期について　　　　　　　司会：石川日出志　　172

　引用遺跡一覧表　　　　　　　　　　　　　　　　　　　204
　文　献　　　　　　　　　　　　　　　　　　　　　　　212

跋　— 四半世紀 —　　　　　　　　　　　　　伊丹　徹　　239

関係者名簿

● 執筆者 ●
安藤広道	慶應義塾大学文学部
石川日出志	明治大学文学部
伊丹　徹	かながわ考古学財団
大島慎一	小田原市教育委員会
小倉淳一	法政大学文学部
柿沼幹夫	埼玉県立博物館
黒沢　浩	南山大学人文学部
小玉秀成	玉里村教育委員会
鈴木正博	早稲田大学先史考古学研究所
高花宏行	白井市教育委員会
立花　実	伊勢原市教育委員会
谷口　肇	神奈川県教育委員会
萩野谷正宏	静岡市教育委員会
橋本裕行	奈良県立橿原考古学研究所
比田井克仁	中野区立歴史民俗資料館
松本　完	本庄市教育委員会
吉田　稔	埼玉県埋蔵文化財調査事業団

● 発言者・質問者（上記以外）●
石黒立人	愛知県埋蔵文化財センター
加納俊介	愛知大学
小林青樹	國學院大學栃木短期大學
澤田大多郎	日本大学
篠原和大	静岡大学人文学部
杉山浩平	東京大学文学部
鈴木敏弘	
中嶋郁夫	静岡県埋蔵文化財調査研究所
藤田典夫	とちぎ生涯学習文化財団埋蔵文化財センター

● 会場係 ●
品川欣也	明治大学文学部
小坂延仁	明治大学大学院生
植木雅博	明治大学大学院生
五十嵐祐介	明治大学学生
大坂　拓	明治大学学生
桜井はるえ	明治大学学生
佐藤亮介	明治大学学生
松林秀和	明治大学学生
中根康裕	明治大学学生

● 実行委員 ●
石川・伊丹・黒沢・小倉
八木環一　六一書房
磯山　晃　六一書房

● 予稿集編集 ●
石川・小坂

（所属はシンポジウム開催時のもの）

参考　1997年 弥生土器シンポジウム「南関東の弥生土器」のプログラム

11月15日（土）
挨拶	石川日出志
趣旨説明	黒沢　浩
御新田式土器をめぐって	石川日出志
コメント	藤田典夫・書上元博
大里東式土器をめぐって	黒沢　浩
コメント	安藤広道・小倉淳一
岩鼻式と吉ヶ谷式土器	柿沼幹夫
コメント	佐藤康二・若狭　徹

11月16日（日）
久ヶ原式・弥生町式土器について	松本　完
コメント	笹森紀己子・篠原和大・西川修一
臼井南式土器について	深谷　昇
コメント	飯塚博和
朝光寺原式土器について	渡辺　務
コメント	安藤広道・浜田晋介
シンポジウム　南関東の弥生土器	
	司会：伊丹　徹

主旨説明

黒沢 浩

　今からもう7年も前になる。明治大学考古学博物館で『南関東の弥生土器』と題した特別展を開催し、一部のマニアを含めて好評を博した。その折に、関連するイベントとして、同じタイトルでシンポジウム[1]を開催し、熱い議論を交わしたことは今でも思い出として残っている。

　そのときの議論の記録を本にしないか、とのお誘いは当時からもあったのだが、主催者側の怠慢により今日まで実現しないまま来てしまった。

　時を経て、2003年の暮れ近い頃だったと思う。六一書房の八木さんから、7年前のシンポジウムの記録を本にすることをあきらめてはいない、是非出したい、という熱いお申し入れをいただいた。この八木さんの申し入れを受けて、明治大学において石川と黒沢で相談したというのが事の発端である。

　石川・黒沢両名で一致した意見としては、すでに7年の時間が経ち、以前のシンポジウムの内容をそのまま出すことはできない、ということであった。また、前回の特別展の際に、国立歴史民俗博物館の設楽博己さん（現駒澤大学）、芦屋市教育委員会の森岡秀人さんなど何人かの方から、図録を出してほしいとの要望もあったが、それにお応えできなかったことも残念に思っていた。特に森岡さんからは、関東の研究状況が分かるような本がない、そういうのを是非作ってくれないか、との要望をいただき、ずっと心の片隅で蟠っていた。

　そんな風にいろいろと考えた挙句、石川よりもう一回シンポジウムをやろう、との提案が出された。そうなると話は早い。まず、明治大学考古学研究室・博物館の主催ではなく、オープンな立場で実施するために、実行委員会を立ち上げることになった。そのときにお願いしたのがかながわ考古学財団の伊丹徹さん、そして横浜市歴史博物館の小倉淳一さん（現法政大学）のお二人であった。石川・黒沢・伊丹・小倉の4名に六一書房の八木さん・磯山さんを加えた6名で最初の実行委員会を開催することになった[2]。

　その中でシンポジウム・本の両方の企画として考えられたのは、一つには南関東の弥生土器に関する教科書的な内容、そしてもう一つは今、この地域では弥生土器をめぐってどのようなことが問題となっているのかを明らかにする、という2本立ての構成である。前者についてはこの地域の弥生土器の型式名（様式名）

を取り上げ、学史を中心にした解説を加えるものにすることになった。また、後者では中期後半の宮ノ台式と後期中頃に焦点をあてて、議論するという方針が固まった。宮ノ台式についてはその成立の問題と地域性の問題を、後期については黒沢が提唱した「二ツ池式」の評価をめぐる議論である。

　テーマが決まれば、発表者もおのずと決まってくる。それぞれの問題についてできるだけ対立する意見をぶつけ合うことを基本として人選がなされた。

　シンポジウムは2004年9月25日・26日の2日間（実質1日半）にわたって行なわれた。当初の予定が、一部発表者の都合により変更することもあったが、このように土器だけを扱うマニアックなシンポジウムが久しぶりということもあって、当日はわれわれの予想をはるかに超えた人たちが参加してくれた。

　私は、仕事の都合により26日は不参加となったが、25日の「二ツ池式」をめぐる議論は大変楽しく過ごさせていただいた。特に、私の不用意な「様式論」不要発言はけっこう物議をかもし、あとの懇親会あるいはその後の二次会・三次会でも話題となり、あるいは火種としてくすぶり続けていたようだ。

　今回、本としてまとめるにあたって、当日の記録を読み直してみると、そのときは大変楽しかったのだが、実は私自身が集中砲火を浴びていることが判明し、少し驚いた。しかし、違う意見があってこその学問研究なのであって、それこそが健全な姿であろうと自分に言い聞かせている。

　言うまでもないことだが、こういう討議の場では自分の信じるものだけが全てである。たとえそれが他人と違っていても、違っていることを恐れてはいけない。むしろ、自分の理解とは違う考え方に、雰囲気に流されて迎合してしまうことの方が恥ずかしいであろう。

　おそらくこの2日間の記録には、そうした異なる意見のぶつかり合いが生々しく残されているに違いない。そのような研究者の生き様（それほど大げさではないが）みたいなものを感じていただければ、このシンポジウムは成功であるといえるだろう。

1：1997年11月15・16日　明治大学大学院南講堂（跡地は明治大学博物館も入っているアカデミーコモン）　主催　弥生土器を語る会・埼玉土器観の会　協力　明治大学考古学博物館
2：2003年12月22日　明治大学考古学博物館会議室

第Ⅰ部　型式・様式の諸相

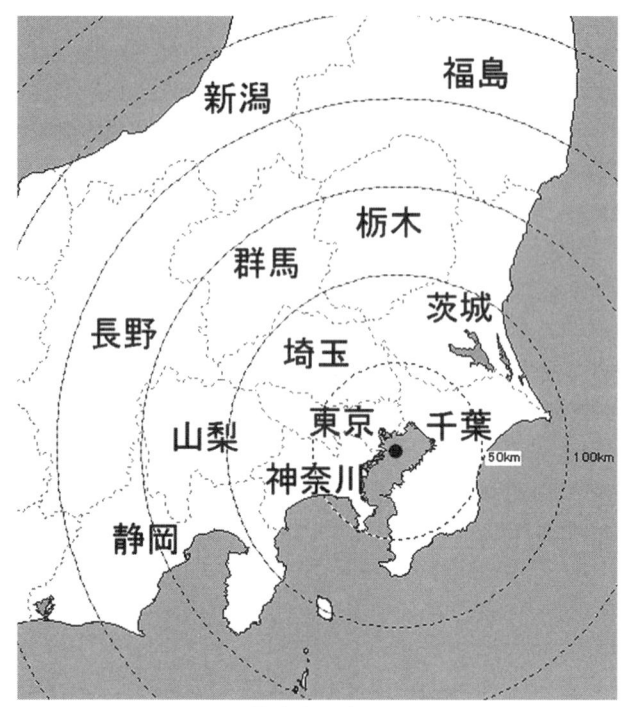

関東分県地図

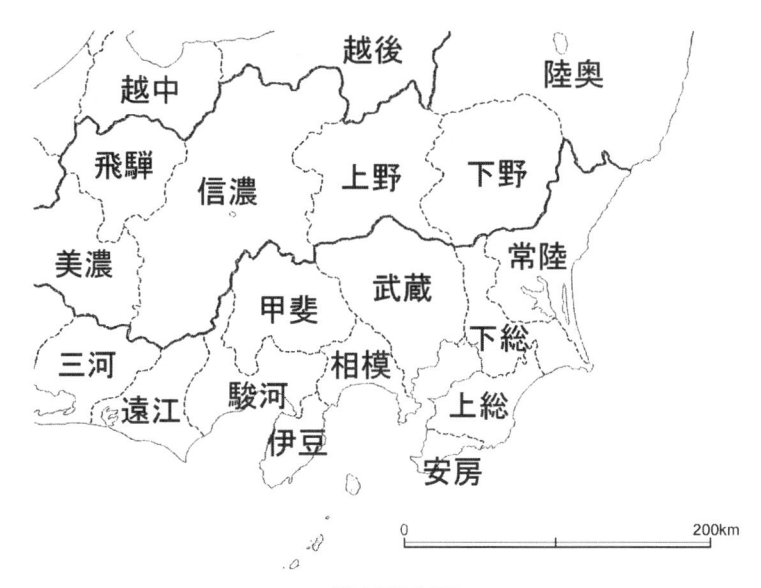

関東旧国地図

総論

伊丹　徹

南関東

　関が鈴鹿・不破・愛発(あらち)や逢坂から足柄に東遷し、関八州が一都六県に定着したのは遠い昔のことでない。地域名の成立はそれぞれ様々な事情があり、「関東」も「東北」や「東海」などとはいささかその過程が異なる（伊丹 2002b）。関東が示す範囲は徐々に縮小し、現在の用例が一番狭い。ただし、自然環境・言語など列島の他地域と明瞭に画される差違はとりたててない。その中でも埼玉県南部・千葉県・東京都・神奈川県が概ね南関東と呼ばれている。このような範囲に合致する土器型式が一体どれだけあるのだろうか。遺跡が面的に分布するわけではなく、それはあくまで点の濃淡でしか表わすことはできない。そしてその点の色・形や大きさ、継続性は必ずしも同じではない。宮ノ台式と一括される土器がある時期この地域を席巻した。今回の南関東を主戦場にしたシンポジウムが、宮ノ台式土器の成立と展開を軸に進められたのはこのような事情がある。

弥生時代

　南関東の弥生土器という限定された話題に入る前に、もう少し大きな枠組みについて触れておきたい。言うまでもなく土器自体は時代に制約されたものではない。しかしここで弥生土器と謳っている以上、「弥生時代」を顧みないわけにはゆかない。「弥生式土器の時代＝弥生時代」から「食糧生産社会の開始＝弥生時代の開始、弥生時代の土器＝弥生土器」へと枠組み変換が提示されたのは 1975 年であり、この考えが普及して類書から「弥生式土器」が消え「弥生土器」に置き換わるまでほぼ 10 年を要した。この転換についてここでは追慕の念を込めて「佐原テーゼ」と呼びたい。

> **弥生時代は「日本で食糧生産を基礎とする生活が開始された時代」**（佐原1975）、
> **弥生時代は「日本で食糧生産に基礎をおく生活が始まってから、前方後円墳が出現するまでの時代」**（佐原・金関 1975）。

　注意しなければならないのは、これによって従前の「弥生式土器」と「弥生土器」に重ならない部分が出てきたことである。東日本の一部で、そして西日本の多くで早期もしくは先Ⅰ期とされるものである。佐原テーゼによる弥生時代の土器を「弥生土器」、それ以前のものを「弥生式土器」と呼び分けておく。この佐原テーゼに「縄紋 vs. 弥生」という図式で真っ向から意見したのが岡本孝之であった（岡本 1990b ほか）。この見解はそのまま受け入れられたとは言い難いが、岡本

の意図に反していくつもの弥生文化があるという形で逆に佐原テーゼに組み込まれた観がある。しかしテーゼを遵守し、ある時代は開始の時点でその文化の及ぶ範囲すべてを飲み込むものとすれば、つまり早期を認めれば安行3d式や大洞C₂式、また早期を認めず前期からとしても千網式・女鳥羽川式や氷Ⅰ式そして大洞A・A'式が弥生土器ということになるのではなかろうか。しかし謎めいたことに、そこまで断じることは未だに禁忌のようである。「土器は土器から」の伝に従えば、壺の出現・定着こそ弥生時代であり、境木や沖Ⅱ式、砂沢式をもって各地の弥生土器の成立としているのが実情である（武末・石川2003）。時代を画するものが、様々な事象の出現または定着なのか、単一属性で見たほうがよいのか議論されているところである（武末1991ほか）。見解の相違はあっても、果たしてその齟齬となる時間幅が早期という長大な時間を有するものなのか疑問は残る（特にAMS法で提示された年代によれば早期はこれまで考えられていた以上に悠久な期間となる）。地域ごとの跛行性こそ弥生時代の大きな特徴として積極的に評価してゆくべきであろう。

　弥生時代の終末にしても、古墳の成立以前ということでは一致してはいても、最古の定型化した古墳についての見解が分かれているのが現状である。弥生早期の設定にあたり縄紋研究者から異論が続出したという経緯がある。古墳早期の主張には土器の変化も重要な要素として言及されているものの、弥生研究者が好意を抱いているようにはみえない。古墳の出現が古墳時代の開始、つまり弥生時代の終焉と一致するのだろうか。古墳時代前期と発生期古墳・出現期古墳などと呼ばれる古墳および弥生墳丘墓との関係も明瞭とは言い難い。弥生土器がどこから土師器と呼ばれるようになるかについても定見があるとは言えない。つまり弥生土器の範囲—始まりと終わり—は南関東においても不明確で、加えて前・中・後期と大別されている範囲も他地域と整合しているわけではないのである（石川2002）。

　「弥生土器」の最初と最後だけではなく、弥生時代そのものの有効性も議論の俎上に上っている（森岡2003a・04、伊丹2001a）。弥生時代と食糧生産時代・農耕社会、弥生式土器と弥生土器はそれぞれ同じではないことを認識し、東アジア規模で土器の出現前後から古代国家成立あたりまでを視野に入れ、豊かな地域色を盛り込んだ時代の再設定を夢想すべき時点に来ているのは間違いない。更に言うなら、国家とか生産形態・消費形態が時代を区切る指標となるのか、旧石器・縄紋・弥生・古墳時代でいう「時代」とは何なのか自問し続けねばならない（森岡2003b）。「時代」は何でも入る巨大なズタ袋ではなく、突拍子もない形のものは入りにくいスーツケースなのである。南関東といえども、一くくりにできない豊か

な地域色を有する点から、この問題を等閑視してはならない。

型式の周辺

　型式学的研究法・層位学的研究法・一括遺物という概念は遺物を取扱う際のいろはでありＸＹＺでもある。しかし理論がはじめからあったわけではなく、発見・調査によって識別できた事象の説明のために創出されたものであることは言を俟たない。認識の変化に従い理論は変わりうる性質をもつ（論理は変わってはいけない）。そして何に着眼し、何を解説したいかによって理論の言説は異なるものである。繰り返せば、私たちの眼前にあるのは事物としての土器である。それらから先後関係を探るのにはこれまでの研究の蓄積によるところが多い。古い・少ない資料から導き出された理論は常に再吟味されるべき宿命をもつ。これは不変であるべき原典とはなりえないのである。今とりあえずのルール—器種・器類とかの呼び分けなど—作りを優先させるべきと考えればよい。そしてこのルールは各自が決めればよいのであり、作ってもらうものではない。賛同を得られたものが生き残るだけである。今ルールが守られていないと言うならば、それは守るに値しないルールなのか、ルールを理解できない莫迦者だらけということに他ならない。原理主義（ルールの厳格な適用主義者）は己に課すべきもので、他者に強要することではない。ただし、現実不適合のものはたとえ原理主義を標榜しようが理論ではない。理論にモノを合わせるに至っては本末転倒である。

　型式学的研究法・型式論・様式論・型式・様式など土器の時・空間分析に関わる用語は多々あるが、本来土器に限定されるものではない。全ての遺構や遺物に適応する概念である。そして型式論・様式論・タイムスケールは目的によって使い分けられる性質のものであり、唯一絶対の存在があるわけではない。真理は人の数だけあってもよいという立場を堅持したい。無目的に論述された論攷はありえないというやや怪しい前提に立てば、二律背反に陥らない限り使えるものは使いまわすべきと考える。例えば比田井のいう「様式」は弥生土器研究で通有な「様式」よりも更に範囲の広いもので、大様式とも同じではない（比田井 2002・予稿集）。これを従前の様式ではないからという理由のみで拒絶するのは、あまりに了見が狭い。

　縄紋土器には無効で弥生土器にのみ有効な型式学的研究法があるのならば、それは佐原の言う縄紋土器と弥生土器を分別する証となり、画期的な創見といえよう。ないのならば弥生時代の 10 倍以上もの時間幅を有する縄紋土器の型式学的研究をはじめ土師器・須恵器などの研究にも範を求めるべきである。異国では型式の有効性も議論されたことがあるというが（林 1990ab・91）、ここでは思慮分

別なく型式は有効であるという前提に立つ。

　山内清男による縄紋土器研究に関する諸論攷は、風聞によれば一部で行間はおろか字間にいたるまで聖典として扱われているようである。そこまで入れ込まずともその真髄は紋様帯系統論にあることは見当がつく（山内 1964 ほか）。これについては様々な解説があるが（今村 1985 など）、この手法を奇矯化ではなく純化・特化して実践しているものが鈴木正博の採る方法と考える。胎土・器形・調整などの諸属性よりも紋様帯分析を最上位に据える視点であり、紋様帯の新生・分裂・多帯化等の歴史を追究することから縄紋土器の型式学的系統を把握することを本分とするのであろう（山内 1964）。未完の紋様帯系統論であるが、センスのない人間には到底理解不能な紋様帯系統論であるが、縄紋土器研究においては文様構成／Design System・文様・文様要素／文様配置／方位形態文様／文様の配置とその原理・単位文／文様配置の関係性・文様の分割・分帯構造／文様帯・単位文様・文様素などの分析視角を誘発したものの（安孫子 1969、鈴木公 1970・82、稲田 1972、谷井 1979、鈴木敏昭 1983、関根 1983）、系統というきわめて長期にわたるということを前面に打ち出して論じられることはあまりなかった（鈴木公 1982、関根 1983）。

例題
　自問　ここに 10,000 個の土器があります。この中から順番の決められそうな 100 個の土器を抽出して 1 から 100 までの番号を与える営みと、先後関係を推定できそうな 900 個を古・中・新の 300 づつに（100・500・300 でも全く構わないが）分ける行為とに優劣をつけることに意味はありますか。
　自答　ない
　理由　どちらにも相応の評価が与えられてしかるべきであろう。方法に正当性など求める方がおかしいのであり、一つの方法で全てを説明できるなどと考えるのは思い上がりである。唯一無二の方法は、己の設定した枠の中だけで通じるということは自覚したい。

認知考古学
　認識人類学というものが産声を上げて半世紀、日本で大衆に認知されて 20 年が過ぎようとしている。この主要な柱に民俗分類がある。これは植物の部位、親族呼称や虹の色名など集団固有の認識体系における分類体系のことである（合田 1982、松井 1983・91・94、福井 1984・91 など）。集団も国家や民族といったレベルからもっと小さいものや、性別・階層・年齢によっても差異がある。「考古学」

を冠するものでは、環境考古学・先史考古学・動物考古学・日本考古学・水中考古学・戦跡考古学・宇宙考古学といった考古学総体から適宜抜き出した脈絡がなくても分かりやすそうな認識方法があるが、これも民俗分類の一例となる。土器についても多くの先行研究がある（ゴスレンほか1997、西田2002など）。

　南関東の弥生土器を研究する者たちの器種に関する語彙は壺・甕・鉢が主で、高坏は地域的に偏在するものであり、縄紋草創期にみられる深鉢のみという状況に次いで少ない。しかしこれらの土器の使用時には用途に応じた様々な呼称があったことは間違いない。私たちはエティック（外からの観察・分析）の立場でしか土器と相対することができない。遡っても平安時代までである（三宅1894・97abなど）。用語は自説を開陳しやすくするために作られたものであり、他人に理解してもらうためというのは二義的なものであるようだ。それはよしとしよう。従ってたまたま同じ用語でも内容に差異が生じるのは当然であるし、第三者が様々な理解をしてしまうのは造語者にとっては無関係なことかもしれない。この点で私たちは相互にエミックとエミック（当事者の意識）の関係に陥るのである。

　※　認識人類学は認識作用についての人類学的研究でもなければ、認識論的人類学でもなく、文化を一つの知識体系とみなし、文化をその内側から記載することであるという（松井1983:pp.308-9）

　少し本題から外れたが、認知科学という言葉もここ10年耳にする機会が多くなった（稲垣ほか2002、道又ほか2003など）。そして考古学に革命をおこす勢いで「認知考古学」が創出された（松本ほか2003）。そこでは型式学至上主義者に配慮しつつも、型式学を超えてしまおうという火傷をするほど熱い意気込みが表明される（中園2003）。方法論に万能のものなどありえないし、その主旨は型式学の限界を表わしているわけではない。認知考古学で型式学の一部について説明可能な部分があることを示していると捉えたい。「心の連続性に注目することで、より適切な説明ができる可能性があ」っても、どのような担保があるのか不明であり、型式学と同じように根にあるのは"同じに見える""似ている"という点であることに変わりない。私たちは型式学の限界にまではとうてい至っていない。認識考古学では型式が何に根ざすかということも研究対象であり、それはそれで結構なことだと思う。型式学を超えるものがあろうがなかろうが、型式という呪符で土器塚の山を崩していくのが今のところ最良の方法であると考える。型式学を超えるものを使って土器の先後関係がより一層細かく分かるならよいのだが、おそらくこれとは視線の違う議論なのだろう。デュルケムやモースを祖とするフランス社会学を源流としつつも、石器研究における動作連鎖（シェーンオペラトワール）と土器研究におけるハビトゥス・モーターハビットへの対照的な受容状況があるという現実は、これ

らの概念がいかに異なった伝播変異現象を生じさせたのか興味深いことである。今でこそハビトゥスと呼ばれるようになった視点で弥生土器を追って全国を廻ったのが今は逼塞中の宇賀神誠司である。土器製作における動作連鎖まで考えが及ばなければあのような実測図は描けない。型式学的研究法の限界に気づいたときに認識人類学と認知科学について充分な予習をしてから認知考古学に挑んでも遅くはないと考える。

同時性

　土器製作場や焼成遺構の検出以外で製作の同時性はつかめない。罹災住居に遺された遺物から使用の同時性を一部うかがい知れるものの、一括遺物は埋納および廃棄・遺棄の産物であることを忘れてはならない。土器の型式学的研究については詳細な回顧があり（小杉1995、大塚1997、設楽1997、犬木1997、武末・石川2003）、ここでは言い古されたことを確認しておく。土器のもつ数多の属性の中から経年変化しやすいものを抽出することから型式学的研究は始まるが、特定器種の紋様および紋様帯を軸に製作の先後関係を類推するものである。これを確かめるのは出土層序が明らかな資料や重複遺構から埋没・廃棄の同時性を示唆する一括遺物によってである。器種の組合せも廃棄の同時性から導き出されるもので、型式組列とは次元の違うものである。また遺構内の一括性をもとに主要紋様等の漸移的変化を読取り、遺構の重複関係を鍵に土器の先後関係の目安としたものがタイムスケールと呼ばれている（安藤1990）。これは検証の道具で仮説を提示するものだが、一定の地域内では有効に機能する。そして型式組列を編むにあたり見当をつけるための作業として水面下で行なわれるものでもある。

　無紋化が顕著な時期や紋様が施されない土器には形態や調整方法に依拠して型式組列が編まれる。ここでの留意点は他地域からの製作技法の受容であり、突発的な変化や折衷に比べ変容・融合は分かりにくいことである（立花2001a）。山内型式学は型式学的研究法の中で有紋精製土器に特化した研究法の側面が強い。土器製作から土器生産へと転換した、土器のもつ社会的意味が低下した社会ではこの方法では律しきれない部分が少なからずあるが、関東にあっては古墳時代の初頭まで有効射程距離に収まる。これは鈴木正博の一連の仕事からも明らかである。

　各土器型式は交差年代決定法により広域での略同時性が付与され、広域編年網に纏められてゆくが、それぞれの型式は等質ではない。これは異系統の土器をどう取扱うかという問題にもつながるが、丸ごと包み込んでしまう包容力溢れる様式に含めるのではなく、搬入もしくは模倣された○○式土器という認識でよい。ただし、一方通行では「交差」年代が決定できないことに留意せねばならない

(武末 2003)。

型式の周縁

　土器のもつ社会的位置付けは時代によっても変わるが、当時の人々の意識だけでなく、別の意味で使っている私たちにとっての位置付けも異なる。これは個人の嗜好という意味ではない。破片考古学というと言葉は悪いが、遺物量に起因する問題で、南関東では前・中期では破片も重用し、後期では完形土器の多さと文様の少なさから形態・調整に重きを置いている。

　粗いとされる様式論だが、そして関西弁のため東日本には馴染みにくいとされる様式論だが、分けることはさらに分けるためだけにあるのではない。くくるために分けるということもある。発掘現場で大別層と細別層を意識しないで分層することはありえない。様式論での分け方に幅がありすぎるといわれるが、幅があるからこそ様式論ともいえる。引算は様式論にしかできない芸当といったら言い過ぎか。型式は引算が可能となった時点で複数の型式に分けられるのだから。小さな差異に根ざした型式と、ドラスティックな変化を指標とする様式という切口で分けるのも一案である。プロのための型式と莫迦のための様式では身も蓋もない。

　土器の地域的・年代的差異は、当時の人々の土器への対処の違いの現れである。土器様相の劇的な変化は、時には集団の交代か時期的空白かの判断を迫る反面、前後差を明白にする。一方、微細な変化は集団の継続性を担保するであろうが、その変遷を辿るのに一考を要する。つまり編年をたてやすい地域とやりにくい地域があるということは、資料および研究者の偏在というバイアスを差し引いても明白である。

型式の縁辺

　生物学は言語学と並んで型式学的研究法に多くの示唆を与えてくれた。借用というより剽窃そのものと言った方がよいかもしれない（心理学を物理学や化学・数学等と同じような科学だと認知する者は少なく、極一部の者のみが取り入っているだけで、こちらからの影響は薄い）。しかし生物学における分類学と系統学はどうも一体のものではなさそうで、考古学者の関心は余りに前者に偏りすぎている。後者にも様々な流派があるが「歴史」を強く意識していることが共通するようである。中には"歴史書"と見間違えるほどのものまである（三中 1997）。この三中信宏は系統樹作成に分類は不要だとまで言い切る。また相同の反義語は同形性であり、相似は同形性の一部であると指摘する。山内が土器研究と形態学、型式学と比較解剖学を対比したことを思い浮かべたい（山内 1964）。最初からエレガントな

解法でスラスラと問題を解けるに越したことはないが、鶴亀算や代入法などどんなやり方でも一旦解答やその近似値を出してからスマートな説明を考えても遅くはない。型式学的研究法の背景に分類学の成果を認めるのはやぶさかではないが、あくまでも考え方の借用にとどめないと足元をすくわれる。上手な分類が確かな編年に直結するわけではなく（これはまぐれ当たりを除いて絶対ありえまい）、確からしい編年から綺麗な分類に還元できる謂れもないのだから（ただしこちらはまだ脈があり、私たちはこちらを志向すべきである）。分類はいらない、結果がほしい！

課題

　土器研究には多くの課題や未開拓の分野が残されている。土器の製作と流通もその一つである。粘土の採掘から焼成に至る過程は解明されていない点が多々ある。細密条痕とハケの原体の相違は鉄器の普及とも関わる問題なのか、弥生社会における土器の占める位置・役割が弥生時代の初期と末期でどう異なっているかといったことも生産・流通と密接に絡む事項である（伊丹 2002a$_2$）。土器の移動は胎土の鉱物学的分析だけでなく、製作技法からも追うことができる。認知考古学はこの点で多くのことを教えてくれるであろう。

圏域　後期の土器は宮ノ台式に比べて著しく分布域が狭い。宮ノ台式の分布は 100×130km もあり、有東式まで含めるとさらに 80km 広がり、縄紋土器並の 210km という長大なものである。川西宏幸はペトリーやレンフルーを引きつつ 40km 圏について再考し、日本の事例として 30〜40km 圏となる十王台式・上稲吉式を掲げた（川西 2000）。氏はこの圏域について、レンフルーがティーセンの多角形（ポリゴン）を利用し「初期国家モデル」の領域の平均値が 40km であるとしたことに鑑み、トリッガーの「領土国家」に通じることを指摘する。またこの 40km 圏は旅程一二日のヒューマン・サイズの交流圏であるという。南関東でみてみると久ヶ原式は 60×80km とやや広いもののその中央部は 30×60km の東京湾が占めている。臼井南式は 20×30km、吉ヶ谷式は径 25km、朝光寺原式に至っては 10×20km、相模においては相模川流域と花水川流域は合わせても径 25km、足柄平野を加えても東西は 40km には届かない。また、川西はレンフルーの減少曲線 200km 圏についても「都市国家」という観点を提示し、この距離が情報が正確に伝わりモノが頻繁に動く限度ではないかということを多くの事例から言及した。土器型式、そしてその細分型式における分布域の伸張・縮小や重なり合いや点としての貫入状況の詳細な把握は今後の課題でもあるが、このような視点からの分析も重要である。ちなみに向ヶ岡弥生町遺跡を中心にした 200km 圏は、水戸や宇都宮・高崎の少し手前から富士五湖をほぼ含み神奈川・静岡県境を通るが、羽田沖を中心とした 150km 圏は成田・

つくば・東松山・青梅・小田原を通り南関東にほぼ相当する。

法量　関東では土器の法量について検討例が少なく、第1表の事例を代表とするには注意が必要である。小地域・時期だけでなく遺構や施紋・調整の違いなどでも異なっており、一概に言えない面がある。また単に何リットル以上を中形とか大形とか言ってはいけないことは自覚したい。なぜならこれらの法量は正規分布をとらないからであり（とるのであれば単一の大きさの指向しかないことになる）、そこから真の分布、例えば隠れた三つの正規分布の重なりがあることが証明されて初めて大中小の区別がつけられるのである。

	壺	有紋	無紋	住居	墳墓	相模	武蔵	鉢	住居	墳墓	相模	武蔵
Ⅳ	3.2	3.8	2.7	3.7	5.1	2.9	4.1	1.1	1.2	0.5	1.2	0.6
Ⅴ	4.9	7.9	3.9	4.2	6.9	5.1	3.2	1.3	1.4	0.5	1.4	0.5
Ⅵ	3.0	4.9	2.8	2.5	5.7	3.1	2.5	0.5	0.5	0.3	0.6	0.3
Av.	3.7			3.4	6.2			0.9	0.9	0.5		

Ⅳ：中期後葉　Ⅴ：後期　Ⅵ：庄内並行

	甕	平底	台付	ナデ	ハケ	住居	墳墓	相模	武蔵	相模	朝光寺原	東京湾岸
Ⅳ	4.7	4.9	3.0	4.2	4.8	4.2	7.5	5.1	3.9			
Ⅴ	3.3	3.0	3.5	3.0	3.5	3.5	2.9	3.5	2.3	4.6	2.5	3.3
Ⅵ	3.7	2.4	4.3	3.3	4.1	3.7	2.1	4.0	3.2			
Av.	3.9					3.8	5.8					

単位：リットル

第1表　神奈川県における弥生土器の法量（弥生時代研究プロジェクトチーム 1996・97）

原体　それまで瓜の茎とされていた偽縄紋・回転紋（小林1977、山内1979）の正体がオオバコやカナムグラであることがつきとめられたのは1980年代中頃である（大沼1986、須藤ほか1984）。条痕についてはまだ謎が多いが（伊丹2002a$_2$）、細密条痕については谷口肇が「松葉」という蓋然性の高い答えを用意した（谷口2004）。

土器学　土器に関する総合的研究である土器学創生の機運は盛り上がっているとは言えない。佐原眞や西田泰民らの労作があるものの（佐原1970～82、西田1986～89）、製作技法の究明や胎土分析についての研究蓄積をもってしても、土器移動の背景についてはこれからであろう（伊丹2001b）。

取るに足りぬことながら　南関東から始まった…
　「弥生式土器」は南関東（向ヶ岡弥生町）で産声をあげたこと（坪井1889・蒔田1896）、後続して報告された弥生式土器は関東の例が多かったこと（道灌山遺跡・南加瀬貝塚）、それらを元に弥生式土器が三期に分けられたこと（八木1908）、東北での山内清男の提言により弥生時代が農耕の時代であることを発信したのが久ヶ原遺跡であったこと（山内1925・37、中根1927ほか、片倉1931、森本1933・34ほか）等々、南関東が他の多くの地域とともに弥生時代研究に果たした役割は少なくない。これは研究者の多くがこの地に集まっていた（時代的制約でその多くは石器時代＝縄紋時代や古墳の研究者であったが）余禄とばかりは言えまい。だからといって肩に力を入れる必要もない。ただし、弥生土器1号D0.6990を土師器と認定する方々は、是非「弥生時代」にかわる適切な呼称を提示していただきたいと考える。

おわりに
　今後、弥生時代研究は2003年のＡＭＳ法により再燃した実年代論争を契機に新たな展開を見せてくれることであろう。少なくとも土器研究の進展がこの問題に寄与するのは確実である。土器編年の根拠について、現状で確かなのはどの程度なのか、そして地域・時期によって或いは地域・時期を通じてどのような大きな課題が横たわっているのかは各論を見れば一目瞭然であろう。しかし、その立論の根底には実際に土器に触れ、熱い眼差しを注いだ著者達の思い入れがあることは憶えておいていただきたい。私たちは同じ思いに駆られる同学の士の毀誉褒貶を受け、明日をも知れない命をこれからも削ってゆくことは、間違いない。

1. 南関東における古式弥生土器

谷口 肇

　筆者の担当は縄紋晩期終末直後から弥生中期前葉までの段階、いわゆる「平沢式」成立以前までだが、実質的にかなり長期の時間幅を有し、また多様な土器様相を示すこともあり、特に個別型式名称では代表できないので、ここでは仮に「南関東における古式弥生土器」と表記させていただく。

　そのような古式弥生土器そのものの南関東地方における認識は学史的には、やはり戦前の山内清男氏による横浜市保土ヶ谷区境木遺跡出土土器の紹介を嚆矢とする（山内 1940）。ここで山内氏は「恐らく縄紋式終末、又は弥生式初期に属すると思われる」と慎重に記述されている。

　戦前から戦後しばらくの間、関東地方の弥生文化の成立に関わる議論をリードしたのは杉原荘介氏であったが、南関東最古段階の弥生土器に比定した「須和田式」の位置付けを中期中葉として、「荘介段」と評される傾斜編年表（杉原 1955）を完成させてしまうと、当然ながら東日本各地の各地域の縄紋時代終末土器との関連は不鮮明なものになった。

　そのような状況の中で、南関東地方において、吉田格氏や栗原文蔵氏がそれぞれ神奈川県大井町中屋敷遺跡、埼玉県岡部町四十坂遺跡出土資料の紹介（吉田 1958、栗原 1960）の中で、「弥生文化初頭」（吉田氏）、「初期弥生文化」（栗原氏）という表現を採用されたのは、「須和田」以前の段階であることを意識した考え方の先駆をなすものとして注目される。続いて神沢勇一氏が中期前葉「丸子式」並行に比定される相模西部における「須和田以前」の土器型式として「堂山式」（神沢 1959a・62）および「三ヶ木式」（神沢 1960・63）を具体的な資料に基づいて設定したのは、当然の作業であったが、杉原氏は当時存在が明確化した晩期終末「荒海式」（西村 1961 ほか）との関わりで「須和田式」を再び中期前葉に遡らせること（杉原 1964・67a）で、結果的に「須和田以前」の南関東古式弥生土器型式設定作業を無効化させてしまう。したがって、その後の東京都新島田原遺跡出土土器（杉原・大塚・小林 1967）等の分析においても、土器編年研究の材料としての積極的な活用には至らなかった。

　こうして、南関東古式弥生土器をめぐる議論は一旦沈静化するが、「須和田式」が中期中葉に編年されることは研究者間では了解されていたらしい（長野県考古学会 1968、中村 1972、柿沼 1976）。いずれにしても関東中期初頭弥生開始論に則った議論がしばらく続くことになる。

　そのような落ち着いた状況は、中村五郎氏による関東〜東北南部における「野沢

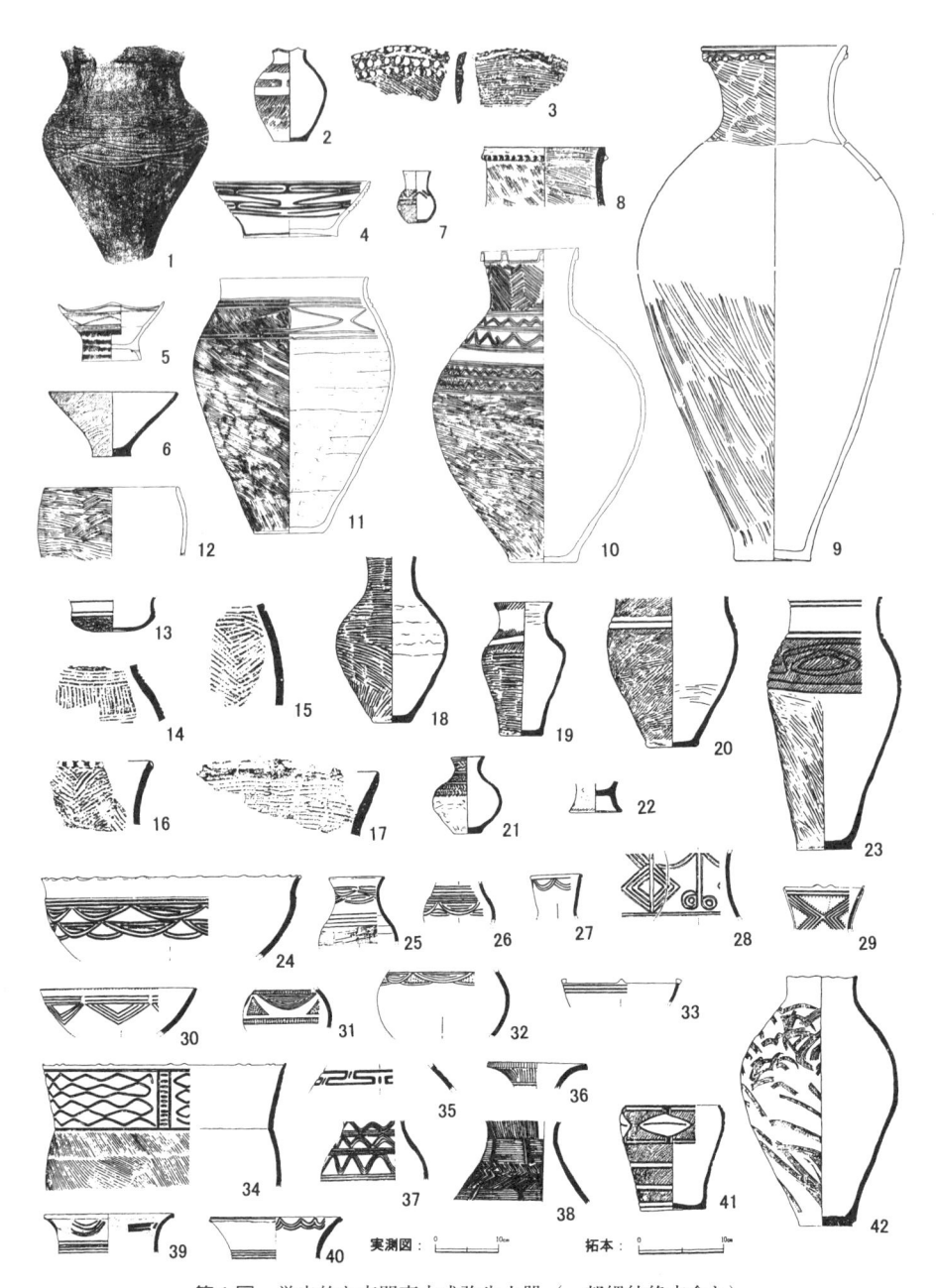

第1図　学史的な南関東古式弥生土器（一部縄紋終末含む）
1：神奈川・境木　2・3：神奈川・中屋敷　4〜12：埼玉・四十坂　13〜17：神奈川・堂山
18〜23：神奈川・三ヶ木　24〜40：東京（新島）・田原　※参考 41・42：茨城・殿内

Ⅰ式」以前の「古式の弥生式土器」の検証作業（中村 1976）を経た東北南部前期弥生土器の存在の強烈な主張（中村 1978・1982）を淵源とする「東日本前期弥生開始論」によって大きく転換する。南関東地方においては鈴木正博氏の問題提起（鈴木 1979a）を先駆として、増田逸郎氏による弥生前期に遡る可能性の強い「初期弥生文化」の所産としての「如来堂式」の設定が口火を切り（増田 1980）、吉川國男氏によって埼玉県下の現状がまとめられ（吉川 1982）、さらに栗原文蔵・石岡憲雄両氏による前記四十坂遺跡出土資料の再検討（栗原・石岡 1983）が発表されるなど、埼玉方面で積極的な再検討作業が進んだ。その同年に開催された『東日本における黎明期の弥生土器』シンポジウム（北武蔵古代文化研究会ほか 1983）においては、中村氏や設楽博己氏に代表される時間的にも地域的にも細分された形で中部～関東地方の資料を西方の編年と対比させようとする方針が採用されているが、一方で東京都下などの「知る人ぞ知る」古式弥生土器資料がまとめられた意義も大きかった（野本 1983）。

そういった議論における東西編年対比の主たる根拠であった東海系条痕紋土器の編年は 1985 年の『〈条痕文系土器〉をめぐる諸問題』シンポジウム（愛知考古学談話会 1985）やそれに先立つ石黒立人氏の論考（石黒 1985）によって、その認識の曖昧さが露呈され、以後単純な比較作業は低調になっていき、1991 年の同様のシンポジウム（東日本埋蔵文化財研究会 1991）を経て、むしろ各地域の資料について、細かなレベルで地域内での型式変遷を確かな資料に基づいて、まずは追究しつつ、他地域との関連を模索するといった研究方針が 1990 年代以降一般化し、21 世紀の現在に至っている。

実際、今日までの当該期研究状況に大きな影響を与え（続け）ているのは、「荒海式」研究を核とする東西各地各段階の当該期土器型式変遷の追究に貪欲な鈴木正博氏の研究姿勢であり、南関東縄紋時代終末～古式弥生土器に限っても「荒海式」関係の一連の議論（鈴木 1981・83b・85bc・87a・91ab・92）、前記「如来堂式」再検討（1983a）、関東在地条痕紋系土器（1985d）、三宅島「島下13層式」（1985a）、「白幡本宿式」（1987b）、埼玉縄紋終末期（1987c）、埼玉以北「zigzag 文様帯系土器群」（2003a）、同「綾杉文（様）帯系土器群」（2003b）、「境木式」（2004a）といったように独壇場の観がある。

鈴木氏以外の南関東縄紋終末～古式弥生土器の研究成果としては、房総方面で青木幸一氏（青木 1983・84）、渡辺修一氏（渡辺 1986・93・94・2001）の主に「荒海式」とそれ以後の土器群との関連を考察した論考がある。なお、様相が不明確だった前期末～中期前葉の資料が、最近多古町志摩城跡でまとまって発見されたという。埼玉方面の状況については、小出輝雄氏がまとめられ（小出 1996a）、ま

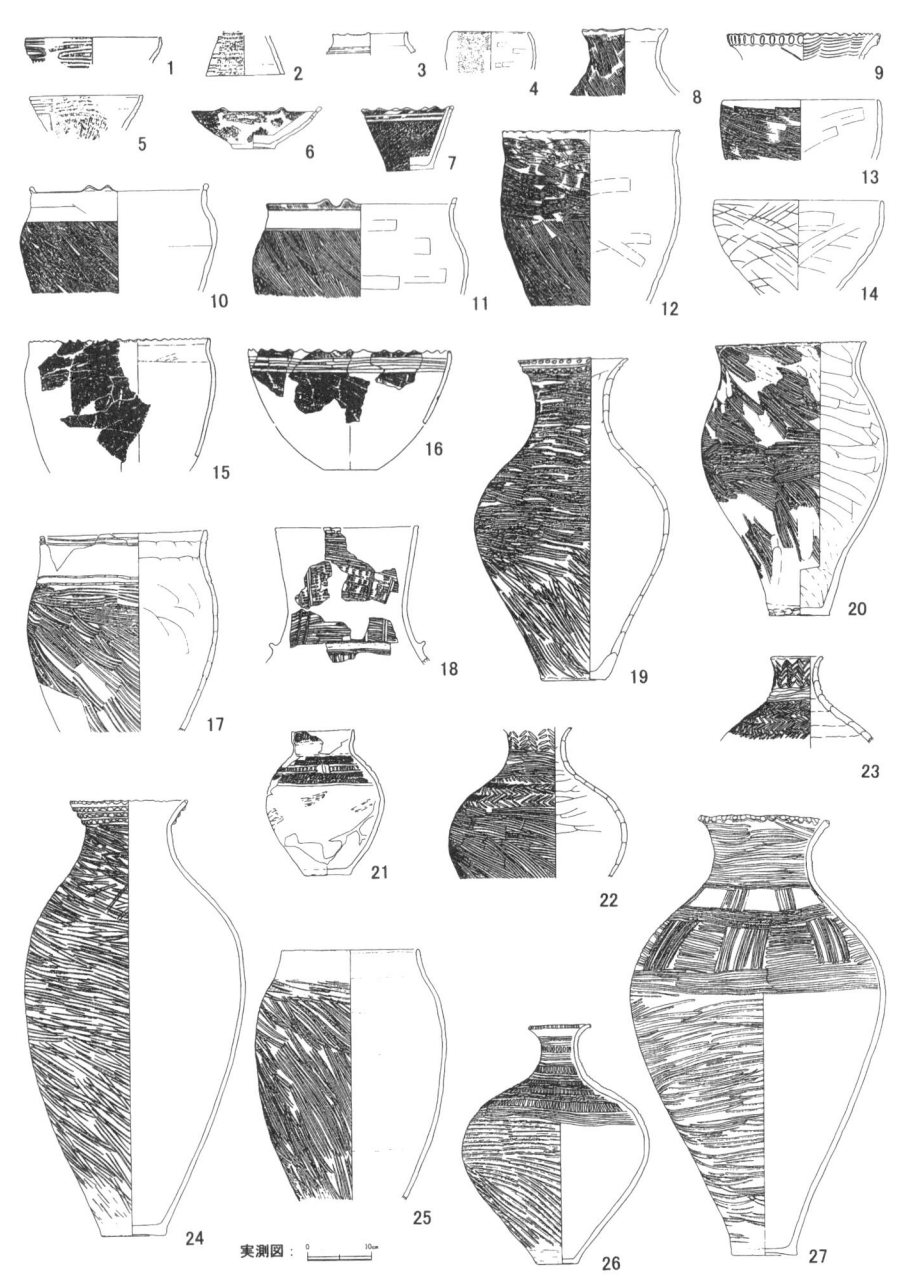

第2図　主要南関東古式弥生土器抜粋：埼玉県（一部縄紋終末含む）
1〜14：如来堂C　15・16：猿貝北　17〜23：上敷免　24〜27：横間栗

22　第Ⅰ部　型式・様式の諸相

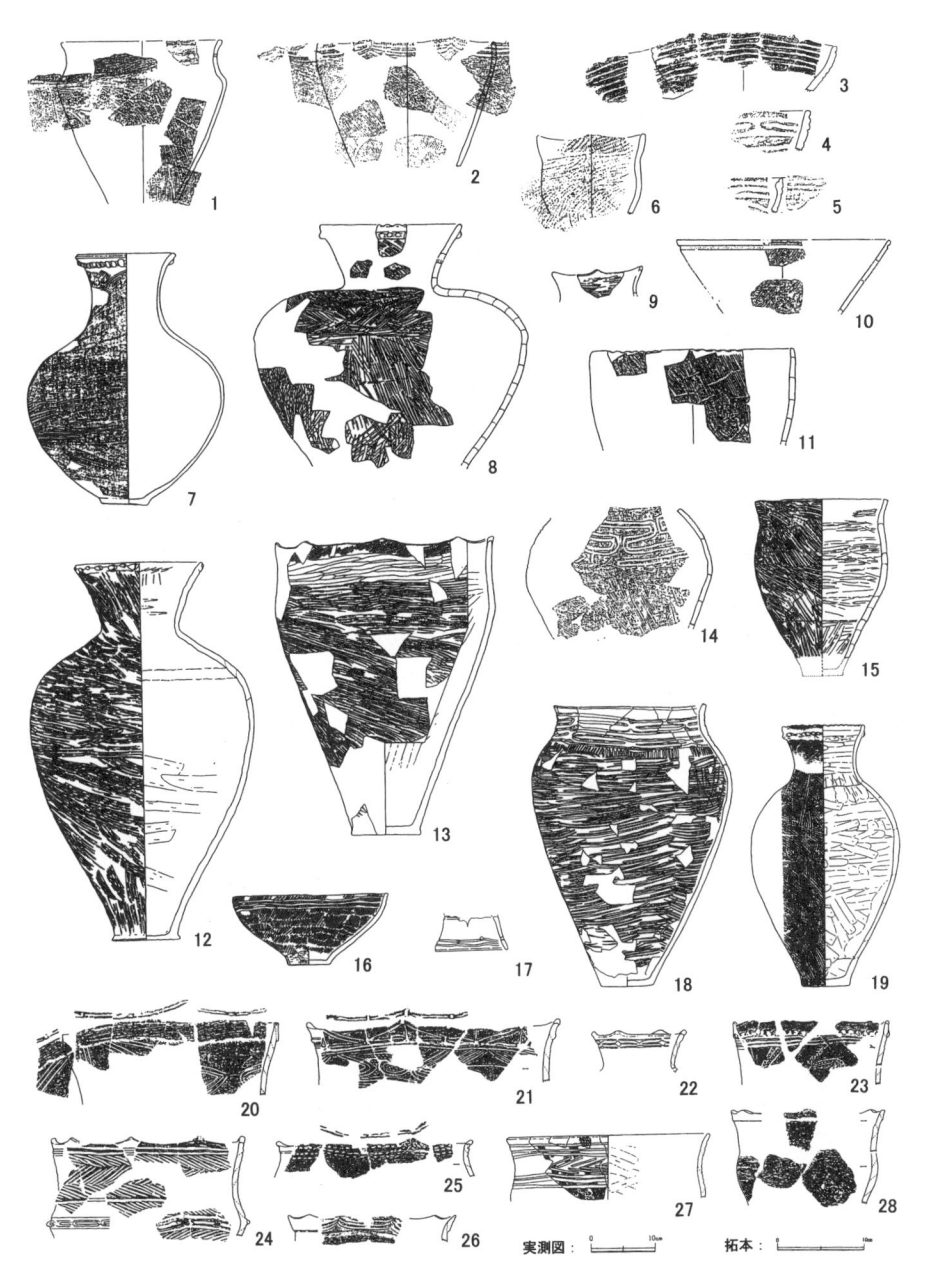

第3図　主要南関東古式弥生土器抜粋：東京都（多摩）・千葉県（一部縄紋終末含む）
1～6：東京・宇津木台C・Ⅰ地区　7：東京・平山　8～11：東京・前田耕地
12～15：東京・多摩N.T.遺跡群　16～19：東京・綾部原　20～28：千葉・御山

1．南関東における古式弥生土器　23

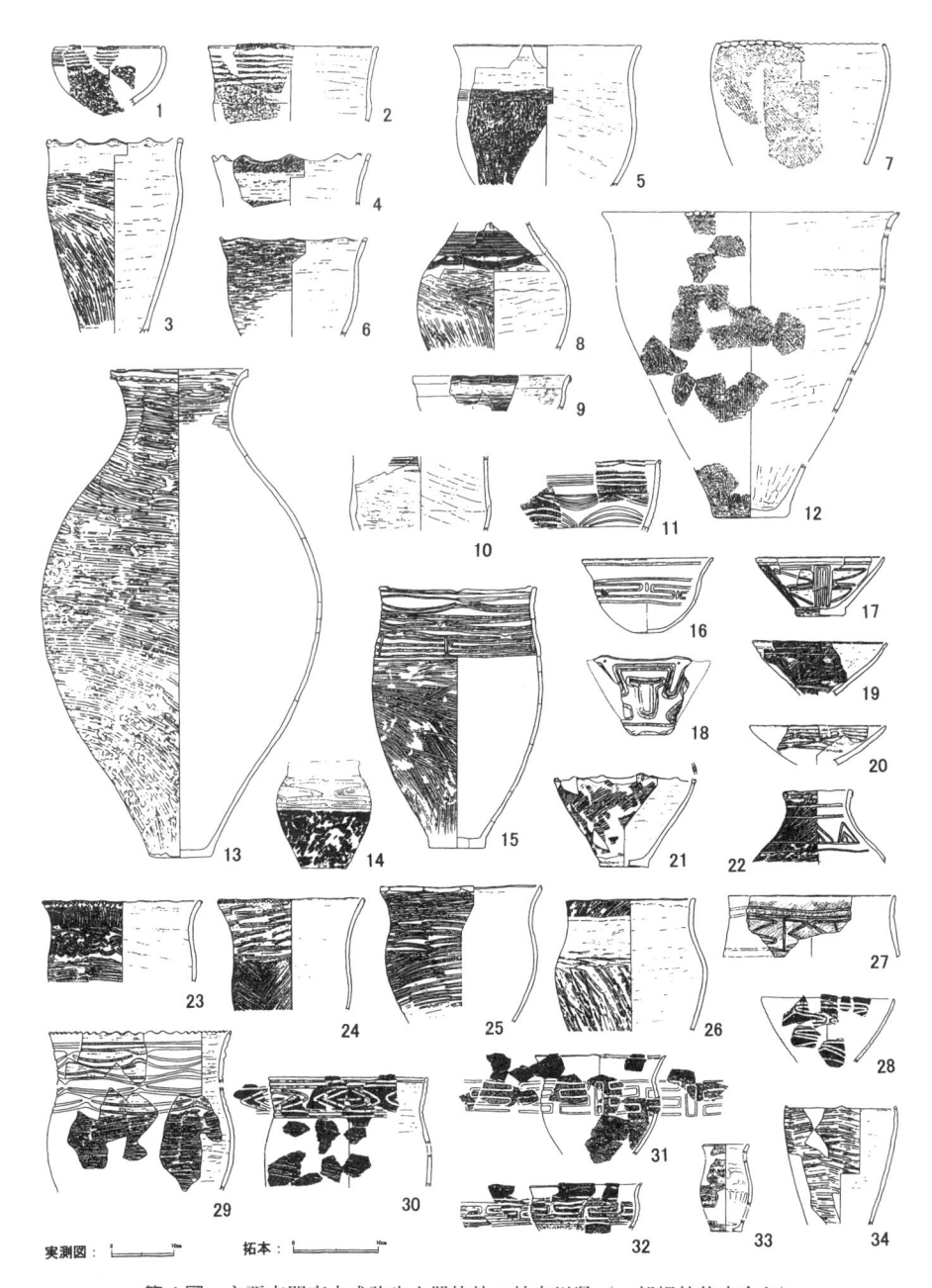

第4図　主要南関東古式弥生土器抜粋：神奈川県（一部縄紋終末含む）
1～7：北原　8～12：矢頭　13～15：及川宮ノ西　16～27：堂山（1986～87年調査資料）　28～34：池子

た以前設楽博己氏によって問題提起された「在地型突帯文壺」(設楽1985)の様相を埼玉以北の資料を中心に考察されている(小出2003)。東京方面では多摩丘陵方面において、石川日出志氏の八王子市神谷原遺跡(石川1982)、宇佐美哲也氏の同市宇津木台遺跡群(宇佐美1995)のそれぞれ出土資料の分析がある。神奈川方面では、筆者が前述神沢氏や杉山博久氏(杉山1969a)、大島慎一氏(大島1983)等先学の研究成果を参照しつつ新たな資料の位置付けについて、試行錯誤を続けているところである(谷口1990a・91abc・93・94・96・97・2003)。最近では、昭和女子大学による大井町中屋敷遺跡の調査成果(佐々木・小泉2000ほか)が注目される。

　以上の諸研究成果において、いわゆる「平沢式」に至るまでの南関東古式弥生土器は、弥生前期並行段階から、浮線紋系(沈線紋＋細密系条痕紋)土器、東海系(貝殻)条痕紋土器、東北系変形工字紋＋縄紋土器など東西各地の影響が複雑に絡み合って成立・発展していったことが次第に明らかになりつつあるが、議論がより詳細に及べば及ぶほど、現在の資料だけでは不分明な部分がいまだ多く残されていることも逆に明確になってきている。今日では鈴木正博氏の唱導する土器型式変化の徹底した追究方針が次第に受け入れられ、以前のような激しい意見の対立は顕著ではないが、それでも研究者間の見解が必ずしも全て整合しているわけではない。今後も新たな資料について、より詳細かつ確実で慎重な議論を重ねることで、土器型式の変遷がさらに明瞭になっていくものと期待される。

2．須和田式（平沢式・中里式・池上式）

石川日出志

1．揺れ動き拡張しすぎた「須和田式」から基準としての平沢式へ

　須和田式土器の名称は、杉原荘介氏が1933年の千葉県須和田遺跡調査資料にもとづいて提唱された型式名である（杉原1939a）。しかし、当初は古代土師器を指す型式名であったのを、1942年に宮ノ台式土器に先行する関東最古の弥生土器に対して須和田式の名を用いるよう変更した（杉原1942）。さらにその基準資料が断片的であったために、神奈川県小田原（谷津）・千葉県新田山・天神前・栃木県出流原など諸遺跡の資料が調査・検討されるたびに、杉原氏によってその型式内容は揺れ動き、また内容が拡張することとなった（杉原1967a・68・74・81aなど）。「須和田式」は広く定着した用語であり、宮ノ台式に先行する沈線構図と刺突文を多用する土器群を総称するのに便利ではあるものの、あまりに範疇が広すぎて、土器型式の実態にそぐわないものとなっている。

　その間、栃木県野沢遺跡資料に基づく野沢（Ⅰ・Ⅱ）式や神奈川県平沢北ノ開戸遺跡の資料に基づく平沢式を起点としてこの時期の型式群を読み解こうとする試みもあった（中村1967・72・76）が、広く根づくには至らなかった。

　1980年代になって、そうした茫漠たる「須和田式」を解きほぐす糸口として再び重要視されるようになったのが平沢式である。鈴木正博・加津子氏（鈴木・鈴木1980）と関義則氏（関1983）は、平沢式と出流原遺跡資料に基づく出流原式の2系列を軸として、「須和田式」を全面的に再構成する道を用意した。本稿でも、平沢式の問題を整理した上で、その周辺に及ぶこととしよう。

2．平沢式壺の問題

　平沢式は平沢北ノ開戸遺跡資料を基準とする。北ノ開戸遺跡では壺のみで甕が不明なので、ここでは壺に限定する意味で平沢式壺としておく。器形は、細頸に球胴、小さい底部と特徴的で、条痕が胴下半部だけでなく、胴上部の文様構図中の帯や頸部の横帯に充填される。文様構図は幅広い沈線で描き、構図内には縄文が充填される（第1図10～12）。横条痕帯を一帯おきに配置して横帯を重ねる頸部の構成法や器形、条痕の多用といった特徴は、岩滑式や丸子式といった水神平式土器の後続型式に共通する属性である。しかし細頸化現象は、長野県十二ノ后遺跡や山梨県菖蒲池遺跡など中部高地の一群と連動すると思われる。平沢式壺を構成するもう一つ重要な属性は磨消縄文手法で（鈴木1984）、この2系統の合成によって初めて平沢式が形成される。

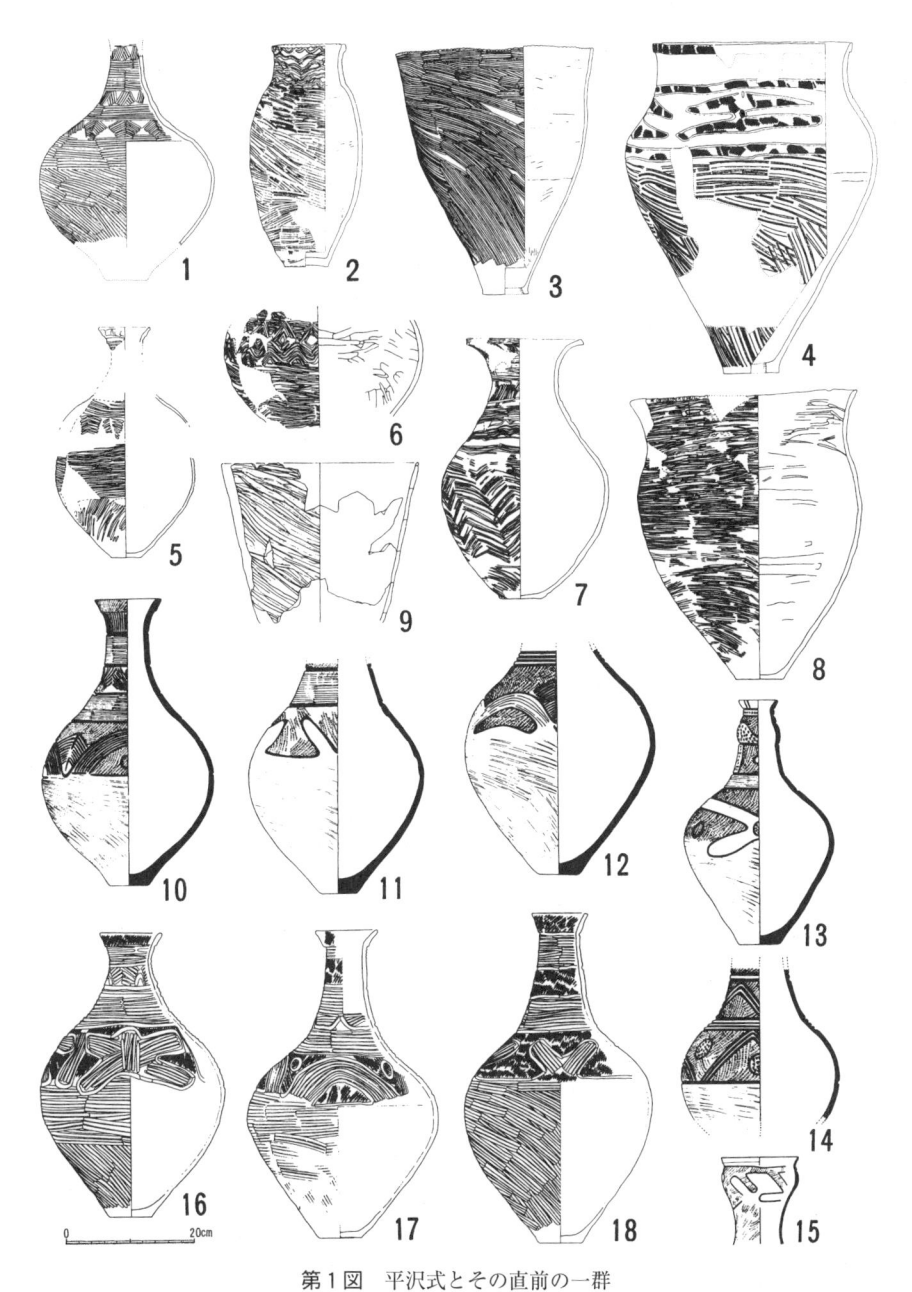

第1図 平沢式とその直前の一群
1～4：前組羽根倉1号再葬墓 5～9：水崎 10～15：平沢北ノ開戸 16～18：上敷免（高田地点）4号墓坑

2．須和田式（平沢式・中里式・池上式） 27

このうち条痕文系統で平沢式壺の直接の母体となったのは、磨消縄文手法が欠落する第1図1・5である。東京都水崎遺跡では丸子式壺（7）、埼玉県前組羽根倉遺跡では前期からの伝統を引く広口壺（2）を伴っており、中期でも早い段階に位置づけることができる。
　北ノ開戸遺跡では甕は不明だが、神奈川県岡津古久遺跡で、口縁が開く斜条痕甕と、口縁が肥厚する有文甕がある。前組羽根倉に磨消縄文がある甕（4）、水崎に口縁が内湾する深鉢（9）があり、地域差と考えられるものの、ともに条痕甕があり（3・8）、平沢式土器の甕も復元できる。
　平沢式壺は関東北西部方面にも分布する。しかし、埼玉県上敷免遺跡高田地点では平沢式壺（第1図16～18）と同種の胴部文様構図を採用しながら、在来系である長胴器形の一群があり（第2図1・2）、本来は条痕手法で描くべき構図が沈線で描かれる例（2）もある。横間栗遺跡でも同様で、この方面では在来系と条痕文系・磨消縄文系・平沢式系とが複雑な様相を見せるようで、群馬県岩櫃山鷹ノ巣岩陰遺跡C群も同様である。

3．遊ヶ崎式前後の地域相

　遊ヶ崎式（鈴木正博氏の城ヶ島式）は、平沢式系統ながら後続するとみられる一群である。壺は、口縁部が拡張し、頸部も延びたり、中膨らみとなり、頸部の横帯や胴上部構図から条痕が欠落する例（第3図1）が顕著となる。口縁部の拡張を除くと平沢北ノ開戸遺跡の第1図13の頸部や14の頸・胴部は遊ヶ崎式に近似しており、鈴木氏は平沢2式とする（鈴木1984）。平沢式と同様、遊ヶ崎式には有文甕（2・3）と条痕甕があり、条痕系櫛描き文をもつ例（3）は、群馬県方面の神保富士塚式のうち中部高地と関連の深い要素が取り込まれたものである（石川2003a）。
　平沢式系統壺の類例は岐阜・静岡方面から福島方面にまで広がる（中村1972）が、関東内部でも複雑な様相を呈している。出流原遺跡では平沢式系統壺が散見され（第3図4・10）、胎土の特徴から利根川以南（西）から搬入された可能性が高い。4は口縁部がやや拡張するが平沢式の範疇とみるべきであろう。しかし、共伴する土器は条痕手法が形骸化（6）ないし欠落し（5・7・8）、口縁部が大きく拡張し（5・6）、筒形土器に顕著な充填縄文手法による重菱形構図が壺に採用される（5）など平沢式よりも新しい要素が顕著である。太頸器形や、盛んに刺突を充填するのも特徴的である。天神前遺跡でも3号墓坑に平沢式壺があるが、2号墓坑（13～18）の壺は破片を除いて条痕はなく、平沢式系統構図を沈線で描く例（13）や頸部横帯の狭い点（13・14）は遊ヶ崎式に近い。杉原氏は、荒海式との系統性を想定して連繋菱形文（14）を古く考えた（杉原1977）が、鈴木氏の批判が

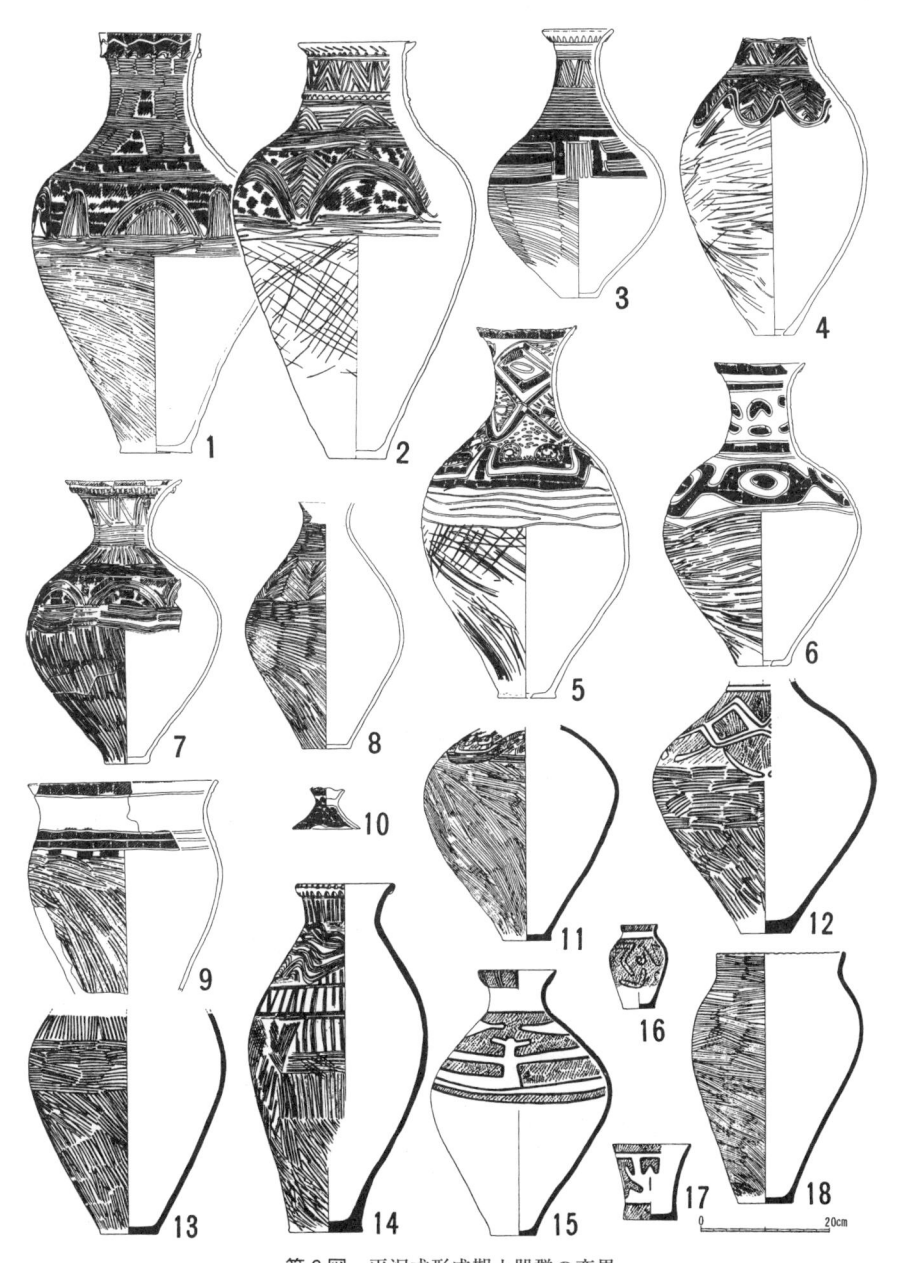

第2図　平沢式形成期土器群の変異

1・2：上敷免（高田地点）4号墓坑　3〜6：横間栗2号再葬墓
7〜10：（同）9号再葬墓　11〜18：岩櫃山C群

2．須和田式（平沢式・中里式・池上式)

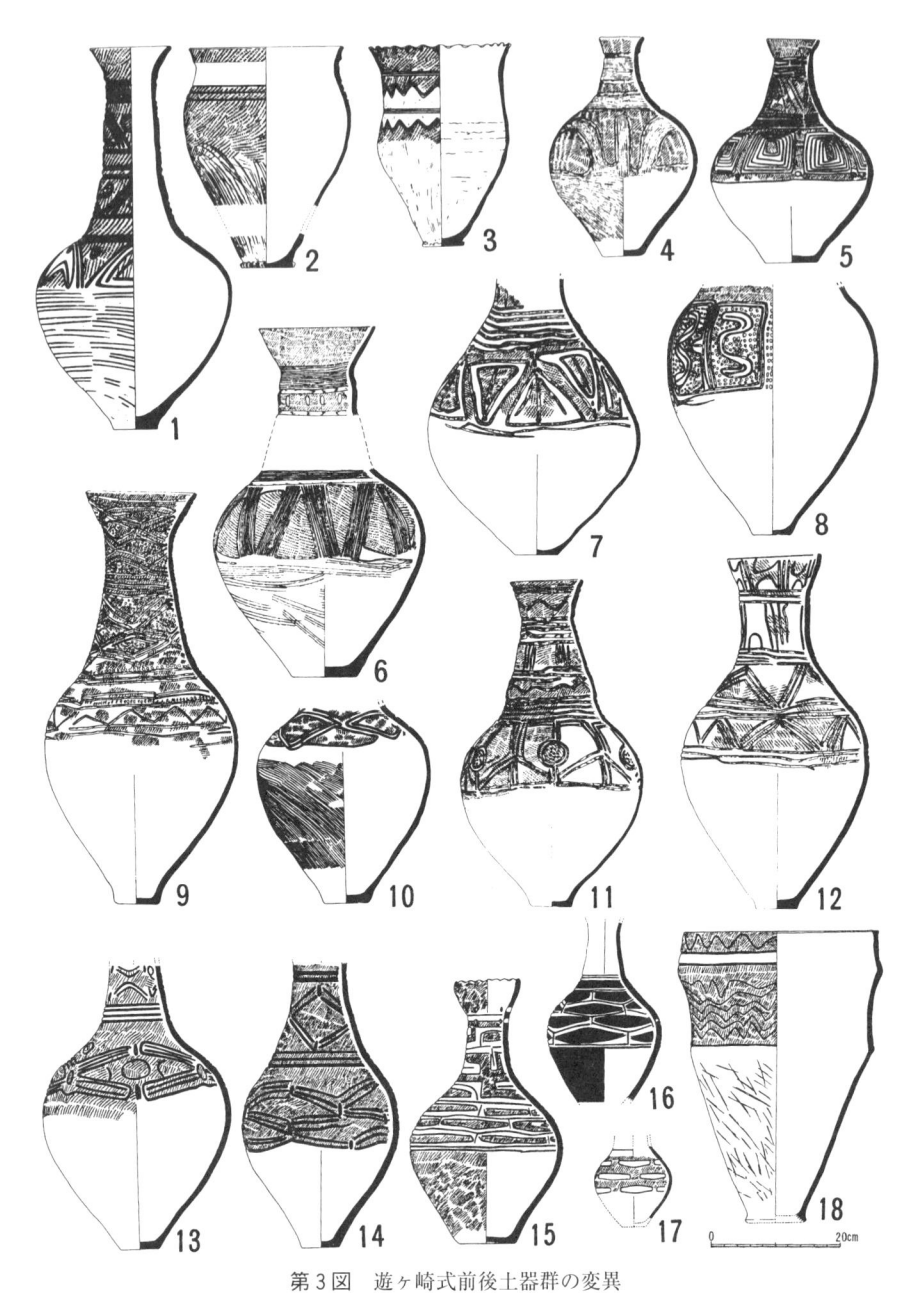

第3図 遊ヶ崎式前後土器群の変異
1〜3：遊ヶ崎　4〜8：出流原7号墓坑　9〜12：（同）11号墓坑　13〜18：天神前2号墓坑

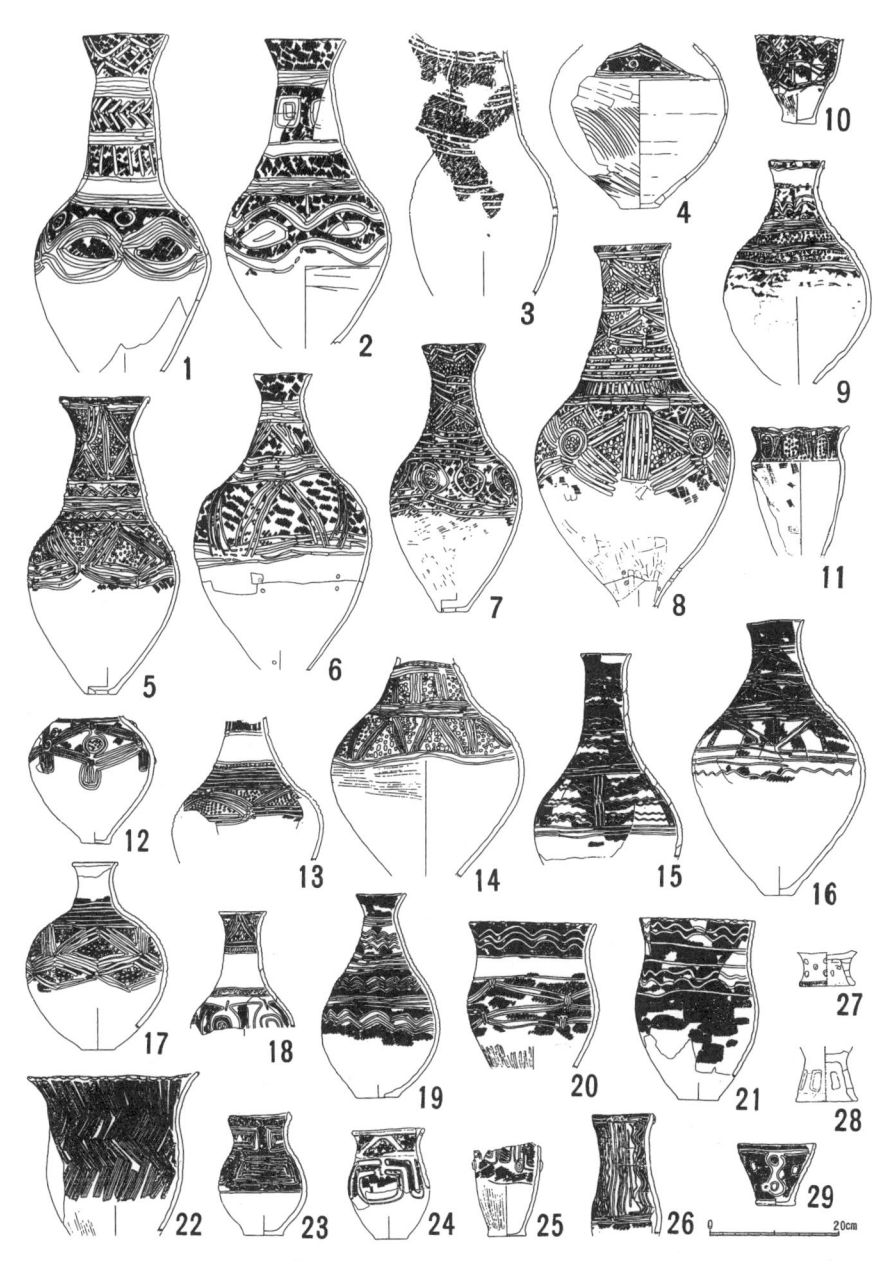

第4図 須釜遺跡の土器と池上式
1~4:須釜5号再葬墓 5~7:(同)3号再葬墓 8~11:(同)1号再葬墓 12~29:池上第1号濠

2. 須和田式(平沢式・中里式・池上式) 31

ある。

4．池上式前後の土器群

　平沢式系統の条痕手法は遊ヶ崎式壺の上半で後退が進行し、中里(なかざと)式や千葉県方面の型式で残存するものの、ハケメに近い繊細な例が多くなる。埼玉県須釜(すがま)遺跡ではそうした条痕を残す例（第4図4・11）を伴って、まったく条痕を欠く一群が主体を占める。ただし、1・3号再葬墓は出流原式と関係が明瞭なのに、5号再葬墓は栃木県清六(せいろく)Ⅲ・戸木内(ときうち)遺跡などと関連がみられ、かなり様子が異なる。
　池上(いけがみ)式は、壺は出流原式の系統が顕著な型式だが、平沢式系統の文様構図もある（12）。埼玉県域で平沢式と池上式の間に位置する資料が稀薄なために、その成立経緯は今後にまつ点が多い。ただし、有文の甕（20・21）は、前期の沖Ⅱ式から中期初めの岩櫃山式からの系統的変遷（石川1985）が明瞭である。池上式の甕は有文のみでなく、縄文だけとなった例もあり、また中部高地方面と連動する条痕甕（22）も組成する。後者は雲母の含有が明瞭な特徴をもち、注意が必要である。筒形土器の定着も池上式の重要な特徴である。

5．まとめ

　以上のように、所謂須和田式土器は、平沢式を基点としてその型式変化を追跡し、別系統をなす出流原式と関連づけることをとおして再編されつつある。平沢式の後続型式は、関東地方でも各地で個性的な型式群が並立するようで、これらを明確にすることが今後必要である。そしてそうした地方型式として埼玉県北部方面では池上式に後続する北島式土器が形成され、北島式と並立するように栃木県南半部に御新田式が形成される。北島式・御新田式とも南関東の宮ノ台式前半期に併行しており、旧説流の表現をとれば「須和田式の末期は宮ノ台式と併行する」ということもできる。いわば在地的型式である北島式・御新田式と、外来要素の濃厚な宮ノ台式とが、関東のなかで地域を異にして並立する。関東地方は、在来系統とともに周辺各地の要素をとりこんだ型式系統が並立・錯綜するのが特徴であり、これを分析し、読み解く必要がある。

3. 宮ノ台式

小倉 淳一

　「宮ノ台式土器」の定義については近年あまり議論されなくなり、南関東地方の弥生時代中期後半の土器を指す用語として定着してしまった感がある。実際には「宮ノ台式土器」は学史の流れの中では正しく成立しない。ここでは「宮ノ台式土器」研究のあゆみを簡単に振り返り、現状での問題を再確認しておくことにしたい。

1.「宮ノ台式」設定まで

　杉原荘介が当初認識していたのは、相模小田原遺跡出土土器の「西方の文化を伝えたままの姿」（櫛描文土器中心）と「本地域に於ける独自の様式に進むべき傾向に富む資料」（縄文施文土器中心）の二者であった。杉原はそれらに時間差を付与し（杉原1936ab）、千葉県茂原市宮ノ台遺跡の出土土器（杉原1935）を「小田原後期」の土器に比定した。

　これに対して江藤千萬樹は駿河矢崎遺跡出土土器を検討し、はじめて「小田原式」を設定した（江藤1938）。江藤は層位的見地から、矢崎遺跡中層および同時期の関東文化圏の土器においては、壺形土器において縄文帯文と古式櫛目文系が併用されるとし、「此の様相を持つ遺跡が上総方面にも分布し、分布地域が南関東一帯に渡るらしいので、両者を合せて小田原式と呼称」すべきと考えた。

　その後杉原は「小田原前期」の土器に「須和田遺跡出土土器の中の或る一類」をあて、「小田原後期」の土器を「宮ノ台式」とした（杉原1940c）。「宮ノ台式」の初出である。しかしこれによって「小田原前期」の土器の本来の内容が不明確になるとともに、「小田原後期」の土器も当初の内容とは異なり混乱を生じた。その後、杉原の記述は須和田遺跡出土土器の位置づけをめぐって揺れていく。

2.「小田原式」に関する見解の相違

　戦後になって杉原は駿河地方の原添式から有東式への変化に南関東地方の「須和田式」・「宮ノ台式」がそれぞれ対応することを論じた（杉原1951）。その後も須和田式土器の煮沸形態は横位羽状文を持つ甕形土器（すなわち「小田原前期」の土器）との見解を示している（杉原1956）。『日本原始美術』（杉原1964）においては「須和田式」から「小田原式」そして「宮ノ台式」という変遷をはじめて明らかにし、「小田原式」の構成要素は横位羽状文をもつ鉢形土器と櫛目文系の細頸壺形土器を中心とするものとした。杉原による「小田原式」の初出である。

杉原荘介　(1936)　「相模小田原出土の弥生式土器に就いて」『人類学雑誌』第51巻第1号　東京人類学会
〔相模〕

小田原前期の土器
小田原後期の土器

〔上総〕
比定 ◁ 宮ノ台遺跡の土器

「西方の文化を伝えたままの姿」
（櫛描文施文土器を中心とする）

「本地域に於ける独自の様式に
進むべき傾向に富む資料」
（縄文施文土器を中心とする）

江藤千萬樹(1938)　「矢崎遺跡予察」『上代文化』16　上代文化研究会

〔矢崎式〕		〔関東文化圏〕
矢崎下層	栗林式・庄ノ畑式（前期）	?
矢崎中層	小田原式（中期）	小田原式（中期）
矢崎上層	矢崎式（後期）	久ヶ原式（後期）

矢崎遺跡中層の文化と同時期で、壺形土器において縄文帯文と古式櫛目文系が併用される。「小田原式」の初出。

後期の土器群。

「此の様相を持つ遺跡が上総方面にも分布し、分布地域が南関東一帯に渡るらしいので、両者を合せて小田原式と呼称」した方がよいと認識。層位的根拠からの立論は明快。

杉原荘介　(1940)　「武蔵久ヶ原出土の弥生土器に就いて」『考古学』第11巻第3号　東京考古学会
　　　　　(1940)　「武蔵弥生町出土の弥生式土器に就いて」『考古学』第11巻第7号　東京考古学会
　　　　　(1942)　「上総宮ノ台遺跡調査概報補遺」『古代文化』第13巻第7号　古代学協会

〔南関東〕

小田原前期の土器
宮ノ台式土器

「須和田遺跡出土土器の中の或る一類」をあてたため（1942）、相当する内容が不明になってしまう。

「宮ノ台式」の初出（「武蔵弥生町出土の弥生式土器に就いて」）。

その後『日本原始美術』（1964）を経て『弥生式土器集成本編』（1968）に至る。

神沢勇一　(1968)　「相模湾沿岸地域における弥生式土器の様相について」『神奈川県立博物館研究報告』第1巻第1号

〔相模湾岸〕	〔東京湾岸〕
堂山式	三ヶ木式
中里式	須和田式
小田原式	宮ノ台式

堂山式：丸子式土器と並行する条痕文系土器

中里式：原添式土器に相応するもの

小田原式：小田原市谷津遺跡を標識とするもの

提示されている「小田原式土器」の内容は杉原説に近いが、「宮ノ台式土器」については明確な記載なし。

第1図　杉原荘介・江藤千萬樹・神沢勇一の「小田原式」・「宮ノ台式」

そして「宮ノ台式土器」は細頸の縄文施文の壺形土器と、刷毛目調整痕を残す鉢形土器で、羽状文はみられないとしている。『弥生式土器集成本編』(杉原1968)に至ると「小田原式土器」は「小田原前期」の土器に「須和田式土器」の一部を合わせたものという内容に変わっている。

　一方、南関東地方の土器形式設定を進めた神沢勇一は、相模湾西部地域と東京湾岸地域を分離して考え、地域性を重視する説を展開した(神沢1963・66・68)。神沢の「須和田式」も変転していくが、最終的には相模湾岸地域は「堂山式」「中里式」「小田原式」の順で変遷し、東京湾岸地域は「三ヶ木式」「須和田式」「宮ノ台式」がそれに対応すると位置づけられている(神沢1968)。「小田原式」は杉原説に近いが、「宮ノ台式」については記載がなく明確ではない。しかし神沢は「小田原式」と「宮ノ台式」は地域差であると認識しており、杉原の考え方とは相容れないものであった。

3．発掘資料の増大と解釈をめぐって

　1960年代後半以降に顕在化した大規模開発に伴う発掘の増加によって、弥生土器関連の資料も爆発的に増えることとなった。該期の土器が掲載された報告書の刊行によって、千葉県市原市大廐(おんまや)遺跡、同市菊間(きくま)遺跡などが注目されるようになった。千葉県文化財センターの『研究紀要』では斎木勝が「宮ノ台式土器」を3細分し、独自の変遷案を提示するとともに、「小田原式土器」とされるものは「宮ノ台式土器」の類型に内包されるものと結論づけた(斎木1978)。

　遺構重複関係における遺物の新古から変遷観をつかみ、変化の方向性を確認しようとする試みは、横浜市折本西原(おりもとにしはら)遺跡における石井寛の試みによって大きな成果を上げることになる(石井1980)。石井は竪穴住居址から共伴出土する土器を集成し、折本西原遺跡の集落存続期間を3期に区分した。資料群の持つ型式学的特徴を比較検討することで、該期の土器群が明瞭なまとまりを保ちながら変遷していくことが、はじめて明らかにされたのである。また、同じ折本西原遺跡第1次調査報告をまとめた松本完も詳細な時期区分を行っている(松本1988)。

　その流れを受けて、安藤広道が石井寛による折本西原遺跡の検討を下敷きにして、下末吉台地における「宮ノ台式土器」の変遷過程を明らかにした(安藤1990)。安藤は石井の分析をより広域的に適用し、遺構出土土器群を用いて該期の土器を5期に区分し、東京湾西岸にあたる地域の「宮ノ台式土器」の全体像を描き出したものである。また、安藤は秦野市砂田台(すなだだい)遺跡の資料をもとに相模地域の変遷案も提示しており(安藤1991)、その後宍戸信悟(宍戸1992)・黒沢浩(黒沢1993)

南関東地方（2）

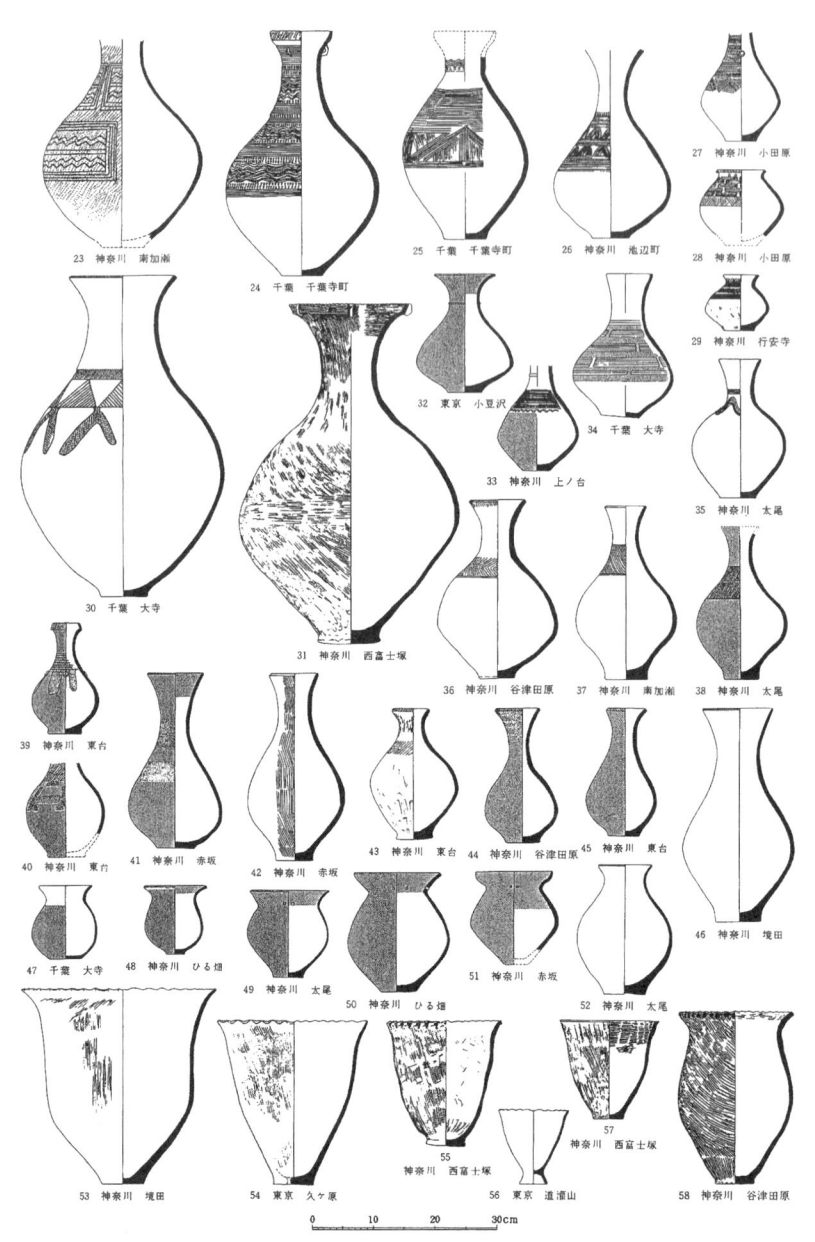

第 2 図　杉原による「小田原式」・「宮ノ台式」（小林・杉原編 1968c）

『弥生式土器集成本編 2』の中で、杉原は「南関東第Ⅱ様式A」として「小田原式土器」を、「南関東第Ⅱ様式B」として「宮ノ台式土器」を充てている。しかし、「小田原式土器」は「小田原前期の土器」に「須和田式土器の一部を合わせたもの」と表現され、自説を変更している。

36　第Ⅰ部　型式・様式の諸相

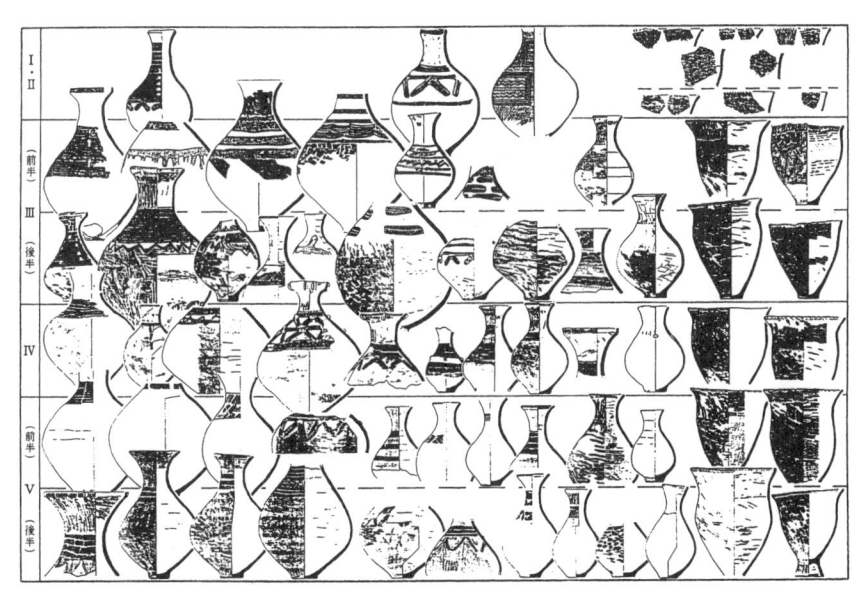

第3図 下末吉台地 (Si) 地域における弥生時代中期後半の編年 (安藤1996)

下末吉台地	相模湾沿岸	市原台地	印旛沼周辺	大宮台地	三浦半島
Ⅰ	Ⅰ	(＋)	(＋)	(＋)	雨ヶ崎洞窟
Ⅱ	Ⅱ	菊間11号住	(＋)	明花向B 7号住	(＋)
前半 ---Ⅲ--- 後半	Ⅲ	菊間16号住 大厩Y45・Y62 星久喜4号土壙	大崎台 169号住 177号住 大崎台 288号住 1号方形周溝墓	戸塚上台 上野田西台	上ノ台
Ⅳ	Ⅳ	若宮C地点 大厩Y69 城ノ腰033・092	大崎台 408号住 340号住 押畑子の神方形周溝墓	御蔵山中？ 大北？	ひる畑3号方形周溝墓
前半 ---Ⅴ--- 後半	Ⅴ Ⅵ	菊間54号住・6号溝 大厩Y44・Y47・Y73 菊間18号住 大厩Y15・Y72(一部)	大崎台 144号住 435号住 大崎台 269号住 270号住 431号住	松木？ 円正寺	佐原泉 32B号住 佐原泉 33B号住

第1表 弥生時代中期後半における南関東各地の時間的対応関係 (安藤1996)

3. 宮ノ台式

第2表　相模対照表（伊丹 2002a₁）

『弥生土器の様式と編年　東海編Ⅰ』所載の対照表で、全体は3点の表が公表されているが、ここでは中期後半に相当する部分（対応表2）だけを掲載した。石井寛による折本西原遺跡報告が初篇の土器編年に大きな影響を与えている。

が相次いで相模地域における変遷の大略を論じている。また、安藤は相模湾沿岸、市原台地、印旛沼周辺、大宮台地、三浦半島といった南関東地方各地域の対応関係をまとめている（安藤1996）。今後の資料の増加によって地域的な細別論（小倉1996）もまた高まりを見せていくだろう。

　いっぽう、土器論の側からは犬木努が壺形土器の文様分析を行い、結紐文の変容に関する独自の解釈を基軸にして「宮ノ台式土器」の新旧二大別を明らかにし、房総地域には縄文の施文幅が比較的広く、壺形土器の器面を広く飾る傾向が強いことを論じている（犬木1992）。

4．ふたたび定義の問題

　こうした動きによって、各地・各遺跡の「宮ノ台式土器」の変遷が問題とされるようになる反面、「宮ノ台式土器」とは何かといった根本的な定義の問題からは次第に議論が離れていくことになり、これに警鐘を打ち鳴らしつつ枠組みの再考を意図した検討もみられる（飯塚1993・94）。

　しかし大勢は「小田原式」は「宮ノ台式」に含まれ、南関東各地にみられる類似した土器を総称して「宮ノ台式土器」と呼ぶ方向に流れている。現在「宮ノ台式」と称した場合、これを「小田原式」との弁別の問題を克服し、学史的に再定義して使っている例があるだろうか。今後これらを整理・解体あるいは再構築していく為の作業は必須となるが、その際「南関東地方」の枠組みと同一の型式名称を用いることが可能であるかどうか、検討する必要があるだろう。

4．久ヶ原式

松本　完

　沈線区画された縄文による帯状文、山形文、ほとんどが赤彩された折返し口縁の壺と輪積装飾手法の甕、壺と装飾手法を同じくする広口壺、鉢・高杯。久ヶ原式の典型例に限れば、これほど特徴的であり、また単純な構成の土器型式も少ない。『弥生式土器聚成図録』（森本・小林編 1938、小林編 1939）の時点で、壺に限れば、久ヶ原式をおおよそ誤りなく選り分け得たのも、それまでの久ヶ原遺跡の諸成果があればこそとは言え、この際立って斉一的な特徴が大きな役割を果たしたことは間違いない（第1・2図）。

　それでは、久ヶ原式の問題点とは何か。これについては、菊池義次氏が指摘した「空間的（占位の）限界（分布領域・地域圏）」、「時間的（推移の）限界（上限・下限）」（菊池 1987）の2つの問題点が、なお問題の核心を言い当てている。

　分布の問題について多少触れておくなら、「南関東」という領域が先験的に設定され、その空間が斉一な土器様相によって満たされていたとする予断が、以降の過誤を生んだ原因のひとつであることは、すでに指摘されてきたとおりである。具体的な土器の分布から離れ、「南関東」という架空の空間が「文化圏」なる名称のもとに設けられ、その中の雑多な地域から選り分けられた土器から土器群が合成され、大枠としての時間的な序列がその土器合成体に基づいて設定された。以後、実際の資料との対比を行なう場合、多くは、その合成体との部分的な類似から同じ序列が与えられることになる。

　この手順が繰り返される限り、地域色や地域性の問題は、そもそも問題として浮かび上がること自体困難である。また、対照すべき土器群が、時期的にも雑多な内容を含むため、細別への通路もまた閉ざされることとなった。極論すれば、『弥生式土器聚成図録』に始まる該期の大別は、いずれもこの仕掛けの中にからめとられてきたと言ってもよいように思われる。

　実際には、久ヶ原式の壺、甕、鉢・高杯がそろって分布するのは、局所的な例外を除けば、西は、相模湾岸の東岸、藤沢、鎌倉市域から三浦半島にかけて、東京湾西岸の丘陵部を除く横浜市域から川崎市域にかけての一帯から久ヶ原遺跡を擁する多摩川下流左岸一帯にほぼ限定される。東京湾岸でも、神田川水系に至ると菊川式の影響が貫入的に見られ、以後の様相から見て、この傾向は、現在の東京低地をめぐる一帯にも及ぶようである。

　東京湾東岸では、市原市域から君津、富津市域にかけて久ヶ原式が分布する。房総半島南部は資料が少ないが、特異な様相によって周辺地域とは区別できるの

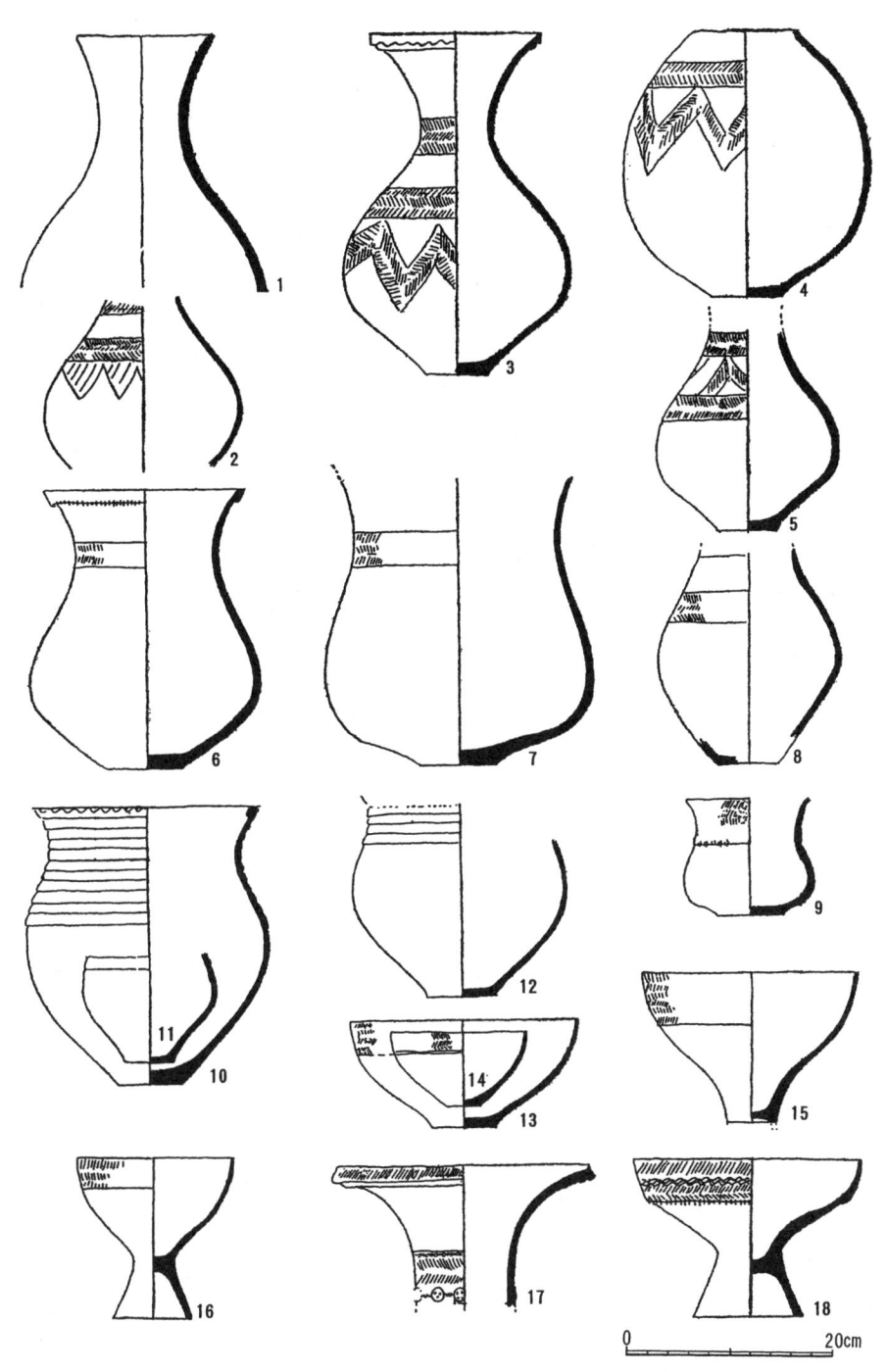

第1図　久ヶ原遺跡出土土器（1929年中根・徳富報告より抜粋）

かもしれない。東京湾奥部、市川市や千葉市周辺の様相は、断片的な資料による限り、久ヶ原式のみ分布するわけではないようである。

時間的な推移の問題を考える場合にも、上記した分布領域の問題点を念頭に置くべきである。まず久ヶ原式の成立過程についてであるが、壺の文様の連続性、甕に見られる宮ノ台式以来の輪積装飾手法の継続性、いずれにせよ久ヶ原式が東京湾東岸地域で、器種ごとにやや跛行的に形成されたことはほぼ間違いない。この段階（Ⅰ〜Ⅴ期の段階区分のⅠ期、松本1993・95）、久ヶ原1式としてよいと考えるが、細別（大村2004a）を視野に入れて、形成期の過渡性に由来する地域間の跛行性の問題を解明する必要がある。

一方東京湾を巡る東西の接点にあたる一帯に、菊川式の影響が及び、根づきはじめるのも、この段階である。また、久ヶ原式と異系統の土器が共伴する例が著しく増加することにも注意すべきであろう。そうした中から典型的な久ヶ原式が主に環東京湾とも称すべき一帯に広がり、定着する。典型的な段階の久ヶ原式（第1図3〜16）を、久ヶ原2式とすることができる。

久ヶ原式の問題点の多くは、「弥生町式」の分離にかかわる不手際から生じたとする考えがあるが、問題はそれだけであろうか。

久ヶ原式に特徴的な山形文の推移を考えてみよう。この過程は、胴部中位を飾る大振りの山形文（第2図2）が時期が下るにつれ、多く振幅が小さく胴部上位にとどまるようになり（第3図1）、あるいは幅広で振幅のより小さいものや一帯の縄文からなる山形文に変じ、形状はほぼ鋸歯文と変わらない段階（同図2）を経て、最終的に縄文が横位帯状に施され鋸歯部が磨消されるようになることで鋸歯文（同図3）へと推移する過程である。あるいは山形文や菱形文が複合して繁縟なまでに発達した幾何学文の形成へと至る過程も考えられる。

それら諸変化と併行して、沈線区画から結節文区画へと置き換わる過程が広域で進行した模様である。諸変化は、久ヶ原式の分布圏内で同じように進行したわけではなく、地域地域で主要な文様変化の様々な軌跡を描き、濃淡を生じつつ地域色を形造ったようである（第3・4図）。

例えば、東京湾東岸の諸地域では、鋸歯文の盛行する段階は不明瞭であり、幾何学文が壺の主要な文様となる地域は、房総半島南部を可能性として残すものの現状では確認できない。むしろ東岸地域の多くは、沈線区画から結節文区画への交替が間断なく速やかに進んだ地域である。また、甕では、宮ノ台期以来の平底甕の伝統が途切れることなく、輪積甕の変化は極緩慢である。

東京湾西岸地域では、変化の経路は、壺・甕ともにはるかに複雑である。横浜市白楽遺跡の一括資料（第3図4〜15）を好例として、Ⅲ期の段階には、沈線区画

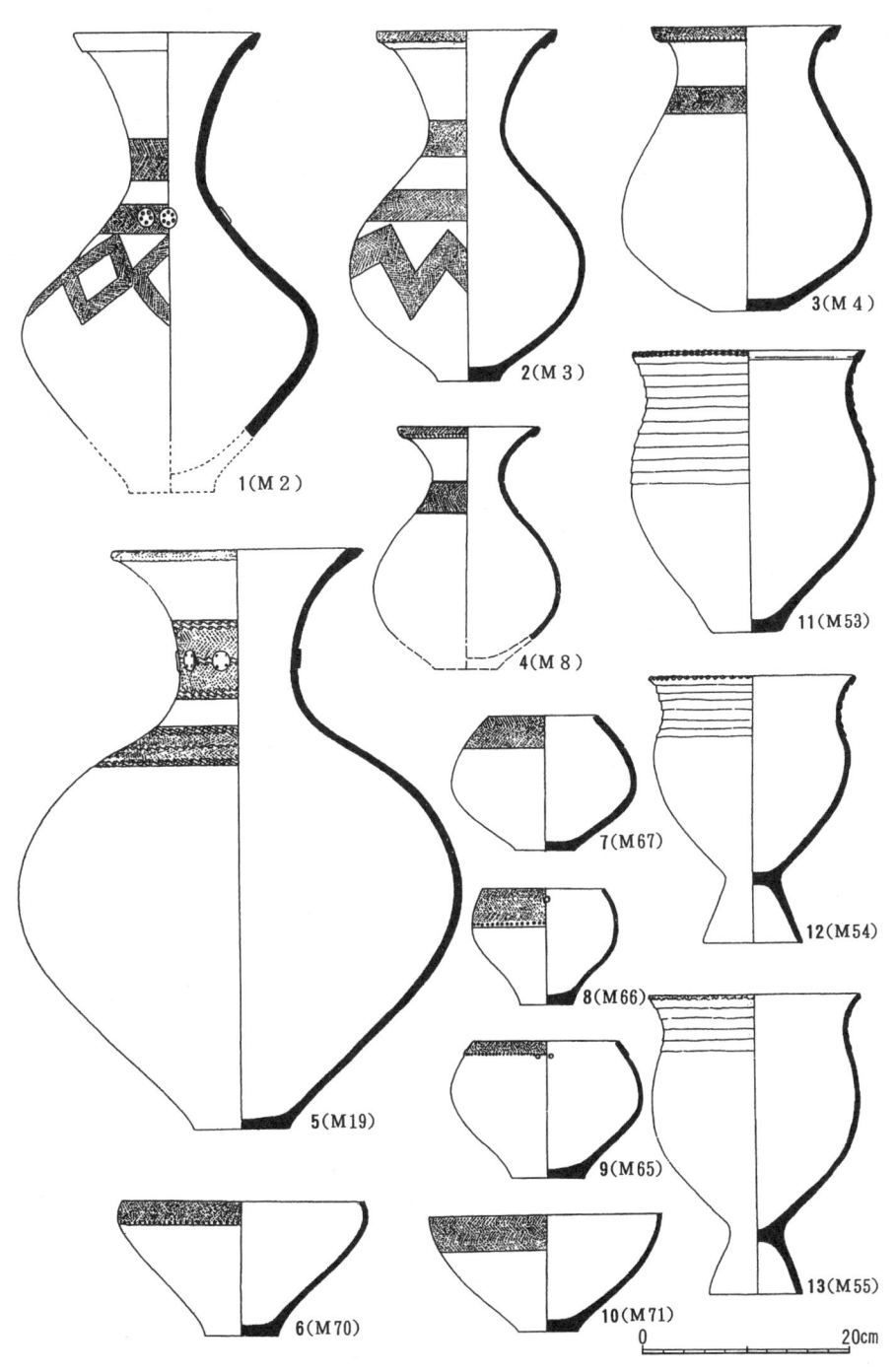

第2図 久ヶ原式土器（『弥生式土器聚成図録』より抜粋）

から結節文区画への交替がほぼ完了したかに見える資料が散見される一方、近年の久ヶ原遺跡の調査例に見られるように、壺に沈線区画が強く残る資料も見られる。甕の場合、白楽遺跡の段階に、台付の刷毛甕が定着しつつあることにも注意を要する。幾何学文の盛行のみに尽きない様相をもつ久ヶ原3式を想定する余地があるが、問題はここからはじまる。

　久ヶ原式の下限を画する変化は、いくつか考えられるが、最も広範囲で進捗した沈線区画から結節文区画への交替を基準とする、これまでの考え方が妥当する地域ではそれに従うべきであろう。その他の地域、とくに東京湾西岸地域では、複数の系列が錯綜しながら推移する過程をさらに解きほぐし、複合のあり方を見極めて後、全体の構成に及ぶ道しかない。また、久ヶ原遺跡こそそうした地域の中心のひとつであることも忘れてはならない。

　最後に上記した考えとこれまでの久ヶ原式の細分案の異同について、予察として記しておきたい。

　典型的な段階を起点とし、そこから遡及し得る段階と以降諸特徴が失われ、変容してゆく過程の総体として久ヶ原式を考えた場合、初源的な様相を示す段階を久ヶ原1式、典型的な段階を久ヶ原2式とすることにそれほど無理はないであろう（比田井2003）。この場合、久ヶ原2式は、記載の上では、田子台(たごだい)調査報告（菊池1954）の「TⅠ」、「KⅠ」からなる段階、『大田区史』（菊池1974）の「久ヶ原Ⅰ式」に近似する。ただし、『大田区史』で「久ヶ原Ⅰ式」として図示された壺は、山形文の形態、器形などから見て、細別2段階以上の壺を含んでいることは間違いない。

　問題は「久ケ原Ⅱ式」である。『大田区史』において、菊池氏が「久ケ原式、弥生町式」の細分については「すでに問題は存しない」と明言しており、田子台調査報告の壺の「TⅡ」、甕の「KⅡ」が問題となるが、『大田区史』で「久ヶ原Ⅱ式」の例を明示できなかった点から見て、最終的に「久ケ原Ⅱ式」は確定できないままに留ったと考えるべきである。

　一方東京国立博物館所蔵の周知の壺（第2図1）は、久ヶ原2式の典型例に対し、施文手法、山形文の形態、口縁部形態、器形いずれの点でも後出し、なお結節文のみによる区画が盛行する前段階があることを示唆している。また久ヶ原遺跡の「N1・2号竪穴」（菊池1953）の甕は、久ヶ原2式の中に含められるとすれば、久ヶ原2式の典型例の平底甕から脱却する変化が逸早く訪れた例となる可能性がある。

　これだけ資料が集積されつつある現在、なお確定できないことからすれば、当面久ヶ原2式を新古に分け、典型的な久ヶ原式は、久ヶ原2式の古段階に相当す

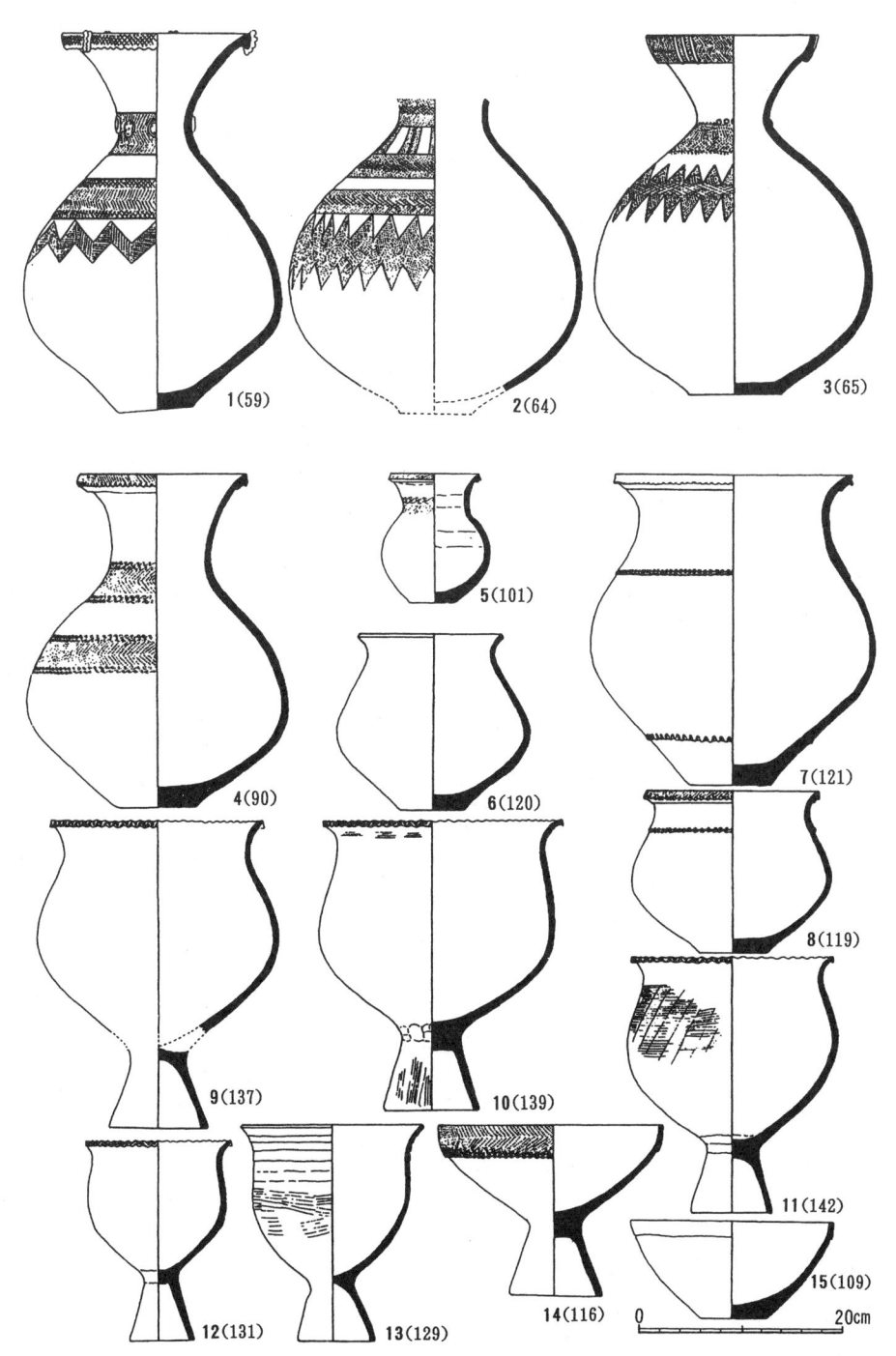

第3図 久ヶ原式土器の変容（1）（『弥生式土器集成』 4〜15：白楽遺跡出土土器）

るとし、上記した山形文の変化と装飾手法の複雑化を特徴とする段階をもって、新段階に充てる他ないであろう。

以上の細別は、久ヶ原1式を加える点で異なるものの、笹森紀己子氏の区分案（笹森 1984）に近く、また全体として大村直氏が示した久ヶ原式の細別（大村 2004ab）に大略一致するように思われる。

問題は次の段階である。「久ヶ原Ⅲ式」（第4図1・2）に関しては、実際幾何学文の壺のみからなる資料が見当たらず、また一方沈線区画から結節文区画への漸移的な交替を示す資料が蓄積しつつある現在、主に重山形文を特徴とする幾何学文の壺と結節文区画の2帯縄文の壺、多く1段の輪積痕段部に押捺を加える甕からなる段階を、暫定的に久ヶ原3式とするのが最も無理がないであろう。

菊地氏が「久ヶ原Ⅲ式」から「弥生町Ⅰ-Ⅱ式」を主とするとした久ヶ原遺跡1970年度調査区の住居址出土土器（菊池ほか 1974）の多くは、この段階におさまる可能性があり、「二ッ池式」（黒沢 2003）とされた二ッ池遺跡16・23号住居址出土土器（第4図4〜12）は、久ヶ原3式の好例と見ることができる。かつて「久ヶ原式から弥生町式への中間型式」（京都大学文学部 1960）とされた白楽遺跡出土土器は、ほぼ同じ段階の、久ヶ原3式とは異なった複合を示す土器群である。

田子台調査報告時点での菊地氏の方針に従うなら、さらに久ヶ原3式以降、久ヶ原遺跡出土土器をもって順次久ヶ原式を拡張することもできないではないが、すでに久ヶ原3式の段階で、様々な「異質性」（菊地 1974 ほか）、系列的な不整合を含むことを見逃すことはできない。壺においては、幾何学文の「異質性」がそもそもあり、また、結節文による縄文帯の区画自体、東京湾西岸地域の久ヶ原式に関しては、異質と見ることができる。不明な点を多々残すが、台付甕が定着することも異質な変化のひとつであろう。

山形文が鋸歯文へと変わる変化は、久ヶ原式の装飾手法の終焉を画する変化であり、久ヶ原式をそれ以前に限ることも一案であろうが、いずれにせよ暫定的な区分でしかあり得ない。

東京湾西岸地域では、久ヶ原3式の段階に、異地方の土器の搬入とは別に、系列的に異なった土器が複合し土器群を構成する傾向が見られ、久ヶ原遺跡出土土器をこの傾向の外にあるとする理由は見当たらない。とすれば、それは何よりも、久ヶ原3式以降「久ヶ原遺跡出土土器のみの分析細分」（菊池 1974）を行なうことが、各器種の単一の系列的な変化を確定する作業とはなり得ないことを意味している。久ヶ原遺跡出土土器の分析は、久ヶ原式の一系列の変化の延長ではなく、地域の複合的な土器様相の一断面を表わす暫定的な結論に帰着するであろう。

そうした複合的な土器様相が、久ヶ原遺跡自体の性格と全く無縁であるとは思

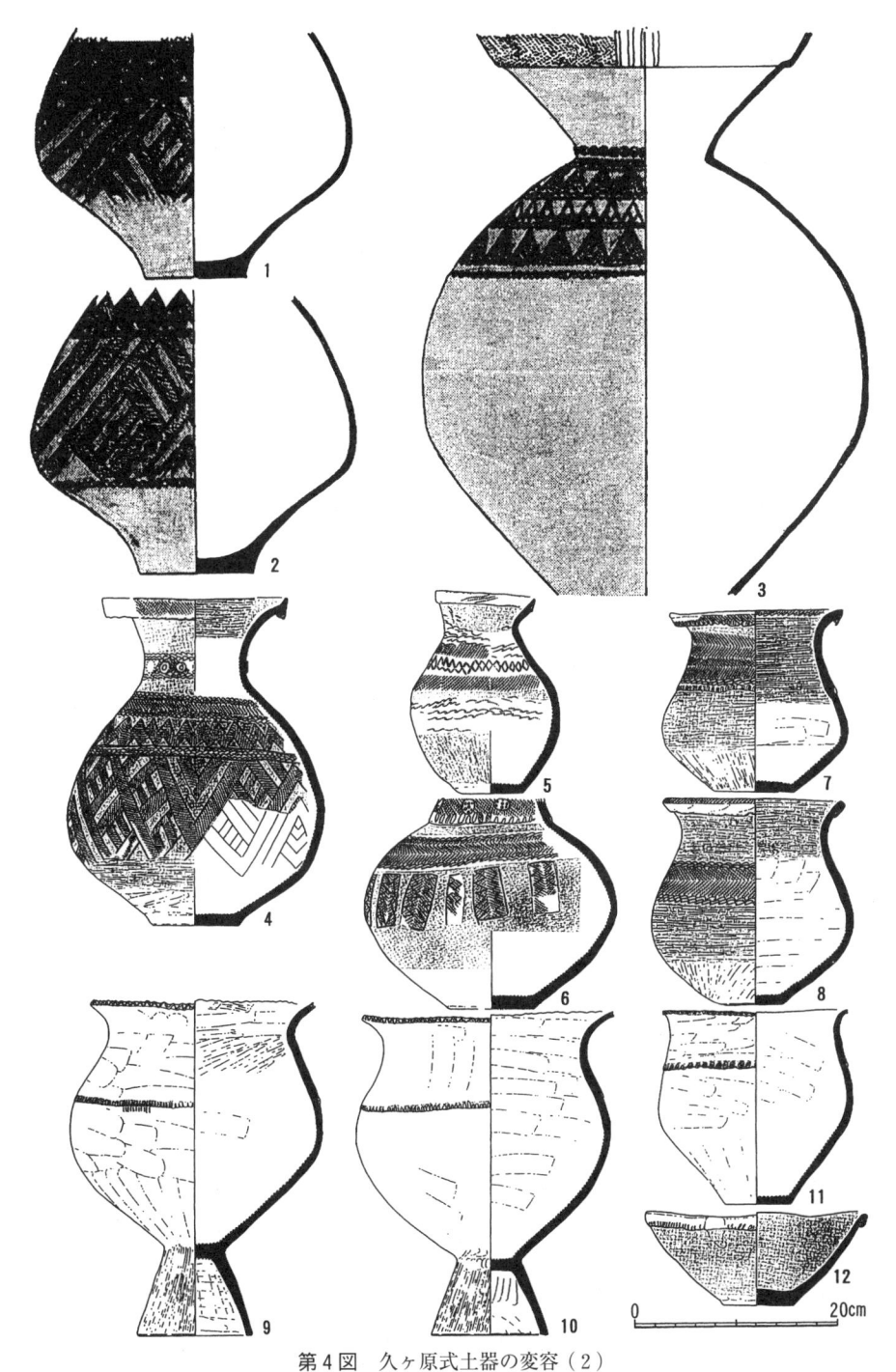

第4図　久ヶ原式土器の変容（2）
(1〜3:『大田区史』の「久ヶ原Ⅲ式」、「久ヶ原Ⅲ式と弥生町Ⅰ式の中間形式」　4〜12:「二ッ池式」)

えない。その途方もない遺跡の規模、集落の構成に関して、終生久ヶ原遺跡を見守りつづけた菊池義次氏が、久ヶ原遺跡とは「数集団が同時に占位」（菊池同上）した集落址であると事もなげに語った証言を、新たな視点から見直すべき段階にあるように思われる。

5．弥生町式と前野町式

黒沢 浩

1．弥生町式土器

　有坂鉊蔵（しょうぞう）と坪井正五郎が向ヶ岡弥生町（むこうがおかやよいちょう）で1個の壺形土器を採集したのは1884（明治17）年のことであった。今から120年前である。それから55年後、この1個の壺形土器は「弥生町式土器」という名称の基準として扱われることになる。

　「弥生町式土器」の名称を提唱したのは小林行雄氏である（小林編1939）。小林氏は杉原荘介氏の「久ヶ原後期」（杉原1935）を南関東第Ⅲ様式として扱い、これを「弥生町式土器」とよぶことを提唱し、それは、「弥生町貝塚の土器を以て代表される様式」と規定された。この点は杉原氏も同様で、1939年の編年表にも「久ヶ原期」の「後期（弥生町期）」に「弥生町遺跡出土土器」を基準資料として挙げている（杉原1939a）。

　このように、「弥生町式土器」は、向ヶ岡弥生町出土の1個の壺を指標として設定された型式（様式）である。しかし、この土器が採集資料であるということは、この土器がどのような土器群と共にあるのかがわからないということであって、「様式論」的に「弥生町式土器」を設定することは困難である。そこで、小林氏は弥生町出土の土器と似た形態の壺を集成し、一部これと同じ遺跡から得られている資料を加えることで「弥生町式」を構成した。つまり、久ヶ原式・前野町式がそれぞれ標式遺跡をもって設定されたのに対して、弥生町式は概念的に構成された土器「様式」であった。

　杉原氏はこの小林氏の提唱を受けて、しばらくの逡巡の後、「弥生町式土器」の名称を認める（杉原1940c）。しかし、同じ弥生町出土の土器を基準とする以上、杉原氏の「弥生町式」も概念的にならざるを得ない。ここに小林氏と杉原氏の「弥生町式」が微妙な齟齬をもって語られ始めたのである。

　しかし、その後の影響力という点では杉原氏の方が大きかった。特に、戦後編集された『弥生式土器集成』は杉原編年の集大成とすることもできるだろう（小林・杉原編1968bc）。この中で杉原氏は南関東地方の第Ⅳ様式を弥生町式にあてて解説している。詳細は省くとして、壺については器形の説明以外で、胴上部の「こまかい羽状縄文帯」をもち、それが「沈線で区切ることはない」としている。これと対比する上で久ヶ原式土器の壺の解説を見ると、やはり文様の主役は「こまかい羽状縄文による文様帯」であり、「かならずといってよいほどに、沈線で区切られ」ることが強い特徴だという。この沈線の有無による説明が、後の「久ヶ原式・弥生町式併行論」へと発展していく一因である。

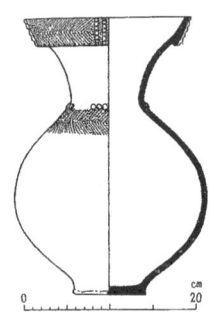

第1図 小林行雄氏による弥生町出土土器の復元

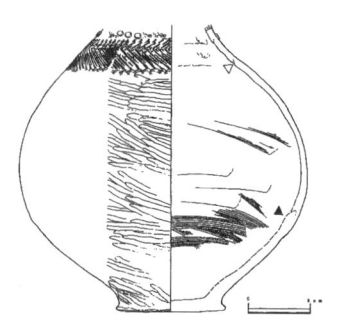

第2図 篠原和大氏による弥生町出土土器実測図

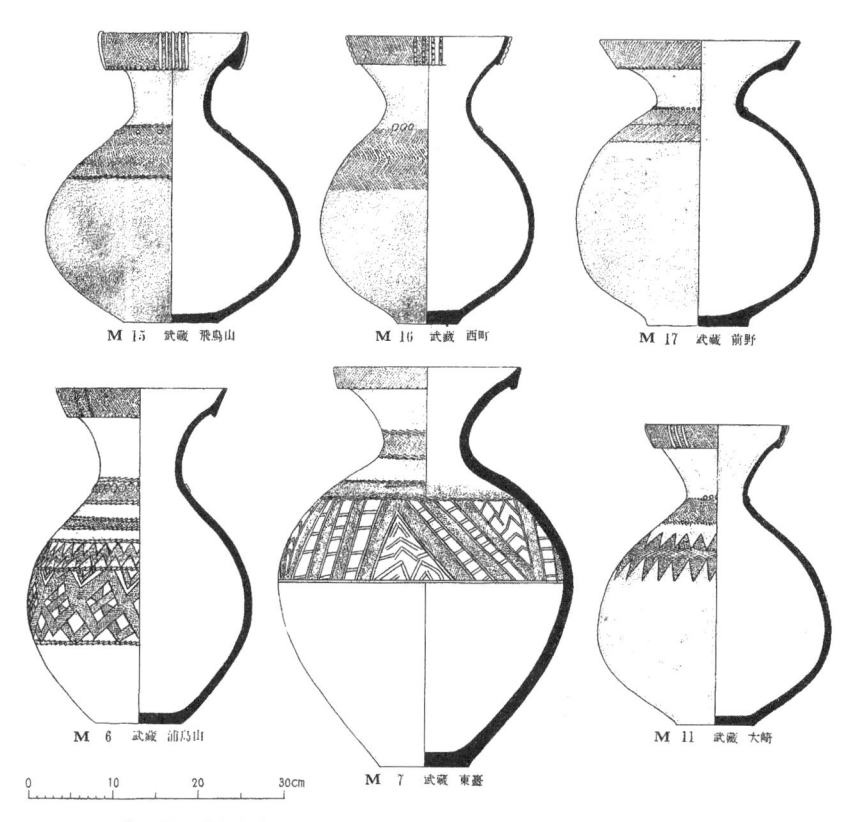

M 15 武蔵 飛鳥山
M 16 武蔵 西町
M 17 武蔵 前野
M 6 武蔵 浦乃山
M 7 武蔵 東䑓
M 11 武蔵 大崎

第3図 『弥生式土器集成図録』に収録された南関東第Ⅲ様式の壺

さて、弥生町の壺に戻ろう。最近の議論では、この土器が「弥生町式」である可能性はほとんどないといっていいようだ。すでに菊池義次氏が独自な編年観のもとに「弥生町Ⅲ式」としてその終末段階に位置づけた（菊池1974）ほか、笹森紀己子氏は前野町式以降に位置づけている（笹森1984）。また、鮫島和大氏・松本完氏らはこれを東海系譜の土器とする（鮫島1996、松本1997）。時間的・系譜的な検討がもう少し必要であろうが、現状でこの土器をもって「弥生町式土器」の標式とすることはもはやできない。当面、仮称「弥生町式」としておくが、設定資料・設定過程に問題のある「弥生町式土器」の名称は、学史の中で扱うのが適当であると考える。

2．久ヶ原式・弥生町式併行論

1970年代になると、大規模な発掘調査とその結果得られた膨大な資料によって、杉原編年が綻びはじめた。その端的な表れの一つが久ヶ原式と弥生町式は時間差ではなく、地域差とする、いわゆる「久ヶ原式・弥生町式併行論」であった。

「併行論」は70年代に岡本孝之氏と滝沢浩・星龍象氏から別々に出された既成の編年に対する疑問であり、両者の議論は厳密には違った方向を指向したものである（岡本1979・80a、滝沢・星1979）。その違いについてはふれないが、重要な点は、ニュアンスの違いはあるが、岡本氏、滝沢・星両氏ともに、久ヶ原式と弥生町式との違いを系譜の違いと捉えた点である。また、大きく一つとしてくくられてきた「南関東」が、予想以上に複雑な状況を呈していることをあぶりだしたのも「併行論」論議の産物であろう。

ただ、「併行論」の危うい点は、いずれも土器型式を構成する要素の比較に終始していることと、菊池氏が正しく指摘したように、南関東という広いエリアを「久ヶ原式」と「弥生町式」の2型式でカバーしようとしたこと（菊池1974）である。そしてその結果として、型式の把握を放棄し、先験的に設定された地域単位での編年序列（地域編年）に終始する研究の方向性を出してしまった。

これを新たな方向性の模索とするか、方法論の喪失ととらえるのか、研究の質そのものが問われているといえよう。

現在は甕の変化と変異の広がりを主とする型式学的な研究によって、時間的な細別は進行しつつある（松本1997）が、後期の土器群の系統関係についてはほとんど解明されていない。また、当該地域の後期土器群に対してはもっぱら相模以西との関係が取りざたされるのが常であるが、大村直氏が提唱する「山田橋式」に代表されるような（大村2004ab）、内在的な系統関係の解明も含めて複眼的な思考が要求されるであろう。

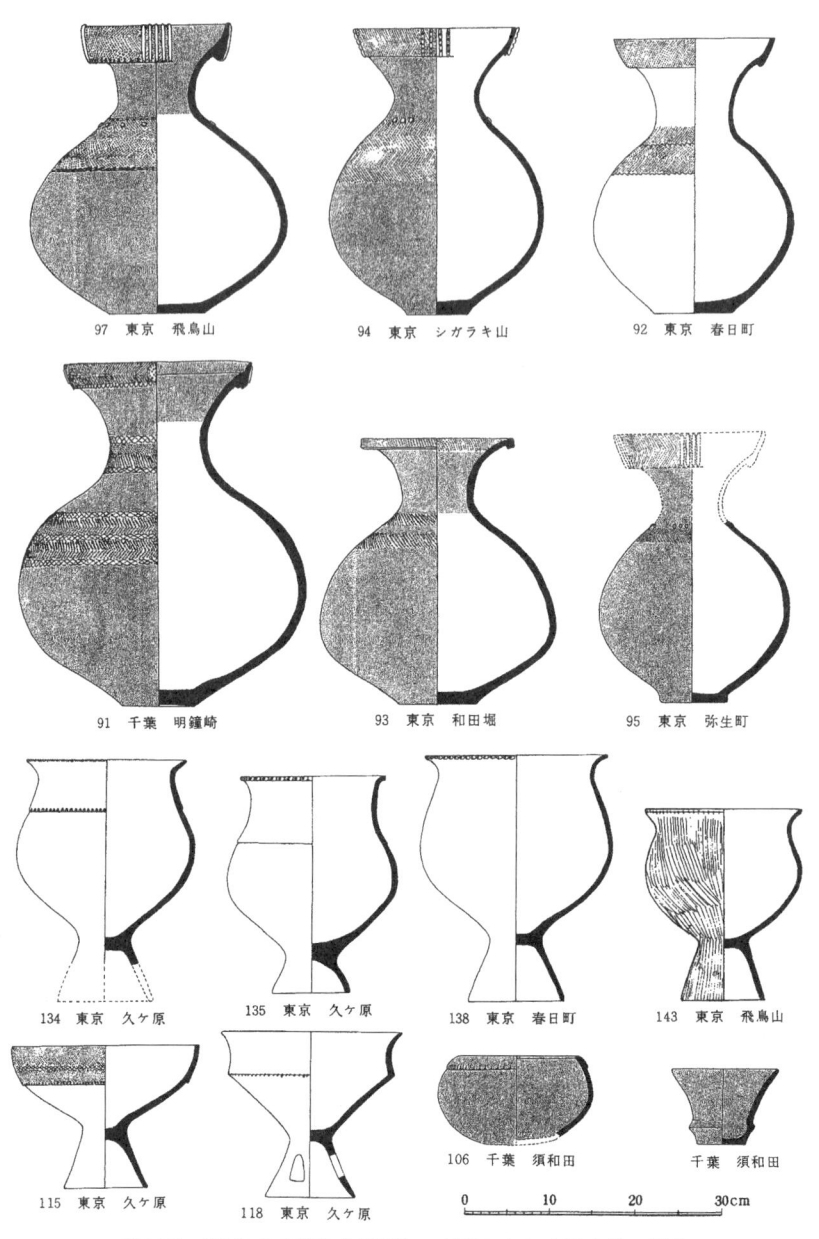

第4図 『弥生式土器集成図録』に収録された南関東第Ⅳ様式

3. 前野町式土器

　前野町式土器は板橋区前野町遺跡の諸地点と常楽院境内・西熊野神社隣の各地点出土資料に、地点不明資料を加えて設定された土器型式である。これを設定した杉原荘介氏は「選択」と「播布性」という概念によって、この型式を久ヶ原式（弥生町式を認めたあとは弥生町式）の後、鬼高式の前に位置づけた（杉原1940a）。地域的な個性と列島を単位とした全体的な統一性との兼ね合いからこれを「原史時代なる大きなる文化の燭光の影さす直前」として、「弥生式文化」の終末としたのである。

　その後、前野町式土器自体の研究は進展していない。研究の方向性が「弥生式土器」と「土師器」の境界問題の中で、その帰属時期の議論に向かったことが、土器型式それ自体の深化につながらなかったといえる。こうした中で前野町式存否問題が浮上してくるが、大村直氏が指摘するように、「弥生式土器」か「土師器」かという議論は「前野町式を否定する根拠とはなりえない」のである（大村1982）。

　しかし、前野町式をめぐる深刻な事態は、皮肉にも「古式土師器」と呼ばれる「五領式」の設定によって招かれることになる。大村氏の「五領式の設定当初より、標式資料に対する基礎的な理解が欠落していたことが、結果として今日なお前野町式との関係、あるいは前野町式の存否が問題となる端緒となった」という指摘（大村1982）は傾聴に値する。

　さて、前野町式土器そのものの研究だが、大村氏による神谷原遺跡出土土器の分析が現在に至るまでも、最もまとまったものである。大村氏はこの中で、台付甕の変遷を基軸に、新出器種である小型器台の出現を画期と捉え、近畿の庄内式に併行する土器型式として前野町式を再構築した。また、前野町式が南関東一円に広がる均一な土器型式ではなく、前段階の久ヶ原式・弥生町式の違いを前提として、弥生町式の範囲に展開する土器型式であるとの認識を示した（大村1982）。このことが、後に「鴨居上ノ台式」の設定につながっていく（大村・菊池1984）。

　しかし、その後の研究は久ヶ原式・弥生町式併行論の中で、土器型式の把握が崩壊したことを受けて前野町式の存在自体が再び抹消されようとしている。星龍象氏は、久ヶ原式・弥生町式の再検討の必要性という問題意識から、前野町式についても標式資料の再実測・再検討をいっている（星1986）が、前野町式の再構築には至っていない。

　ところで、こうした前野町式をめぐる研究動向とは別に、南関東の弥生土器全体の見直しを主張したのが菊池義次氏であった。菊池氏は、久ヶ原遺跡の資料に基づいて久ヶ原式をⅠ式～Ⅲ式に、弥生町式をⅠ式～Ⅲ式に細分しているが、それに後続する時期については世田谷区円乗院遺跡出土資料をもって円乗院式を

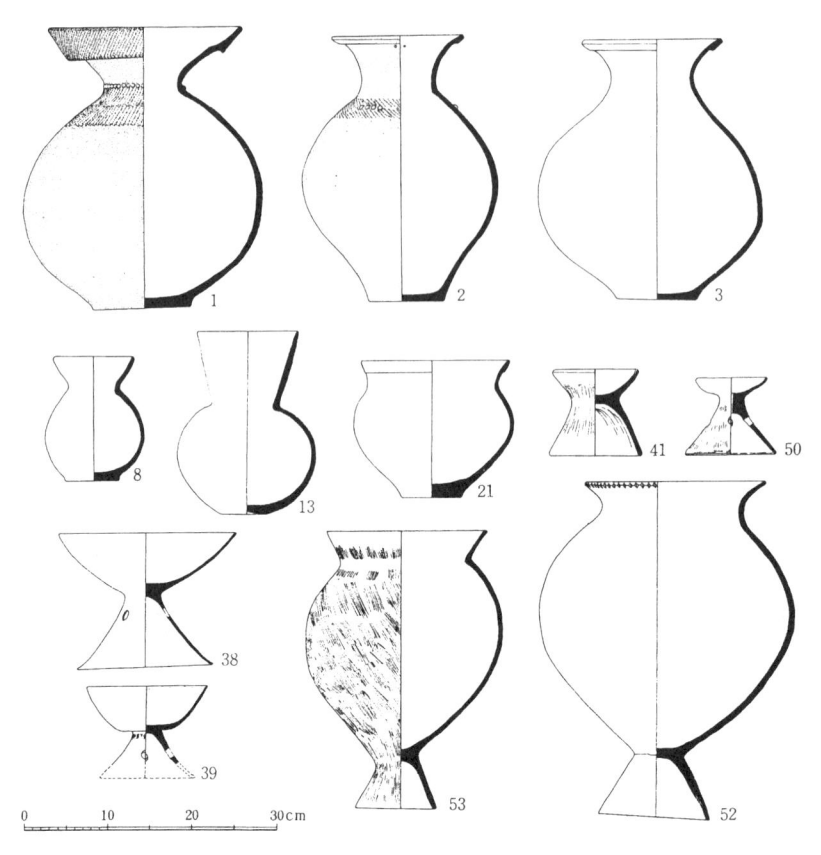

第5図　前野町遺跡出土土器

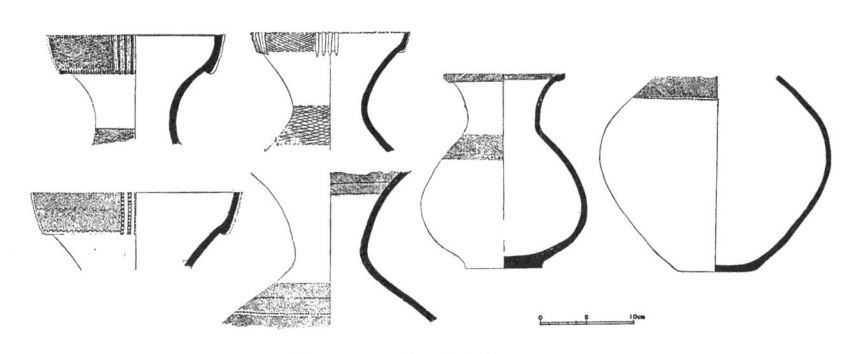

第6図　円乗院遺跡出土土器

54　第Ⅰ部　型式・様式の諸相

設定し、やはりこれをⅠ式〜Ⅲ式に細分されている（菊池1974）。

この円乗院式は、時期的に言えば前野町式に相当する時期であるが、菊池氏は前野町式については全くふれていない。菊池氏によれば円乗院式とは弥生町式からの分離を強調したものだという（菊池1987）。小出輝雄氏は円乗院式施文を検討し、「円乗院式施文を主体とする土器群を前野町式と考え、またその時期を前野町期としてとらえ」ているが（小出1992）、時期的な問題もさることながら、「円乗院式」なる型式が成り立つのかどうかという検討がどこかでなされるべきであった。

さて、前野町式をめぐる動向を簡単に概観してきた。現状では、発掘調査報告書において当該期の記載は「弥生時代終末〜古墳時代初頭」という表現をとることが多い。このことは、当該時期の土器群のもつ資料的・方法論的な難しさもさることながら、前野町式とそれに併行する土器型式の検討が不十分であることは先述したとおりである。

確かに型式論的には、小型器台や坩の組成への参加が重要であることは認める。しかし、組成はあくまでもそれらの器種を含む一括資料が得られたときの議論であって、それを含まない一括資料との比較基準を設けることが土器型式理解への第一歩であろう。

また、当該期の土器研究には、型式学的な分析とは違った方向性が入り込むことが多い。それは先にも述べたように、時代区分との関連である。前野町式やそれに相当する土器群が弥生時代終末のものか、古墳時代のものかという議論は、確かに重要なものであろう。しかし、その前提としての土器型式が明確に把握されない限り、そうした議論は恣意的な解釈論の域を出ない。

今なすべきことは、目の前に実在する土器群が一体「何式」なのか、そしてその由来は何であるのかを突き詰めていくことに他ならない。

そういう意味でも、前野町式土器の研究は標式資料に一度立ち戻るべきである。大村氏は「従来の標式資料に依存することは、編年の再構成あるいは細分をおこなっていく上で有効であるとは考えられない」（大村1982）と述べているが、20年たった現在の状況は膨大に累積された資料を整理する足がかりを探すことなのではあるまいか。

6. 相模地方の後期弥生土器

立花 実

1. 研究略史「相模は東海地方か」

　弥生土器研究の最初の広域編年である『弥生式土器聚成図録』（森本・小林 1938・39）では、相模は駿河・伊豆・遠江・甲斐とともに「駿河湾地方」に組み入れられている。そして、相模地方の弥生土器は、1955年の赤星直忠氏の指摘以来（赤星 1955）、常に東海地方の影響という側面で語られてきた。特に、1966年に神沢勇一氏が相模湾北西部という地域を設定し、他の関東地方との地域差を主張してからはよりそのイメージが定着した（神沢 1966）。しかし、当時は資料的制約から相模地方の全体像を提示し得なかったために、かえって他地域からは理解されにくい地域となった感がある。その結果相模地方は、南関東でも東海でもない中途半端な存在となり、以後の大地域編年では取り上げられることもなく、実態不明のまま取り残されることとなった。

　その後、高度経済成長期の大規模発掘調査による大量の資料は、関東地方での大地域編年を破綻させ、相模地方でも土台となる基礎研究がないままに、地域差あふれる多くの土器群が眼前に積まれる事態となった。これに対しては、地元研究者が対処療法的に各遺跡の分析を進めることとなり、このことが初めて地域編年の土台となる資料の提示へとつながった。しかしこの段階では、地域としての共通理解が得られていたわけではなく、遺跡ごとの理解度には大きな差が残されていた。

　こうした状況を大きく変えたのが東海地方の土器研究の進展であった。欠山式シンポ（愛知考古学談話会 1987）、廻間式土器の提唱（赤塚 1990）、浜松シンポ（東海埋蔵文化財研究会 1991）と現在の研究へ直結する成果が蓄積された。また、綾瀬市神崎遺跡の調査成果も東海地方西部と相模地方の一関係を具現化し（小滝・村上 1992）、これ以降当地域の土器の地域差、遺跡ごとの様相差が、東海系土器の影響や受容のあり方によるという認識が一般化した。

　このような蓄積を得て、2001年には小田原でシンポジウムが開催され、相模地方の土器について現時点での成果がまとめられた（西相模考古学研究会 2001）。これは、翌年に刊行された『弥生土器の様式と編年 東海編』（加納・石黒編 2002）の成果を加味したものであるが、ここで相模は改めて東海地方に組み入れられている。ただし今回は、神崎遺跡等に代表される東三河・西遠江系土器の動態を発信、受容の両面から検討することが意図されたことによる。

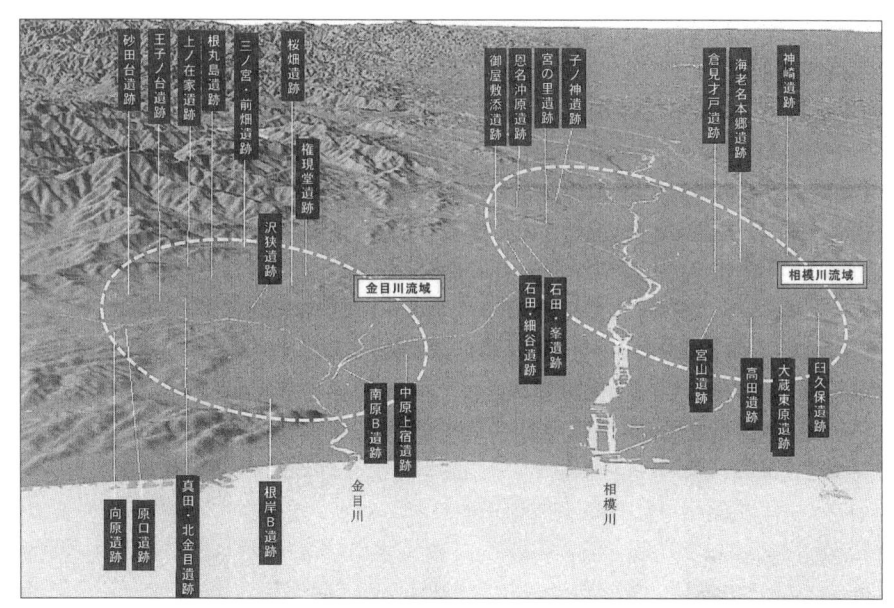

第1図　相模川流域・金目川流域の主な遺跡の分布

2．地域区分（第1図）

　弥生時代後期の遺跡立地からすると、相模地方は大磯丘陵を境に足柄平野と相模平野、そして三浦半島に区分することができる。そして、その土器を比較した場合、まず、東京湾岸的な様相の強い三浦半島が除かれ、さらに酒匂川流域を中心とする足柄平野は、中部高地系土器の影響が見られるなど他の地域とは異なる様相を呈すると予想されるが、資料的制約から未だその実態を言及できる状況にはない。

　そこで、結果的に相模平野を取り上げることとなるが、この相模平野は、相模川流域と金目川流域とで土器様相が大きく異なる。相模川流域は、東三河、西遠江と関連の深い土器が分布する範囲で、一部には土器製作技法がそのまま移植されたかのような様相も見られる。さらに、相模川流域の東側には、より東の久ヶ原式土器との接触をもつ境川流域を一地域とすることも可能である。しかし、この地域も断片的資料が主であり、全容解明は今後の課題である。一方、金目川流域の土器群は一口に言って東遠江、東駿河との親縁性が強く、相模川流域の土器様相とは大様式ほどの違いがある。こうした理由から、今回俎上に上げるのは資料的に充実している相模川流域と金目川流域とする。

6．相模地方の後期弥生土器　57

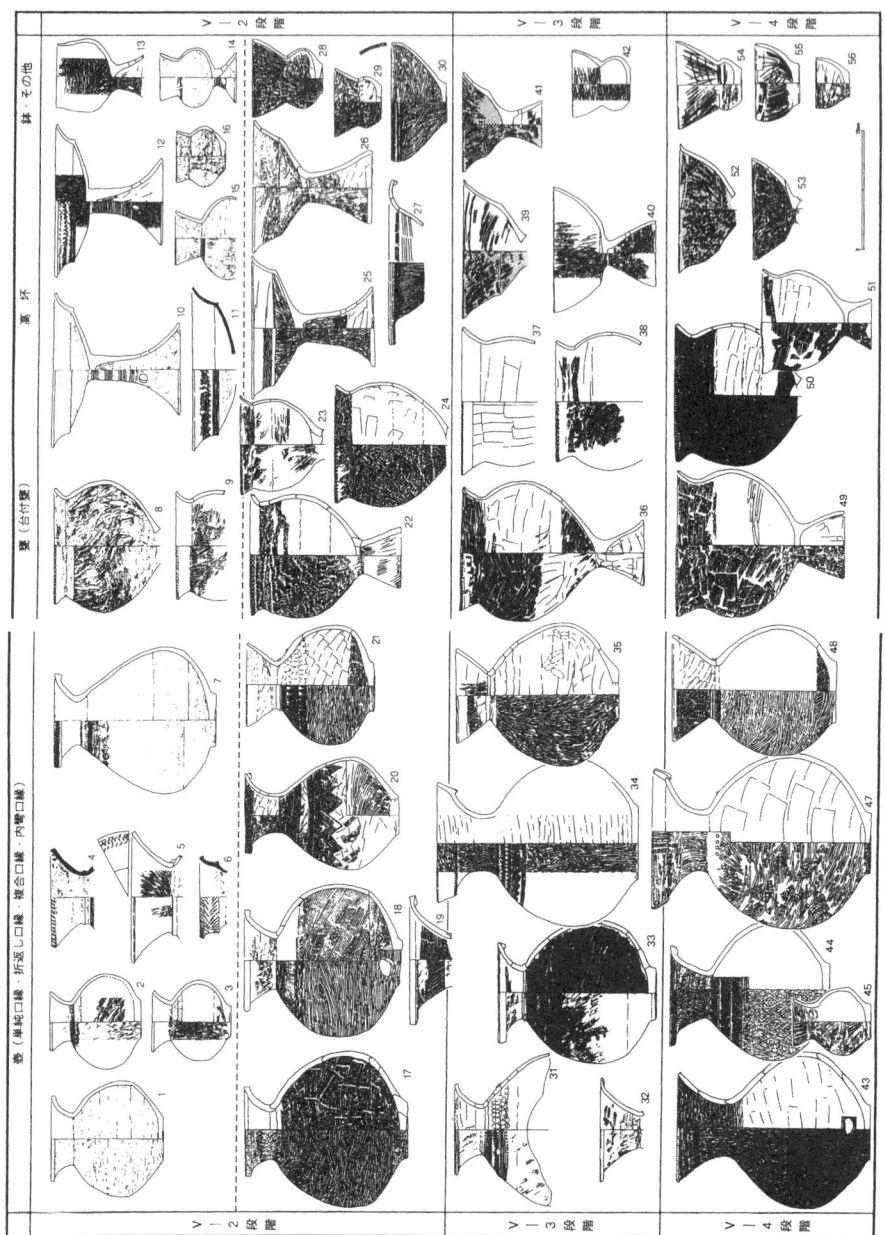

第 2 図 相模川流域における土器様相の変遷（立花 2001）

3．各地域の土器様相
相模川流域（第2図）

　相模地方の後期弥生土器は前半と後半の二分、さらにそれぞれを二分した4段階を基本に考えることができる。しかし、相模川流域では宮ノ台式に後続する土器群が未だ把握されていないため、Ⅴ—1段階を設定できず、Ⅴ—2段階がその始めとなる。

Ⅴ—2段階　当地域における後期弥生土器の始まりは、東三河・西遠江の影響下に成立した土器とそれに伴う若干の久ヶ原式系土器による。器種には壺・甕・高坏・鉢があり、高坏が20～30％を占めることを特徴とする。遺跡により、そのものからやや変容したものまで様相差があり、ある程度の時間幅を有すると考えられる。ただし、この段階の久ヶ原式系土器は宮ノ台式土器の終末と接触するものではない。第3図に示した寒川町高田（たかだ）遺跡の環濠下層出土の土器が、この段階の古相に相当する。

Ⅴ—3段階　新たに西遠江欠山式、東遠江菊川（きくがわ）式新段階の影響が見られ始める。ただし一方で、前段階の中心であった西遠江伊場（いば）式の残映を色濃く引きずってもいる。特に高坏にそれが顕著で、本来の伊場式にはみられない形態変化をとげる。さらに、わずかながら西遠江欠山式の影響が強い高坏も認められる。第3図の高田遺跡環濠上層の土器群は、前段階のものと混在しながらもⅤ—2段階からⅤ—3段階に移行する資料を含んでおり、下層出土土器との継続性および時間的変遷を表している。このように本段階は、西遠江欠山式、東遠江菊川式（新段階）の影響を受けるが、それは遺跡によって差が大きい。特に、西遠江欠山式系の影響は、本国と同様に前段階から継続的に追うことができる遺跡とそれが途切れてしまう遺跡とがある。欠山式系と認定できる土器と変容伊場式系とでも呼ぶべき土器群が同時期に共存することとなる。一方で金目川流域を介在とする東駿河系土器の進出、東京湾岸系土器の後退という現象がみられ、この段階が本地域における相模化の始まりと評価できる。

Ⅴ—4段階　より相模化が進行する。これは具体的には、西遠江・東京湾岸の影響が減少し、東駿河の様相が金目川流域を通じて広がってくることである。壺は前段階まで共存していた西遠江系、東京湾岸系が姿を消し、東駿河系が主体となる。高坏は全容を知り得るものが見当たらなくなる。金目川流域と同様の土器様式へと変化している。ただし、それらの中でも壺の頸部屈曲がきつい点などには、Ⅴ—2段階に強い影響を受けた東三河、西遠江の土器製作技法のなごりをみることができる。

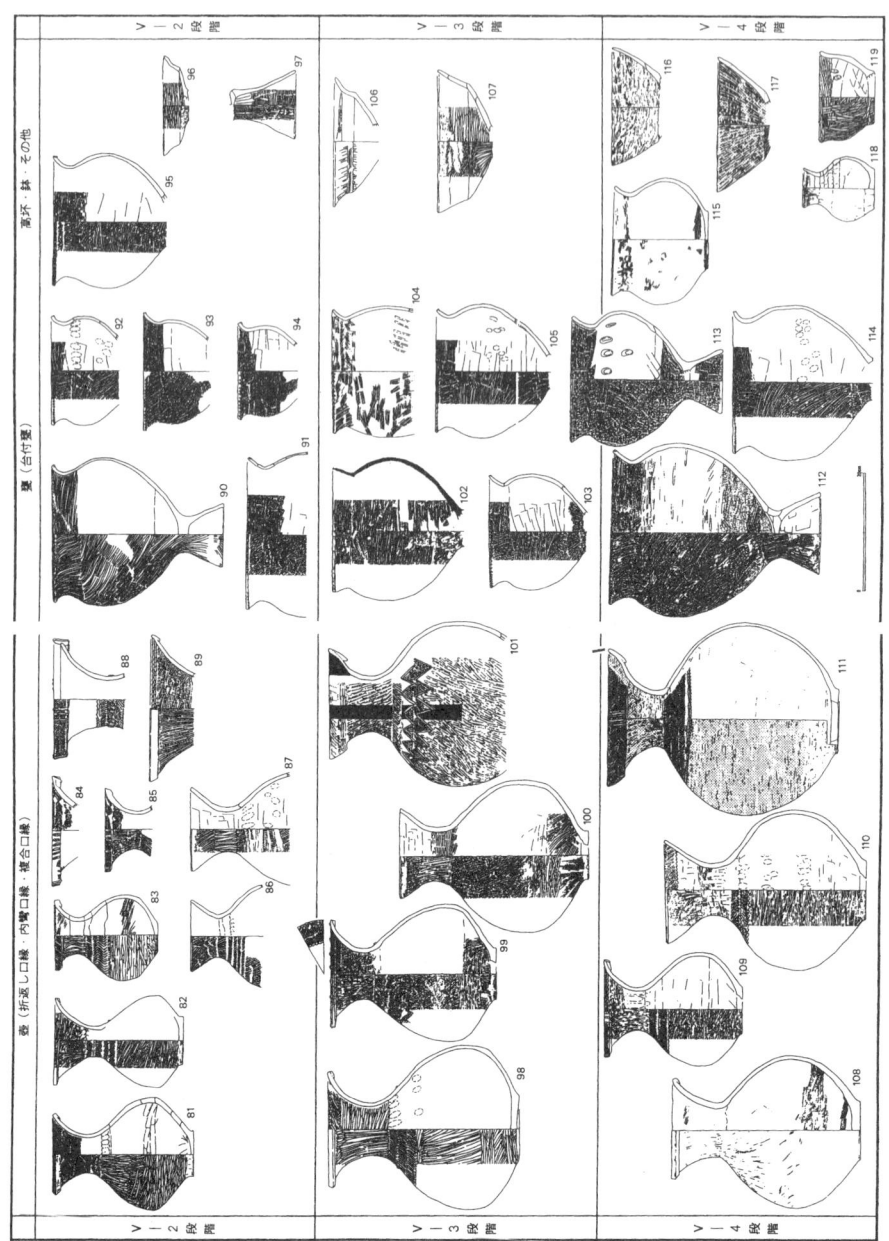

第3図 金目川流域における土器様相の変遷（立花 2001）

下層

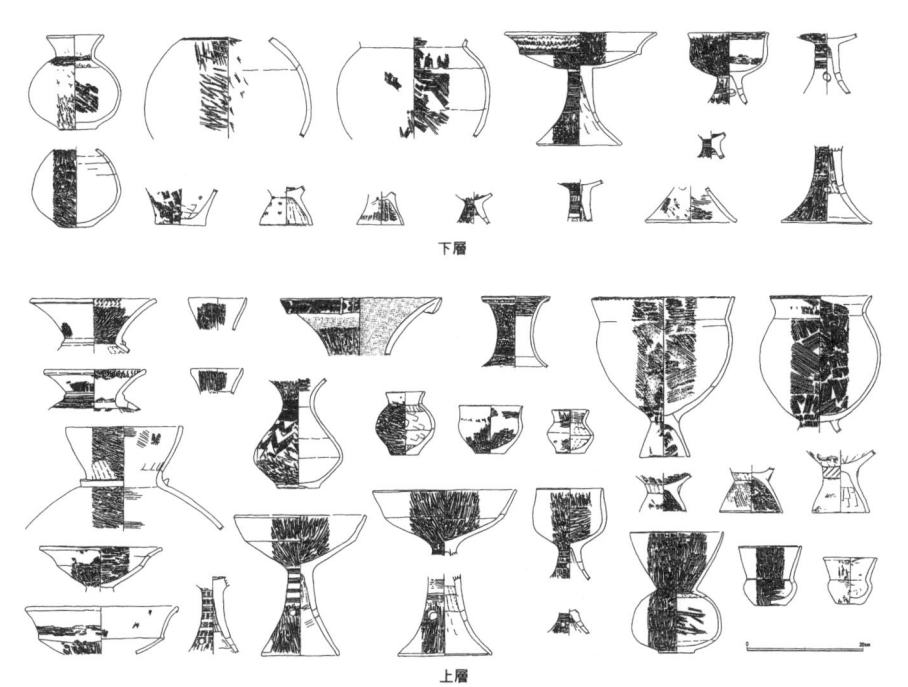

上層

環濠（Y1号・Y2号）出土土器（一部）

第4図　近年報告の注目資料（1）　高田遺跡第3次調査（高田遺跡発掘調査団 2003）

金目川流域（第4図）

　この地域にも相模川流域同様、宮ノ台式土器に継続するⅤ―1段階は存在しないと考えてきた。しかし、2003年に報告された平塚市真田・北金目遺跡群に良好な資料が見られるので、ここで紹介しておきたい。それは19区SI004、005、006（竪穴住居址）および、21区SD001（環濠）出土の土器群である（第5図、平塚市真田・北金目遺跡調査会 2003）。19区の資料は、宮ノ台式ともとれる壺、平底甕に、二段文様帯および山形文の壺、一段または多段の輪積痕を残す甕など久ヶ原式の特徴を有する土器群からなる。宮ノ台式に後続する久ヶ原式古相の様相と言えるだろう。さらに、21区SD001ではより宮ノ台式に近いともいえる土器群に、東海系の折返し口縁壺が伴い、19区SI005の土器群には、久ヶ原式系土器に駿河系の壺とハケ甕が共伴している。これらは東海系土器群の東進の一時期を示している可能性が高い。また、これに中部高地系の櫛描文の甕が伴っていることは、断片的ながらこれらが散見される酒匂川流域との関連を示唆させるものである。こうした資料が普遍的な存在なのか、今後の類似資料の増加が待たれる。

Ⅴ―2段階　この段階は、東遠江菊川式、東駿河雌鹿塚式に起源をもつ土器群が主となる。前段階の久ヶ原式系の様相は断片的である。菊川式系の土器は、厚い

6．相模地方の後期弥生土器　61

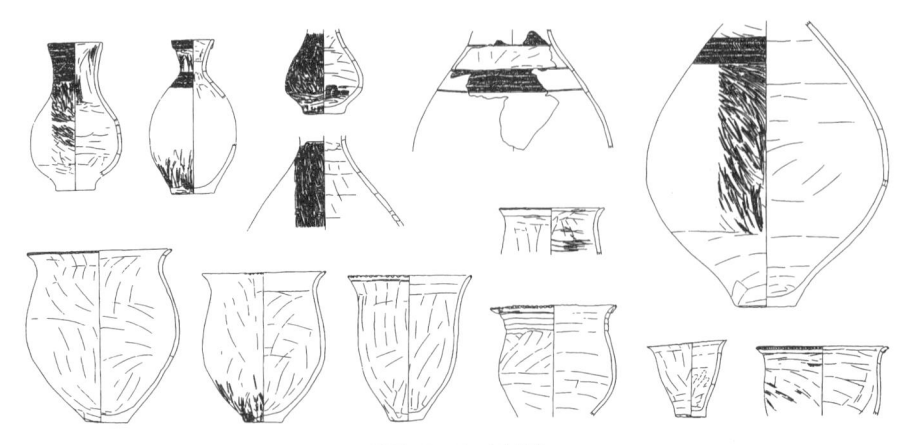

19区　SI004出土土器

19区　SI005出土土器

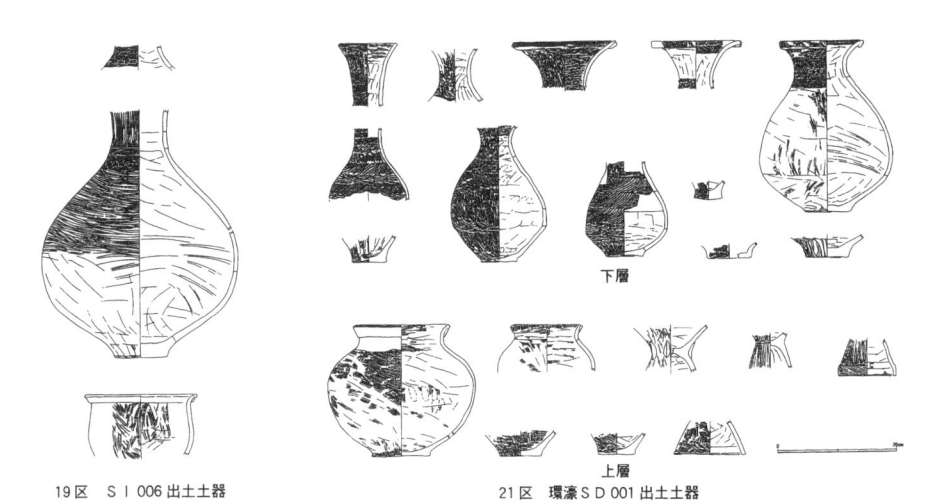

19区　SI006出土土器　　　　21区　環濠SD001出土土器

第5図　近年報告の注目資料（2）　真田・北金目遺跡群
（平塚市真田・北金目遺跡調査会2003）

折返し口縁、内彎口縁、櫛刺突文、結節縄文を特徴とする壺と、口縁端面を厚くし、粗いハケ仕上げの台付甕を基本とする。東駿河系の土器は、薄い折返し口縁、細頸、下膨れの胴部の壺に代表され、無区画の縄文を多用している。本段階では、壺、甕とも両系統の土器を識別することが可能である。高坏の様相は例が乏しく不明である。

Ⅴ―3段階 前段階の土器様相が変容をみせ、当地域に独自色が浮かび上がってきた段階である。東遠江系、東駿河系は変容しつつ互いに影響しあい、両者の折衷や融合など在地化、つまり相模化が開始される。壺には東遠江系、東駿河系、東京湾岸系の三系統をみることができるが、施文部位や文様、調整などに変容がみられ、個々の土器の違いは小さくなる傾向にある。甕は東遠江系を識別することは可能であるが、それも目立たなくなりつつある。高坏はわずかで様相は明らかではない。

Ⅴ―4段階 当地域の地域色が明確になり、相模の広い範囲に浸透する段階である。複合口縁壺、折返し口縁壺には前段階同様の系譜が認められるが、壺全体にわたって頸部の屈曲化、球胴化といった共通の現象が現れる。しかし、器型、調整、文様の組み合わせが当初の規範から逸脱し、同じ器型でありながら、系譜が異なる文様、調整方法を採用する土器もみられる。甕は頸部の屈曲が強くなり、胴部の球胴化が進行する。系譜的な差異は識別できなくなる。この段階も高坏は相変わらず主要な器種とはならない。このように、Ⅴ―4段階では東駿河、東遠江といった系譜差が薄れ、相模の土器として変容、定着する。それは、本地域にとどまらず、相模川流域にも拡散・浸透していく。

4．新資料の評価と意味

今回、金目川流域については、新たに宮ノ台式土器に後続する久ヶ原式古段階併行の土器群を提示した。ナデ調整、輪積痕、平底甕がまとまって出土した真田・北金目遺跡群の事例は、偶然や混入ではなく、確かにこうした様相の時期が存在することを物語っているといえる。この資料だけで、当地域が久ヶ原式土器の分布圏外に位置するという評価を覆せるとは言い難いが、断片的ながらも久ヶ原式土器が存在し、それが古段階に併行している事実は重要である。宮ノ台式土器の終焉が、後期に食い込むと言われ始めて既にずいぶん経つが、当地域においてその流れは久ヶ原式古段階までは継続される可能性が強まったことになる。ただし、金目川流域のⅤ―2段階に主流となるハケ調整台付甕を中心とした駿河、東遠江系土器との系統差は未だ歴然と横たわっており、その変換時期が宮ノ台式の終りよりもやや下がった後期前半の中にあることが明らかになったにすぎない。

そうした意味では、真田・北金目遺跡群 21 区環濠 SD001 下層や 19 区 SI005 において、久ヶ原式系土器と駿河系或いは東遠江系土器が共伴している事例は注目に値する。具体的に言うと、前者においては東遠江菊川式系の壺（註 1）と共伴する土器群の時期が問題となる。下層出土の土器から、内面に文様帯をもつ折返し口縁の土器を東海要素として除外すれば、残るは単純口縁の細頸壺だけとなる。さらに図示しなかったが、これらの土器には沈線区画縄文、沈線を充填する山形文、櫛描波状文の壺、横走羽状の甕等、明らかに宮ノ台式に位置付けられる破片が伴っている。環濠という遺構の性格から、出土遺物が限定した一時期に納まりきらない可能性も考慮しなければならず、これらの土器の評価は意見が分かれるところだろうが、宮ノ台式の終末前後と接点をもつ可能性があることを指摘しておきたい。相模地方における東海系土器の影響時期が、従来よりも遡ることになるかもしれない。一方後者の 19 区 SI005 の場合、久ヶ原式古段階に併行する甕と、球胴化しつつある壺、ハケ調整甕の共伴ということになる。この壺と甕については、後期後半に下がるとの指摘もあったが、壺の文様位置が高い点などにやや古い要素を見出すこともできる。報告書の記載では住居址覆土下層〜中層の出土となっており、簡単に混入と片づけることもできない。現時点では、沼津市周辺に散見され、後期前半に位置付けられるハケ調整、輪積痕、台付甕等も視野に入れつつ、新たな類例を待つ以外に術はないと言うところであろうか。
　いずれにしても、東京湾岸に中心をもつ土器群と駿河、東遠江の土器群が相模の地で共伴するという事実が確認されたことは、広範囲の土器交流、時間軸の擦り合わせを考えるうえで新たな可能性を見い出したといえる。19 区 SI005 に共伴する広義の中部高地系土器の処遇も含め、今後の発展を期待させる資料である。
　また、一方の新資料である高田遺跡の環濠出土資料は、今まで不明瞭であったⅤ—2 段階からⅤ—3 段階へと継続的に続く遺跡の土器様相を明らかにし、その変化を層位的に保証した。未報告資料ではこれに後続し、確実にⅤ—3 段階に入る資料もあるようであり、情報の分断、継続と遺跡ごとに有り様が異なるこの時期の土器交流の複雑さを浮き彫りにしている。これも今後につながる成果であろう。

5．相模の土器様相の特質とその要因

　最後に相模地方の後期弥生土器の特徴を整理してまとめとしたい。主な特徴を列記しておく。
　①Ⅴ—2 段階では、相模川流域と金目川流域で異なる系譜の土器の影響のもと、大様式ほども差のある土器様相が並立している。②それがⅤ—3 段階から徐々に在地化し、Ⅴ—4 段階にはほぼ同じ様式と呼べる様相に至る。③このことは、相

横川流域では形態変化、器種組成、製作技術などに先進的土器様相からの逆行とも言える現象を引き起こしている。④また、Ⅴ―3段階以降、残存する（変容）伊場式系土器と新出的な欠山式系土器の共存という現象がみられるが、これは交流のあり方の質的変換、遺跡ごとの受容形態の違いを示していると考えられる。⑤金目川流域では別系統の土器の変容、融合が進んでいくが、これは土器製作に関して保守的である同時期の南関東他地域に比べると特異な現象とも言え、地域間交流のあり方の多様性、地域の独自性を示している。

　以上、相模地方の後期弥生土器の様相を概観したが、こうした複雑な実態の背景としては、地理的勾配に則さない形での土器製作技法の伝播、そしてその受容形態の地域的多様性が想定される。それは土器における通常の型式学的変遷や進化論的発展の想定を越えた、意図を有する非日常的な集団行動の結果と考えられる。そしてそれが繰り返し行われる社会の存在を示していると言えるだろう。

（註1）　討論の中で、これらを菊川式古段階（かつての二之宮式）とする評価があったようであるが、器形的には類似しているものの、報告書によると文様には端末結節、沈線区画が用いられており、時期的な検討が必要と考える。

【第2図出典】　1：神崎遺跡1住、2・3・12：高田遺跡環濠、4・11：大蔵東原遺跡環濠、5・6・9：御屋敷添遺跡1溝、7・10・14・15：神崎遺跡土器捨場、8・16：神崎遺跡2住、13：高田遺跡環濠、17・20・28：大蔵東原遺跡6方周、8・21・22・24・29・30：本郷遺跡環濠、19・25：宮の里遺跡内濠、23：子ノ神遺跡2住、26：本郷遺跡37方周、27：本郷遺跡SK地区9住、31・38：子ノ神遺跡112住、2：臼久保遺跡Y6住、33：子ノ神遺跡193住、34・40・42：高田遺跡1方周、35・36：恩名沖原遺跡Y-27住、37：大蔵東原遺跡8方周、39：臼久保遺跡Y39住、41：臼久保遺跡Y12住、43・44・50：本郷遺跡26方周、45・49・51・54・55：臼久保遺跡Y24住、47・48：本郷遺跡RC地区34住、52：臼久保遺跡Y4住、53・56：恩名沖原遺跡Y-31住

【第4図出典】　81・89：根岸B遺跡、82・91・95：王子ノ台遺跡YK141住、83・86・90・93・94：真田・北金目遺跡群1区SI003、84：真田・北金目遺跡群3区、85：真田・北金目遺跡群1区、87・97：王子ノ台遺跡YK75住、88：桜畑遺跡、92・96：王子ノ台遺跡YK73住、98・103・107：王子ノ台遺跡YK49住、99・100：王子ノ台遺跡YK1方周、101・104・106：中原上宿遺跡Ⅳ区SI07、102：根丸島遺跡308住、105：王子ノ台遺跡YK102住、108・115・118：上ノ在家遺跡32住、109：王子ノ台遺跡YK5方周、110：王子ノ台遺跡YK4方周、111：砂田台遺跡2方周、12・116・117：砂田台遺跡19住、113：向原遺跡175住、114：王子ノ台遺跡YK95住、119：向原遺跡216住

コラム１．佐野原式・足洗式

小玉 秀成

　足洗式は、井上義安氏により茨城県北茨城市足洗遺跡出土土器を基準として設定された（井上1956・59、伊東重1955）。胴部上半に同方向に巻く渦巻文が連結する細口長頸壺、口縁部無文で体部に縄文を施文する甕、連弧文や山形文を施す鉢、蓋、胴部に重四角などを描く広口壺で構成される。現在、足洗式と呼ぶ土器群は、井上氏が「足洗Ⅰ式」とした土器である。

　鈴木正博氏は、足洗式を１・２・３式に細分し渦巻文の系統という視点から茨城県高萩市赤浜遺跡出土土器を足洗１式に先行する「赤浜式」に比定した（鈴木1976b・78）。その後海老沢稔氏は、鈴木氏が足洗式直前とした茨城県高萩市赤浜遺跡出土土器を足洗１式の範疇に含め、渦巻文の施文具が１本→２本→３本という変遷をたどるとした編年案を示している（海老沢1986）。しかし足洗３式の基準とされた千葉県成田市関戸遺跡出土土器の中に２本の施文具を使用したものがあるなど、この編年案と矛盾する資料も多かった。足洗２式→３式にいたる変化の指標を渦巻き文帯とその上下を区画する連弧文という構成が崩壊することに求め、細分編年の再編案を筆者は提示したことがある（小玉1996）。

　1970〜1980年代において、主に利根川下流域を中心に、従来の足洗式→東中根式→長岡式→十王台式という編年観では理解できない土器群の出土が相次いだ。その代表的な遺跡として千葉県小見川町阿玉台北遺跡、銚子市佐野原遺跡、佐倉市大崎台遺跡などが挙げられる。これらは後期の土器群が成立する前段階、つまり中期末葉にあたる時期の土器群であったわけなのだが、これらの土器群に対し、足洗式や十王台式の範疇で理解しようとしたものもあれば、福島県浜通り地域の桜井式との関係を示したものなど様々な見解が出された。その中にあって鈴木正博氏が佐野原遺跡７号住床面出土土器を基準に「佐野原１式」を設定し後期直前段階として位置づけた。また氏は、佐野原１式について、破片であるが重四角文を施す広口壺や、山形文を施文する土器などもこれを構成する土器として位置づけ、宮ノ台式や「毛萱」、天神原式、桜井式との関連性をも論じている（鈴木1979a）。その後大沢孝氏は、佐野原遺跡出土土器において、連弧文を施文する甕を「佐野原Ⅰタイプ」、大崎台遺跡において縦スリットを入れた土器を「大崎台タイプ」と命名、また伴出する南関東系土器を一つの年代基準として「佐野原Ⅰタイプ」（中期末）→「大崎台タイプ」（中期末〜後期初頭）という変遷案を提示している（大沢1983）。海老沢稔氏は、これら中期末葉の土器群に対し桜井Ⅱ式の南下現象として理解しようとした（海老沢1987）。

「赤浜式」

足洗1式

足洗2式

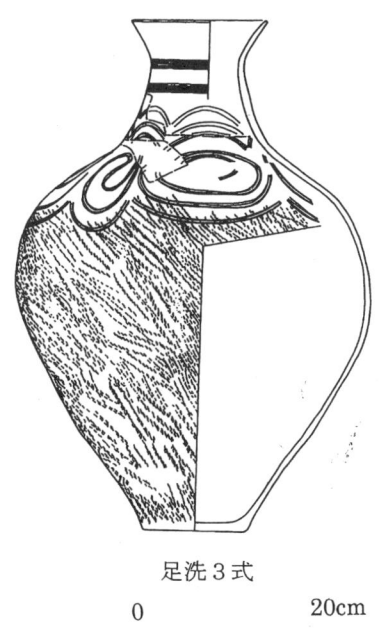

足洗3式

0　　　　20cm

第1図　「赤浜式」および足洗式土器

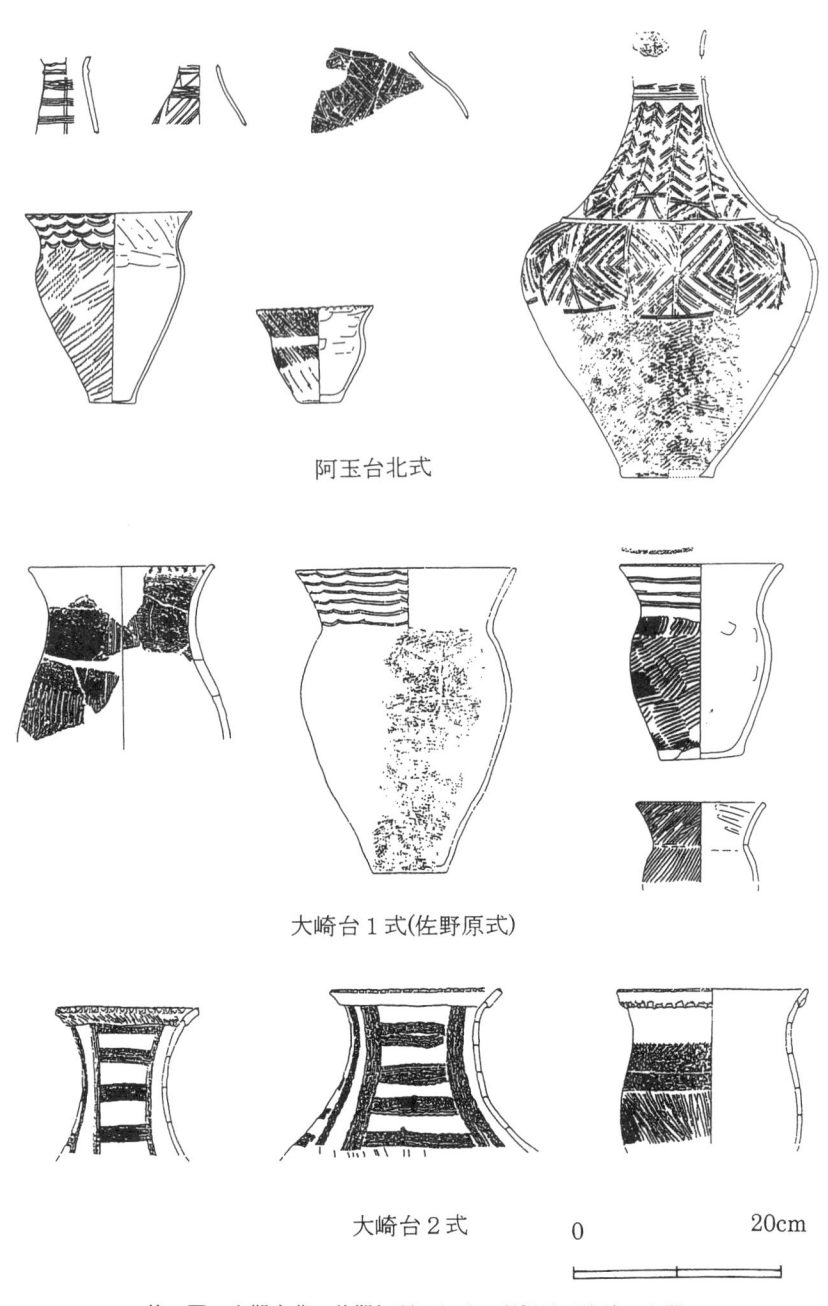

阿玉台北式

大崎台1式(佐野原式)

大崎台2式　　　0　　　20cm

第2図　中期末葉〜後期初頭における利根川下流域の土器

68　第Ⅰ部　型式・様式の諸相

筆者はこれら中期末葉の土器群に対し、その系譜を毛萱遺跡出土の連弧文土器に求め、佐野原甕（連弧文施文の甕）や大崎台タイプ（縦スリットを入れる土器群）が成立するとした見解を示した。さらに連弧文施文の甕を一器種とみなし、これに桜井式系壺などがセットとなり「阿玉台北式」に比定した。この後、縦区画を入れた連弧文土器から縦スリットが成立し、さらに連弧文がくずれ波状文化、横走文化していく甕、足洗式系の甕に宮ノ台式的な複合口縁が付加した甕などがセットとなり、「大崎台1式」が成立。ここまでを中期とし、複合口縁が定着する縦スリットを入れる土器を「大崎台2式」とし後期初頭に位置づけている（小玉2000・02）。

コラム2．北島式・御新田式

吉田　稔

　御新田式は栃木県西都賀郡壬生町御新田遺跡を標式として設定された土器型式である。1980年代に栃木県内の発掘調査により弥生時代中期後半の資料が蓄積された。その後上山系列が提唱され（岩上・藤田1997）、栃木県内の弥生時代中期後半の編年を池上段階→御新田段階→上山段階→烏森段階の順で移行する大枠を提示した。1993年には石川日出志氏により御新田式の提唱が成された（石川1993・96・97・98）。氏は関東地方における弥生時代中期後半の主要型式分布を示す、宮ノ台式・竜見町式・足洗式に加えて御新田式を設定し、栃木県中央部から埼玉県北部にかけて分布する第4の地域とした。その系譜は出流原式や池上式に求めている。御新田式の主要な要素は壺・甕を主体とし、壺では、口縁部から胴部最大径以下まで装飾帯を直線紋や波状紋で重畳させることを特徴とする。四角・三角・菱形・円形の各単位紋がある。口縁部は肥厚口縁が多く、頸部に段差を設けて刺突を加える。甕では装飾を施したものが顕著で壺の装飾と連動している。ハケメ整形を採用せず強いヘラナデ整形が基本であることなどである。その後栃木県大塚古墳群内遺跡出土資料等を加え（石川2003a）、埼玉県北島遺跡出土資料と対比している。

　鈴木正博氏は関東地方における宮ノ台式分布圏の周縁部に展開する土器群に着目し、紋様帯系統論の立場から各遺跡毎の型式設定を行っている（鈴木1999a・2000・01a）。まず、石川氏によって設定された御新田式の中に系統差および時期差があることを指摘し、一括されるべきではないとした。また、石川氏が御新田式に含めた埼玉県深谷市上敷免遺跡出土資料を分離して上敷免（新）式を新たに設定し、埼玉県北部地域では中期中葉池上式→小敷田式→上敷免（新）式として移行することを提唱した。対する栃木県内の型式としては上敷免（新）式流通団地系列、雲間式を設定した。また甕の頸部・底辺部無紋帯土器群および結節縄紋施紋土器群を主に富士前式とし、後出する型式として分離している。そして、「真の御新田式」は「高密度充填手法」による横線・波状紋帯並びに「上下刺突区画横線紋帯」を特徴とし、「小田原式」期終末における「北関東在地化基盤」に「千葉寺町式」の生成を促がす共通基盤の展開によって成立した「細別」として定義した。また、2004年には、小田原式期の壺「口縁部文様帯」の系統変遷を論じる中で御新田式に付いても触れ、「下野－下総連鎖系統」を重視する立場から再度南からの系統変遷の必要性を説いている。

　北島式は埼玉県熊谷市北島遺跡を標式として石川日出志氏によって紹介され

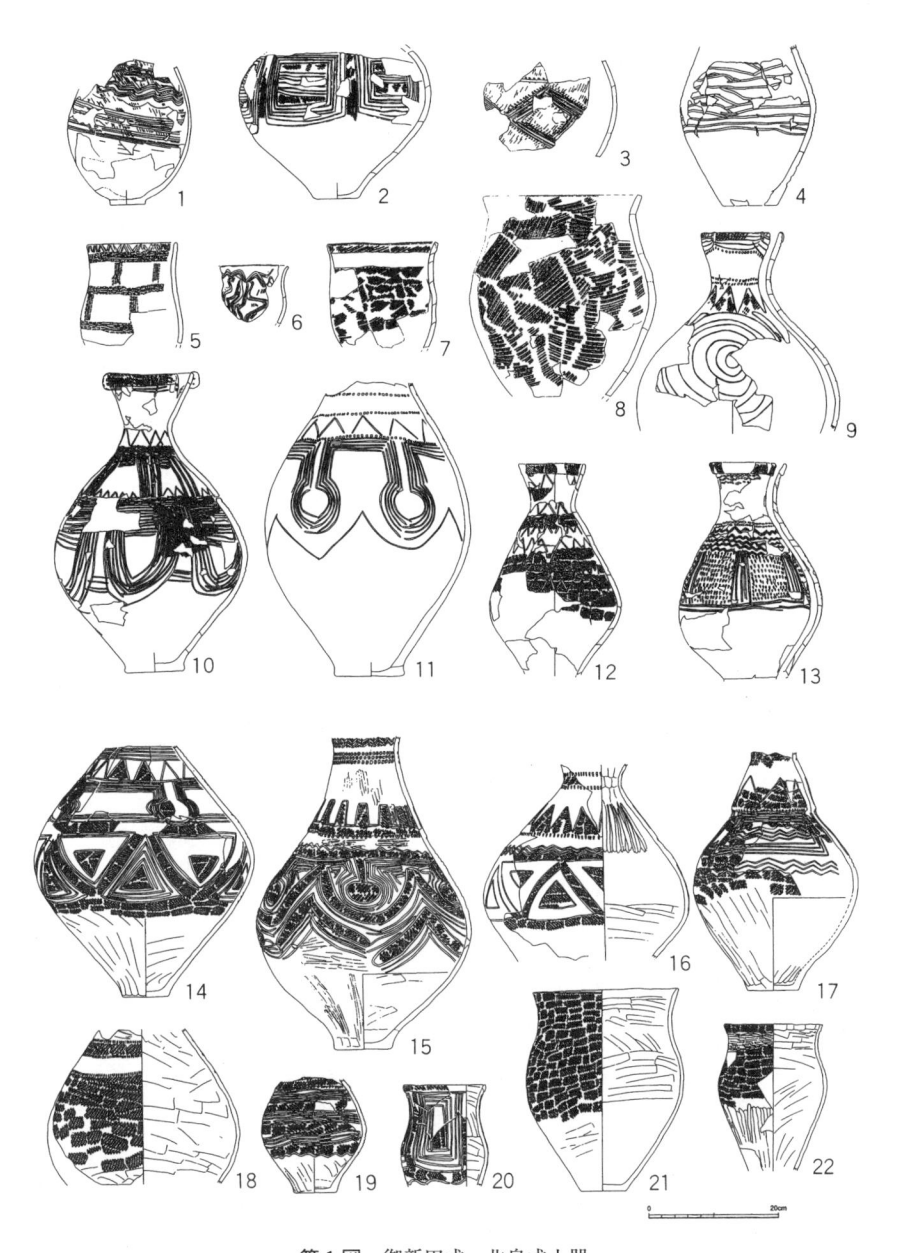

第1図　御新田式・北島式土器
1〜6・8：御新田　7：富士前　9〜13：大塚古墳群内　14〜22：北島

コラム２．北島式・御新田式　71

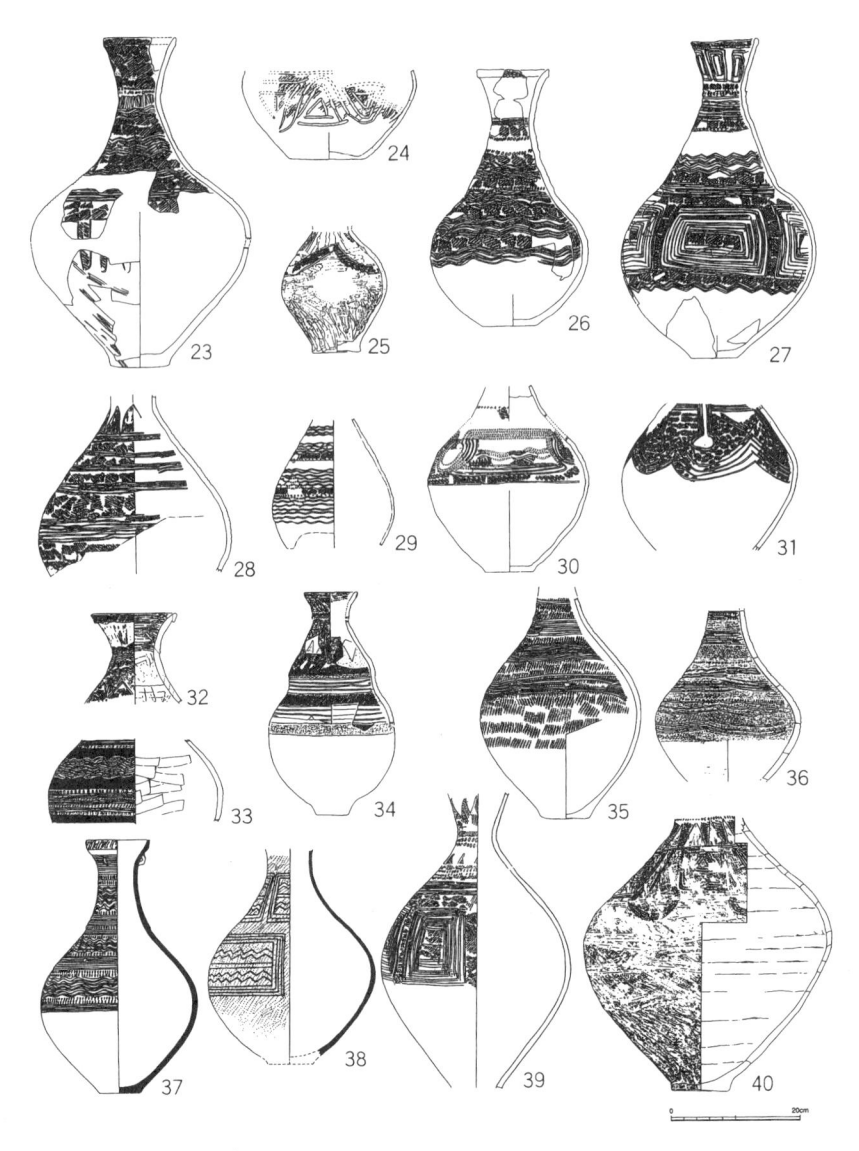

第2図　御新田式・北島式に関連する土器
23：南蛇井増光寺　24：小塚　25：荒砥北三木堂　26・27：上敷　28：小谷場台　29：掛貝塚
30：戸塚上台　31：上野田西台　32・33：赤羽台　34：飛鳥山　35：伊皿子貝塚　36：菊間
37：千葉寺町　38：南加瀬　39：大塚　40：池子桟敷戸

（石川 2003a）筆者が細部にわたって型式設定したものである（吉田 2003ab）。その主たる要素は広義の御新田式と重複する要素もあるが、壺に施紋される三角紋・フラスコ紋およびそれらの紋様が複帯構成をとること、頸部鋸歯紋、口縁部の複合口縁化などを特徴とし、甕では地紋縄紋甕を主体とし装飾をもつ甕がない。また石川氏の指摘による磨消縄紋手法（充填縄紋）も大きな特徴である。北島式の分布は群馬県東部地域から栃木県西部地域、大宮台地にかけて分布する。また、編年的位置は御新田式と併行関係にあり、宮ノ台式安藤編年（安藤 1996）のＳｉⅢ期に併行すると考えられる。

　成立基盤に関して石川氏は北関東に基盤を置く御新田式が南関東地方の宮ノ台式に進出したとの見方を示しているが、鈴木氏は相模地方の小田原式から千葉寺町式を経て櫛描紋系土器の在地基盤化に伴う共振構造として御新田式が成立したとし、双方の視点が正反対の立場から成されていることに注目すべきである。また，筆者は北島式を池上式以来の在地基盤の系譜にあるが栗林式の影響下で成立した土器であるとした。しかし該期の土器型式は周辺地域に展開する他の土器型式との併行関係を詳細かつ綿密に分析し、系統における縦横の構造を解きほぐしていく作業を通じてこそ本来あるべき姿としての型式編年を組み立てることが可能となる。その意味でも小地域に於いて系統変遷が明確に辿れる資料については、随時小型式毎の設定を行い他の土器型式との比較分析の基準資料とする必要があると考える。

　尚、シンポジウム当日の討議の際に宮ノ台式の北武蔵地域を含む北関東地域への波及について触れられた部分があり、石川日出志氏が宮ノ台式土器は両地域へは浸透して行かないとの見解を示された。これについては、確かに櫛描文を伴う段階での相互往来的な浸透はないと考えられるが、紋様帯が胴上半部に集約され無紋化の傾向を強める段階では、妻沼低地周辺においても出土資料が認められるようになり、いまだ検討の余地があると考えられる。

コラム3．有東式・白岩式

萩野谷正宏

1．有東式土器

　駿河湾地域における中期弥生土器の本格的な研究は、江藤千萬樹の清水村（現清水町）徳倉矢崎遺跡の研究を嚆矢とする（江藤1937・38）。上層・中層・下層土器群の「編年的序列」と「文化系統」が示され、下層土器群には中部高地の、中層土器群には西方の櫛目式土器の影響が指摘された。だが1937年の第二類（最下層出土）が1938年で下層土器群第二・三類と中層土器群第二類に分離されるように、層位的裏付けに曖昧さを含む。江藤編年は小野真一の駿河湾東部の矢崎下層式・矢崎中層式（小野1958）に継承され、かつ杉原荘介の静清平野の原添式・有東式設定（杉原1951ab）にも影響する。杉原によると、原添式は、器肉が厚く、口縁に押捺、器面に箆描きの沈線をもつ鉢形土器と、細形有頸で縄目流水文・三角連繋文・爪形文をもつ壺形土器からなり、一方で有東式は、薄手でまれに台が付く鉢形土器と、細形有頸で縄文を用い、異形流水文や結紐文など文様の変化が極めて多い壺形土器からなる。また杉原は当初、原添式を須和田式に、有東式を宮ノ台式に対比した（杉原1949a）。しかしその後、須和田式に鴨ヶ池式を対比させて原添式を後続させる意見や（小野1963）、原添式を広義の有東式に包括させる意見（向坂1967）が出た。また小野は駿河湾東部、後に湾全域を対象に度々の型式変更を経つつ原添式・有東式の再定義を企図する（小野1957・58・62・69・76・79・88）。だが長伏遺跡→向原遺跡の序列はともかく、型式内容に不明瞭さを残した。近年は駿河湾地域への櫛描文系土器の浸透から登呂式成立までの間を、原添式の概念を含む広義の有東式の名で呼ぶ場合が多い。また資料の蓄積の基に編年再構築が試みられている（佐藤1996、伊藤1996・97など）。

　今後の課題としては、①原添式は定義可能か、②有東式の成立における貝田町式・瓜郷式・白岩式の影響の有無、③有東式は宮ノ台式の範疇で理解すべきか（石川1992）、④有東式における栗林式の影響の問題（江藤1938、向坂・永房1968）、⑤瀬名遺跡5区13a層出土土器群（第1図21）は有東式終末か登呂式初頭か（篠原ほか2000）、⑥羽状縄文の有無、⑦有東式分布圏における地域差、⑧短頸の広口壺（第1図10）の成立要因（石川2001）などがあげられる。

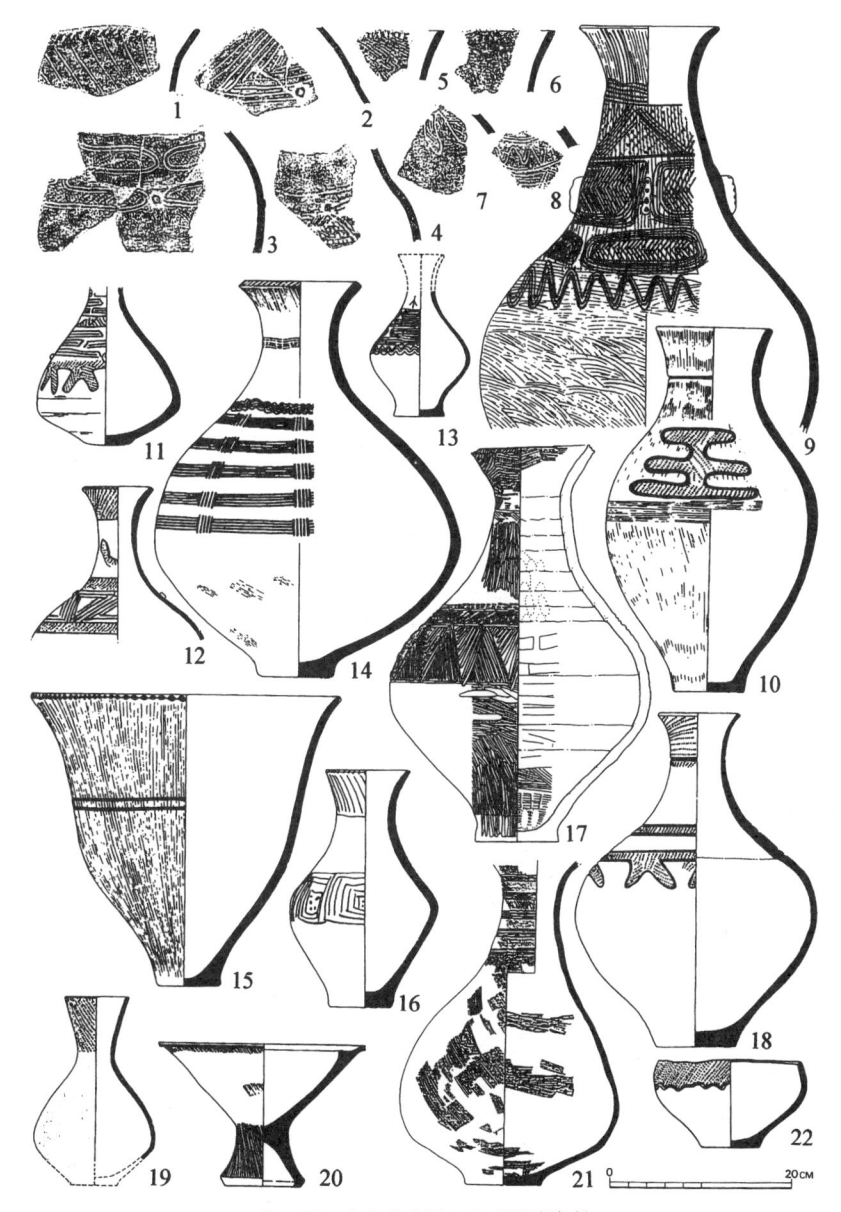

第1図　有東式土器および関連資料

1〜4：原添　5〜8：有東　9・11：仁田仲道　10：軒通　12・13：矢崎　14・15：長伏
16：中島　17：川合　18：清水天王山　19：間宮　20・22：向原　21：瀬名
(1〜8：杉原1951ab　9〜11・14・15・20・22：小野1979　12・13・16・19：森本・小林編1938
17：山田1992　18：大塚1968　21：中山ほか1994)

コラム3．有東式・白岩式　75

2．白岩式土器

　田辺昭三が菊川町白岩遺跡第Ⅱ・第Ⅲ地点出土土器より白岩A式・白岩B′式・白岩B式・白岩C式を設定し（田辺 1951・52）、うち白岩B式を久永春男が白岩式として提唱した（久永 1955）。壺・甕・高坏があり、壺は「頸部の細長い器形は嶺田式からの伝統」で「爪形文から転化した列点文と櫛描き横線文帯」や「自由な象徴文様」を特徴とする（久永 1955）。旧国でいう東遠江地域に分布する、嶺田(みねた)式に後続する櫛描文系土器をさしている。

　白岩式はこれまで細分案の提示（市原 1968、佐藤 1990、萩野谷 2000）があるが、見解の一致はみられていない。嶺田式直後の櫛描文の本格的導入と台付甕・高坏の出現（佐藤 1990）から、菊川式の折返し口縁広口壺の成立（中島 1993）までの間を白岩式と呼んでいるが、佐藤由紀男の白岩式＋菊川式＝一つの「大様式」とみる考えもある。白岩式および以東の土器群の成立時期・要因には、①凹線文系土器の尾張波及の以前とし、貝田町式・瓜郷式の影響を指摘（佐藤 1994、萩野谷 2000）、②凹線文系土器波及の以後とし、瓜郷下層第1様式亜式（久永 1963）が西遠江で変容する過程を重視（黒沢 1993・98）、③貝田町式系の影響を指摘しつつも成立を凹線文系土器出現併行とする（石黒 1996a）等の見解がある。

　今後の課題としては、そもそも白岩式とは何かという定義の問題がある。また関連する個別の問題としては、①不動ヶ谷(ふどうがや)遺跡方形周溝墓出土土器（第2図7）の編年的位置など、白岩式の成立時期と要因に関わる問題、②西遠江地域の瓜郷式後続段階（第2図8～10）、次段階（一里田(いちりだ)遺跡出土土器群）と白岩式との関係（向坂・辰巳 1980、佐藤 1986、黒沢 1993、佐藤ほか 2002）、③白岩式終末の土器群（第2図26～28・30）の隣接地域との併行関係（佐藤 1983）、④白岩式から菊川式への移行は漸移的か否か、などがあげられる。

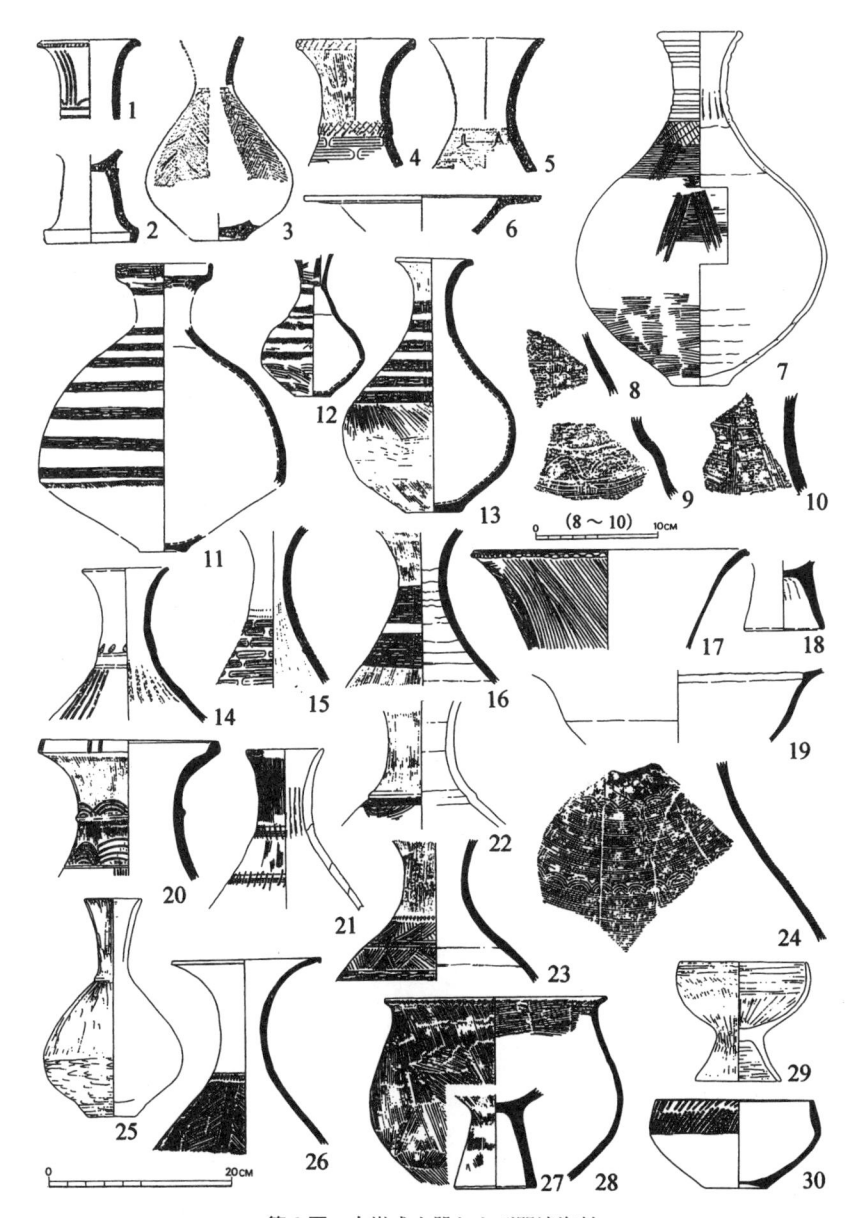

第 2 図　白岩式土器および関連資料
1～4・6・15・16・20・22～30：白岩　7：不動ヶ谷　8～10：弁天島
11・12・17：権現山　13：梵天　14・18・19：野際　21：鶴松
(1～6：久永 1955　7：掛川市教委 2001　8～10：市原ほか 1972　11～13・17：竹内 1992
14・18・19：竹内ほか 1994　15・16・20・23・24・26～28・30：市原 1968　21：鈴木 1983
22・25・29：田辺 1951)

コラム 3．有東式・白岩式

コラム4．朝光寺原式

橋本　裕行

1．研究史抄
型式の認定

　1939年、杉原荘介は北関東西北部における弥生後期土器型式として「樽式」を設定するとともに、神奈川県川崎市野川ヤカマス台、横浜市荏田小黒谷出土の中部高地型櫛描紋を有する「樽式」類似の土器に着目し、これらに対して広義の「樽式」・狭義の「荏田式」という認識を示した（杉原1939b）。1969年、岡本勇と武井則道は、横浜市朝光寺原遺跡B地区510号住居址出土の一括遺物に基づいて、鶴見川上流域を中心として分布するこれらの土器群（狭義の荏田式）に対して「朝光寺原式」を設定した。その根拠は、樽式と比較して「①簾状紋が少ない、②壺形と鉢形の区別が明瞭ではない、③脚台が付く例がある」の三点であった。

編年の確立

　1984年、松本完によって朝光寺原式土器をⅠ～Ⅳ式に細分する最初の編年案が提示された（松本1984）。また、橋本裕行は横浜市受地だいやま遺跡出土遺物の分析を通して、松本編年のⅠ式古段階の資料を「受地だいやま式」として分離した（橋本1986）。その後、渡辺務と田村良照による編年案（Ⅰ～Ⅳ式）が提示されている（渡辺1995、田村1998）。私案では、Ⅰ式：成立期、Ⅱ式：典型朝光寺原型甕成立期、Ⅲ式：盛行期、Ⅳ式：衰退期となる（第1・2図）。

成立過程

　中期後半に栗林式土器様式外縁圏が形成され、関東山地外縁地域において栗林式土器製作技法を独自に組み替えた土器製作が開始される。それらの土器製作集団のひとつが鶴見川上流域において受地だいやま式土器を製作する。受地だいやま式土器はヘラ描紋を主体とするが、その紋様を櫛描に置き換えて製作されたものが朝光寺原式である（浜田1995・99、橋本2000）。

2．朝光寺原式の特徴
器種組成

　中部高地型櫛描紋を施紋する甕形土器が組成の主体を占め、無紋の甕形土器、片口鉢形土器などが伴う場合がある。櫛描紋を有する壺形土器は、Ⅰ・Ⅱ期に伴う傾向があるものの、組成に占める割合は極めて低く、久ヶ原式壺形土器が補完的に共伴する場合が多いようである。高坏形土器も僅少で、定型化したものはな

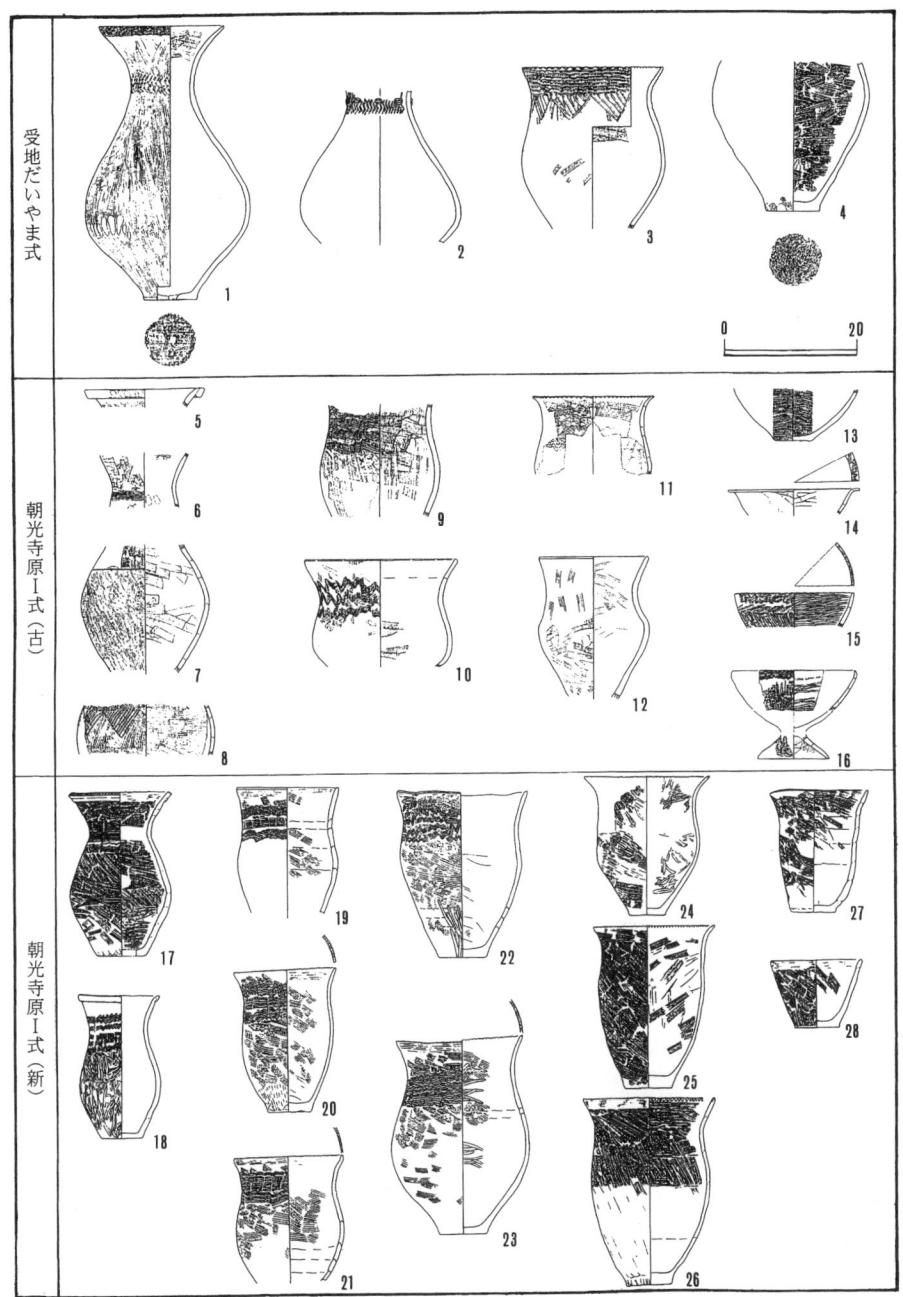

第1図　鶴見川上流域における朝光寺原式土器編年図（1）

1：受地だいやま1方底　2・4：長者原7住　3：受地だいやま19住　5・6：受地だいやま31住
9・10・12・13：受地だいやま1方上層　11・16：受地だいやま22住　14・15：受地だいやま包含層
17・25・27・28：赤田No.1 YT-2住　18・24・26：赤田No.10 YT-11住　19～23：長者原1住
※長者原は未報告資料（日本窯業史研究所調査）

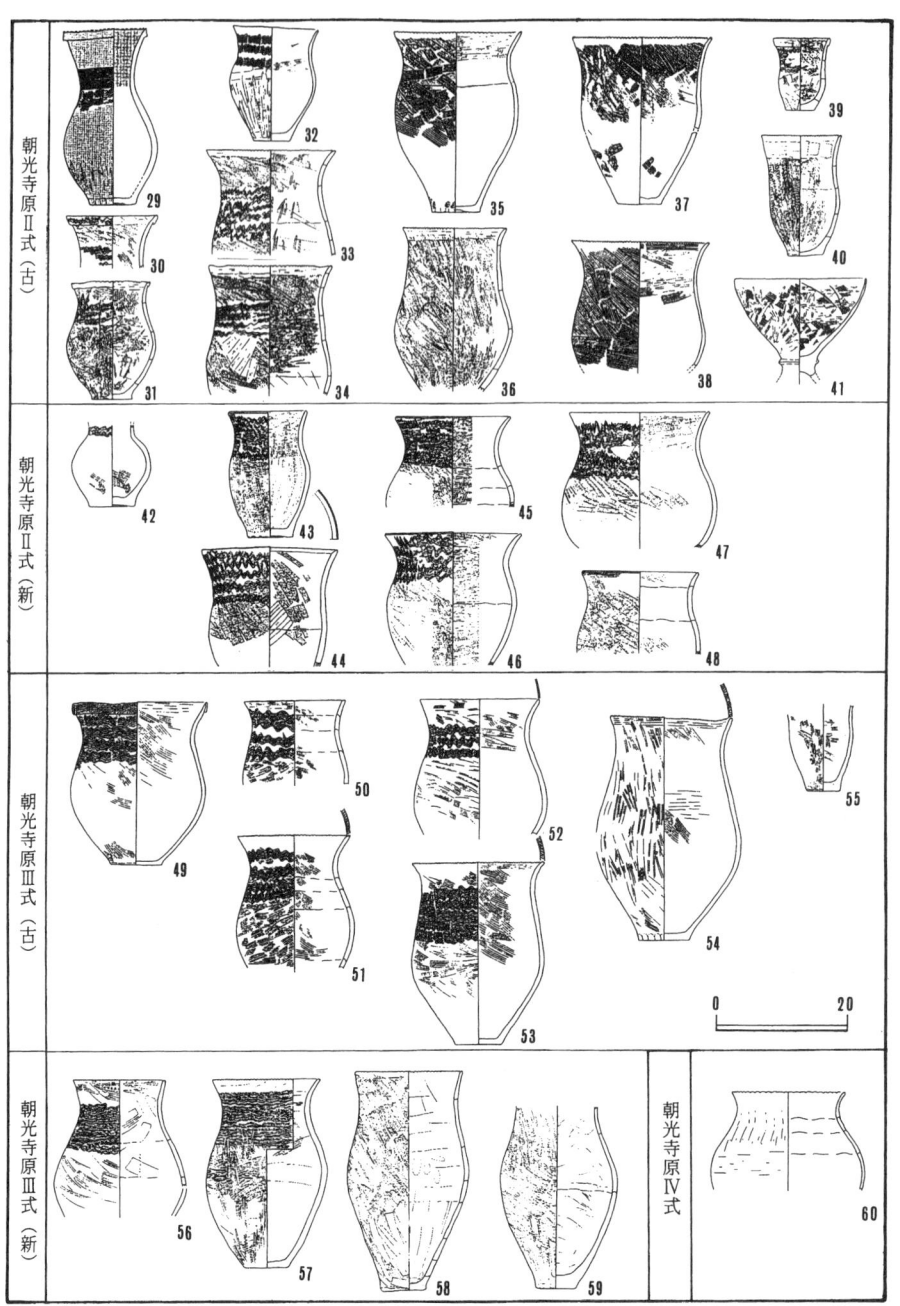

第2図　鶴見川上流域における朝光寺原式土器編年図（2）

29・32・35・37・38・41：赤田№10 YT-3住　30・31・33・34・36・39・40：関耕地46住
42～48：受地だいやま16住　49～55：中の原3住　56～59：関耕地11住上層　60：和泉大林16住
※中の原・和泉大林は未報告資料（日本窯業史研究所調査）

い。箱清水式的なもの、久ヶ原式・弥生町式的なもの、オリジナルな形態と思われるものなどがある。なお、Ⅲ・Ⅳ期には吉ヶ谷式の甕形土器・高坏形土器などが稀に共伴する例がある。

施紋技法

　中部高地型櫛描波状紋のみを施紋するものが主体で、簾状紋単独、波状紋＋簾状紋がある。施紋は時計回りが主であるが、Ⅰ期には反時計回り施紋も一定量存在する。簾状紋はⅠ・Ⅱ期に認められるものの、Ⅲ・Ⅳ期は僅少である。波状紋施紋手順はＡⅠ類が卓越し、他の中部高地型櫛描紋と明確に区分できる（橋本1986）。施紋具は、柔軟性があり中空で円筒形を呈するもの＝断截した細い篠竹の枝を束ねたものと推定される。

器面調整

　甕形土器の製作手順は、成形→ハケ整形→口縁部ヨコナデ→（外面）口頸部に櫛描紋施紋→（外面）胴部に密なヘラミガキ・（内面）口頸部を中心に密なヘラミガキ。ハケ整形の痕跡は、ハケ目単位中の条線の間隔に疎密や深浅が認められ、一見して他型式と区別できる。ハケ施紋具は、おそらく半截した篠竹の先端に割れ目を入れた工具と推定される（橋本1986、坂本・久世2000）。

コラム5.「岩鼻式」・吉ヶ谷式

柿沼 幹夫

　「岩鼻式」土器、吉ヶ谷式土器（以下、岩鼻式、吉ヶ谷式）は、現在の行政区域で言えば埼玉県中央部から北西部にかけて分布する。この地域は、様々な系統の土器が小地域を単位として複雑な消長を繰り返した。

　岩鼻式と吉ヶ谷式にかかる本格的な研究は、1960年代以降の金井塚良一氏による東松山市天神裏（岩鼻）遺跡（1964）、東松山市吉ヶ谷遺跡の調査（1965）を嚆矢とする。1970年代以降、東松山市中原遺跡（金井塚1972）、東松山市雉子山遺跡（栗原1973、金井塚・小峰1977）、坂戸市相撲場遺跡（谷井1973）、同 花影遺跡（谷井1974）、東松山市附川遺跡（今泉1974）、同 駒堀遺跡（栗原1974）、同 根平遺跡（水村1980）の調査成果や岩鼻遺跡出土土器の一部公表（中島1976）は、両者が共に時間幅があって細分可能なことを示した。こうした資料の増加を受けて柿沼は、それまでの研究史と出土資料を整理して吉ヶ谷式を後期全般に位置づけて3期区分し、併せて岩鼻式も後期後半まで併存し時期によって両集団は微妙に住み分けているとした（柿沼1982）。同時発表された石岡憲雄の論攷も、主に器形の分類からほぼ同様の編年観を示した（石岡1982）。

　柿沼の編年観に対しては、小島純一の吉ヶ谷式と類縁性の強い赤井戸式の分析に基づく批判があり、後期後半から古墳時代初頭に吉ヶ谷式を時期比定した（小島1983）。岩鼻式と吉ヶ谷式を巡っては、型式学的検討が不十分なまま編年論や集団論（大塚1986）に終始してきたきらいがあったことは否めない。こうした批判や出土資料の増加を受けて柿沼は、比企・入間地方の小地域ごとの編年を改めて行い（柿沼1994・96・97）、各地域において後期中葉頃に岩鼻式から吉ヶ谷式への変換が確認できるとの修正案を示した。

　2000年代に入って、松本完は東松山市代正寺遺跡（鈴木孝1991）を中心に中期後半から後期前半の土器を詳細に分析し、中期後半1期の宮ノ台式から同2期における櫛描文土器の増加を経て、壺・甕の文様が共通した櫛描文で施文される段階から後期として1・2期に分けた。そして隣接する大西遺跡に集落が移る段階を後期3期とし、櫛描文がいくらか残存する中、吉ヶ谷式にほぼ一新される変化が生じたとした（松本2003）。松本の新たな分析によっても、比企・入間地方においては岩鼻式→吉ヶ谷式の変移が確認され、岩鼻式の時期的位置づけについても、雉子山遺跡・附川遺跡出土土器も含めて後期初頭から中葉に充てる考えが体勢を占めつつある。

　岩鼻式の呼称については、簾状文における等間隔止めの継続と2・3連止めの

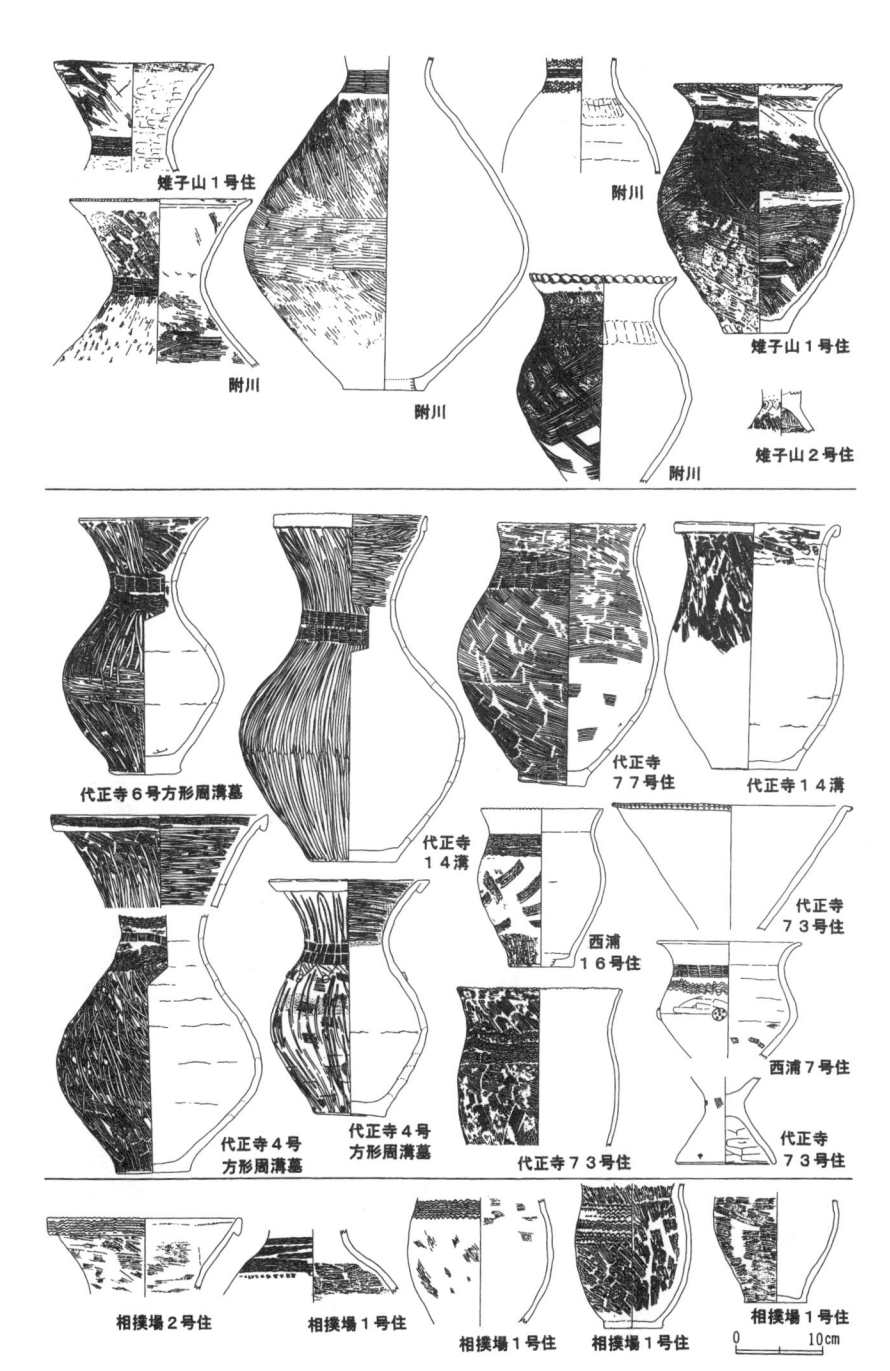

第1図 「岩鼻式」土器

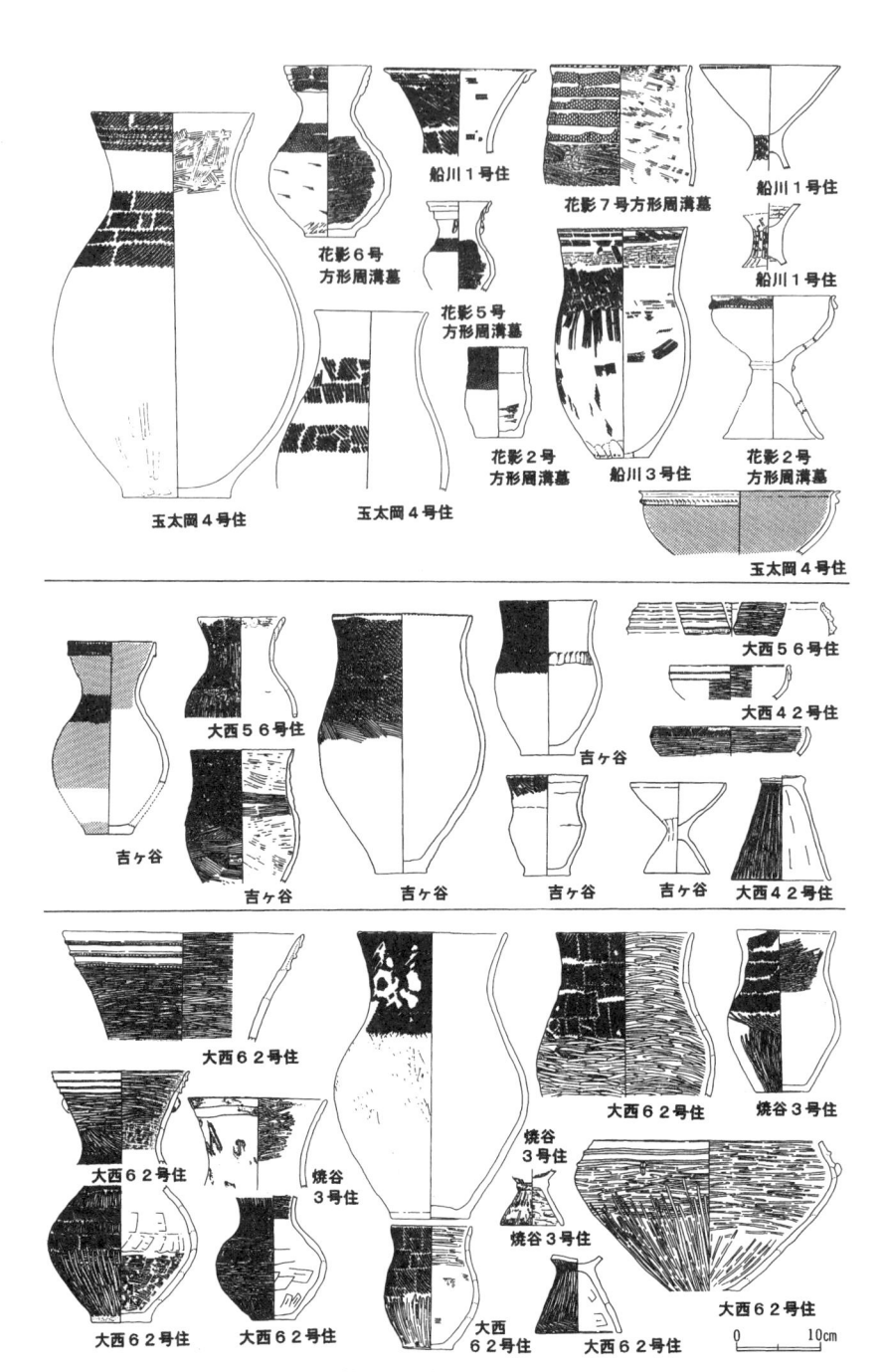

第 2 図　吉ヶ谷式土器

未発達、相撲場遺跡・大西遺跡など新段階の波状文の盛行、壺の折返し口縁の肥厚化など樽式とは異なる型式組列が認められるようであり、少なくとも地域呼称としては十分通用すると考えられる。しかし、児玉地方や大里地方などとは変容過程が一様ではなく（恋河内1991、吉野2002・03）、型式区分については分布域も含めて慎重論がある（森田1998）。岩鼻遺跡の継続調査資料（江原1993）等による検討が、なお必要である。

　吉ヶ谷式の系譜と発生については、中島宏の熊谷市池上遺跡の甕4類を吉ヶ谷式の祖形とする考え（中島1984）が影響を与えてきた。また、大木紳一郎は、赤井戸式の祖形として赤城山南麓の中期後半の縄文系土器群をあげている（大木1991）。小出輝雄は池上甕4類と大木の縄文系土器群に系譜を求めて赤井戸式と吉ヶ谷式の成立を想定し（小出1996b）、萩野谷正宏は深谷市上敷免遺跡出土土器を分析し、壺の文様帯構成から吉ヶ谷式の壺への変移をたどった（萩野谷2003）。しかし、小出や萩野谷が後期前半としてあげた土器は遡っても後期中葉以降であり、時期的間隙を埋められない。一方、佐藤康二は吉ヶ谷式の高坏の型式組列を基に滑川町船川遺跡（金井塚・高柳1987）出土土器を成立期の土器とし、岩鼻式の口縁部等に見られる諸要素からの変遷過程を分析する必要性を説いた（佐藤1997）。松本完は、壺・甕共通した縄文施文でこの傾向が最も著しい地域が吉ヶ谷式発生の関与地とし、荒川中流域右岸こそ相応しいことを示唆した（松本2003）。

　だが、「吉ヶ谷の縄紋も櫛描紋の代替」（富田・中村1986）として、岩鼻式から吉ヶ谷式への進化をみる考えにはにわかに与しない。吉ヶ谷式のプロトタイプと初現は、池上→小敷田→上敷免（新）→北島の系統上にある中期末から後期前半の壺・甕共通した縄文施文土器にあると考えられ、その検出が期待される地域として妻沼低地・加須低地・館林台地などをあげたい。

　※　本稿の記述に当たっては、佐藤康二氏の助力を得た。

コラム6．臼井南式

高花 宏行

　臼井南式は、印旛沼南岸地域に分布する弥生時代後期の土器として設定された（熊野1978、鈴木1979b）。その特徴は、一言でいえば常総地域の特徴である胴部附加条縄文（第1種）施文されることと東京湾沿岸地域の甕の特徴である素口縁または頸部の輪積痕を一つの個体に合わせ持っていること、そして、印旛沼南岸地域の特徴である頸部下端にS字状結節文（爪縄結節）が多段に施文されることにある。

　下総地域において、胴部に附加条縄文が施文される土器が出土することは古くから確認されていたが（稲生1937）、1960年代以前は「（北関東地方から）移入されて使用されたに過ぎない（土器）」（杉原1939b）や「南関東地方（東京湾沿岸地域）の第Ⅲ様式に伴う特殊な土器」（杉原1968）、そして「北関東系土器」（菊池1961）と表現されたことからも分かるように、その分布は客体的と考えられていた。ところが1970年代に入ってからの資料の増加は、この種の土器が当初の認識とは逆に当該期の遺跡から主体的に出土することが確認され、その成果を踏まえて土器の検討も進展することとなった。

　こうしたなか、先述した印旛沼南岸地域の特徴を積極的に評価したのが臼井南式の設定であった。代表的な資料は臼井南遺跡群（石神第Ⅰ地点37号住居跡）および江原台遺跡出土資料である（第1・2図）。

　しかしながら、臼井南式はその枠組みについての検討が不十分なため、型式名があまり用いられない状況が続いている。このことは「北関東系土器」、「長岡系土器」（古内1974）、「印旛・手賀沼系式土器（省略「印手式」）」（深沢1978）、「下総型土器」（小高1986）といった名称が現在でも混在して使用されていることに表われており、これらを整理し、臼井南式を含めた下総地域全体の枠組みをどのように規定していくかが課題となっている。

　そこで、以下では枠組みを整理する上での課題を確認してみる。臼井南式を先述した素口縁・頸部輪積痕と胴部附加条縄文、頸部下端S字状結節文施文とすると、住居跡出土土器の組合せは、臼井南式の特徴を持つもののみではなく、異系統の土器が共伴する例が多い。まずは、こうした出土状況を踏まえ、下総地域において小地域ごとに土器群の変遷を把握する作業が必要である。そして、型式を設定する場合には、その地域独自の特徴を持つ土器群のみを抽出し、共伴資料から異系統土器を除外することが望ましいかもしれない。また、このとき複合口縁で胴部附加条縄文施文という特徴を持つ土器（第1図22等）は、細かな地域差を

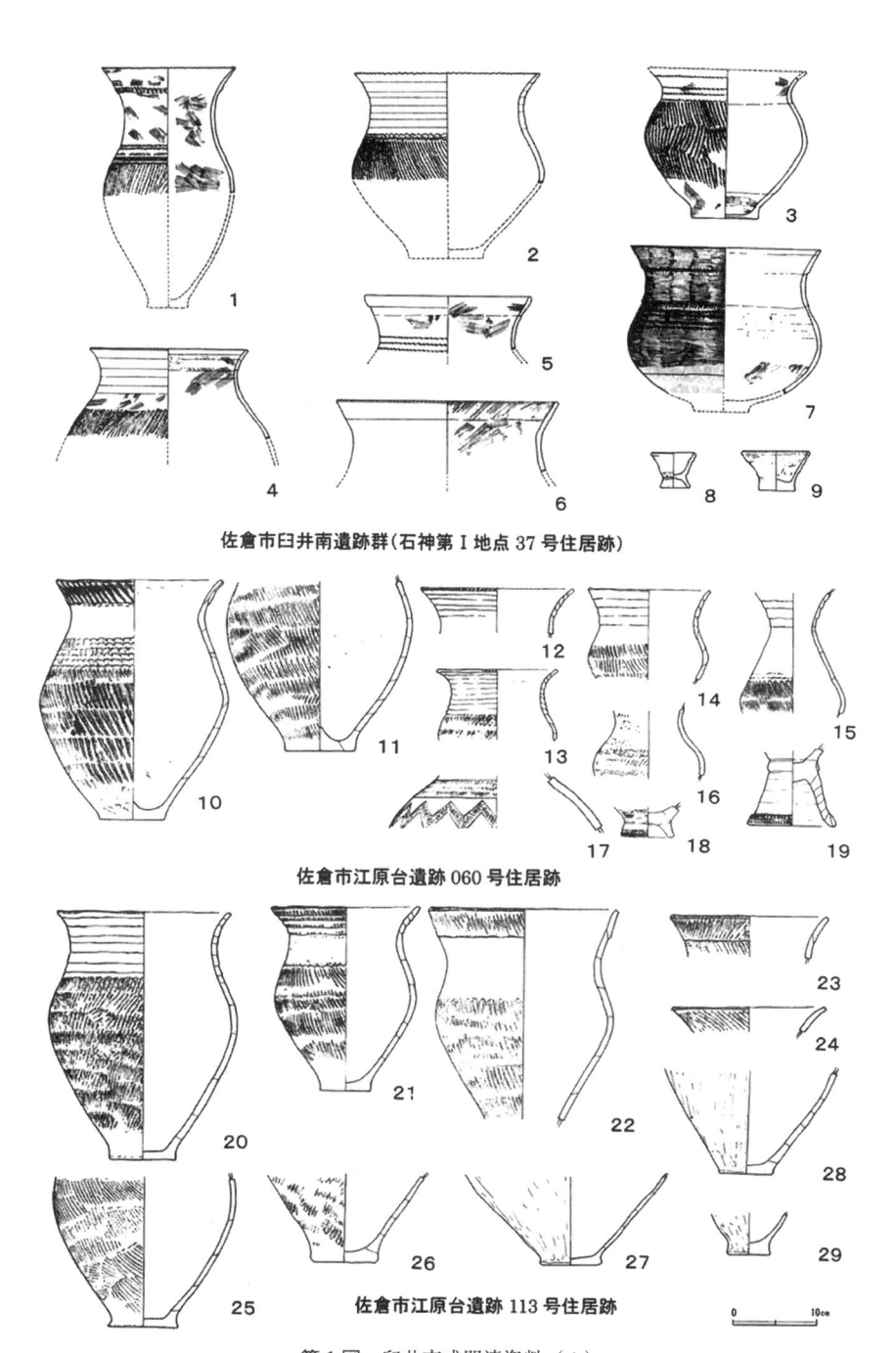

佐倉市臼井南遺跡群(石神第Ⅰ地点37号住居跡)

佐倉市江原台遺跡060号住居跡

佐倉市江原台遺跡113号住居跡

第1図　臼井南式関連資料（1）

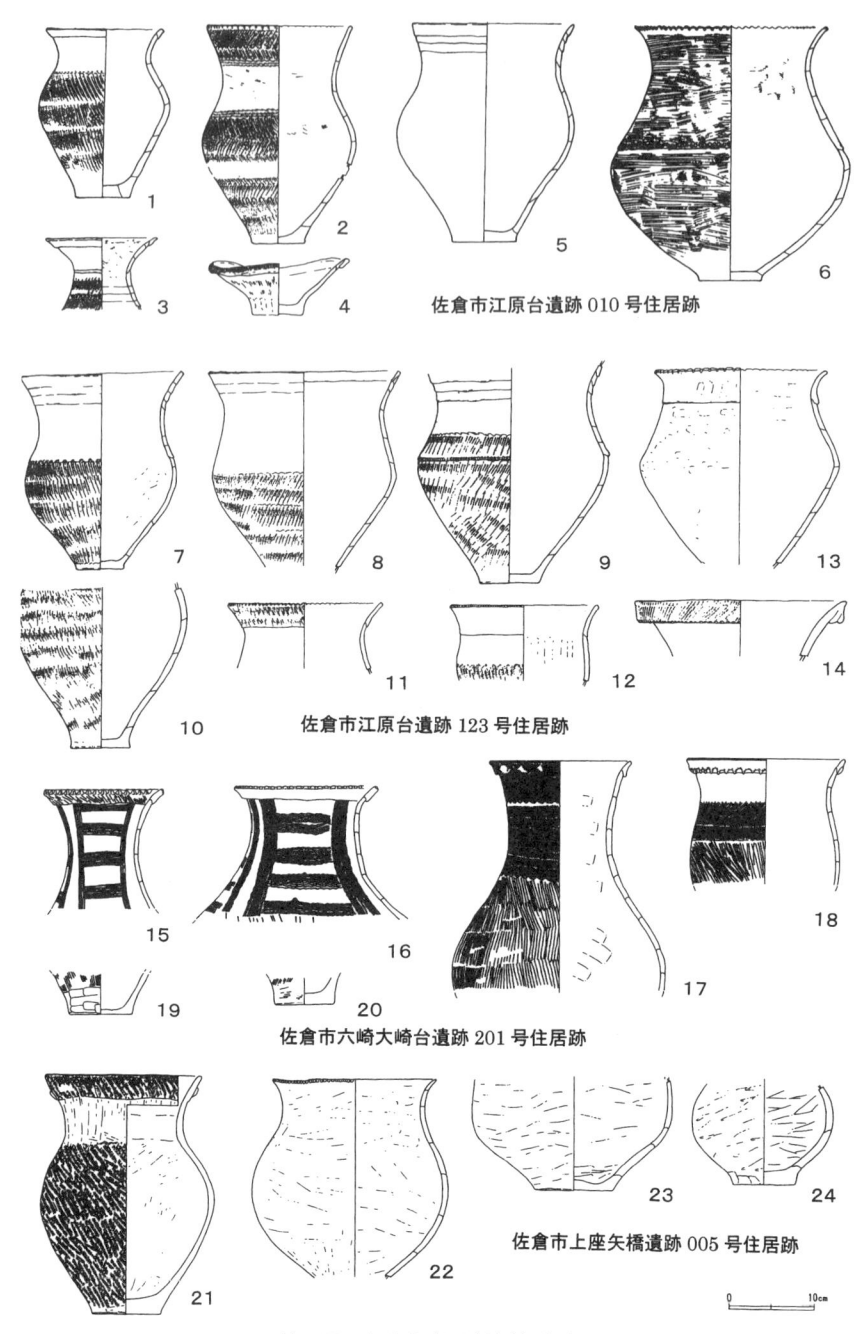

佐倉市江原台遺跡 010 号住居跡

佐倉市江原台遺跡 123 号住居跡

佐倉市六崎大崎台遺跡 201 号住居跡

佐倉市上座矢橋遺跡 005 号住居跡

第 2 図　臼井南式関連資料（2）

88　第Ⅰ部　型式・様式の諸相

持ちながら広く常総地域から栃木県域まで分布しているため、下総地域内部での細かな地域差を把握する必要がある。このような検討が進めば、印旛沼南岸以外の地域においても型式設定が行われ、臼井南式の枠組みの明確化へも繋がっていくと考えられる。

　次に時間幅については、後期初頭段階では、下総地域中央部から東部にかけて大崎台式（大沢1983、深谷1997、小玉2002、高花2004）という頸部に縦スリットによる櫛描文施文が特徴的な土器が成立する（第2図15～18）。続いて、頸部の櫛描文は縦スリットから縦区画へと茨城県南部地域と同様な型式変化をするようであるが、その後は、印旛沼南岸では櫛描文が施文されなくなり、頸部は輪積痕か無文となる。このとき、臼井南式が成立すると考えられる。その後、後期後半になると再び茨城県南部に分布する下大津式の影響を受け、口縁部下端にイボ状突起が貼付される土器（第2図21）や口縁部の縄文帯が円形刺突列で区画される土器群が成立し、臼井南式の型式的特徴を備えた土器は見られなくなる。

　このように捉えると、臼井南式の時間幅は後期前葉から中葉を中心とした時期に限定される。細分については、筆者は資料が豊富な江原台遺跡の成果からⅠ期（060号・113号住居跡）およびⅡ期（010号・123号住居跡出土資料）の、2段階に分けることが可能と考えている（高花1999・2001）。これは出土資料の共伴関係を確認した結果をもとに導き出したもので、Ⅰ期は頸部に輪積痕があって胴部に附加状縄文が施文される土器および頸部下端にS字状結節文が施文されるなど臼井南式の特徴が最も強く表れる段階、Ⅱ期は複合口縁の段差が低くなり、頸部の輪積痕も幅が狭くなったり磨り消されるなど痕跡的になる資料が組成に含まれる段階であり、両者に時期差を想定したものである。したがって変遷については未だ検討の余地は多く、今後も更に検討を進める必要があるだろう。

御迷惑をおかけします
予稿集は
売り切れました。
緊急増刷決定
明日から刷ります

報告
報告
懇
議
会

新潟県青
ほしい方は
100部

第Ⅱ部　シンポジウム「南関東の弥生土器」

主要遺跡分布図

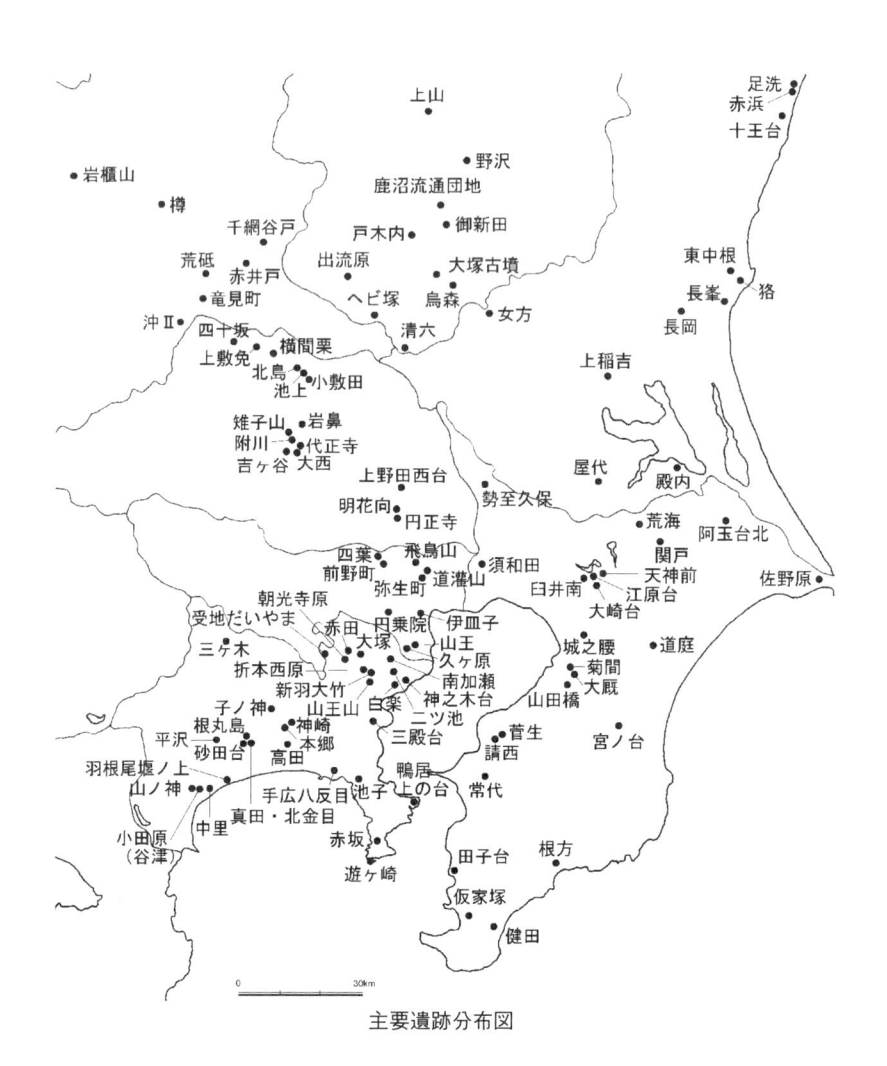

テーマ１．宮ノ台式の成立　報告（１）

鈴木　正博

１．序 ―「小田原式」制定の立場から ―

　本報告において私は、山内清男が『日本先史土器図譜』で示した「分類の標準」による「特に変った弥生式」を組織する立場を継承しつつ、その応用として「宮ノ台式」の成立について議論する。「特に変った弥生式」とは、櫛描文様帯系列の相模「小田原式」、縄紋地沈線文系列の武蔵「飛鳥山式」、磨消縄紋系列の下野「野沢式」などの斑位相状況を指し、戦前において既に関東地方の「土器型式」は数系列から構成され、それらの関係が課題とされていた。「小田原式」制定の立場とは、それ以上には分割し得ない年代学的の単位を層位などで特定し、相互の関係を検証する生成プロセス（「土器ＤＮＡ関係基盤」）を構築することであり、縦横の精度管理が不能であるタイムスケールは採用せず、飽くまで地方差、年代差を構造化した単位の発見を基盤とする人類史研究の一環である。

２．文様帯から観た「宮ノ台式」制定の諸問題

　文様帯研究とは無関係な、櫛描文と刷毛目を第一義とする「宮ノ台式」成立議論は、「土器型式」による編年研究には何の役にも立たない不毛な「様式論」であり、本報告では一切根拠としては用いない。縄紋式以来の一貫した人類史研究の年代学的単位を発見し、相互の関係を考察したい。

　山内清男の定義した「小田原式」に従えば、「半精製土器様式」として「宮ノ台式」に定着している「櫛描波状／横線文帯」の遡源が鍵になる。他方、杉原荘介の定義した「宮ノ台式」には、「精製土器様式」として独得の「施朱様式」が発達し、文様帯の上位に位置付けるべき価値観である。同時に「頸部突瘤文」の定着も重要な型式学的指標となっている。宮ノ台遺蹟を「分類の標準」とする立場にとって、文様帯として重要な展開は櫛描文と縄紋の結合にあり、「宮ノ台型文様帯」と呼ぶ。

　最近の資料の充実は「宮ノ台型文様帯」の生成プロセスが解明可能となっている。その結果、初期の「宮ノ台型文様帯」が特定可能となり、その相模・愛名烏山遺蹟では「櫛描波状／横線文帯」が検出され、他方の上総・仮家塚遺蹟では伴存しない。既に「在地化基盤」が異なっている。

　問題は手広八反目遺蹟15号住居址の様相である。「施朱様式」の「精製土器様式」や、「半精製土器様式」の展開では、「宮ノ台型文様帯」は「型式組成」せず、櫛描文系列と磨消縄紋系列がそれぞれ独立した振る舞いに従っており、注目すべ

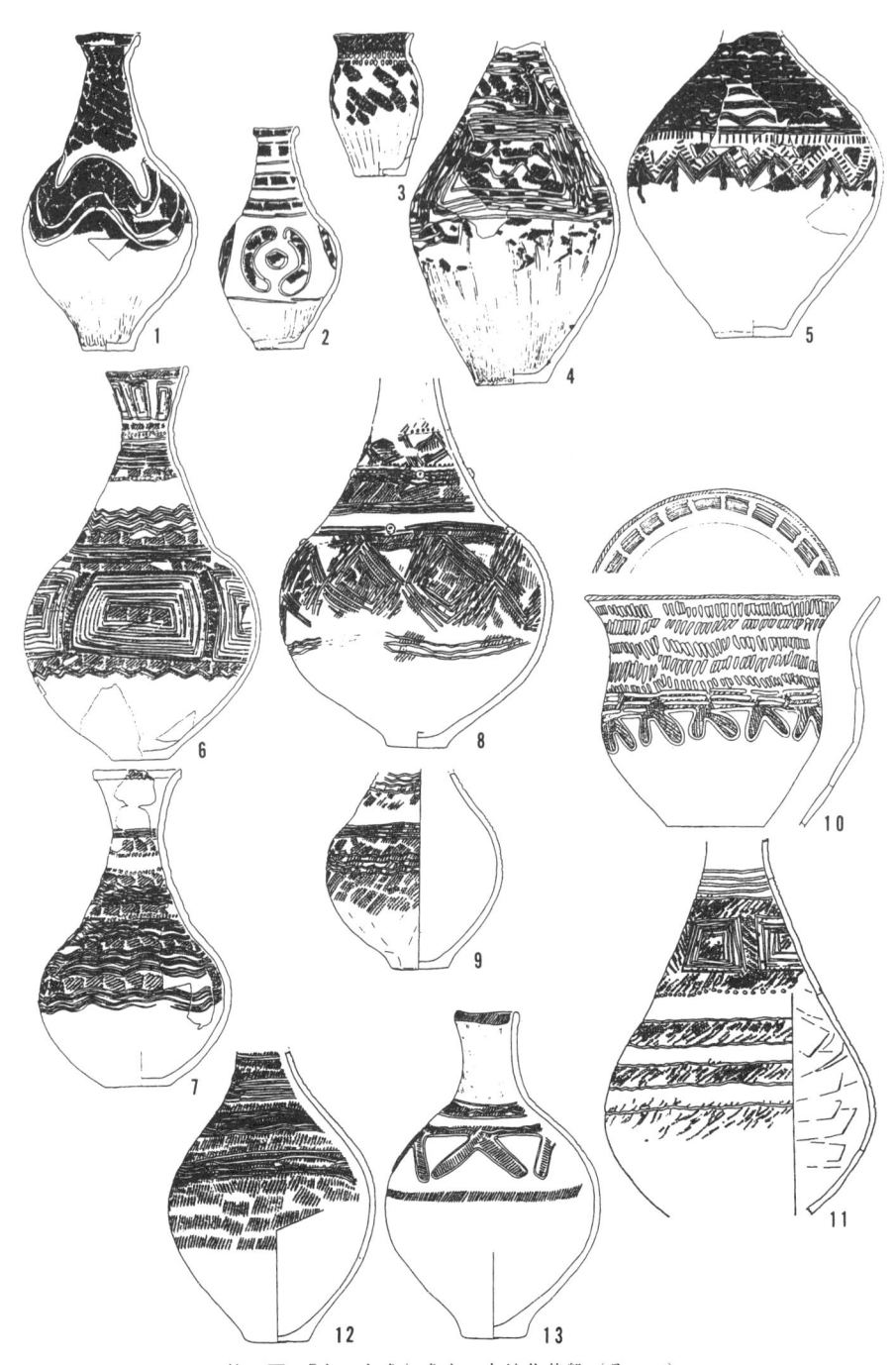

第1図 「宮ノ台式」成立の在地化基盤（その1）
1～5：小敷田　6・7：上敷免　8・9：鹿沼流通団地　10：牛石　11：子ノ神　12・13：伊皿子

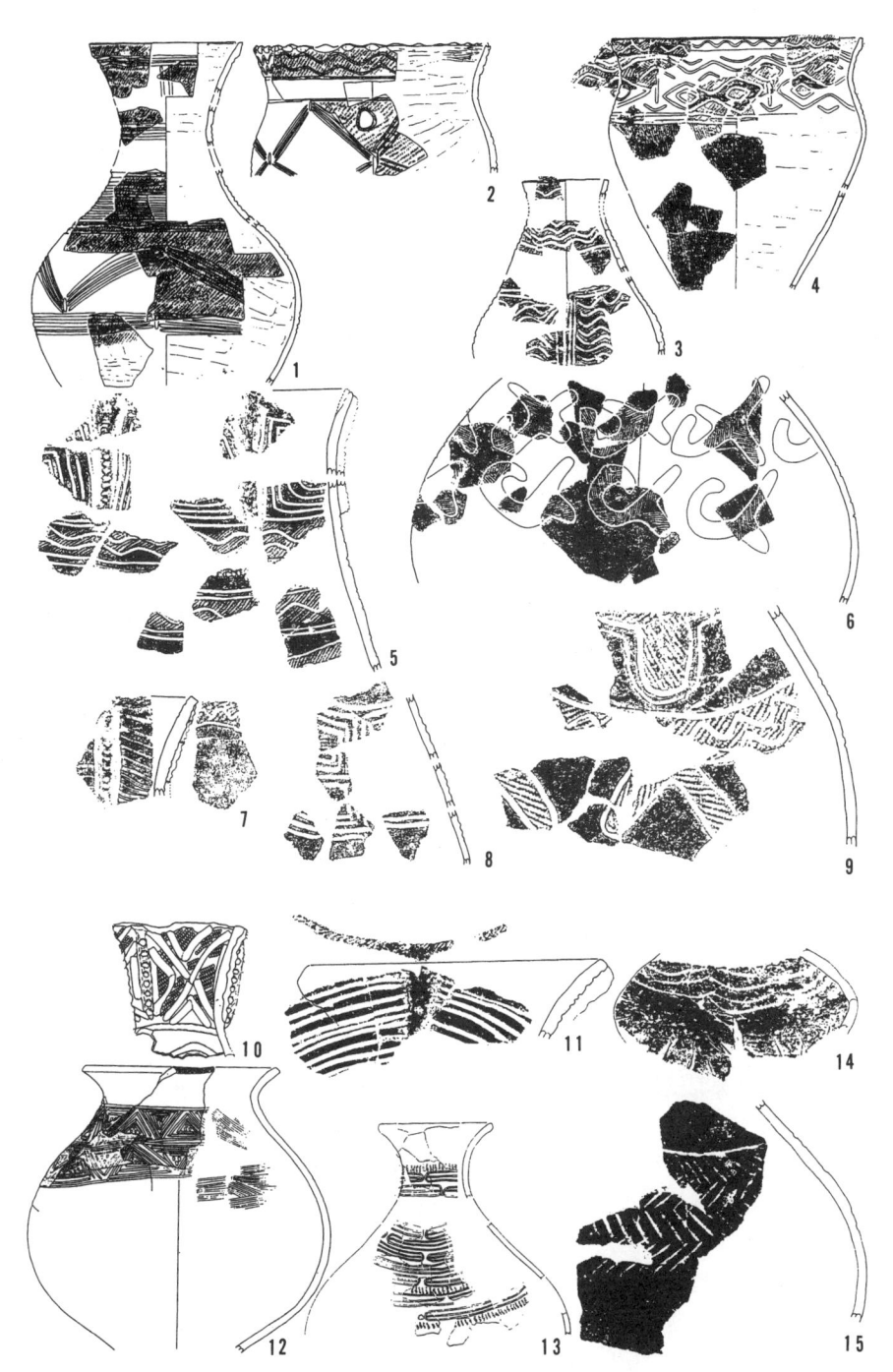

第2図 「宮ノ台式」成立の在地化基盤（その2）
1〜9：池子　10〜15：坊田

き関係である。その生成プロセスに「宮ノ台型文様帯」が関与しない手広八反目遺蹟を「分類の標準」とするならば、相模や上総、そして中間ではそれらとは生成プロセスを異にする土器群が展開しており、別な道筋が浮上する。このように「宮ノ台式」研究には今以て「土器型式」としての分析／総合を保有しておらず、抜本的な見直しが希求されている。

3．「縁辺文化」から観た「宮ノ台式」成立の諸相

　第1図は、北武蔵における年代的関係である「小敷田式」→「上敷免（新）式」（含「流通団地系列」）の変遷を示し、更にその継承関係として南武蔵・伊皿子貝塚や相模・子ノ神(ねのかみ)遺蹟を検討する場合に核となる壺を提示し、併せて伴存する磨消縄紋を特定した。そこには「宮ノ台型文様帯」は存在せず、その成立は異なる系統関係に見出すことになる。特異な「牛石型(うしいし)文様帯」も図示したが、その生成プロセスも「宮ノ台型文様帯」成立との関係で気掛かりである。

　第2図は、問題の多い手広八反目遺蹟の周辺を再吟味するために、逗子市池子(いけご)遺蹟で検出された「土器型式」の組列を示したものである。「城ヶ島式」直後の「池上式」期→「南加瀬式」→「子ノ神式」→「坊田式(ぼうた)」という連続的動態に注目するならば、「南加瀬式」を「宮ノ台式」と理解することはできない。「口縁部縦位突起文」の強力な伝統性を基盤とした、「子ノ神式」とその直後「土器型式」における定着を評価し、「坊田式」制定の意義を確認した。「坊田式」では下端を区画しない文様帯に注目すると、第1図の子ノ神遺蹟の文様帯と共通していることが分かる。ここにおいて壺の最下段の在り方が下端開放型であり、「小田原式」の一例と比較的共通する文様帯として浮上してくるのである。第1図の伊皿子貝塚では「小田原式」とは異質な縄紋帯の性質が特有な価値を強調している。このような「小田原式」より後出する属性は「施朱様式」だけではなく、新たな文様帯の性質とも連動し、主体的な文様とは隔離されている性質を重視して「隠れ装飾帯」と呼ぶ。とすれば、愛名鳥山(あいなとりやま)遺蹟A地点2号住居址の「櫛描波状／横線文帯」壺の最下段には矢羽根状沈線文が施文されており、「小田原式」とは異なる相模方面の「隠れ装飾帯」と理解される。

　第3図は、東京湾を介して第2図との対比で「坊田式」期前後を示したものである。第1図が縄紋地沈線文系列を中核とし、特に櫛描文との対峙で「多条沈線文」の発達を確認した訳だが、上総においても共通した動向を観ることが可能である。特に「在地化基盤」を分析する為には常代(とこしろ)遺蹟の型式学が必須であり、今回は「子ノ神式」期との関係で「多条沈線文」と磨消縄紋の結合を示し、愛名鳥山遺蹟や仮家塚遺蹟で検出された成立期の「宮ノ台型文様帯」との共通性として

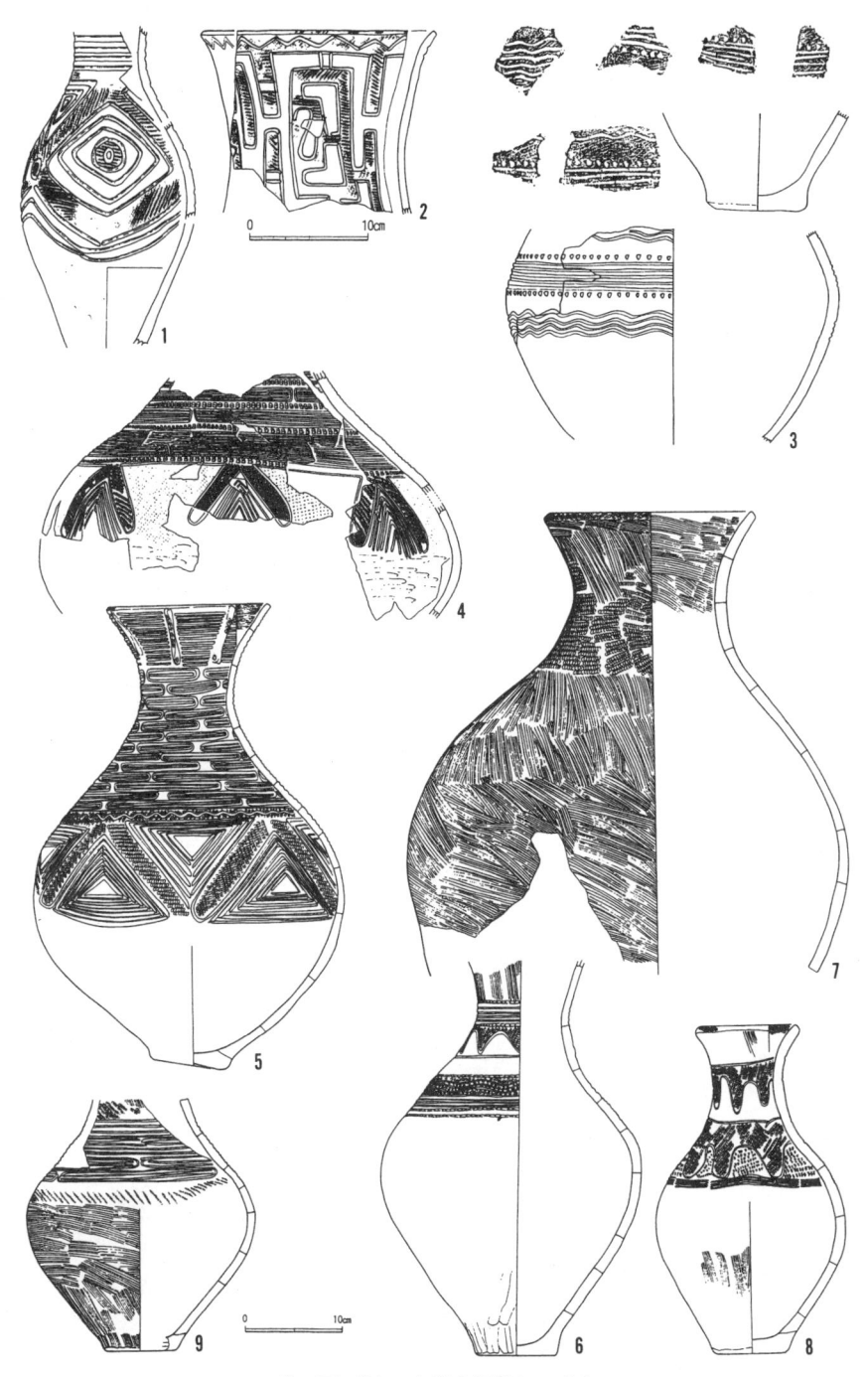

第3図 「宮ノ台型文様帯」の成立
1・2：常代 3：菅生 4：愛名鳥山 5〜8：仮屋塚

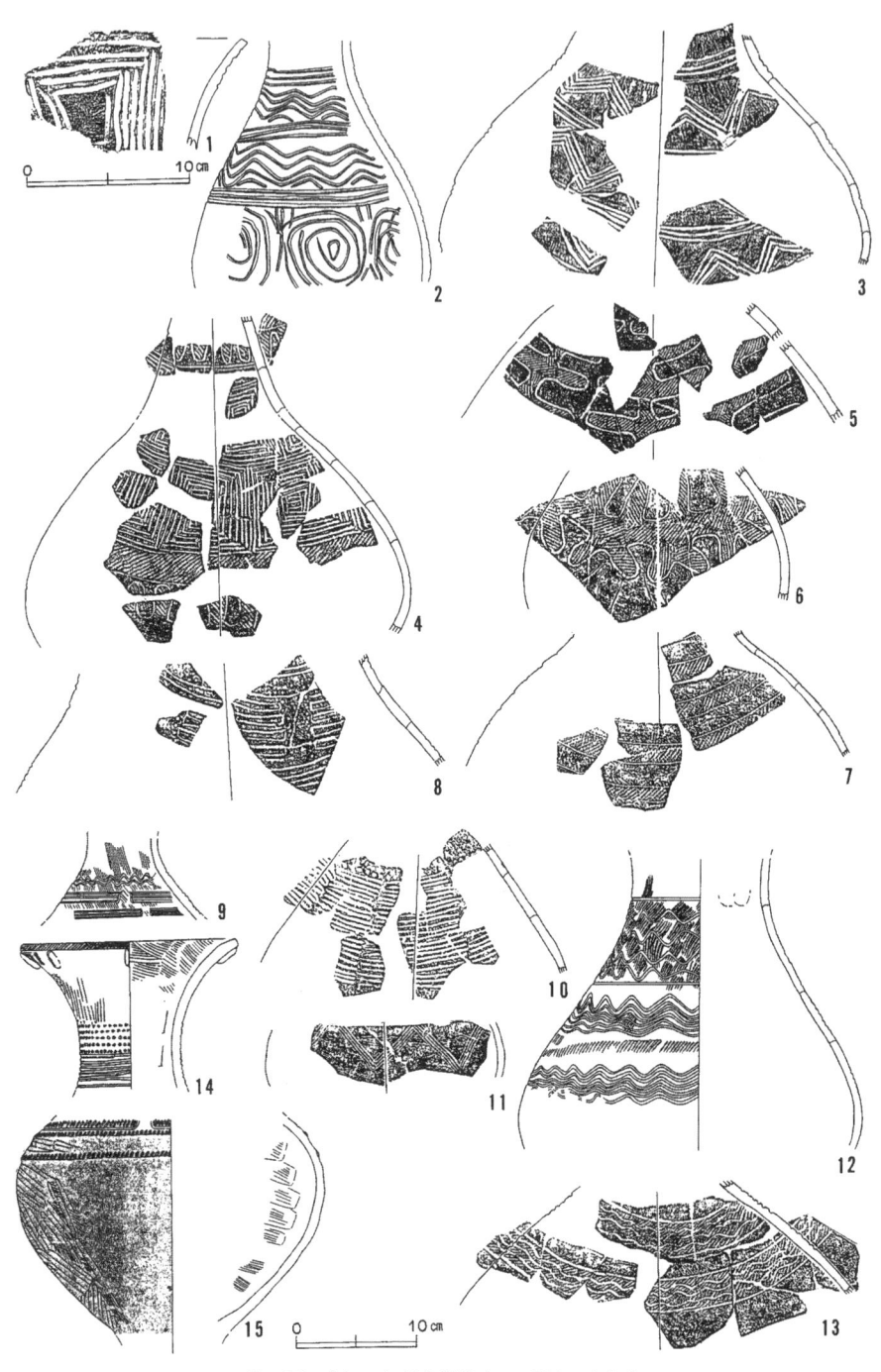

第4図 「宮ノ台型文様帯」の「縁辺文化」
1〜15：大崎台

提示した。同時に筒形土器の「型式組成」と系統性にも注目したい。仮家塚遺蹟では南武蔵と共通した「隠れ装飾帯」や、相模とは異なる文様帯への「施朱様式」も定着しており、「坊田式」とは性質を異にするばかりでなく、「宮ノ台式」特有の「櫛描波状／横線文帯」壺も伴存せず、相模とは比較できない文様帯である。

　第4図は、下総・大崎台遺蹟第 97 号および第 169 号住居址出土資料などであり、台地上環濠集落（関東型高地性集落）における環濠以前の集落動態に重要な意味を持つ土器群である。「無地文多条沈線文」系列と磨消縄紋系列、そしてその結合例等が顕著であり、更には「施朱様式」も定着している。これらの「頸部突帯文」以前の土器群は、「施朱様式」のみでなく、異種文様の結合状態からも「宮ノ台型文様帯」と相似の関係で、仮家塚遺蹟直後、かつ環濠設営直前で、この「無地文多条沈線文」壺や結合壺こそが、相模「櫛描波状／横線文帯」壺に対応する下総の「土器型式」なのである。

　蛇足ながら、縄紋原体論に照らして「偽縄紋」による変化を観るならば、「小田原式」期は「カナムグラ」の顕著な定着期であり、谷口肇が解明したように「宮ノ台式」期から「オオバコ」利用へと転換する状況が著明である。そこで具体的な初源形態から拡散する状況を解明する必要があろう。

　「宮ノ台式」の編年は地域性に依存した「様式論」的類推では達成不能であり、「縁辺文化」としての「在地化基盤」を継承した自律的な性質と異系列によるクロス関係によって自ずと組織される。それ故に「宮ノ台式」成立の解明には、タイムスケールではなく、型式学の遂行が必須なのである。

　尚、中部地方から東海地方東部の編年については、今回参照枠を見出すことが出来なかった。

テーマ１．宮ノ台式の成立　報告（２）

大島　慎一

　宮ノ台式は、従前より壺に見られる櫛描文や結紐文、ハケメ調整の波及などがその構成要件とされ、南関東地方における本格的な弥生社会成立期の土器と考えられてきた。そしてそれ以前の弥生土器とは大きく隔たりがあるものと理解されてきた。近年宮ノ台式以前の中里式の資料が増大しつつあり、宮ノ台式とそれ以前との関係をさぐる手がかりが得られるようになってきている。ここでは相模西部の宮ノ台式の成立について、中里式からの視点でおもに成形・調整技法等の変化を軸に考えてみたい。

１．中里式の様相

　衝撃的な発見がもたらされた中里遺跡第Ⅰ地点については、現在報告書の刊行が待たれている状態である。従ってここでの見解も刊行前の時点での、との但書がつくが、中里遺跡の既出資料や王子ノ台遺跡等の該期資料からみた中里式の様相と変化の方向性はおよそ次のようである。

　① 文様の変化の方向性：平沢式、遊ヶ崎式よりも文様が粗雑・簡略化、連繋文から単位文への独立化の傾向、「帯縄文」手法の出現、細沈線化の傾向、など。

　② 条痕文手法：多様な類型を持つ、文様を意識しているような器面調整法。平沢式よりも弱く浅い条痕で、櫛歯状の器具も使用され、一部にハケ調整と同じ原体と見られる器具も見られる。

　③ 土器の底部：網代痕が主、まれに木葉痕。前後の時期に対し、少数ながら布目痕が目立つ。

　④ 土器の胎土：縄文時代以来の精製土器用の胎土、条痕文系土器に認められる雲母を含む胎土、新出の砂質の胎土が混在する状態。

　⑤ 器形、器種構成の変化：大型広口壺の出現、標準的な壺、甕の小型化。

２．宮ノ台式に継続する要素・新たに出現する要素

（１）継続する要素

　中里式に認められる要素のうち、以下のものは宮ノ台式まで継続する。

　① 文様の「帯縄文」手法：いわゆる王字文、結紐文などの文様描出の手法として継続する。ただしこの手法の中里式の中での由来についてはなお検討を要する。

　② 横位羽状文甕：従前より継続性が指摘され、それゆえ編年の混乱にも関与した。中里式の中でのあり方から他の甕以上に装飾性の強い系列と見られる。この

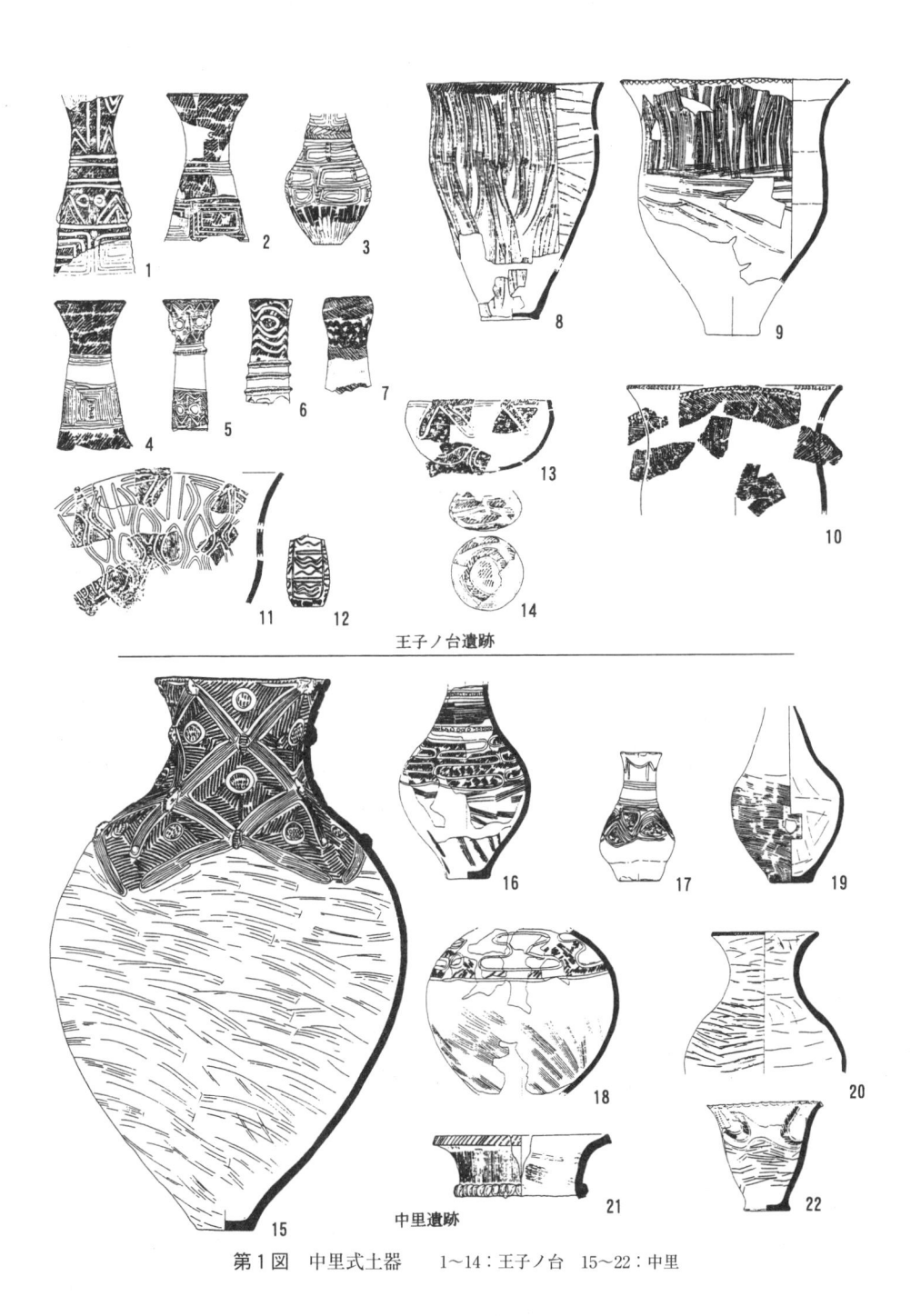

王子ノ台遺跡

中里遺跡

第1図 中里式土器　1〜14：王子ノ台　15〜22：中里

32号住

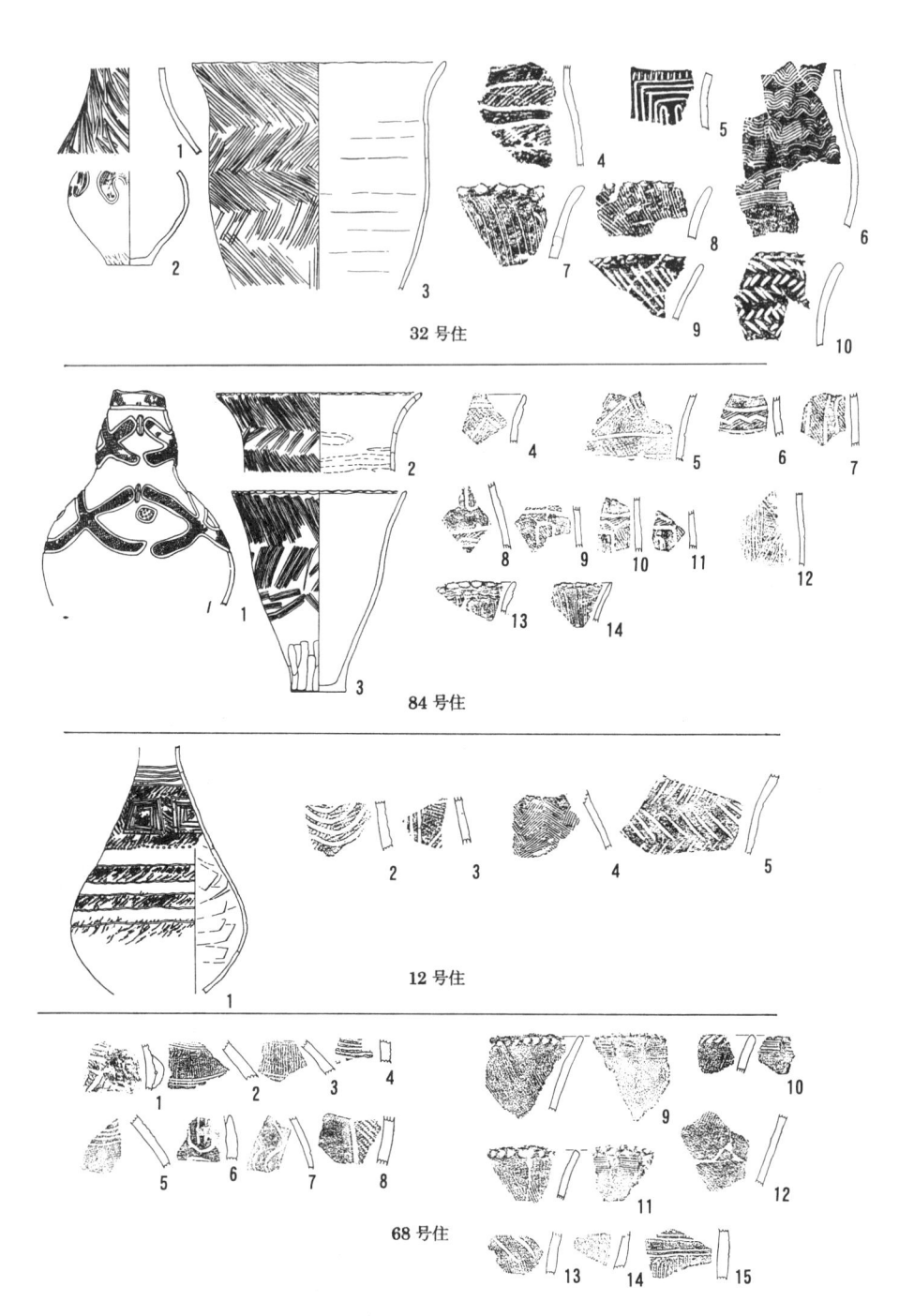

84号住

12号住

68号住

第2図　子ノ神遺跡

102　第Ⅲ部　シンポジウム「南関東の弥生土器」

うち沈線区画を持つものについては伊豆地方の「磨消線文甕」の系譜に連なることが知られる。相模地域においては宮ノ台式までの間で細分の一指標となりうる。

③ 底部の布目痕：宮ノ台式の初期まで少数残存するが、ほどなく消滅する。

(2) **新たに出現する要素**

櫛描文のほかに、以下のものが新出の要素として指摘できる。

① 壺頸部の絞り目：東海地方では前代の瓜郷式から認められ、白岩式にも存在する。ただし、宮ノ台式ではそれほど普遍的に認められるわけではない。

② 壺の分割成形：宮ノ台式では古い段階から胴部下半と上半を分割して成形する例が見られる。内面にハケ調整痕を残すことにも注意が必要である。

③ 覆い焼きによって生じる黒斑：西日本から拡散していくことが近年指摘されるようになってきたものであるが、他の諸要素とともに土器作りそのものに変化が生じていることを示唆するものとして評価したい。

④ 粘土板充填高坏：出土例はごくまれだが、凹線文系に見られる坏部底面に粘土板を充填する高坏が存在する。ただし出現の時期が不明瞭であるうえ、宮ノ台式の中で高坏という器種が成立しているか否かという点で評価が分かれよう。

⑤ 底部のナデ調整：宮ノ台式の底部は網代痕、木葉痕の両者が主体的であるが、底部をナデにより調整してしまうものも多い。

(3) **問題点の整理と若干の検討**

相模西部においては中里式から宮ノ台式の成立まで、現在次のように編年されている。

　　谷口編年6期（中里、王子ノ台）→ 谷口編年7期（子ノ神32・84号住）
　→ 安藤編年Sa1期（子ノ神12・68号住）→ 安藤Sa2期（手広八反目15号住、山ノ神・上山神）

白岩式古段階の影響が現れ始めるのはSa1期とされているが、それまでは中里式の延長といった変化、すなわち中里式の壺の文様の退化、横位羽状文甕の顕在化と羽状文の沈線文化といった様相が続く。詳細に見れば他地域との交渉をうかがわせる要素も見出せようが、相模西部ではこの間の資料は現在においても少なく、さらに検討を要する。

ハケ調整についてはかつて指摘したように、ハケ調整の出現・波及は条痕調整器具との交代という次元にとどまらないもので、器面調整の方法を根本的に変更させるものである。中里式の甕における条痕調整は器面の整形というよりもむしろ装飾を意図した面が強い。

中里式では縦位、縦位＋横位、縦位羽状、横位羽状のものが認められる。大半は横位から斜位のものであるが、これも「ブロック充填」に近い方法で行うもの

手広八反目遺跡 15 号住

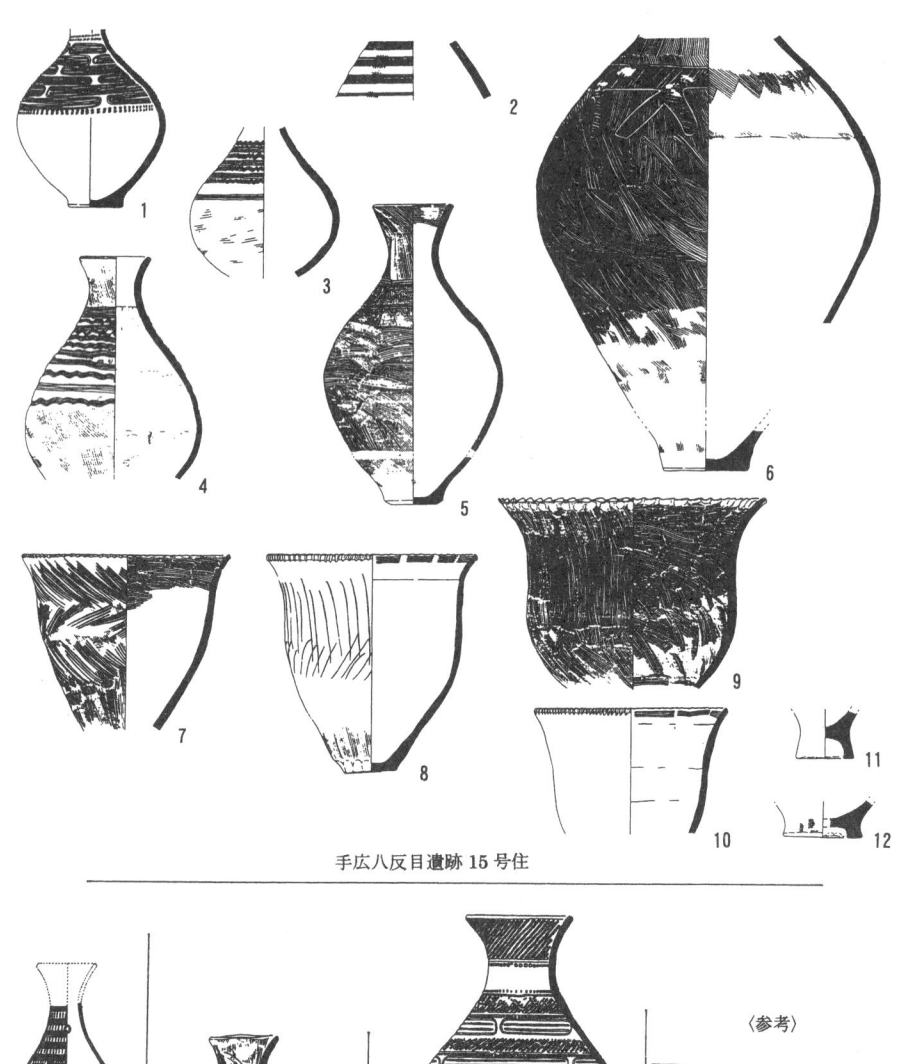

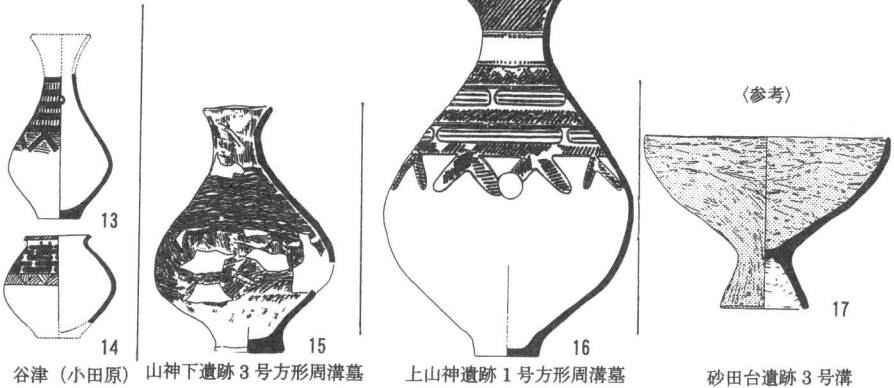

谷津（小田原）　山神下遺跡 3 号方形周溝墓　上山神遺跡 1 号方形周溝墓　〈参考〉砂田台遺跡 3 号溝

第 3 図　成立期の宮ノ台式土器

1〜12：手広八反目 15 住　13・14：谷津（小田原）　15：山神下 3 方周　16：上山神 1 方周　17：砂田台 3 溝

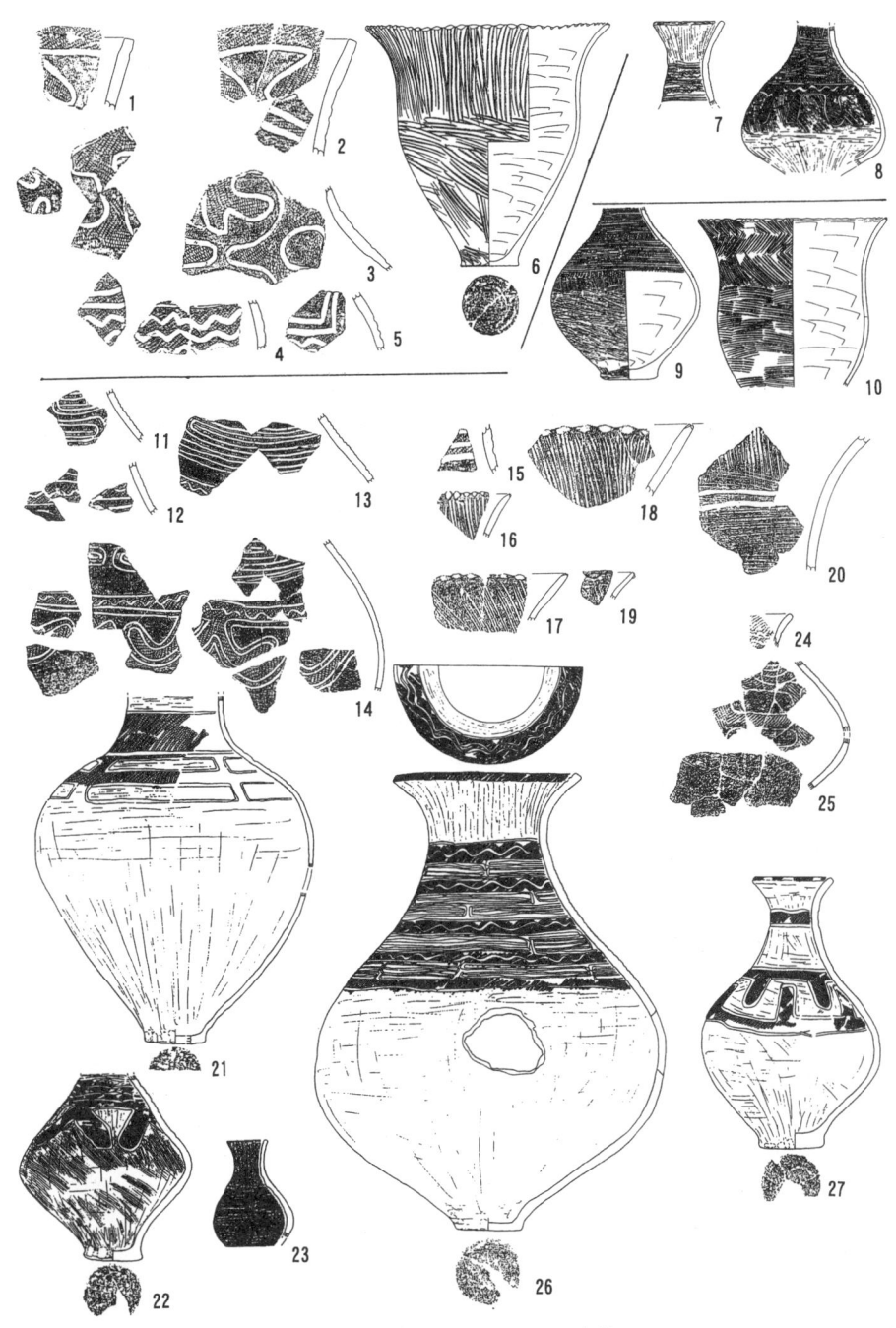

第4図　小田原における最近の資料

1〜5：香沼屋敷第Ⅲ地点23住　6：同26住　7：久野山神下第Ⅴ地点5住　8：同1方周
9：久野多古境第Ⅱ地点4方周　10：同6溝　11〜14：同13溝　15〜20：同6溝
21：久野多古境第Ⅳ地点1方周　22・23：同6方周　24・25：同7方周　26：同8方周　27：同9方周

であり、縦位羽状文を生み出す素地となっている。そしてこれらは器面の精良なナデ調整の後に施されており、最初から器面の粘土を掻き取るハケ調整手法とは質的に異なる。

　中里遺跡では既出資料をみても明らかに「ハケ調整」が存在する。問題点は、①ハケ調整と見なしうるか、②中里式をハケ調整の波及期とするか中里遺跡の特殊性と理解するか、ということである。②はさらに、大里東遺跡での「刷毛目ホライズン」の評価とも関わってくる。これも相模西部において今後の動向に特に留意しなければならない点である。

　東日本弥生時代中期の土器の編年において、その細別のためにもっとも有効である属性が壺の文様であることは明らかである。しかしながら「型式学的研究」では扱いにくい問題ではあるものの、さきに触れたハケ調整、壺頸部の絞り目、壺の分割成形、覆い焼きによって生じる黒斑の出現、粘土板充填高坏の出現といった要素は、土器製作法のレベルにおける変革があったことを示す重要な要素であり、文様構造が示すものとはまた違う次元で当時の土器製作と社会の変化を物語っていよう。土器製作の基層レベルにおいて変化が認められる場合は、文様の分析にあたっても一定の配慮が必要ではないかと思う。

　このような視点で中里式から宮ノ台式への変化がどのようなものであったのかを今後も見極めていきたい。

テーマ2．宮ノ台式の地域差と周辺　報告（1）

安藤　広道

1．はじめに

　本稿の目的は、宮ノ台式土器を取り巻く諸型式の動きとそれぞれの併行関係を概観することにある。しかし、ここで宮ノ台式の周辺地域全ての様相について詳述することは不可能であるため、主に宮ノ台式と深い関係にある白岩式の文様帯を整理し、宮ノ台式の変遷との関係を捉えた上で、周辺諸型式の動きと併行関係について大まかに述べることにしたいと思う。

2．白岩式土器の文様帯

　白岩式も問題の多い型式であり、いくつかの型式に分けたほうが理解しやすいと考えているが、ひとまずは現在、比較的多くの研究者間で用いられている範囲（『様式と編年　東海編』など）で論じていく。白岩式の有文土器の中心器種である細頸壺形土器の文様は、基本的に頸部から胴部上半に櫛描文主体（一部ヘラ描）の施文帯をもち、施文帯の下端が胴部最大径まで達するものが少ないという、比較的単純かつ明瞭な特徴をもっている（第1図）。その構造を、以前使用したことのある仮称イロハ文様帯（安藤2002）で整理すると、イは基本的に無文であり、ロは、イとの境界に刺突文列や突帯、平行沈線など（ロ1）をもつもの（仮称SR1型）と、もたないもの（仮称SR2型）に分けられる。その下端には、それぞれごく幅の狭いハをもつもの（a）ともたないもの（b）があり、仮に前者をSR1a型・SR2a型、後者をSR1b型、SR2b型としておく。これらは、現在白岩式初頭とされる一群で出揃っているようで、白岩式終末に至り、頸部のハケ目沈線（ロ1）が特徴的なSR1b型が主流となる。なおSR1b型、SR2b型は、後期の菊川式にも継承され、白岩式から続くロの上端を区画するハケ目沈線のほか、松本氏が指摘した2段型頸胴部文様帯（松本1997）も、SR1b型の系統と考えていい。

　こうした白岩式の文様帯はどのような過程で成立したのだろうか。まず尾張地域の貝田町式の文様帯は、古い段階から新しい段階まで、一貫して口縁部から胴部最大径までが施文帯となる画一的な構造を維持しており（第3図）、白岩式への関与は希薄と考えざるを得ない。貝田町式成立からやや遅れて三河〜西遠江に広がる瓜郷式は、条痕文系土器に貝田町式と平沢式の施文手法や文様帯が取り込まれて成立したものである（第5図）。瓜郷式には貝田町式模倣の土器も組成し、それらは駿河湾沿岸や関東地方まで点々と広がっている。ただし、瓜郷式の文様の変遷は、基本的に貝田町式とは同調せず、ロの櫛描文帯の幅広化や一体化に向かっ

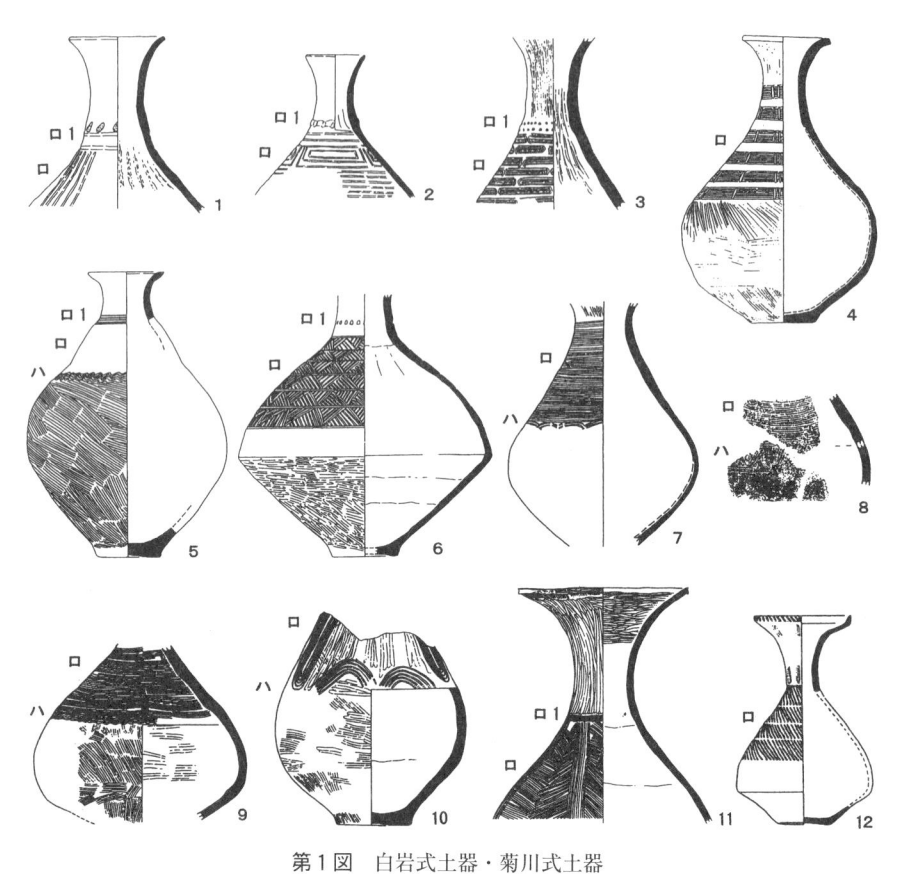

第1図　白岩式土器・菊川式土器
1・2：野際遺跡　3・11：白岩遺跡　4：梵天遺跡　5・6：鹿島遺跡　7：権現山遺跡　8～10：原遺跡　12：鶴松遺跡

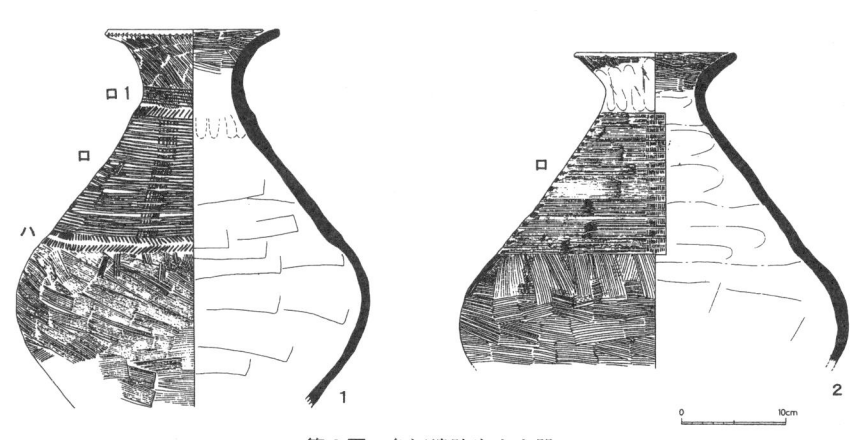

第2図　角江遺跡出土土器

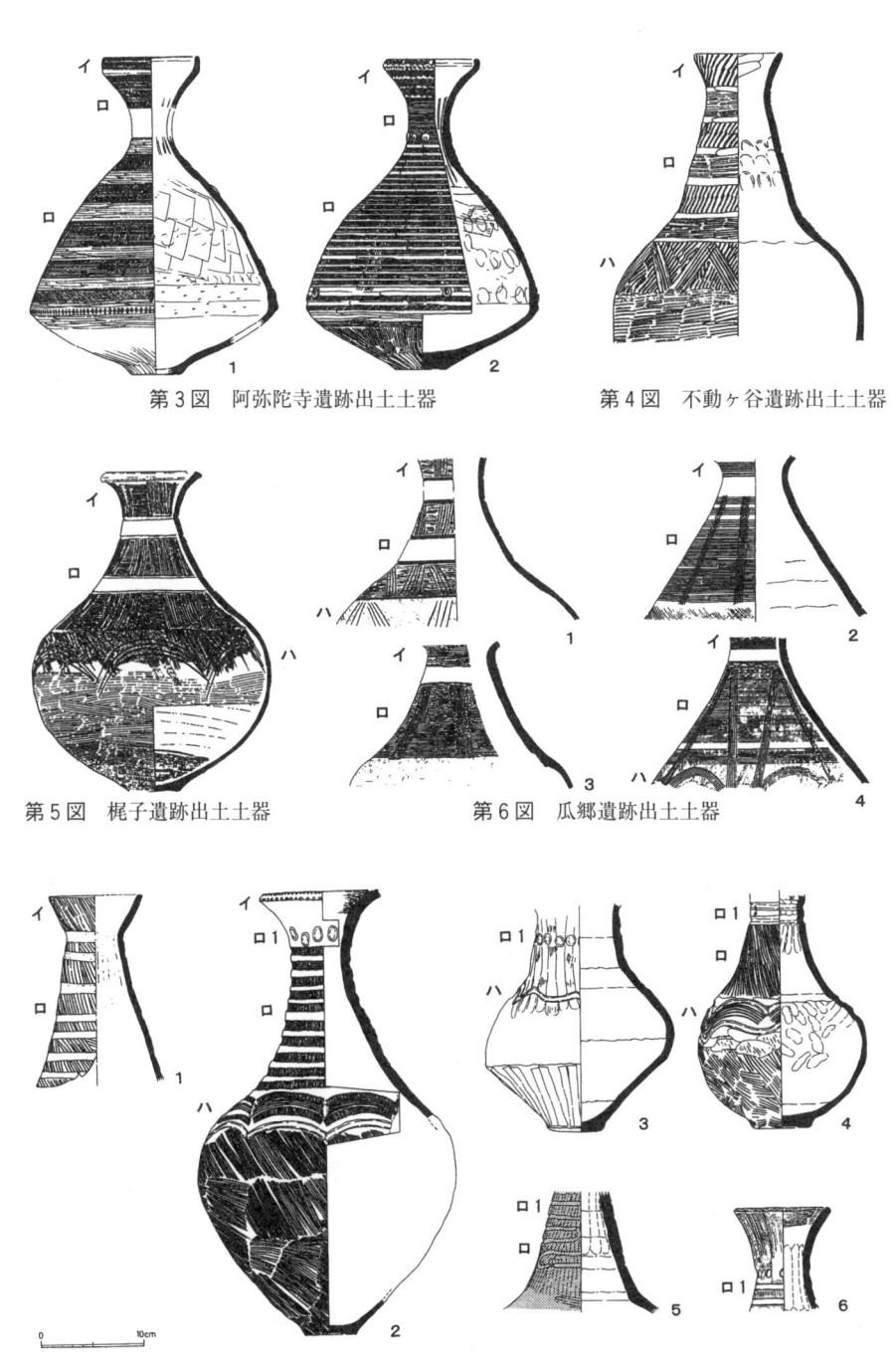

第 3 図　阿弥陀寺遺跡出土土器　　　　第 4 図　不動ヶ谷遺跡出土土器

第 5 図　梶子遺跡出土土器　　　第 6 図　瓜郷遺跡出土土器

第 7 図　嶺田式土器・他　　1：山下遺跡　2〜4：馬坂遺跡　5・6：角江遺跡

テーマ2．宮ノ台式の地域差と周辺　報告（1）

て変化し、併せて櫛描文帯を沈線で区画するという意識も薄れていく。同時にハが消失し文様下端が胴部最大径に達しないものも目立ち始めるようである。その終末期的様相が下層第一様式亜式とされた一群である（第6図2～4）。

　一方、瓜郷式に併行する時期の東遠江には、より平沢式色の強い嶺田式が分布する（第7図2～4）。その成立以前には、ハの簡略化した平沢式系土器（第4図）や、条痕文主体の土器（第7図1）がみられるが、縄文や条痕手法の衰退と共に、ロの簡素化・単調化が進んで型式学的な特徴が明確化する。その過程で次第にイの無文化も進み、イにあった凹点文や太描沈線等が、イロ境界のロ1を成立させる。イやロの簡素化によって拡大した無文部には、本来文様に施される赤彩が及ぶことになり、ミガキと組み合わさった特徴的な赤彩手法が確立する。なお、嶺田式では、ハの幅狭化と文様帯下端の上方移動という現象も目立ってくるようである。

　白岩式の文様帯は、この嶺田式の文様帯構成のロにおいて、瓜郷式系（貝田町式模倣含む）櫛描文が中心的な文様要素になることで成立すると考えてよさそうだ。ロには複帯・単帯の丁字文（第1図4）の他に、条痕文系・大地系モチーフに淵源をもつ複合鋸歯文（6）、矩形文（2）、擬流水文（3）等も、重畳する単位文として加わり、一方でハは一層幅狭化する。白岩式初頭とされる土器群には過渡期的様相が強いものの、その後急速に櫛描文主体の文様体系へと変化したようである。なお、嶺田式に特徴的な赤彩手法が白岩式に受け継がれている点も見逃してはならないだろう。

　問題はこうした文様帯の成立時期である。嶺田式と白岩式初頭との間にはまだ大きな溝が横たわっており、数段階の変遷が想定できる。周辺地域との併行関係をたどってみても、嶺田式は、有東遺跡SK05出土土器（第10図）などからみて、貝田町式前半・瓜郷式に併行し、東方との関係では王子ノ台遺跡出土土器と接点をもつことがわかる。嶺田式類似の土器は、唐古(からこ)・鍵(かぎ)遺跡からも、大和Ⅱ-3様式終末～Ⅲ-1様式に伴い出土している。一方、白岩式初頭は、野際(のぎわ)遺跡SK01出土土器（第1図1・2）の台付甕形土器や高坏形土器などから貝田町式終末～高蔵(たかくら)式初頭（大和Ⅲ-3併行）に併行するとみていい。橋良(はしら)遺跡における、櫛描文主体の白岩式文様帯と、比較的古い様相をもつ高蔵式の袋状口縁壺形土器の共伴例（第8図）も、この点を傍証しよう。

　両者の間に入る時期の下層第一様式亜式は、西遠江では明確であり、その後に白岩式類似の文様帯をもつ角江遺跡出土土器（第2図）へと変遷する。下層第一様式亜式では、嶺田式のロ1と同調するかのように、頸部に文様区画の名残である1本描沈線を施す例がみられ（第6図3・4）、角江遺跡の白岩式併行の土器に

第8図 橋良遺跡出土土器

第9図 一里田遺跡溝状遺構出土土器

第10図 有東遺跡第16次SK05出土土器

第11図 清水遺跡出土土器

第12図 大里東遺跡出土土器

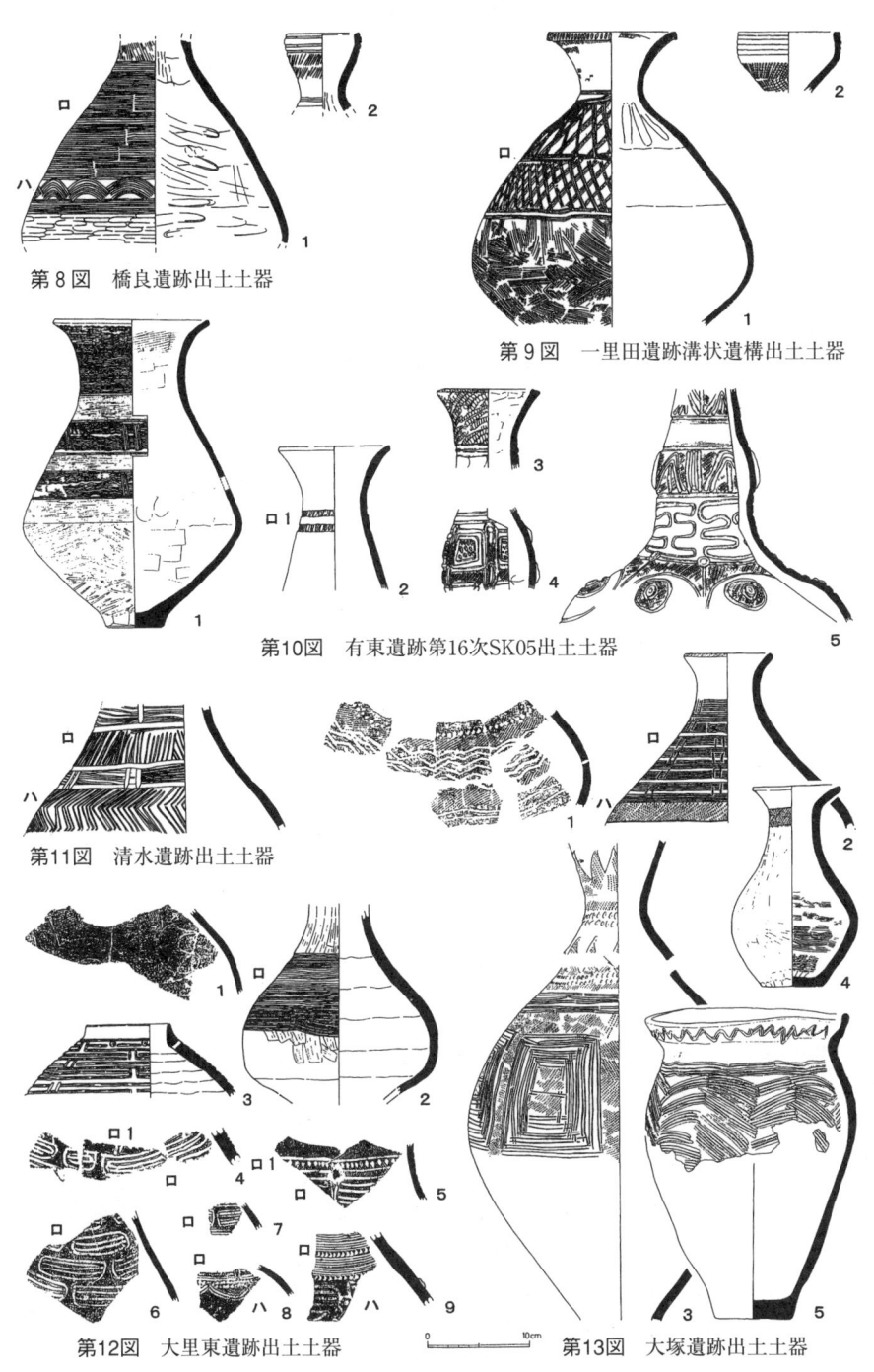

第13図 大塚遺跡出土土器

テーマ2．宮ノ台式の地域差と周辺　報告（1）　111

は、その系譜を引くものが存在する。なお、角江(かくえ)遺跡では、嶺田式と野際遺跡出土土器の中間的様相をもつ土器が出土しており（第7図5・6）、これらが下層第一様式亜式併行の東遠江の土器となる可能性が高い。

となると、その時点で白岩式文様帯の特徴が成立していたことも考えられるが、今のところは無区画櫛描文で構成される白岩式文様帯の例は確認できない。嶺田式や阿島式の分布範囲では、一本描沈線区画（第11図に類似）や連続爪形文区画の単帯櫛描文（飯田市井戸下(いどした)遺跡では無区画もある）で構成される文様が散見され、それらが第7図5などと型式組成していた可能性も考えられる。とすれば、こうした土器を経て、単帯櫛描文からなる貝田町式的な文様要素が白岩式に継承されるという道筋が想定できることになる。

3．白岩式文様帯と宮ノ台式土器との関係

少々、白岩式に紙数を割き過ぎたきらいもあるが、本題である宮ノ台式土器との関係をみていくことにする。以前指摘したように、宮ノ台式土器、特にその前半期には、白岩式の文様との関係性が色濃く認められる。宮ノ台式土器の捉え方も研究者によって違いがあるが、とりあえず筆者の編年（安藤1990・96ほか）のSiⅠ併行期を含む大里東遺跡出土土器には、明らかにSR1・SR2a・SR2b型が認められる（第12図2〜9）。これらを構成する擬流水文等の描出手法も、白岩式初頭とされる一群と共通しており、両者の併行関係を物語る。3にみられる赤彩も嶺田式・白岩式の手法である。大里東遺跡には、これら白岩式初頭の文様が定着する以前の土器が含まれる可能性もあるが、とりあえず大里東遺跡出土土器の中に、白岩式初頭との接点があることは間違いない。

一方、SiⅡ併行期の櫛描文は、櫛描文の主体化した時期の白岩式との共通性が強く認められ、SiⅢ併行期の櫛描文も、口が幅狭化する動きを見せながらも、基本的に白岩式と連動した変化を示す。ちなみに、鈴木正博氏が設定した「小田原型文様帯」（鈴木2001a）はSR1a・2a型の一類型および変容型と理解しており、小田原出土の細頸壺形土器がSiⅠ〜Ⅱ併行期、短頸壺形土器は細く密な櫛描沈線に太い1本描沈線によって）（線を加えるという手法からみてSiⅡ併行期以降と考えられる。

白岩式の文様帯は、駿河〜南関東の縄文を含むほとんどの文様に、口の幅広化と中心化という点で強い影響を与えており、SiⅢ併行期以降に主体化する縄文中心の文様も、その基本型はSR2a・SR2bの変容と理解できる。有東式や宮ノ台式の成立・展開において、白岩式の文様帯を重視する所以である。

なお、白岩式の終末と宮ノ台式との併行関係は不明な点が多い。南関東では、

第14図　菊間遺跡出土土器

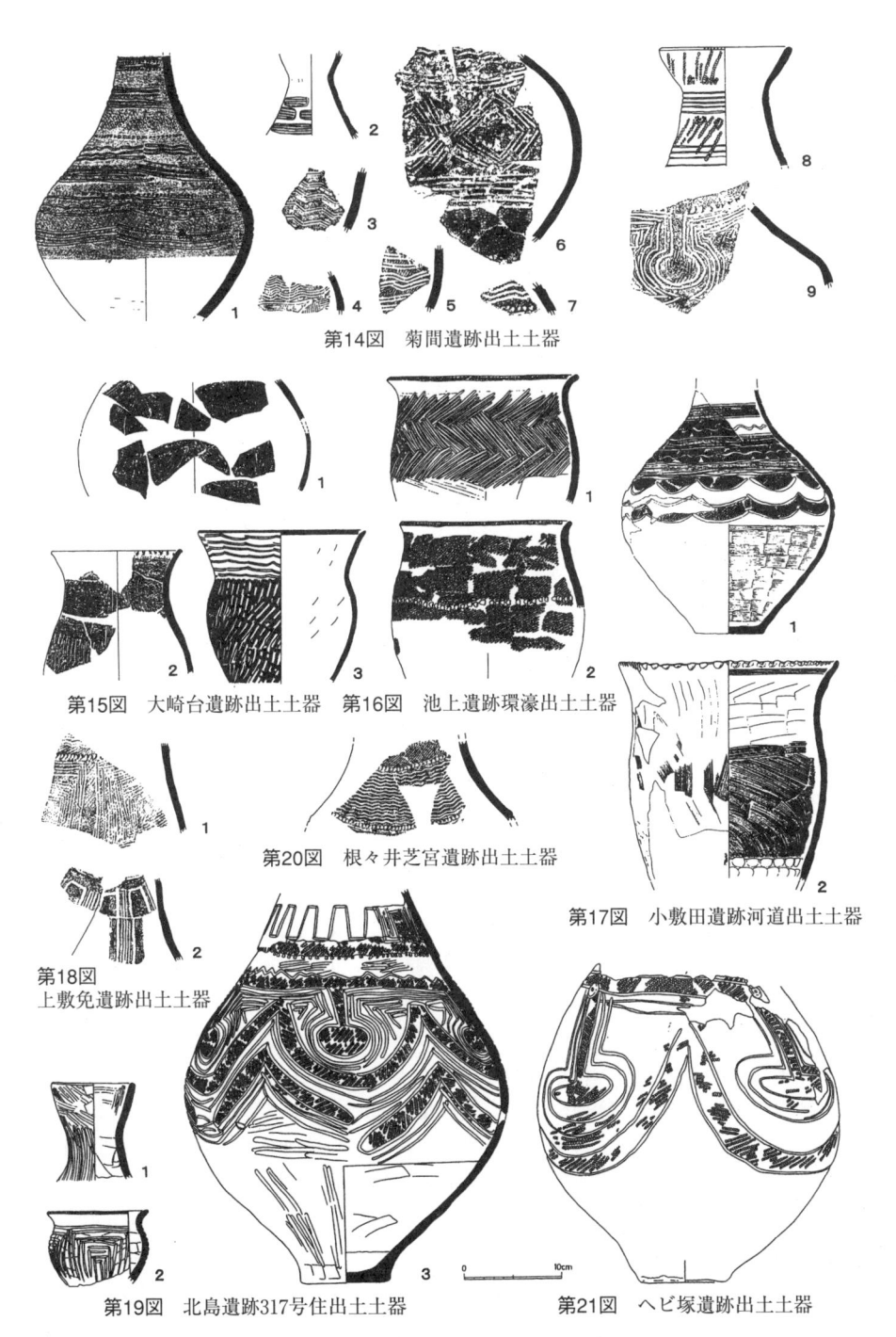

第15図　大崎台遺跡出土土器　　第16図　池上遺跡環濠出土土器

第20図　根々井芝宮遺跡出土土器

第18図
上敷免遺跡出土土器

第17図　小敷田遺跡河道出土土器

第19図　北島遺跡317号住出土土器　　第21図　ヘビ塚遺跡出土土器

テーマ2．宮ノ台式の地域差と周辺　報告（1）

宮ノ台式に後続する時期に菊川式中段階の土器を含む土器群を位置づける編年案もあり（松本 1996）、となると、菊川式古段階がSiⅤ期後半に食い込む可能性も考えなければならなくなる。SiⅤ併行期の砂田台遺跡 139 号住からは、ハケ目沈線をもつ東遠江系土器が出土しており、その幅狭の羽状文と半円形の扇型文は、遠江付近の後期初頭の要素とみなせなくもない。ただし、真田・北金目遺跡群 21区 SD001 下層では、久ヶ原式初頭併行期の土器に、菊川式古段階の土器が伴っているから、その関係は微妙と言わざるを得ない。なお、白岩式終末併行の西遠江一里田遺跡出土器は、壺形土器の文様および袋状口縁の形態が仮称見晴台式に近く、だとすると、これらの時期が、最近後期初頭とされることの多くなってきた西ノ辻N式（大和Ⅴ-1）に併行する可能性も考えておく必要があろう。

4．宮ノ台式を取り巻く関東・中部の諸型式

　さて、次に関東地方における宮ノ台式を取り巻く諸型式の動きに目を向けてみたいと思う。宮ノ台式土器の分布範囲における SiⅠ併行期の前段階の土器は、中里遺跡、子ノ神遺跡、池子遺跡、勢至久保遺跡、常代遺跡などで、重要な資料の増加が続いている。そうした中で、これらの土器群から宮ノ台式に継続する要素、特に相模地域中心の磨消縄文と宮ノ台式のそれとの関係なども一層明瞭になってきたといっていいだろう。

　一方、宮ノ台式に北接する地域の直前段階には、所謂池上式、野沢 2 式、狢式が分布する。池上式に続く小敷田遺跡出土土器の多くは、SiⅠ期に併行するようで、宮ノ台式の要素をもつ甕形土器（第 17 図 2）もそれを物語る。池上遺跡や小敷田遺跡では、小松式土器やその系譜を引く櫛描文の浸透も特徴的で、特に小敷田遺跡では目立っている。以前鈴木正博氏が貝田町式とした円形貼付をもつ櫛描文土器も（鈴木 2001 b）、扇形文をもつ点などからみて小松式とみて間違いない。なお、位置づけに異論の多い南加瀬出土土器は、2 本同時施文手法が定着し、沈線の多条化する部分もみられることから、小敷田遺跡出土土器併行期以降となる可能性が高い。

　小敷田遺跡出土土器の後に位置づけられる上敷免遺跡出土土器は、沈線の多条化・細線化と櫛描沈線に特徴があり、菊間遺跡 11 号住の一部（第 14 図 3～7）や千葉寺町出土土器も、地文の縄文が少ないという違いはあるものの、類似した様相と評価できる。SiⅡ併行期の白岩式櫛描文の本格的展開（櫛描文の主体化）と連動した動きと考えていいだろう。

　SiⅢ併行期の宮ノ台式には、大塚遺跡を代表例として、縄文充塡の三角文や櫛描・一本描沈線の波状（山形）文・重四角文等をもつ土器（第 13 図 1・3）の共

伴例が数多く認められ、類例は、掛貝塚や北島遺跡などにみられる。北島遺跡に特徴的なフラスコ文は、317号住出土のもの（第19図3）が今のところ最も古く、ヘビ塚遺跡や荒砥前原遺跡等の簡略化したもの（第21図）が、共伴土器からみても新しくなる可能性が高い。前者の類例は菊間遺跡から（第14図9）、後者的なものはSiⅢ併行期の上野田西台遺跡から出土している。

　東関東との関係では、大里東遺跡出土の狢式（第12図1）の位置づけが難しいが、SiⅠ併行期以前に伴う可能性も考えられる。足洗式については宮ノ台式との共伴事例が意外と少ない。その中にあって、古くから有名な菊間遺跡2号住出土の細い一本描沈線による横帯文に特異な粗い縄文を付加した土器（第14図8）は、足洗式直前か1式併行の可能性を考えたいものである。2～3式になると、大崎台遺跡や道庭遺跡などで明確な例がみられるが（第15図1）、宮ノ台式との関係が今一つはっきりしないのが残念である。一方、渦文の消失した佐野原1式は、大崎台遺跡などでSiⅤ併行期に共伴する（第15図2・3）。阿玉台北遺跡出土土器はSiⅤ前半併行期になろうか。

　中部高地系土器との関係では、池上式期に栗林式最古段階が成立していることは間違いなく（第16図）、小敷田遺跡からも栗林式の古段階が散見される（第17図1）。上敷免遺跡では遺構外ではあるが栗林式中段階が出土し（第18図2）、北島遺跡でも栗林式中段階がまとまる。古いフラスコ文を出土した317号住では、SiⅢ併行期で矛盾のない宮ノ台式細頸壺形土器と、栗林式中段階でも新相のコの字重ね文の台付鉢形土器が伴っている（第19図）。

　上野方面では、神保富士塚式に後続する長根安坪遺跡出土土器に栗林式古段階の要素が認められ、竜見町式土器の展開が栗林式中段階以降であることと符合する。一方、根々井芝宮遺跡Y10住では、栗林式中段階の土器に御新田遺跡類似の土器が伴う（第20図）。宮ノ台式では東京湾西側のSiⅡ～SiⅢ併行期に栗林式中段階類似の土器が伴う事例が多数知られている。中でもSiⅢ期前半の基準資料である大塚遺跡B環濠中・下層出土土器には、北島式類似の土器のほかに栗林式中段階（第13図4・5）も含まれており、一つの定点となろう。なお栗林式新段階の土器は、SiⅣ併行期以降に伴うようで、後期初頭あるいは中・後期の過渡期的な様相とも言えそうな善光寺平の中条遺跡2号住出土例などは、SiⅤ併行期に食い込む可能性もありそうだ。

テーマ2．宮ノ台式の地域差と周辺　報告（2）
― 宮ノ台式土器分布域の東側から ―

小倉　淳一

はじめに
　本稿では宮ノ台式土器の分布範囲内における東西の地域差を問題とし、筆者が東京湾東岸地域と呼んでいる千葉県側の事例から宮ノ台式土器に光を当て直してみることとしたい。
　この地域には標式遺跡である宮ノ台遺跡（杉原1935）が存在するものの、神奈川県域の編年研究に比して全体的な変遷観の確立に遅れをとっていた。よって地域性を考察する前提として、当該地域の宮ノ台式土器の変遷関係を整理する必要があった。筆者は市原台地周辺の大廐遺跡（三森ほか1974）、小櫃川流域の菅生遺跡（大場・乙益ほか1980）、印旛沼周辺域の大崎台遺跡（柿沼ほか1985・86・87）等の出土土器を対象とした分析（小倉1996）の中で、壺形土器の属性を元にした序列を組み上げ、それを横浜市折本西原遺跡（石井1980）および下末吉台地（安藤1990）の成果と比較した（第1表）。その結果、全体の関係はよく整合することがわかり、宮ノ台式土器分布範囲の東西において土器変遷上の共通の現象を確認することができた。
　しかし、筆者の提示した土器群が縄文主体の壺形土器であったことから、分析自体が櫛描文を捨象したものであるとの批判を浴びることにもなった（黒沢1997）。だが、分析の基礎資料となった佐倉市大崎台遺跡では縄文系統の文様が大多数を占めており、それこそが地域性の本質なのである。それを認識した上で、各々の文様要素をより詳細に理解するための努力を行うことが必要である。こうした観点から、筆者は櫛描文、回転結節文等の文様要素の変遷を対象とした検討を続けており（小倉2003・04）、今回はそれらを含めた地域性の問題を4点にわたって論じることとしたい。

1．甕形土器の横走羽状文をめぐって
　甕形土器の横走羽状文は多くの遺跡で確認できる。口縁部内面の櫛目鎖状文と親密な関係を有し、比較的古相を示す資料に多くみられ、下末吉台地においてはSiⅣ期までに消失する（安藤1990）文様要素である。しかしながら、この文様の消長には差があり、特に印旛沼周辺の大崎台遺跡では宮ノ台式期の最終末まで残存することが指摘されている（柿沼1984）。
　大崎台遺跡の横走羽状文系統の文様を施した甕形土器（第1図）においては、

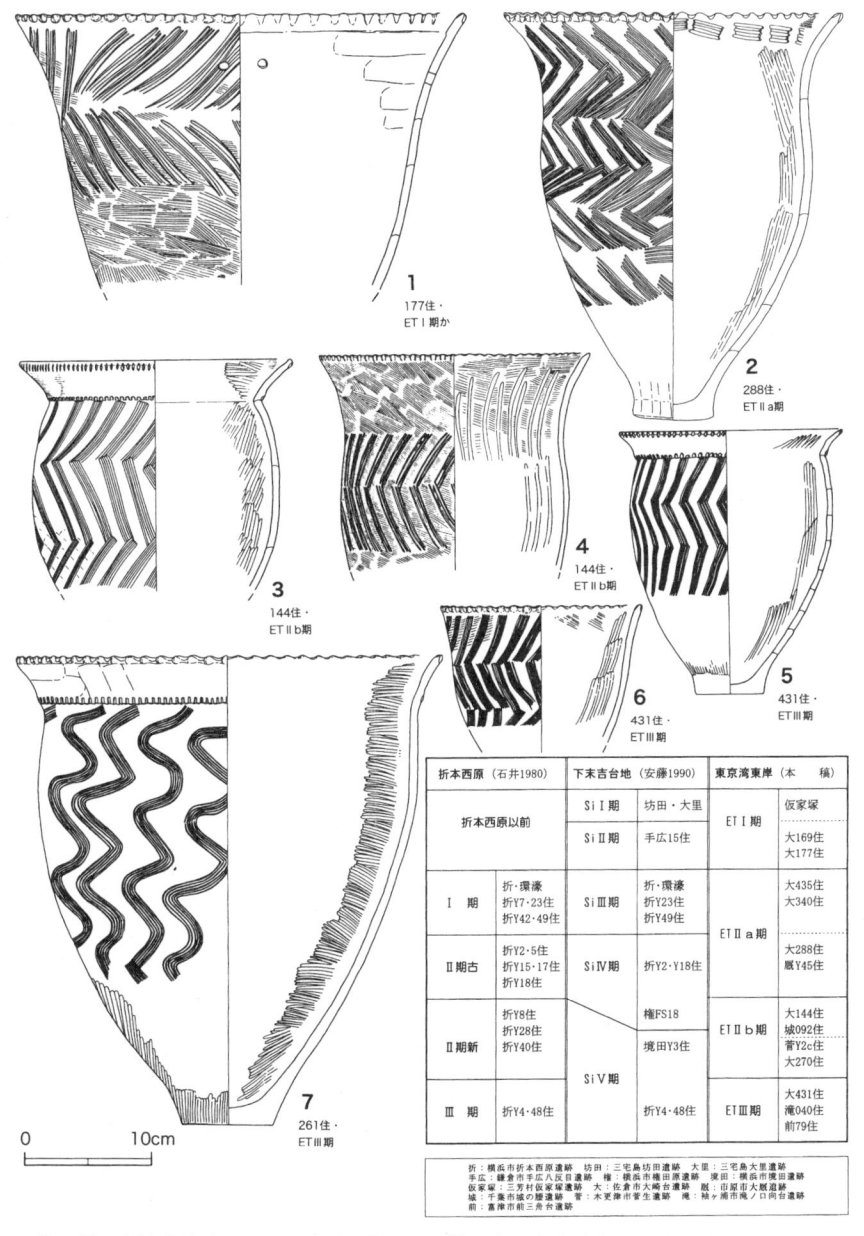

折本西原 (石井1980)		下末吉台地 (安藤1990)		東京湾東岸 (本稿)	
折本西原以前		Si I 期	坊田・大里	ET I 期	仮家窪
		Si II 期	手広15住		大169住 大177住
I 期	折・環濠 折Y7・23住 折Y42・49住	Si III 期	折・環濠 折Y23住 折Y49住	ET II a 期	大435住 大340住
II 期古	折Y2・5住 折Y15・17住 折Y18住	Si IV 期	折Y2・Y18住		大288住 鳳Y45住
II 期新	折Y8住 折Y28住 折Y40住		権FS18	ET II b 期	大144住 城092住
		Si V 期	境田Y3住		菅Y2c住 大270住
III 期	折Y4・48住		折Y4・48住	ET III 期	大431住 滝040住 前79住

折：横浜市折本西原遺跡　坊田：三宅島坊田遺跡　大里：三宅島大里遺跡
手広：鎌倉市手広八反目遺跡　権：横浜市権田原遺跡　境田：横浜市境田遺跡
仮家窪：三芳村仮家窪遺跡　大：佐倉市大崎台遺跡　鳳：市原市大腹追跡
城：千葉市城の腰遺跡　菅：木更津市菅生遺跡　滝：袖ヶ浦市滝ノ口向台遺跡
前：富津市前三舟遺跡

第1図　大崎台遺跡における甕形土器の横走羽状文と関連資料

第1表　東京湾東西の宮ノ台式土器並行関係試案（小倉1996）

テーマ２．宮ノ台式の地域差と周辺　報告（２）

ETⅠ期では1のほかに複数の資料があり、甕形土器全体に対する出現頻度は高い。ETⅡa期後半には、2のように多段に施した横走羽状文と櫛目鎖状文をもつものがある。この時期までは櫛目鎖状文が存在することを示す資料であるが、これ以降は不明瞭となり、神奈川県域を含めた従来の変遷観から大きく外れるものではない。続くETⅡb期には3・4のような甕形土器がみられる。3のように口縁部下端に段を持ち、刻みを加えるものは、5や7などETⅢ期にも継続する。横走羽状文は1や2が鋭角的とすれば、3以下のものは鈍角的である。そして7では多段の羽状文が崩れていくためか、縦の波状文として描かれるようになる。

東京湾東岸地域のその他の遺跡では、横走羽状文が最新の時期にまで残存する確実な例は認められないが、千葉市城の腰遺跡(菊池ほか1979)では87号住居址や101号住居址出土土器にETⅡb期に相当する横走羽状文施文土器が伴う可能性がある。

2．回転結節文の出現と広がり

壺形土器の施文要素としての回転結節文が東京湾東岸地域の地域性を示すものとして注目される。この文様要素は単独で施され横帯文や意匠文となる例と、他の要素と結びついて区画文となる例がある（小倉 1996・2003）。

東京湾東岸地域においては回転結節文はETⅡb期に一般化し、宮ノ台式土器の後半期に増加する文様要素と考えられる（第2図）。大崎台遺跡のほかに、木更津市菅生遺跡（大場・乙益ほか 1980）、袖ヶ浦市滝ノ口向台遺跡（小高ほか 1993）、君津市前三舟台遺跡（君津郡市文化財センター 1992b）などに関連する共伴資料がある。

大崎台遺跡では、横帯を連ねるものと意匠文を構成するものはETⅡb期新段階に明瞭となり、ETⅢ期に継続する（第2図1〜6）。導入当初の回転結節文は、櫛描文帯や斜縄文帯と同様に、単独で主要なモチーフを構成するものが多い（1・2）。整然とした構成が意識され、結紐部には円形浮文を施すなど定型的なものだったことを物語っている。4は共伴資料ではないが、整然とした文様配置をもっており、1・2と同時期の可能性もある。ただし、これらの文様は比較的短期間のうちに崩れていくようである（第2図3・6）。

単純な横帯文を構成する回転結節文も、ETⅡb期から増加するが、ETⅢ期に至ると施文間隔が大きく広がるものが目立つ（第2図5）。

そして、ETⅢ期になると回転結節文は新たに一般的になる羽状縄文帯と結びつき、区画要素として盛んに壺形土器の器面を飾ることとなる。第2図7〜10はいずれも幅の広い羽状縄文帯を区画する回転結節文の事例であり、この新出的な親

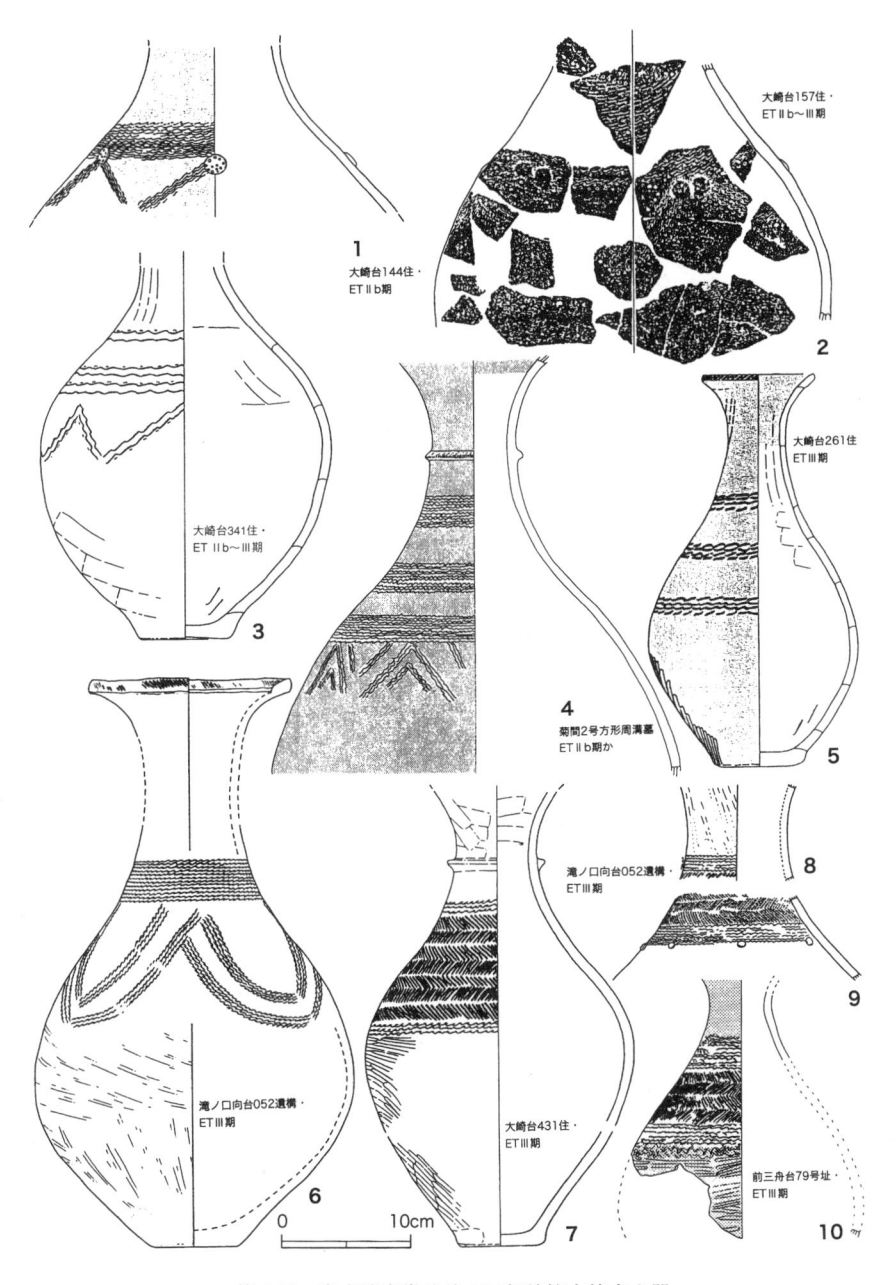

第2図 東京湾東岸地域の回転結節文施文土器

テーマ2．宮ノ台式の地域差と周辺　報告（2）　119

和性は重要であろう（第2表）。

　この文様は神奈川県域にも存在する。下末吉台地の折本西原遺跡（石井1980）からは32例におよぶ回転結節文施文土器が報告されている（第3図3～11）。この中には東京湾東岸地域にみられる横帯文や意匠文の構成をとるものや縄文帯の区画文となるものがすべて出土している。しかし、文様構成の全体がわかる資料には恵まれておらず、回転結節文は豊富な完形資料の陰に隠れて目立たない。主体となるのは単独で頸部などに施文帯を形成するもの（3）であり、そのほかにはヘラ描きの沈線による充填三角文を付加するもの（4）や、結紐文の構成をとり櫛描波状文が加わるもの（6）などがみられる。全体として、折本西原遺跡では東京湾東岸地域におけるETⅡb～Ⅲ期に並行する時期のものがすべてあると考えてよい。東京湾の東西で出現時期に大差は認められないが、例数では東京湾東岸地域が優勢である。

　相模地域の砂田台遺跡（宍戸ほか1989・91）では様相が若干異なる。壺形土器に伴う回転結節文は4例存在するが、文様構成の明瞭なものはそのうち3例で、いずれも羽状縄文との親和性が高い（第3図1・2）。これらは出土土器の全体からみると完全に客体的な存在であり、出現時期はいずれもETⅢ期に並行するものと考えられる。

　これらが後期の土器にどのように連続してゆくのかが問題である。数の上からは東京湾東岸地域が優勢であり、江原台遺跡060号住居跡出土資料（田村1979a）のように、印旛沼周辺の後期土器にはその継続性がうかがえ（註1）、房総半島南部においてもかなりの数の回転結節文をもつ土器が存在する可能性が高い（註2）。羽状縄文を沈線文によって区画するものが主体を占める久ヶ原式土器の分布範囲の中にあっても、施文手法としての回転結節文は維持されていくのであろう。

3．印旛沼周辺からみた櫛描文の姿

　宮ノ台式土器の本質的特徴と言われる「刷毛目調整＆櫛描文」という構成の土器は印旛沼南岸地域には例数が少ない。とはいえ、櫛描文系統の土器はこの地域において宮ノ台式土器が登場する時点で既に存在している。

　第4図1～4が大崎台遺跡のETⅠ期に相当する櫛描文施文土器である。擬流水文（2・3）、胴部をめぐる山形文（4）などのほかに、充填山形文・直線文、連弧文が組み合うもの（1）がみられ、種類は比較的豊富である。これらは横帯化の傾向が著しく、文様の崩れは少ない。

　これ以前には南房総の仮家塚遺跡出土資料（大渕・小川1994）が位置づけられ、櫛描文は縄文帯や刺突充填文の区画要素として用いられている（註3）。宮ノ台式

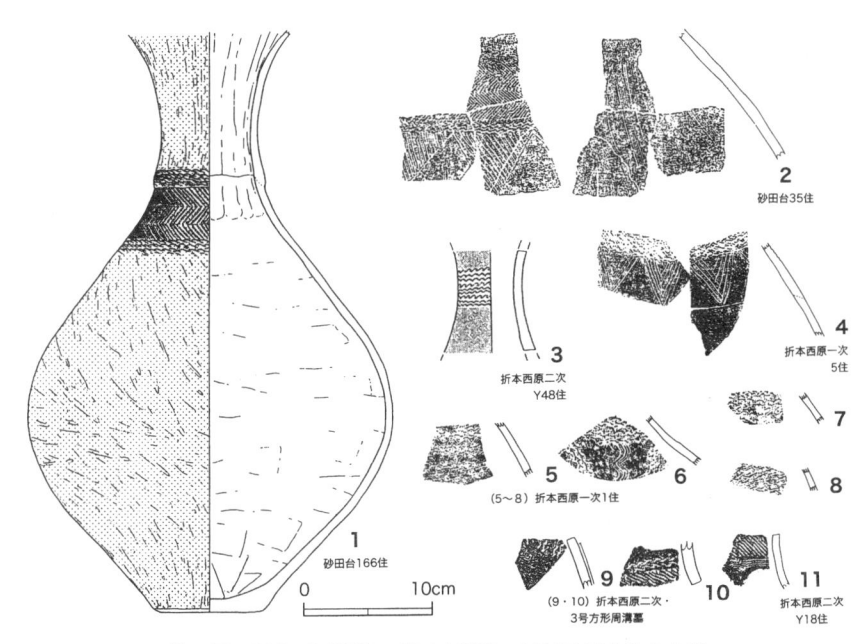

第3図　折本西原遺跡・砂田台遺跡の回転結節文施文土器

第2表　回転結節文の変遷案（小倉2003）

テーマ２．宮ノ台式の地域差と周辺　報告（２）

土器の上限を考えるにあたって、刷毛目調整と櫛描文の導入をひとつの指標とするならば、東京湾東岸地域においては仮家塚遺跡の一群の土器を最初に充てることができるだろう。これらは、全体が横帯化しながらも充填文の要素から脱し切れておらず、構成の上では過渡的な性格がみられる。

その後のETⅡa期は、遺構・遺跡数が増加する宮ノ台式土器の本格的な展開期と考えてよい（第4図5・6・7）。この時期の壺形土器には、単純な斜縄文帯を胴上部に広く重ねるものを中心としており、櫛描文を施す資料は比較的少ない。また、方形周溝墓から出土した土器(5)は白岩式の文様構成と関連する（註4）。さらに、この時期の資料として注目されるのが佐倉市太田用替遺跡7号住居址出土資料（大槻・宮1999）である。櫛描文の出現頻度は低いが、完形土器18ないし19点の中に3点の櫛描文施文の壺形土器がみられる（第4図6・7）。この時期には櫛描文単独で崩れの少ないモチーフを描出するものが存在するとともに、縄文と組みあって胴上部の幅広い範囲を飾る文様要素として櫛描文が用いられる例もある。総体としてETⅡa期は、横帯化した施文帯の構成要素として、櫛描文が他の文様要素と結びつきながら器面を飾る時期といえよう。山形文、擬流水文、波状文などの櫛描文の一般的な要素がみられ、白岩式土器との関連も深そうである。

ETⅡb期になると、櫛描文の文様構成には変化が訪れる。ETⅠ期やⅡa期に比較的整ったモチーフを保っていた擬流水文などは崩れてゆき、形骸化する（第4図8〜10）。この時期の文様の特徴は、櫛描文を単純に重ねて幅の広い施文帯を形成することである。こうした施文方法は縄文系統の文様の変化と一連の動向と考えてよいだろう。総合的に見ると、この時期には文様の退化傾向が強まり、単純で幅広い構成をとるものが増加してゆくのである。

ETⅢ期になるとこの傾向は一層強まり、より太く単純な櫛描による施文帯が出現する（第4図11）。これが、数は少ないながらも継続的に展開してきた印旛沼周辺地域の櫛描文の最終的な形であろう。

このことから、これら櫛描文自体は確実に宮ノ台式土器の最終末まで残存することが明らかであり、これも下末吉台地において「一部に櫛描文が残存するが、（中略）例外的な存在と考えてよい」（安藤1990）とされた知見とは異なる。数は少ないながらも、東京湾東岸地域においては櫛描文の継続性は高いと考えられる。

4．文様の施文範囲にみる東京湾東岸地域

土器の施文範囲とモチーフの関連について簡単に述べておくことにしたい。

壺形土器の回転結節文は横帯の間隔を広げたり、幅広に施文される羽状縄文帯の区画文となったりして類型を増加させながら変容してゆく。また、櫛描文は次

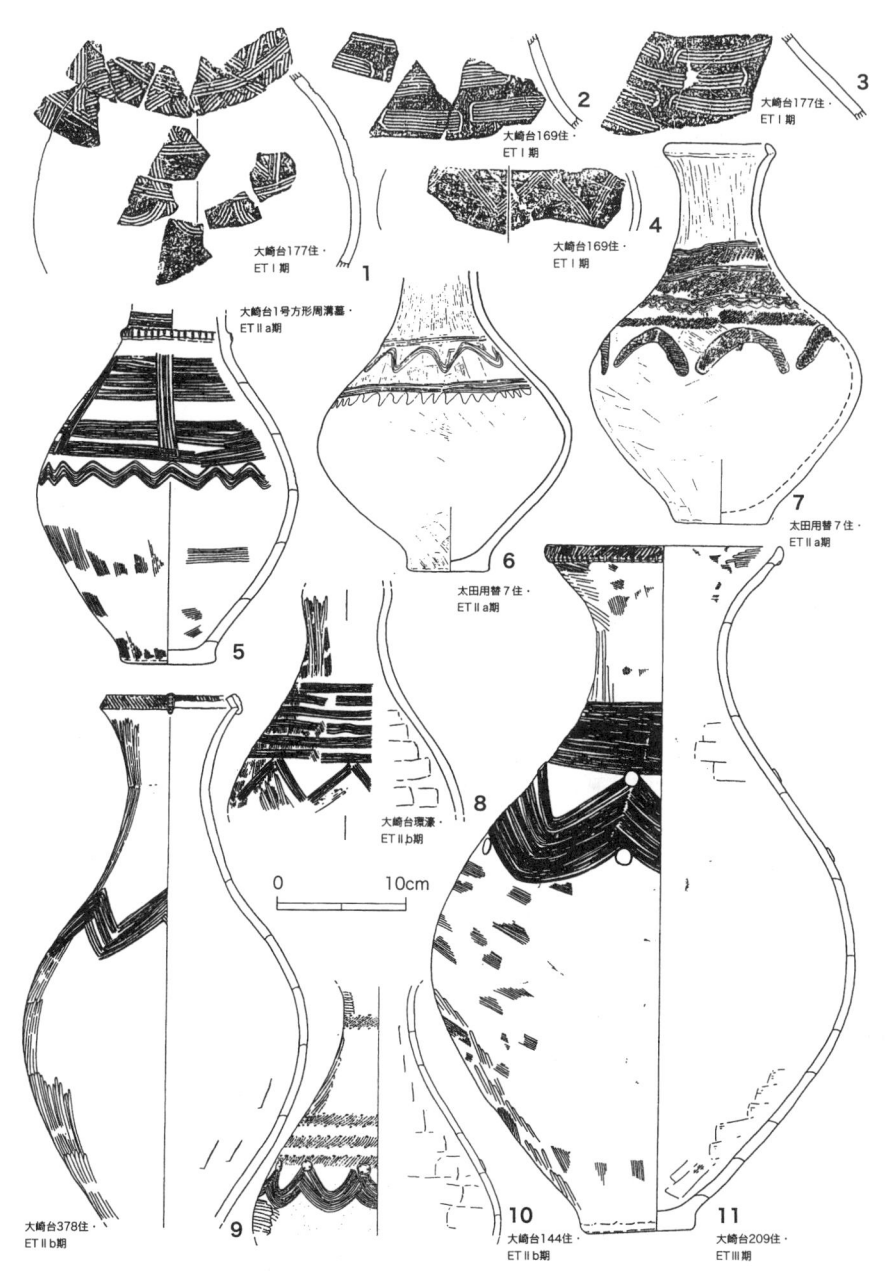

第4図　印旛沼周辺地域の櫛描文施文土器

テーマ2．宮ノ台式の地域差と周辺　報告（2）

第に構成が単純化するとともに施文幅が広がってゆく。斜縄文を数段にわたって施すものも、無文部の幅が狭いものから広いものへと変化してゆく。こうした特徴は、東京湾東岸地域においては、特に壺形土器において広い施文範囲が維持されたことと関連するものであり、多様な施文方法によって胴部上半を充填することが一般的だったためとみられる。東京湾西岸の下末吉台地周辺では文様自体が頸部に縮約してゆくが、それに伴って既存の施文要素もまた衰退してゆくものとみられる。これに対して東京湾東岸においては、広い範囲に文様を施すためにそれまでに獲得している各種の施文方法とモチーフを単純に重ねることで、意匠をもつ施文帯を最後まで維持していったと考えられる。斜縄文から羽状縄文への変遷も、こうした動向と関連するものかもしれない。

そして甕形土器に横走羽状文が残されるものが多く、加飾性が高いのも、土器文様の全体的な動向の中で理解できるものと考えられるのである。

おわりに

こうした土器の微細な変遷を扱うことで、宮ノ台式土器の分布が一定ではなく、地域的にかなりの差異が生じていることがわかる。特に東京湾東岸地域では回転結節文の比較的顕著なこと、櫛描文土器の少なさ、そして継続性の高さが特徴的である。また、次第に整理され、単純化してゆく壺形土器の文様にあって、幅広い施文範囲を維持するためにこれら各種の文様要素が投入されていることは興味深い。東京湾東岸地域においては宮ノ台式土器の最終末に至るまで各種の文様要素が豊富に残されることから、文様構成の変遷をつぶさに観察することが可能であり、それらを整理することによって、後期の土器へと続いてゆく過程もより詳細に明らかにできるだろう（註5）。いずれにしても、こうした検討はまだ緒についたばかりなのである。

(註1) 高花宏行氏のコメント〔151頁〕による。
(註2) 篠原和大氏のコメント〔152頁〕による。
(註3) シンポジウム当日配布資料（鈴木正博氏分）第3図8〔97頁〕参照。
(註4) 第288号住居址からも白岩式系統の壺形土器の破片が出土している（柿沼ほか1986：599頁第837図10）。白岩式系の土器については萩野谷正宏氏のご教示を得た。
(註5) 小高春雄氏が宮ノ台式土器最終末に山形文を施す壺形土器をまとめている（小高ほか1993）。

テーマ3．後期土器の地域性　報告（1）
— 久ヶ原式・弥生町式の今日 —

比田井克仁

はじめに
　南関東において後期弥生土器の編年的混乱が指摘されて久しい。これは1980年前後に相次いで提出された久ヶ原・弥生町式併行論によってはじまったといってよいだろう。筆者もこの頃、輪積み痕甕の分布圏と刷毛調整甕の分布圏の相違を指摘し、その視点からの再整理の必要性を提示した（比田井1981）。しかし、その後の朝光寺原式・吉ヶ谷式・臼井南式（印手式）といった周辺諸様式の研究の発展に比較して、久ヶ原式・弥生町式に関する研究は必ずしも活発な展開を示しているとは言いがたい。そこで、ここでは先学の見解を改めて確認することからはじめて、その20世紀の見解を現実の資料に投影させることによって問題の所在を明確にした上で、21世紀はどのように整理していくのかについて考えてみたい。

20世紀の遺産 — 弥生町式・前野町式 —　（第1図　上段）
　いうまでもなく南関東の弥生後期編年は杉原荘介に多くを負っている。加えて杉原の久ヶ原式後期（杉原1935）に弥生町遺跡出土壺を充てて弥生町式を提示したのは小林行雄である（森本・小林1939）。そして、その成果は20世紀中頃における弥生土器編年の到達点である『弥生式土器集成』に集約されている（小林・杉原1968bc）。まず、ここに見る杉原荘介の後期弥生土器、久ヶ原式・弥生町式・前野町式について、そのメルクマールを確認することからはじめるのが南関東地方における該期の研究の混乱を整理する上で必要な作業であろう。そうすると、次のようになろう。**久ヶ原式**：壺（複合口縁・2～3条一組の口縁棒状付文・沈線区画による羽状縄文〔横帯文・山形文・菱形連繋文〕・刺突円形付文・赤彩）・甕（口縁交互押捺・外面に輪積痕を残す・脚台が一般的）、**弥生町式**：壺（複合口縁・4～6条一組の口縁棒状付文・沈線区画のない細かい羽状縄文〔狭い二帯から一帯へと変化〕・円形付文・赤彩）・甕（口縁交互押捺・外面に輪積痕を1～2段残す〔下端に押捺を加えるものもある〕・脚台が一般的）、**前野町式**：壺（複合口縁・口縁部から胴部の屈曲が著しい・単斜縄文・小円形付文・赤彩）・甕（口縁部押捺は少ない・外面刷毛調整・脚台）、この段階で、小型器台が出現する。
　以上のようにまとめられるが、この中で前野町式は、小型器台や元屋敷系高坏・小型高坏の伴出から見ても、古墳時代前期の土器群と考えられるものである。ところで、これらは、前代の要素を継承しつつ新しい要素を加えて進行するのが土

久ヶ原式　　弥生町式

前野町式

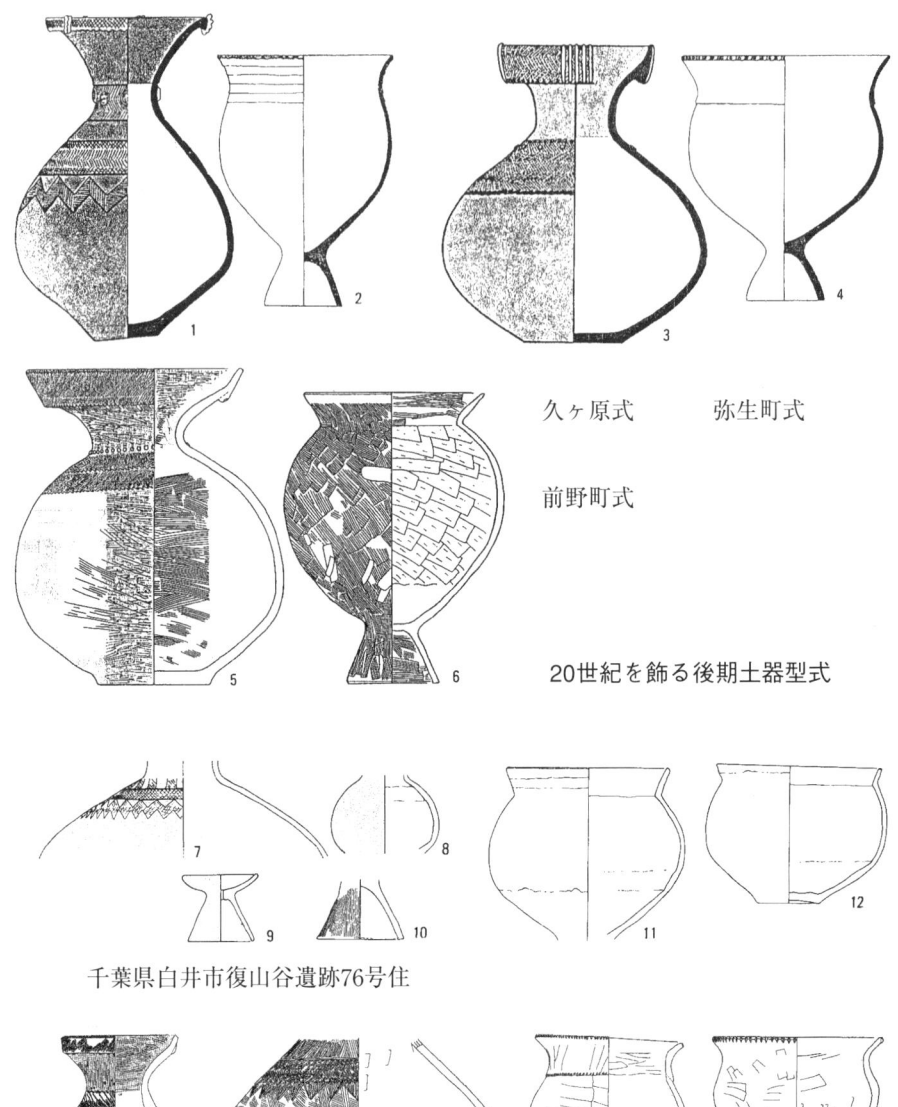

20世紀を飾る後期土器型式

千葉県白井市復山谷遺跡76号住

北区御殿前遺跡SI212

第1図　20世紀の型式と一括土器組成

器変化という普遍的観点で捉えるならば、杉原の久ヶ原式・弥生町式・前野町式の変遷はその構想を表現したものとして理論的には落ち度はない。しかし、杉原も小林もこれ以上の型式細分を示すことはなかった。

その点について深めたのは菊池義次である（菊池1954・74）。菊池は、壺から、久ヶ原式を沈線区画による羽状縄文〔横帯文・山形文〕を文様にするⅠ式から、S字状結節文が区画文として登場し、さらに極めて複雑な文様構成をもつⅢ式へと変遷を想定し、さらに、S字状結節文区画による羽状縄文〔横帯文二帯〕を弥生町Ⅰ式、S字状結節文区画による羽状縄文〔横帯文一帯〕をⅡ式、区画のない羽状縄文一帯をⅢ式としている。この時、弥生町遺跡出土の壺をこのⅢ式に比定しているが、後述するように現状では標式土器にはできない。また、甕については、輪積み痕を数段残すものKⅠ、その輪積み下端に刻みを施すKⅡ、幅広の一段の輪積み痕を残し下端に刻みを施すKⅢ、幅広の一段の輪積み痕のみを残すKⅣ、外面に輪積み痕を残さないKⅤ、それ以降のもの（おそらく刷毛調整）KⅥとし、これらを型式変化とする。そして久ヶ原式はKⅠ段階のみとしKⅡ以降を弥生町式と想定されている。これらの型式推移は理論的に完成されたものであり、1970年代までは中心となる見解であった。

しかし、その後の調査による資料蓄積は、必ずしもこの型式変遷に素直に対応できるものではなかった。遺跡・遺構での現実の共伴関係などを見ると、そのあり方は厳しく、理論と現実の乖離をここに認めざるを得なくなった時点で、前世紀の遺産と化していったのである。

前後関係で解釈不能の久ヶ原式・弥生町式 ― さよなら弥生町式 ―（第1～3図）

前世紀に想定された型式推移を実際の住居跡出土一括遺物に適応させようとした場合のギャップについて、実例をいくつか見ることにしよう。まず、第1図下段の御殿前遺跡SI212（陣内1988）の場合、壺15は久ヶ原Ⅰ式、16は弥生町Ⅰ～Ⅱ式、甕19はKⅢ、20はKⅤ、18はKⅥとなる。第2図釈迦堂遺跡1号住居跡（渡辺1989）では、壺24が久ヶ原Ⅲ式、甕27がKⅤ、28がKⅥである。寺谷戸遺跡38号住居跡（鹿島1988）では甕31がKⅢ、32がKⅥ、殿屋敷遺跡群C地区23号住居跡（相原・河合・田村・麻生1985）は、壺35が久ヶ原Ⅰ式、37が弥生町Ⅲ式、甕40がKⅥ、第3図寺谷戸遺跡6号住居跡では壺46が久ヶ原Ⅲ式、甕44がKⅡ、47がKⅥとなる。

このように古い型式と新しい型式が共存し、一つとして明確な型式推移の範疇でおさまるものはないのである。さらに弥生後期の文様構成は、第1図中段の復山谷遺跡76号住居跡（古内1982）といった古墳時代前期のセットの中に沈線区

横浜市青葉区釈迦堂遺跡1号住

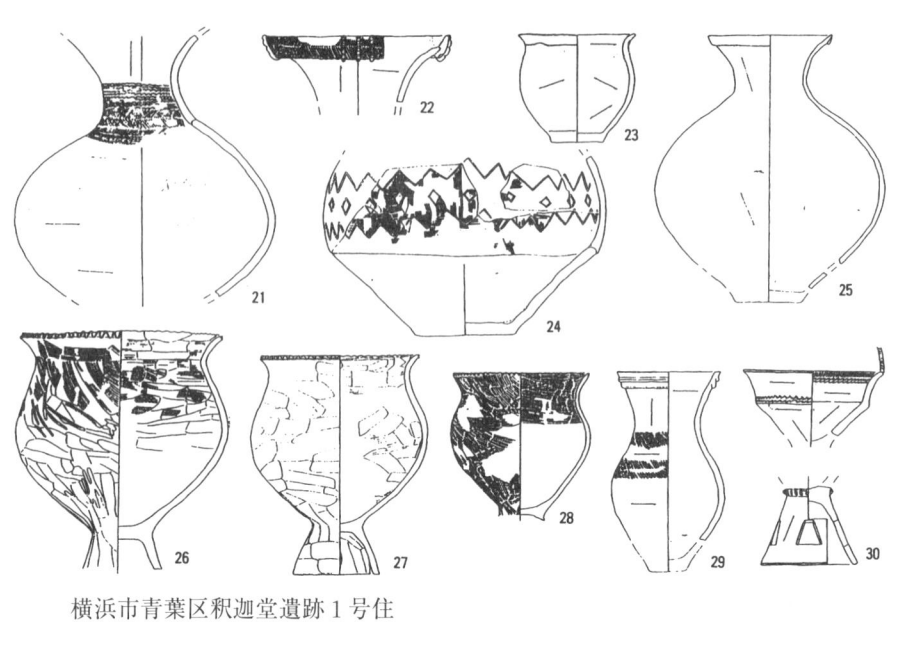

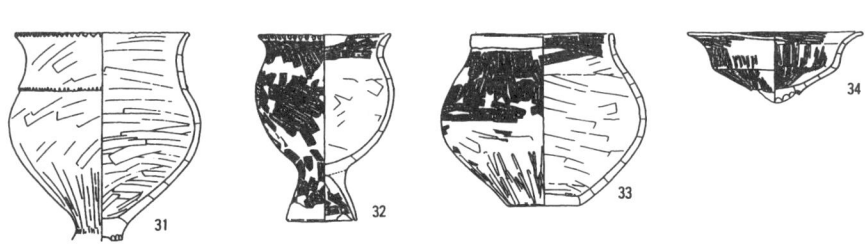

横浜市港北区寺谷戸遺跡38号住

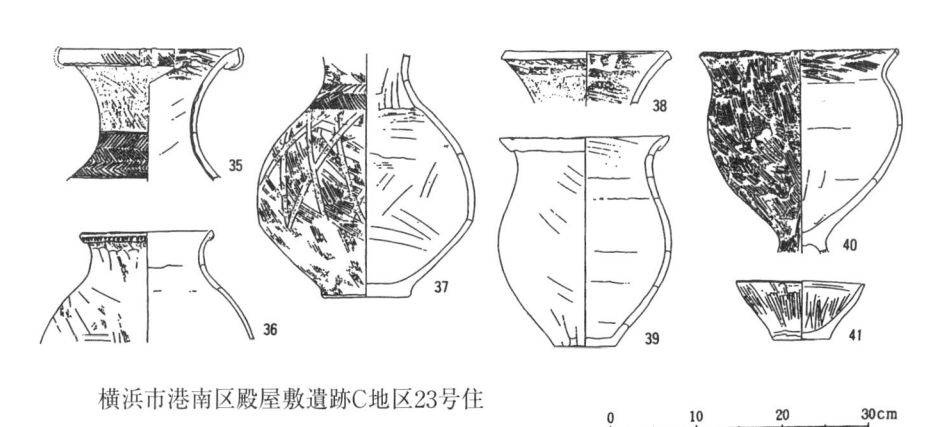

横浜市港南区殿屋敷遺跡C地区23号住

第2図 南武蔵の一括土器資料

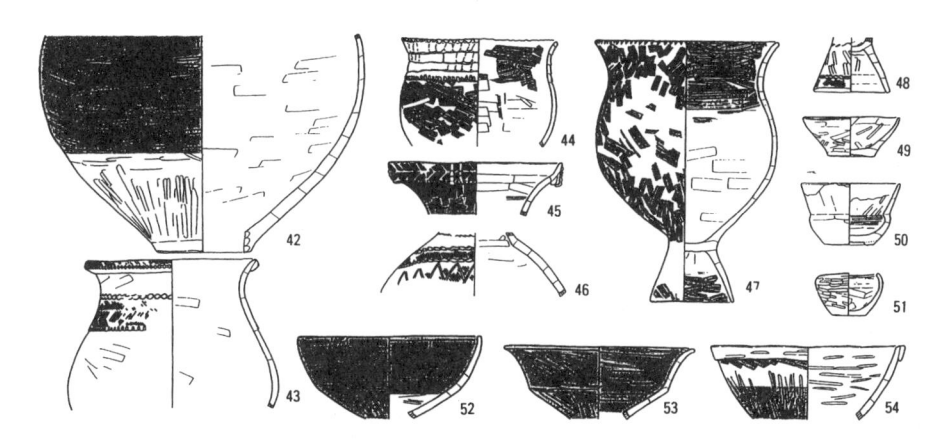

横浜市港北区寺谷戸遺跡6号住

弥生町式標識壺　駿河の壺

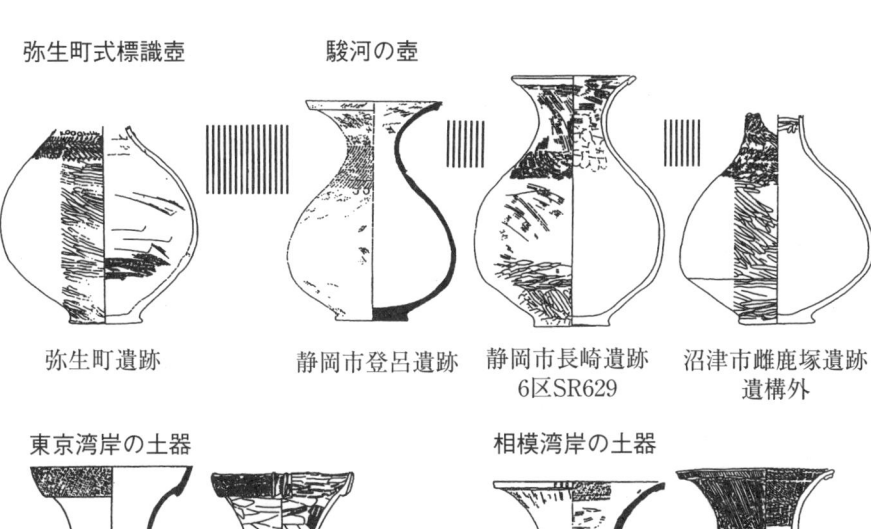

弥生町遺跡　静岡市登呂遺跡　静岡市長崎遺跡6区SR629　沼津市雌鹿塚遺跡遺構外

東京湾岸の土器　相模湾岸の土器

練馬区春日町　袖ヶ浦市下向山遺跡51号住　秦野市根丸島遺跡308号住　平塚市王子ノ台遺跡1号方形周溝墓

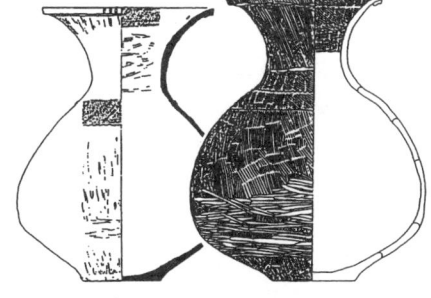

第3図　南武蔵の一括土器資料と弥生町遺跡の壺の系譜

画文の壺や輪積痕を残す甕が存在しているように、この段階までも存続しているのである。これは20世紀風の言い方をすれば、久ヶ原式が古墳時代まで残り、かつそれより前段階で久ヶ原式と弥生町式・前野町式が伴うといった、従来想定する型式変化に沿わない現象を示す実例といえるものである。もはや、20世紀の型式編年が崩壊したことは明らかなのである。

今ひとつの重要な問題は、弥生町遺跡出土の、弥生町式命名の標識となる壺に対する評価である。この壺は、本来の系譜が南関東には求められないことが鮫島和大氏によって提案されている（鮫島1994a）が、筆者も同感である。

まず、この壺の南関東には認められない要素としては器の形態に求められ、最も端的に示されているのは、底部の造りの相違である。突き出した造りの底部は南関東にはまったく存在しないものである。第3図下段に示したように、駿河地域に酷似例が見出せることからこの地域のどこかに系譜が求められるのは確実と考えている。したがって、この壺を南関東の標式土器とすることはできないのであり、系譜の異なる壺を南関東の土着様式である弥生町式と命名することが誤りであるばかりでなく、ほかの遺跡資料に何ら実態の伴わない弥生町式の呼称を用いることも理論的に成り立たないのである。

どのように整理・解釈するか　（第4図）

それではこのような状況をどう整理するのかが問題となる。まず第1に南関東全体を俯瞰し、基本的なロケーションを再確認することが必要となろう。

それは、壺と甕に見られる諸要素、沈線区画羽状縄文・S字状結節文区画羽状縄文・端末結節縄文、輪積み痕系統甕（KⅠからⅤ）・刷毛調整甕といった諸要素がそれぞれ分布の中心を異にしていることを認識することからはじめられなければならない。まず、沈線区画羽状縄文・S字状結節文区画羽状縄文と輪積み痕系統甕（KⅠからⅤ）は不純物を含まないかたちで、東京湾東岸房総地域と三浦半島地域に確固たる分布圏をもっているのである。この地域の土器群は久ヶ原式系列というべき脈絡で終始すると考えてよいだろう。一方、端末結節縄文、刷毛調整甕などが不純物を含まないかたちで分布するのは相模地域である。これらの地域は駿河もしくはそれ以西の土器群との関係によって成立した土器群であり、その成立基盤は久ヶ原式系列とは異なっている。そして、これら諸要素がすべて認められる地域として南武蔵地域（東京湾西岸）が抽出できるのである。

言い方を変えれば、久ヶ原式系列の中に隣接する相模地域からの他の要素が加わり多様なあり方として発展する地域と、久ヶ原式系列として純粋なかたちで進化論的様式変遷が進行する地域の二つに分けて見ることができる。前者は南武蔵

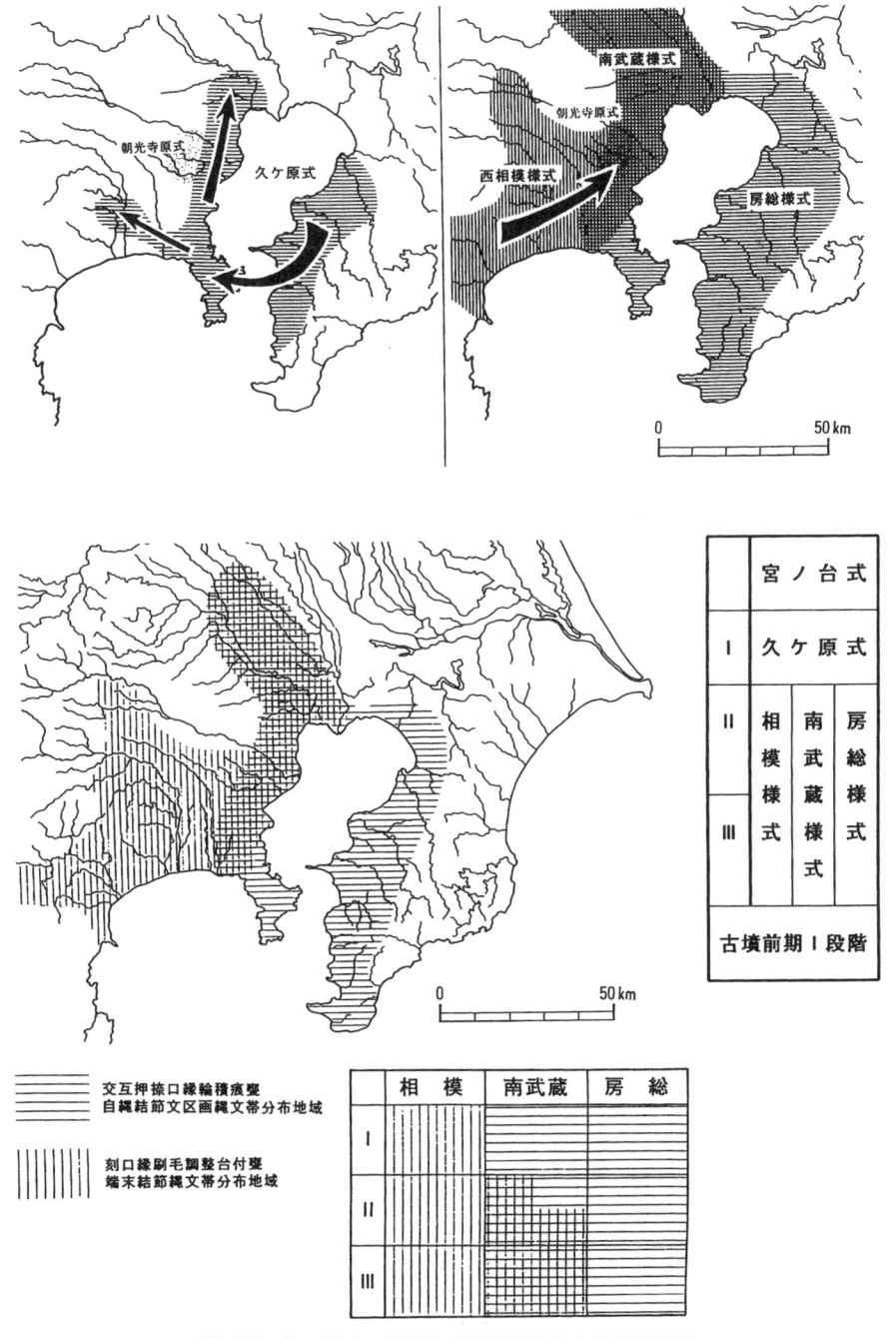

第4図　久ヶ原式の展開と南武蔵様式成立過程概念図

地域で、後者は房総地域と三浦半島地域である。具体的には、前者の地域では久ヶ原式系列に加えて、刷毛調整台付甕・端末結節縄文など隣接する相模地域の土器様相との融合を図る。筆者はこれを南武蔵様式と呼んでいる(比田井 1999b)。後者は、久ヶ原式から、沈線区画による羽状縄文・輪積痕を残す甕がそれぞれ系統だった型式組列として展開する。筆者はこれを房総様式と呼んでいる。両者の分布範囲は第4図に示すとおりであり、このように久ヶ原式の後の南関東地方では、西から相模様式・南武蔵様式・房総様式の三つの様式に分化すると整理した方が事実にかなった合理的解釈ではないかと考えている。

　さて、それではこれらの三者がどの段階で成立したのであろうか。かつては宮ノ台式とそれ以降のギャップが問題視されていたが、近年の類例の増加から宮ノ台式の中から久ヶ原式が成立することの説明が可能となっている。

　成立期の久ヶ原式は、市原市菊間遺跡18号住居跡、富津市打越遺跡16号住居跡、鎌倉市手広八反目遺跡21号住居跡、世田谷区喜多見陣屋遺跡9号住居跡など沈線区画羽状縄文壺と数段輪積み痕甕のセット関係で成立しており、一律で地域差のない段階ということができる(比田井 2003)。したがって、宮ノ台式から久ヶ原式まで進展し、その次の段階から三つの地域性が生まれたということができよう。これは、筆者の編年区分(比田井 1997)で言えば、久ヶ原式がⅠ段階、相模様式・南武蔵様式・房総様式がⅡ～Ⅲ段階の時期ということになる。

　これらの形成過程をまとめてみると、房総で宮ノ台式から生まれた久ヶ原式は東京湾岸にその分布圏を広げた。その後、相模様式が西側に成立して、その中間地域である南武蔵に久ヶ原式と相模様式の接触によって新たに南武蔵様式が生まれたのである。そして、久ヶ原式からの直系の系列は房総にそのまま引き継がれていったのである。

東京湾西岸の様相 ― 二ツ池式に関連して ―

　さて、前項で久ヶ原式系列は房総(東京湾西岸)で有機的展開を示していることを提示した。このことはあらかたの研究者の承認を得ているところで、最近では大村直氏により久ヶ原式から山田橋式のスムーズな流れが提示されている。これに対して南武蔵南部(東京湾東岸)では、久ヶ原式からの変化の流れは継承しつつ一方で刷毛調整台付甕を代表とする相模様式の東進との絡みの中から南武蔵様式という別な土器様相を認識したのである。最近、黒沢浩氏により提唱された二ツ池式(黒沢 2003)は横浜市二ツ池遺跡を標識とするものであるが、その設定内容は久ヶ原式系列の脈絡から捉えているもので、必ずしもこの地域の基本的特性を理解した上での設定ではないようで、その前提は筆者とは異なっている。

この地域に関する筆者の理解は前述のとおりであるが、厳密に言えば刷毛調整甕の占める割合は南側から北側へと比率を増加させていくことが明らかである。その点で横浜市地域ではどちらかというと久ヶ原式系列のシェアは高いのではあるが、それが純粋な土器構成を保つという形での遺跡は基本的にはこの地域の一般的なあり方を示していないものと判断できよう。その点で、公表されている資料の範囲の中では刷毛調整甕が組成に入ってこない二ツ池遺跡は、まさに地域の実態を総括する遺跡ではないと考えられるのである。二ツ池式は筆者の編年観との比較からすれば南武蔵様式の前半、後期Ⅱ段階に併行するものとなるが、二ツ池遺跡が上述の観点から果たして標式として理解できうる遺跡なのかどうか、地域の包括的な全体像の中になじむものなのか疑問である。二ツ池式は南武蔵様式の中で輪積み痕甕のみに注目した時に成立可能なものであるが、この地域では近隣の遺跡の中から刷毛調整甕のみを注目した場合も同じように新型式を設定することも可能なのである。

　この方法を採る限り、極端なことを言ってこの地域の該期の遺跡すべてが一遺跡一型式となるという事態が生じることになるだろう。すなわち、型式の適用範囲・分布範囲への理解を矮小化したことが、この選択を可能ならしめたのではないかと推測するのである。弥生町式＝弥生町遺跡の轍を踏むことにならないかという心配も合わせて感じている。

まとめ

　南関東在地の土器の変遷が宮ノ台式以降、久ヶ原式に継承され、そこから房総・南武蔵・相模という顕著な地域性をもった三つの様式に変換して古墳時代前期に突入していくことを説明した。そして、その三つの個性とは、駿河地域の系統と、宮ノ台式・久ヶ原式からの系統という大きな二極性と、両者の接触地域に展開した融合もしくは住み分けといったモザイク模様のエリアで捉えることができる。そして、このような性格をもつ南武蔵様式の中でも三つの地域性がある。それらを指摘してまとめとしたい。

　南武蔵様式の範囲は、横浜・川崎・東京・大宮台地南部といった地域に相当している。そのうち、横浜・川崎と久ヶ原遺跡のある多摩川下流域の一部では、沈線区画羽状縄文とS字状結節文区画羽状縄文・端末結節縄文の壺、輪積み痕甕と刷毛調整甕がほぼ同率に出土する地域である。これは、南側に久ヶ原式系列の純粋な分布圏である三浦半島を控えているという地理的関係によるものである。しかし、南武蔵で見られる輪積み痕甕は台付甕であり、久ヶ原式系列の平底甕とは異なっている点に台付甕である刷毛調整甕を使用する相模地域の強い影響関係も

指摘することができる。この範囲に第一の地域性を指摘することができる。

　そしてこの地域の北側、多摩川下流域の一部を除く武蔵野台地一帯は、沈線区画羽状縄文とＳ字状結節文区画羽状縄文の壺と端末結節縄文壺はほぼ同率で出土するが、甕については刷毛調整台付甕を主体としてわずかに輪積み痕甕が認められる地域である。この地域は荒川・神田川流域を中心に東遠江系菊川式土器が広く波及している範囲でもある。したがって、この範囲の刷毛調整台付甕・壺には菊川式の影響を多分に受けている。第二の地域性をこの範囲に求めることができる。

　さらに、荒川の北側、大宮台地南側の地域は、主体となるのは、端末結節縄文壺と刷毛調整台付甕で、沈線区画羽状縄文壺・輪積み痕甕がほとんど見出されない地域である。これが第三の地域性である。

　先の二ツ池式は第一の地域性の中から輪積み痕甕の系統のみを抽出したものであり、同地域に刷毛調整甕の系統の遺跡を取り出せば同次元の型式設定が可能になるものと思われる。南武蔵様式に内包する複雑性の整理はまだ一筋縄ではいかないのである。

テーマ3. 後期土器の地域性　報告（2）
― 久ヶ原式・弥生町式の今日 ―

黒沢　浩

1．「二ツ池式土器」の提唱
　筆者は一昨年、二ツ池遺跡出土土器を検討し、「二ツ池式土器」の設定を提唱した。これは、複雑な様相を示す土器群の系統的な理解に有効であると考えたからであり、その考えは今も変わらない。

2．「二ツ池式土器」の内容
（1）二ツ池遺跡出土土器の様相
　二ツ池遺跡では弥生後期の住居址が19軒調査されている。本型式は、そこから出土した土器群を基準としている（第1図）。
　二ツ池遺跡出土土器の様相をまとめると次のようになる。まず、壺については口縁部の形態に折り返し口縁と受口状複合口縁の2者が見られる。頸部には横帯縄文による文様帯があり、一部沈線区画のものがあるが、そのほとんどが自縄結節文を複帯で区画する。胴部文様には2種類あり、横帯縄文のみのものか、複雑な幾何学文を伴うものである。典型的な連続山形文は見られない。また、壺のほとんどが赤彩されることも大きな特徴の一つであろう。
　壺以外の器種では、無頸壺・広口壺・鉢・高杯がある。3号住居址では壺と甕の折衷的な器種がある。甕は1例を除いて全て台付甕で、外面はナデもしくはケズリで整形され、ハケ整形の甕はほとんど見られない。
　甕は3種類に分けられる（第3図）。一つは、輪積痕を明瞭に、多段に残すものであり（以下「輪積痕甕」とする）、いわゆる「久ヶ原式」の甕とされるものである。二つ目は胴部中位に1段の段をもち、その上に刻目を施したもの（以下「有段甕」とする）。三つ目はまったく無文のものである（以下「無文甕」とする）。

（2）出土土器の分期と「二ツ池式」の設定
　さて、このような土器様相を示す二ツ池遺跡出土資料であるが、これらは単一の時期のものではない。残念ながら遺構間に重複関係が少なく、層位的な把握は難しい。しかしいくつかの点から、時期区分が可能である。
　まず、横帯縄文を沈線区画する壺と輪積痕甕は久ヶ原式として他の土器群に先行する位置におきたい。これを二ツ池1期とする。
　次に壺における幾何学文の変遷と甕の種類によって時間的に細分する。壺の幾何学文は二ツ池遺跡内において3段階に細分が可能である（第2図）。

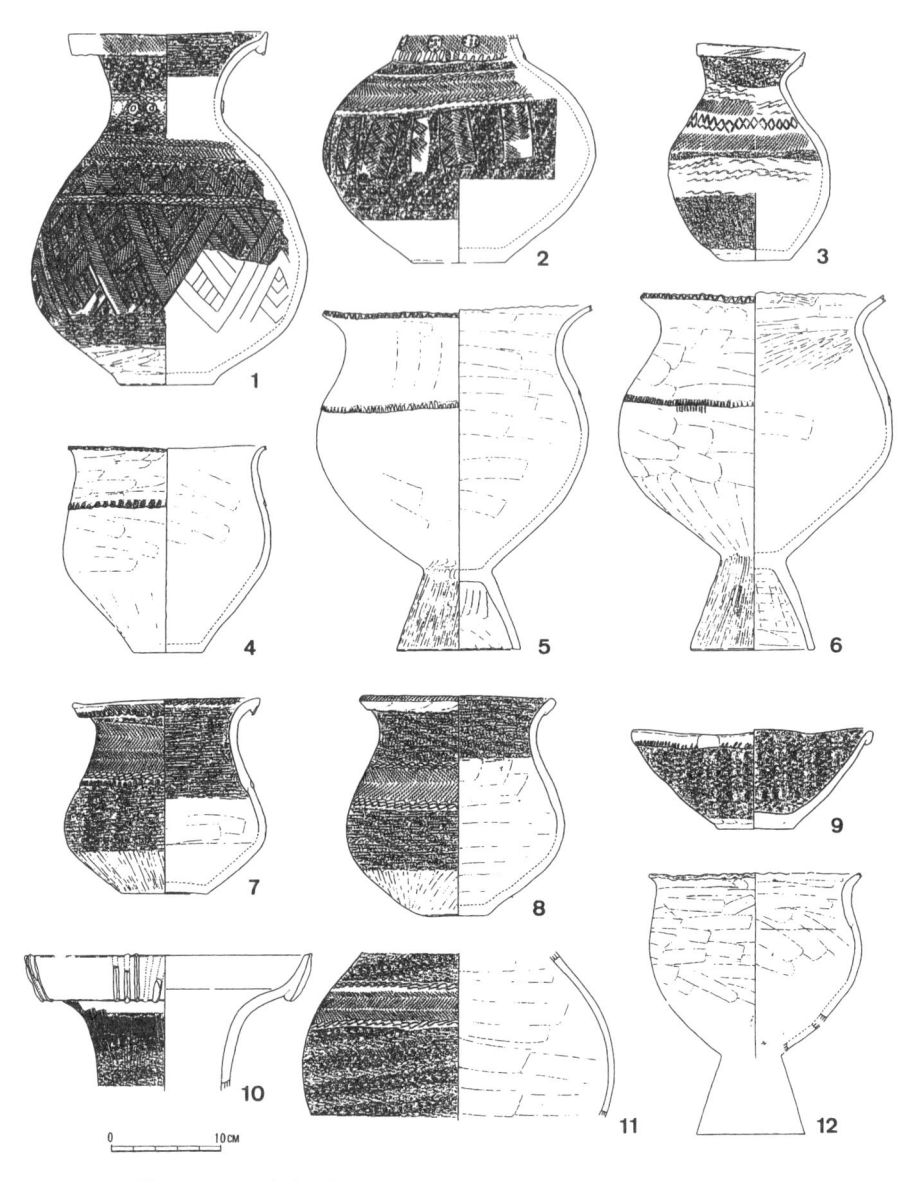

第1図 二ッ池遺跡出土土器　　1～9：二ッ池1式　10～12：二ッ池2式

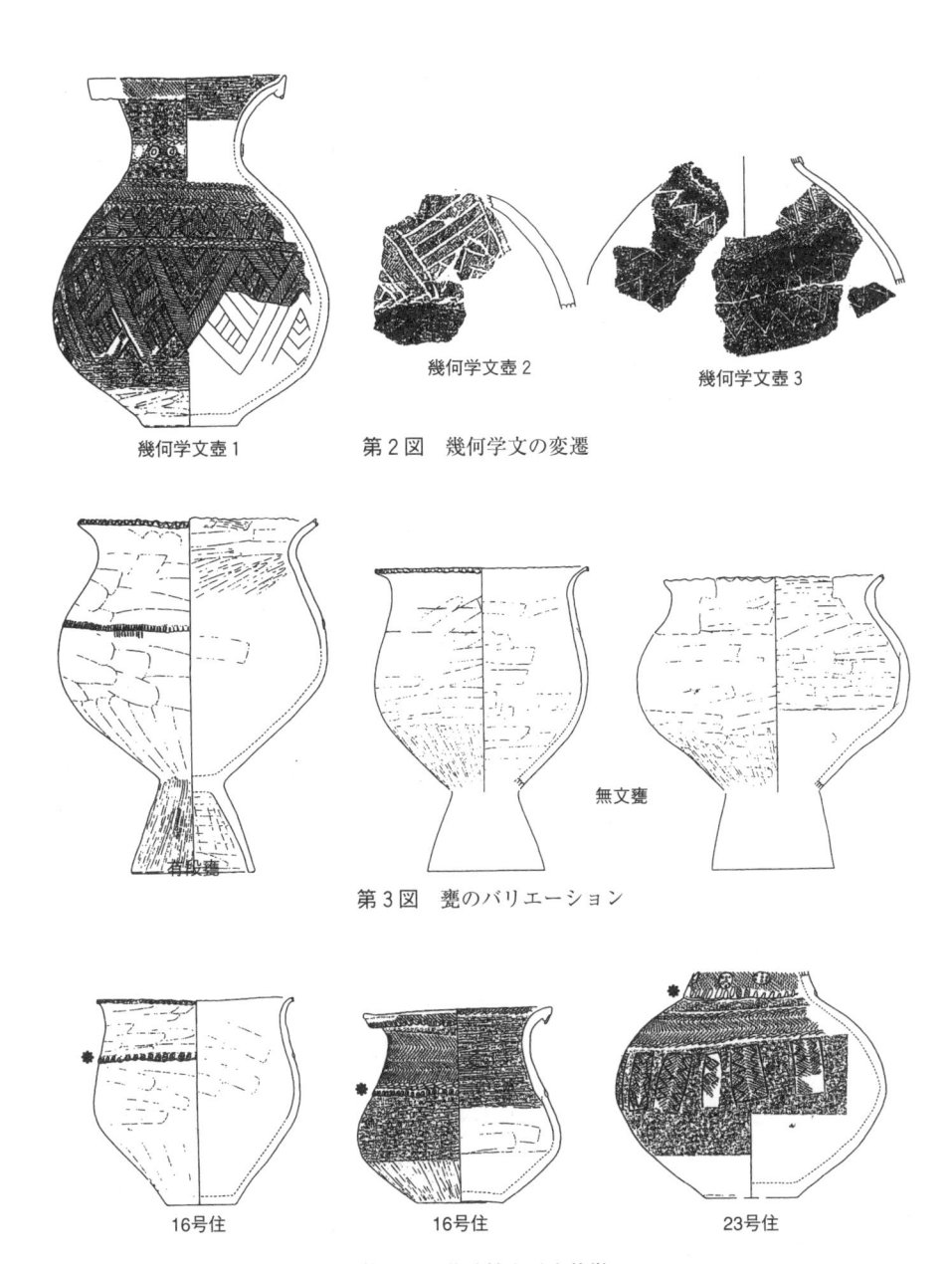

幾何学文壺1　　幾何学文壺2　　幾何学文壺3

第2図　幾何学文の変遷

有段甕　　無文甕

第3図　甕のバリエーション

16号住　　16号住　　23号住

第4図　共時性を示す特徴

第1段階は第23号住居址例である。胴部文様帯の構成は、胴部上位に結節文区画の横帯縄文帯＋山形文帯、胴部中位以下に沈線区画の横帯縄文帯（結節文帯）＋幾何学文となる。山形文、幾何学文の中の縄文はいずれも施文方向が文様の方向に一致している。幾何学文帯の下端には区画帯がない。
　第2段階は第17号住居址例で、幾何学文帯の下端に結節文による区画帯が形成されている。
　第3段階は第15号住居址例で、すでに山形文内の縄文施文の方向が、文様の方向と関係なく、横帯化している。
　このような三つの変遷段階に相当するものをそれぞれ幾何学文壺1・2・3と呼ぶ。
　次に甕については有段甕と無文甕が時間差をもつのか、形式差なのかが問題となろう。ここでは、口縁端部の装飾処理に着目したい。
　有段甕においては久ヶ原式に通有の「波状押捺」手法が採用されており、その点で久ヶ原式に対して連続的である。それに対し、無文甕には「波状押捺」手法は採用されておらず、単純な押捺によって波状の口縁部をなすか、刻目に置き換えられている。このことを重視すれば、こうした口縁部装飾の変化は波状押捺→押捺・刻目という方向で理解することができる。したがって、二ツ池遺跡においては有段甕→無文甕という変遷を考えることができるだろう。
　さて、幾何学文壺と甕によって何段階かの変遷が見えてきた。これらをまとめると以下のようになる。
　二ツ池遺跡においては、幾何学文壺と甕の共伴事例はなく、両者の併行関係は把握できない。しかし、いくつかの型式学的な特徴から共時的な関係を推し量ることはできる。一例として甕・広口壺における刻目を有する段と壺の頸部における同様な段（第23号住居址例）の共通性をあげよう（第4図）。この特徴によって第16号住居址・第23号住居址出土土器群の共時的なあり方が想定でき、幾何学文壺1と有段甕との同時存在を考えることができるだろう。これを二ツ池2期とする。
　それに後続する幾何学文壺2と無文甕はどうであろうか。この両者についても二ツ池遺跡内では遺構での共伴事例はなく、幾何学文壺における連続性と無文甕の後出性から、この両者の同時存在を想定できるに過ぎない。しかし、二ツ池2期に併行する資料として新羽大竹遺跡第1号住居址例があり（第6図2）、ここでは無文甕とハケ調整甕が伴っている（第6図3・4）。したがって、無文甕は幾何学文壺2に伴うものであろう。
　幾何学文壺3については、二ツ池遺跡内においては判断がつかない。無文甕か

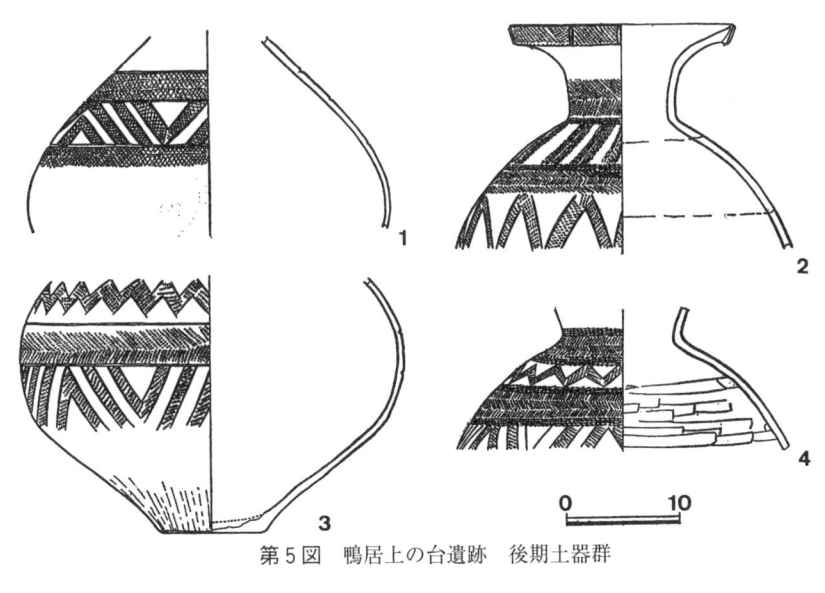

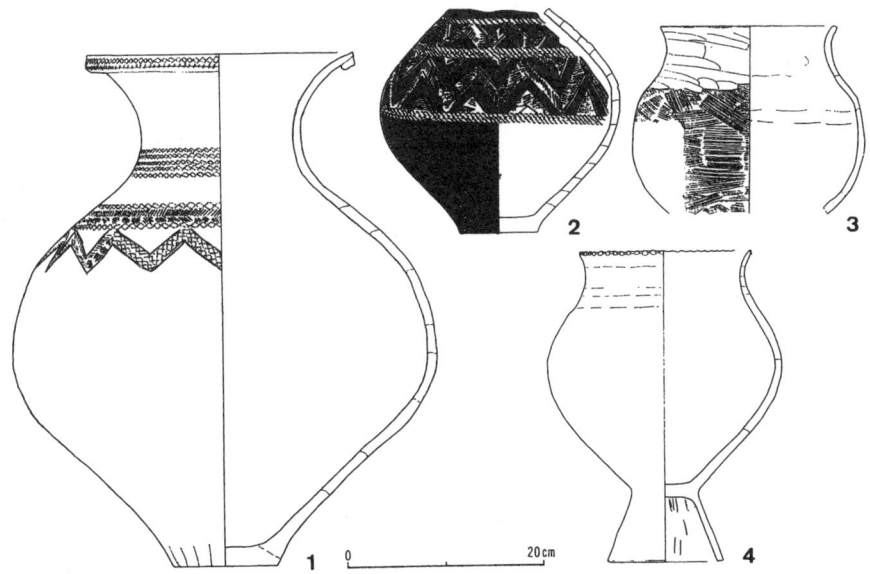

第5図 鴨居上の台遺跡 後期土器群

第6図 新羽大竹遺跡出土土器　1：新羽大竹1式　2〜4：新羽大竹2式

テーマ3．後期土器の地域性　報告（2）

ハケ調整甕が伴うのであろう。これを仮に4期としてまとめておく。
　以上のように、二ツ池遺跡出土土器は4期に区分可能である。このうち1期は概念的には久ヶ原式であり、2期以降に本遺跡の独自性が発現する。こうした状況から、二ツ池2期を「二ツ池1式」と呼び、3期を「二ツ池2式」として理解したい。なお、単に「二ツ池式」と呼んだ場合には「二ツ池1式」を指す。4期については他遺跡において明確化される可能性があることから、ここでは保留しておく。
　以上が「二ツ池式」の要点である。

（3）二ツ池式の系譜

　明治大学によって報告された時点で、二ツ池遺跡出土土器は「久ヶ原式」と「弥生町式」に区分されていた（杉原・小林・井上1968）。こうした分類の根拠が『弥生式土器集成』における「久ヶ原式」「弥生町式」の理解の仕方にあり、しかもそれが『弥生式土器聚成図録』における理解と異なっていたことが、二ツ池遺跡出土土器の理解だけでなく、現在の様々な問題の出発点であることは明らかであろう。したがって、議論は一旦「久ヶ原式」「弥生町式」の枠をはずすところから始めなければならない。
　当該期の土器研究においては、もっぱら甕が対象とされ、一定の研究の深化を認めることができる。それによれば、南関東においては器面ナデ調整のものとハケ調整のものとが認められ、相模地域以外では後者の方が時間的に後出である。一方ナデ調整のものには、その器面装飾において輪積痕を残すものと、口縁部付近に1段の段を有するもの、胴部に1段の段をなすもの、そして無文のものとが識別される。これらは、東京湾の東岸・西岸に分布しているが、特に東京湾東岸地域においては2帯縄文帯および山形文を有する壺と安定的に組成し、しかもその変化が連続的であることが知られている。したがって、ナデ調整甕は山形文壺などと共に東京湾東岸における主たる土器であり、これをあらためて「久ヶ原式」と呼ぶことは、その標式遺跡の所在地を除いて問題はないだろう。
　これを前提とすれば、二ツ池遺跡出土の土器群が「久ヶ原式」系統のものであることは明らかである。しかも、壺の横帯縄文帯における結節文区画の採用という点でそれらは沈線区画のみによって施文される土器群よりも後出であることは、これまでの研究からも明らかであり、最近の大村直氏による「山田橋式」に併行する位置づけが可能である。
　ところで、久ヶ原式はその甕において東京湾沿岸から武蔵野台地まで広がるが、それに組成する壺は多様な展開を示している。特に、房総南部の安房地域では久ヶ原式と画然と区別しうる土器群が存在している。これらは、沈線区画の保持、

自縄結節文の多用、壺の胴部文様帯の重帯化といった点を特徴とし、千倉町健田遺跡（第7図）において特徴的にみられることから、これを「健田式」と呼んでおきたい。良好な資料は鴨川市根方上ノ芝条里跡でみられる（第8図）。

健田式は三浦半島にも波及する。横須賀市鴨居上の台遺跡出土の後期土器群がそれである（第5図）。鴨居上の台後期土器群には健田式そのもののほかに、健田式と久ヶ原式－山田橋式の折衷的な幾何学文土器が形成されている。健田式の文様構成に久ヶ原式－山田橋式の文様を取り入れたものと考えられ、健田式に通有の幾何学文帯下端の横帯縄文帯が欠落している。

こうした壺における幾何学文の成立は、まさに二ツ池遺跡出土土器のものであり、異例ともいえる二ツ池遺跡出土土器の系譜は房総における久ヶ原式－山田橋式系と健田式系が三浦半島において折衷された土器の中に見出すことができるのである。これを二ツ池式と呼び、久ヶ原式－山田橋式系のものや健田式とは区別して扱う。

3．「二ツ池式」の周辺

前稿（予稿集）において、二ツ池遺跡の土器群と類似するものとして、久ヶ原遺跡・白楽遺跡・新羽大竹遺跡・神之木台遺跡・山王山遺跡を取り上げ比較検討した。今回、これらとの比較について再検討したい。

まず、新羽大竹遺跡では壺の文様構成は②の2帯縄文帯を基本とし、典型的な連続山形文の土器もある。第7号住居址例においては連続山形文が基本形のまま存在している点で二ツ池式とは異なる（第6図1）。第7号住居址出土の大型の壺は、自縄結節文が顕著で健田式との関連がうかがえるが、文様構成自体は久ヶ原式－山田橋式のものであり、折衷の仕方は二ツ池式とは異なる。したがって、これについては「新羽大竹式」と呼んで、別型式として扱いたい。

白楽遺跡・神之木台遺跡の資料は、2帯縄文帯を基本として山形文を欠いている点で二ツ池に共通し、同時に幾何学文土器をも欠いている点では二ツ池のものと異なる。2帯縄文帯土器の広がりは広範な広がりを持ち、特定の型式を超えて採用されている。そういう点からみても、これらの資料は久ヶ原式－山田橋式系の範疇で理解可能であろう。

山王山遺跡の資料は、壺が少なく比較が難しい。全体としては二ツ池よりも新しいものが多い。

二ツ池遺跡のものに最も近いのは久ヶ原遺跡の資料である。かつて久ヶ原Ⅲ式とされたものがそれにあたる。ただし、久ヶ原遺跡は出土資料の全貌が知れないので、ここでは参考にとどめる。

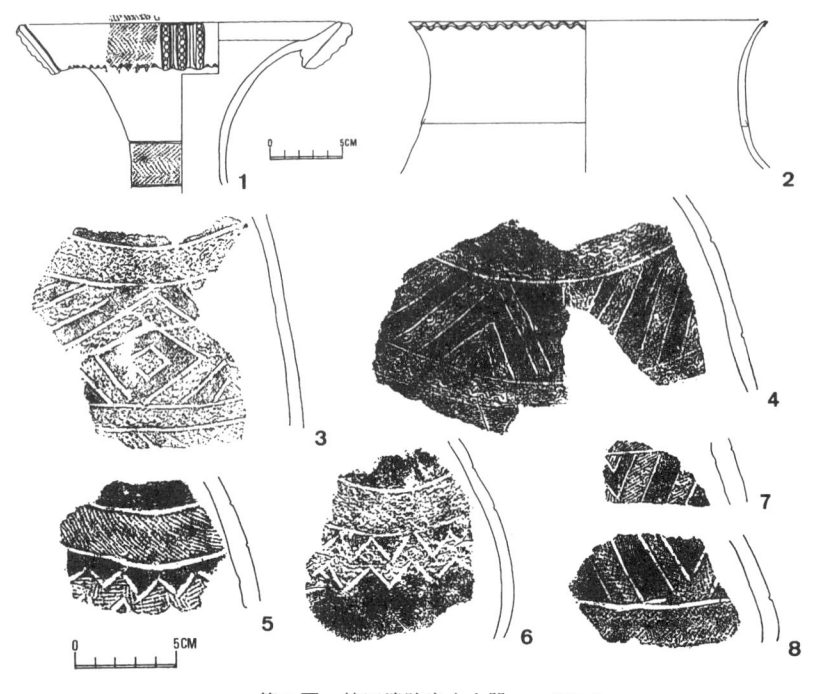

第7図　健田遺跡出土土器　　健田式

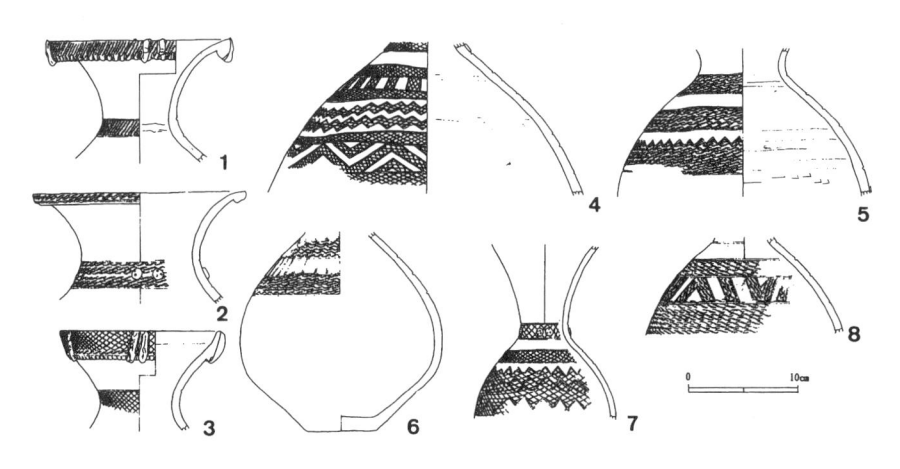

第8図　根方上ノ芝条里跡F地点SD1出土土器　　健田式

142　第Ⅱ部　シンポジウム「南関東の弥生土器」

以上のことから二ツ池遺跡の土器群は新羽大竹遺跡、白楽遺跡、神之木台遺跡の土器群とは区別され、久ヶ原遺跡出土土器とは留保をつけながらも同じ類型に含める。新羽大竹遺跡における新羽大竹式と白楽・神之木台遺跡における久ヶ原式－山田橋式系の土器群は、そもそもその成り立ちが異なっており、同じ地域にあることを理由に同一型式（様式）としてくくる意見には賛成できない。

4．南関東における後期弥生土器の動向

　最後に二ツ池式の設定から、南関東の弥生後期の動向に関する予見を示しておきたい。まず、後期前半に荒川以南の南関東全体をカバーした久ヶ原式は、下総・利根川下流域的な手法である自縄結節文による文様帯区画の手法が採用された段階で、様々なバリエーションを生む。房総南部の安房では健田式の成立が予想されるが、二ツ池式・白楽式・新羽大竹式もそうしたものに含まれる。

　ところで、これらの型式が本来の久ヶ原式の変遷と分岐した理由については、まだ予想の域を出るものではないが、相模以西の土器群との関連を考えたい。その痕跡は壺における受口状複合口縁、胴部文様帯１の上位移行化傾向、甕における脚台の採用に見ることができ、さらに神之木台遺跡や新羽大竹遺跡に散見されるハケ調整甕はその足跡であろう。

　しかし、相模以西の土器の影響は二ツ池式までであって、武蔵野台地東部や荒川流域までは及んでいない。近年、武蔵野台地東部・荒川流域においても久ヶ原式の存在がはっきりしてきた。その代表が下戸塚遺跡であり、四葉遺跡群である。特に下戸塚遺跡においては菊川式や駿河系土器（登呂式）の存在が顕著であるが、ここでもう一つ重要なことは、松本編年の３・４期に端末結節を伴う幅広１帯の縄文帯をもつ土器が出現していることである。端末結節を伴うことからも東海系の影響の下、武蔵野台地東部において成立したか、四葉遺跡群に注目すれば、２帯縄文帯が上位移行化傾向によってその間隔を狭めた結果、幅広１帯縄文帯が成立したか、どちらかの可能性を考えたい。これまで相模との類似性が指摘されてきた土器群が、相模とは異なるプロセスで成立する可能性を指摘したいのである。

　以上のように、弥生後期の南関東は従来の型式観では整理しきれない。こうした状況を示すためには、「様式論」的に大枠でくくるよりも、錯綜する系統を解きほぐしていく型式学が有効であろう。

　二ツ池式の研究は、そのための一つのステップである。

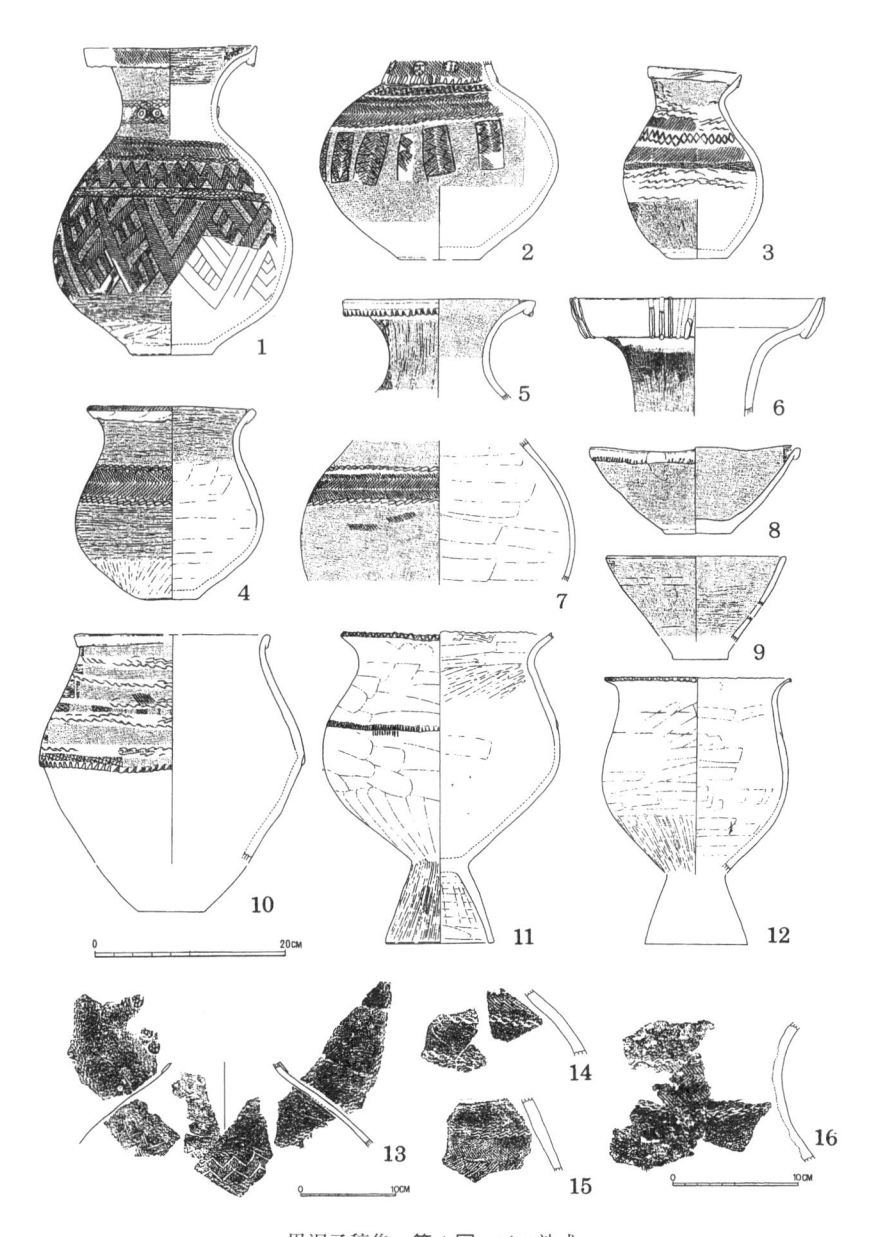

黒沢予稿集　第1図　二ッ池式

①1 帯縄文土器　②2 帯縄文土器　③山形文土器　④幾何学文土器

黒沢予稿集　第2図　壺の分類

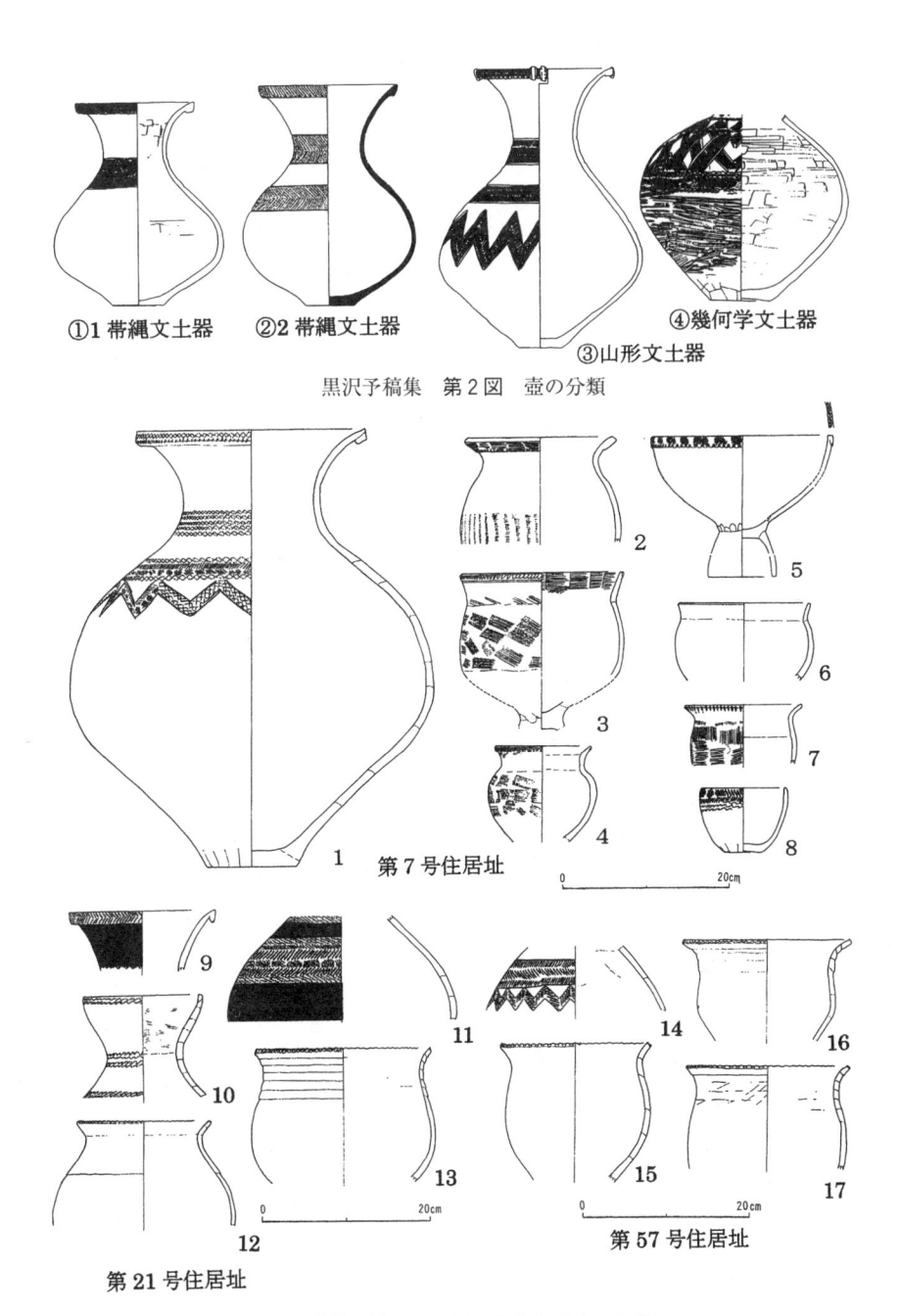

1　第7号住居址

第21号住居址　　第57号住居址

黒沢予稿集　第3図　新羽大竹遺跡出土土器

テーマ3．後期土器の地域性　報告（2）　145

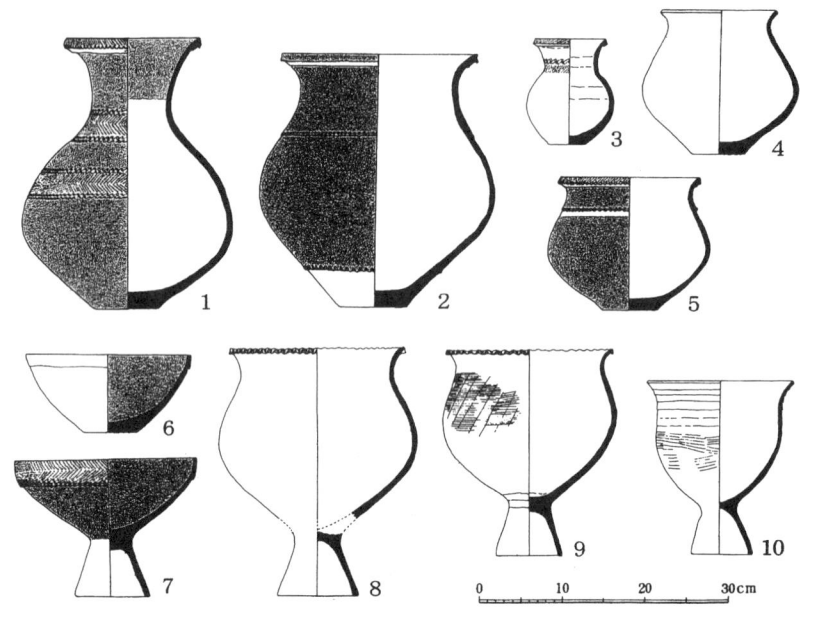

黒沢予稿集　第4図　白楽出土土器

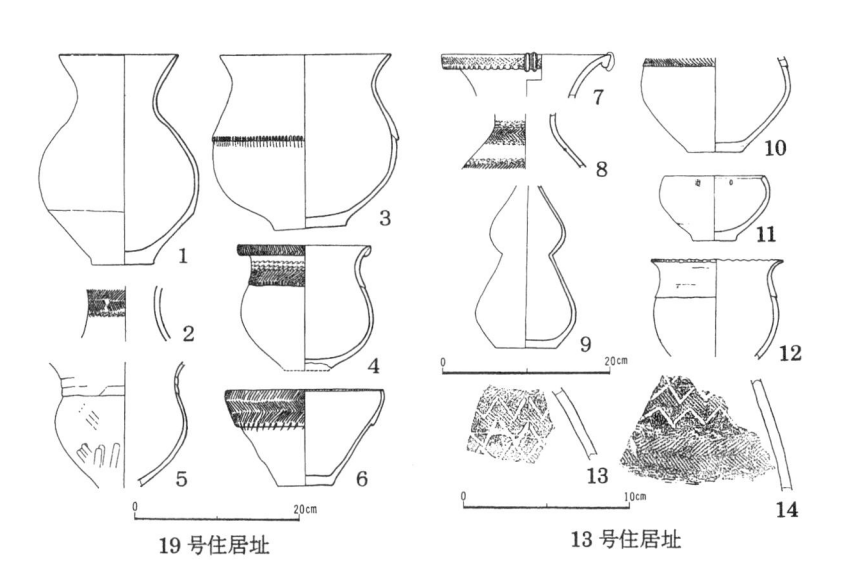

19号住居址

13号住居址

黒沢予稿集　第5図　神之木台遺跡出土土器

第Ⅲ部　シンポジウム討議記録

↑ HASHIMOTO

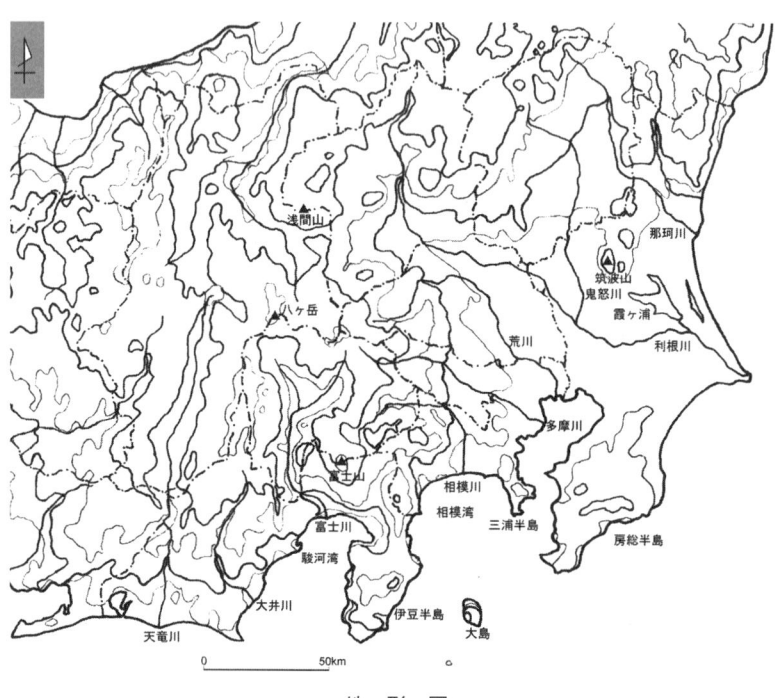

地 形 図

第1日　後期について　弥生町式を中心に

司会（伊丹　徹）　それでは討議の方に入ります。比田井さんの発表では時計を読み違えまして、まとめのところを非常に端折らせてしまいました。まとめ三箇条みたいなものがありましたので、そこのところから入っていきたいと思います。

比田井克仁　詳しいまとめはできませんが80頁〔本書（以下同じ）131頁〕の図で補足させていただきます。この下の表の状況が久ヶ原式の次の段階の状態と認識をしています。久ヶ原式は基本的にこの図よりも一段階前というふうに考えているわけですが、基本的には輪積痕をもつ系列の甕と、沈線区画やS字状結節区画の壺という三つを1セットとしてその土地の人の用いる土器として成立し、それを継承している地域。黒沢さんも指摘されている、房総半島の東京湾岸東岸、それから三浦半島の先までが房総様式として、これがそのまま古墳時代まで継続をしていくととらえております。

　一方、西の方ですが、これはいわゆる端末結節と呼ばれる縄文帯と、刷毛目を基本とした調整をもつ台付甕の流れがあります相模様式の土器群。典型的なものは40頁〔60頁〕に立花さんが資料を出されております。これをご覧になってお分かりの通り、基本的には刷毛調整、そして端末結節をベースとするものです。相模の場合も部分的に、三河山中式の影響を受ける相模川の流域というものもございますが、全体的に見ますと刷毛調整と端末結節を土着のものとして認識が可能です。これは隣の駿河との関連性で生まれるものであると理解できるわけです。

　そして、その両者が接点をもつ範囲というものがこの南武蔵のところにある南武蔵様式ですが、具体的に申し上げますと一つの竪穴住居の中で両者の要素が入るのもあれば、両者がセット関係として別々の状況のものもある。そういう状況であるため奇麗に領域がくくれない、隣の遺跡と向かい側の遺跡がそれぞれ違う。向こう側とこっち側がそれぞれ違うと、一つ一つくくって行きましたらば、オセロの白黒状態になってしまうような状況がこのエリアには出てくると理解しているわけです。三浦半島の久ヶ原の系統、系列を踏襲する土器群に近いエリアということで、大田区の久ヶ原遺跡や黒沢さんが提示した遺跡のような純粋なセット関係を示す遺跡も存在はしております。ただ、久ヶ原遺跡の周辺でも若干上流に入りますと、もう刷毛調整の土器群。もっと詳しく言いますと、実はここには朝光寺原式とか、複雑怪奇な土器をその後もっと展開するのですが、世田谷区の堂ヶ谷戸遺跡なんかにみますと、輪積もありながら一緒に刷毛調整の甕もあるといったような遺跡が出てくる。つまり、竪穴単位でのピュアな純粋性もあり、または

純粋性のないものもありというのが基本的な状況になっていると考えておりまして、三浦半島の純久ヶ原系統に近い地域に行けば行くほど輪積のシェアが高いものと理解をしています。

　南武蔵の全体のこの混合という基本的な定義の中にも、混合の種類がこのほかに二つほどの地域を考えることが出来るのではないかと思います。その二つめの地域として荒川流域を中心とした23区の北部には菊川式といったものが入り込むことによって、刷毛調整のシェアが非常に高くなってくる。しかし刷毛調整甕を見ますと必ずしも菊川の系統を踏んでいないものも、例えば中野区とか新宿区とかそういったところに数多く見受けられます。それはそれで土着の土器である。そこで23区の北部に一括りが可能であると考えられるわけです。

　そして三つ目の地域として川向うの大宮台地の南側あたりは菊川式の影響も多くなく、また輪積痕の甕も非常に少ないながらも武蔵野台地の北部と共通した非常に似ているグループがある。南武蔵様式という大きいくくりの中に、さらに三つぐらいの混在の仕方と地域が分けられるという理解をしていることを詳しくお話できませんでしたので、ちょっと補足させていただきました。

司会　比田井さんのお話は、久ヶ原式の系統がその後どうなるのかという大枠のお話でございまして、一方黒沢さんは二ッ池式を例にして細かく見たらどうなるかみたいなところが根っこにあるということです。本日は問題が非常に多岐にわたりそうなので、弥生町式に焦点を絞っていきたいと思います。久ヶ原式の発生というか、宮ノ台式と久ヶ原式の継続については明日触れる予定です。弥生町式に焦点を当てるということになりますと、比田井さんのお話でもあったように菊川式系統の土器だろうかということです。多くの菊川式系土器が出ました下戸塚遺跡をまとめられた松本さんから弥生町式の時期の菊川式との接触のありかたや、その地域で一つの型式というものが成立するのかというお話をいただきたいのですが。

松本　完　弥生町にからめて下戸塚を中心にしてお話をということですけれど、下戸塚の土器の場合、私が分析した限り5期に区分できます。1期、2期、3期まで菊川式系の土器、壺に関しては櫛歯の刺突文、櫛歯の刺突が大半です。それらが典型的な1帯構成の文様帯をとり、中でも3期とした段階には急激に刺突文が減少します。その段階に端末結節縄文が出てくるのです。同時に在地の土器の場合も、沈線区画の2帯型の久ヶ原式土器というのは3期まで確認できまして、その前後から結節文区画の壺が出てきます。3期以降久ヶ原式にはS字状結節文、

菊川式系の土器は端末結節ももっている。ただし、非常に初源的な端末結節でして、そういうものが見られる段階は、下戸塚の分析が正しいとすれば3期、弥生町の壺の端末結節も同じように未発達に見えますので、後期中葉ぐらいと弥生町の土器はひとつ考えられるのです。

　前の南関東弥生土器のシンポジウムの時には、別の観点から弥生町の土器の縄文、いわゆる区画のない羽状縄文と言われていたのに対して、実は縄文が2帯くっついて入っているのですが、重なり合っていまして、全く羽状縄文とは系統を異にする2帯の縄文が1帯に合した文様であるということをお話ししました。そういう面から南関東の在地の土器とは考えにくい。結局、まあ篠原さんと同じ考えだろうと思いますが、弥生町の土器ははっきり言って在地の土器ではない。皆さん駿河の土器だと言うのですが、私自身としてはまだ確定できないと考えています。それを裏付ける特徴を挙げるといろいろあるのですが。ですから「弥生町式」とされてきた土器の多くは、弥生町とは別の型式と言いますか、弥生町のあの土器とは別に一人歩きしてきたということです。いろいろ問題はあるのですが、少なくとも私の考えでは、全く別個の標本を使うというのはおかしいと思いますし、標本というのは立ち返るべき基準資料ですから、それはできないだろうと考えています。

司会　黒沢さんの報告と今の松本さんのお話では結節文、それも回転結節文が取上げられました。高花さんからこれらについて千葉県の様相、起源や展開について紹介していただきたいと思います。

高花宏行　今日は中期の方にあまり触れられないということなのですけれども、小倉さんの宮ノ台式の編年の中でETⅡb期に大変結節文が定着してきていると、そしてその次のⅢ期に区画文として成立するということで、資料集の70・73頁〔121・122頁〕にそのあたりの資料が載っています。その後、後期初頭に移る段階でどのようになるかということですけれども、私の資料58頁〔88頁〕にある大崎台201号住居跡。これと併行する時期に少数確認されていると思います。佐野原遺跡で鈴木正博さんが床面出土土器を佐野原1式、上層出土土器を佐野原2式と設定されたんですが、上層出土の中にそういった自縄結節で頸部に文様帯などが入る土器があります。大村直さんが、市原市の椎津茶ノ木遺跡で中期末から後期初頭位の土器を検討されているんですが、そこでも常総系の土器の一つとしてS字状結節文土器の存在を指摘されております。その後、印旛沼南岸では回転結節文が盛行するわけなのですけれども、資料の57頁〔87頁〕を見ていただき

たいのですが、その中段に江原台遺跡060号住居跡の資料を挙げてみました。10番の土器ですと、頸部と胴部の区画を意識しての結節文だと思いまして、それと共伴するような形で17番の東京湾沿岸系の土器が出ています。この段階ではまだ沈線区画ですので、もし細々とS字状結節文が印旛沼南岸を中心に続いているのであれば、次の段階くらいにその影響が出るのではないかと思っていますけれども、あまり私もその辺を検討したことがございませんので、久ヶ原式で一回その回転結節文が途切れていて、他に無くてそれが印旛沼周辺・下総にあるということであれば、その展開を検討する必要があるし、細々と続いていることをもう少し評価していかなければいけないのかと考えております。

司会 篠原さんにも同じことで振らせていただきたいのですが、合わせて弥生町の土器は駿河かということもお願いします。

篠原和大 二つの結節文の話は全く別個の話だと思います。一つ目の結節文（自縄結節）ですけれども、宮ノ台に確実に検出されていて久ヶ原の段階になくなるとおっしゃっていましたが、決してそうではなくて、房総半島の南の方などでは羽状縄文の代わりに結節文を使うということは、久ヶ原式の古い段階でもかなりあると思います。で、それが後期後半に房総半島なんかで沈線の区画の代わりに結節文の区画を使うというのが始まったのが広く一般に使われるようになったというのが大まかな変化ですから、そんなに問題はないのじゃないかと思っております。

　弥生町の方ですが、先ほど松本さんが言われたようなことなのではないかと思います。比田井さんの図をお借りして79頁〔129頁〕。あとどこかにもう一つ弥生町の大きなものがあったと思いますけれども…　〈**司会**：32頁〔50頁〕〉　もう一つの結節、端末結節というのがキーワードになっていますが、確かにその壺の肩に変な縄文が二つ。二段に撚りの違う縄文が上の段と下の段と2回施文されているわけですけれども、その下の方の単節縄文の下端に結び目のあとが残っていると言うのがこの土器の縄文です。これが端末結節かといわれると一応端末結節に入れたわけですが、非常に変な縄文で上の段の端末結節があまりはっきりしない。下の段の結節もその縄をほどいた一方の縄でしっかりと結節しているというようなものではないようで、はっきり節が出てこない結節です。モミダ型ということでいいますと縄文の段数は二段でも三段でもいいですけれども、菊川式の東寄りで盛行する縄文の流れの中で縄文に長い縄を使う伝統があって、弥生町の壺の縄文はこの辺の地域で端末結節への変化がスムーズに追えると思うのです。

そして菊川式が移動するという動きの中で、太平洋を東に向かって広がっていくのだと思いますけれども、その流れでとらえられるかとも思います。ただ、比田井さんもおっしゃいましたが、底部を見てみると菊川式の流れとは全く違う突出した底部をもっている。非常に変な要素が多い。この土器自体が非常に変だということなのです。ですからこの土器自体から議論していくことはやっぱり難しい。その後、東大が調査して環濠が見つかり、その中から一括資料が見つかった（東大1979）。その中にはもう少し菊川式的なしっかりしたものもありますし、それから2001年の調査では方形周溝墓が出て、そこからいい一括資料が出ていますけれども（原・森本2002）、それは僕が前、モミダ型だと言ったようなしっかりしたものです。そうしますと、もう少しこれらを含めて議論していくことは可能なのではないか。ただ、そういったものを見渡すと、弥生町の壺自体そうなのですけれども、非常に不安定な、何々式というようなものからは、いろんな要素が崩れてきているようなものが多いということ。それからこれまで出土している弥生町の土器群の中でも非常に変化が大きい。そういったことが比田井さんの話にもちょっと通じるかもしれませんけれども、この地域の特徴なのではないかというふうに感じております。

司会 比田井さん、結節について逆に発言はありませんか。

比田井 結節について特に見解は申し上げてないのですが、先ほど小倉さんと78頁〔128頁〕の右上の壺（第2図釈迦堂遺跡25）は何だという四方山話をしたのですが、もしこれが伴うのであれば、宮ノ台式の系譜を踏むものが後期の終わり頃というかなり新しい段階にまで結節が出てきているということになります。何故そういうことが言えるのかといいますと、それこそ小倉さんの資料72頁〔119頁〕の8・9の滝ノ口向台遺跡052遺構あたりにつなげていくことが可能です。円形付文のあるなしというのもございますけれども、こんなところに系統立ててつなげていくことも可能であるということになりますが、ただこの間に相当する明確な資料がなく、かなりのギャップを感じざるを得ないという部分で、系列的に続けて認識できる資料がどこまで出せるのかなというところはあります。もし、78頁〔128頁〕の右上の壺が確実に共伴してこの段階であるとすれば、これはかなり新しい部分に入る。29の吉ヶ谷の壺等も伴なっておりますし、それから25の壺なんかも見ますと、これは弥生時代よりも、もしかしたら新しいグループに入るのかもしれない。ですから、宮ノ台からの系統の流れというか、血統書みたいなものを描こうとするのであれば、こんなところなのかなと。ただ、一般的で

はないので果たしてどうなのかなという気はします。

司会 相模を全く飛び越えていますけれども、その飛ばされた地域として、相模の弥生町式といわれている時期について立花さん説明してください。

立花 実 36頁〔57頁〕に地図があります。相模で今わかっている地域は金目川流域と相模川流域になりますけれども、相模川流域の方はほとんど寄道式・伊場式という三河・西遠江の土器が元になっている地域です。ここでは、より先進的な土器が移植されるような形で、弥生時代後期の土器が始まったことになります。ところが金目川流域は、東遠江の菊川式とか駿河の雌鹿塚式とか、もう少し近い地域と親縁性の強い土器様相が展開しています。このように弥生時代後期の前半には、隣接していながら系譜の異なる土器群が並立している状況にあります。ところが、弥生時代後期がだんだん深まって行きますと、相模川流域の先進的な土器様相が、西側の金目川流域の土器様相に呑み込まれていくという状況が見て取れるようになります。それは、先進的な寄道式系・伊場式系の土器様式あるいは器種構成というものが次第に在地化していくという現象で、具体的な土器の変化でいいますと、器型や製作技法が退化するともいえるような変化になります。器種構成も元々3割程度あった高坏が1割位に減ってしまいます。比田井さんは、南関東の中での相模の東進と言われましたが、その前段階に似たようなことが相模の中でも起こっていることになります。そしてこうした現象が、より東の弥生町式にどう接触して、どう影響を与えたかという話になっていくのだと思います。しかし、説明したとおり、相模の土器群は非常に複雑な系統が混ざり合っていますので、大きくとらえれば相模の影響、或いは相模の東進ということになりますが、本来的には、相模のいつのどれが影響しているのかということを識別していく必要があるのではないかと思います。相模自身の土器様相はいろんな波をかぶっていますので、それは地域によって多少濃さの違うモザイク模様のようなものだと思いますが、それが久ヶ原式をはじめとする後期前半の異なる伝統の土器群に重なったとき、それぞれがまた違った形に見えるということだと思います。

司会 相模は久ヶ原式とは全く接触のない地域ですか。

立花 元々相模には久ヶ原はないと私も公言していたのですが、2年ほど前に『様式と編年』を書いた後に、先ほど比田井さんから紹介していただいた41頁〔62

頁〕の真田・北金目遺跡群の資料が見つかってきています。特に19区SI004の平底・ナデ調整の甕、輪積を残しているのもありますけれども、こういう甕がまとまって出土している事例を今後どのように評価していくかが問題になってこようかと思います。素直に考えれば、宮ノ台式に後続する久ヶ原式の古段階に位置付けるべきかなと思っています。それからこういう資料が出てきているということは、おそらく刷毛調整台付甕とナデ調整平底甕、あるいは輪積甕が共伴する事例というのもこれから見つかって来るのではないかと予想されます。そうすればもう少し横のつながりがわかってくるのではないかと思います。その他に19区SI005に大型の山形文の壺がありますが、こういうタイプの壺は真田・北金目遺跡群では私が見ただけでも数個体は確認できますので、確実に事例は増えています。報告されれば、そうした分析ももう少し詳しく出来るのではないかと思います。

司会 相模で細かい話ができるような日は、まだ先のようです。各地の弥生町式と同じ時期について、少しずつお話していただきました。このようなシンポジウムがあると、たいがい加納俊介さんからいろいろ原理的なことはどうなっているのだというお話をいただくのですけれども、型式・様式という形の区切りの基準というのは、今日も短い時間だったのではっきりしてないところがやっぱりあったと思います。それで、黒沢さんは「激突！」と叫んでいますが、その激突にあたって二ッ池式というのを認めてもらうための基準というのを200字程度にまとめてください。

黒沢　浩 僕は二ッ池のものだけが頭にあるのですが、二ッ池の土器全体を見て言えるのは幾何学文です。23号住にあるような、複雑な幾何学文の系列のものが顕著にみられるということ。それから逆に久ヶ原的な久ヶ原そのものといえる連続山形文の土器がほとんどみられないということです。これは表裏の関係にあると思います。もう一つ時期的なことでいいますと、回転結節文による区画が出るということによって特徴づけられる。これは大村直さんのいう山田橋式以降のものということです。それから甕は今回全く取り上げていませんけれども、おそらく83頁〔144頁〕の11番のような一段の段をもって、そこにキザミを入れるものが二ッ池式のものであると思います。ただ85頁〔146頁〕の白楽の甕には段がありません。ほぼ同じ時期だろうと思うのですけれども、この段のあるなしが果たして型式としての標徴となるのかどうかを考えているところです。ただし、この白楽の実物を以前見たことがあるのですが、その時はあまり後期に興味がな

くて覚えていません。たぶん口縁部は久ヶ原的な処理がされていたのだろうと思いますので、系統的には同じかなと考えております（470字）。

司会 黒沢さんはこうして二ッ池式を作っておりますし、大村さんは市原だけだよと断り書きをしていながらもかなり広い範囲をカバー出来るという目論見で山田橋式を作った。さらに黒沢さんは健田式とかも作る。昔、真ん中に久ヶ原・弥生町式という核があってその周辺にいろいろな土器分布圏があるという話ではなくて、そのような核はなく、ただいろいろな小さい分布圏があるのじゃないかという話が根本にあるのだろうと思います。その中で比田井さんは大きくいくつかの大様式としてまとめた。南武蔵様式というくくりのお話。逆に細かくするという黒沢さんのお話。黒沢さんが激突と言っているのはこのことだと思うのですけれども、黒沢さんが再度言ってくれた二ッ池式について比田井さんから反論なりしていただきたいと思います。

黒沢 その前に一言。伊丹さんの説明と僕の考えていることとちょっと違っている点があります。僕は何も細かく細別しているわけではなくて、二ッ池式あるいは健田式でもいいですけれども、別に一定の広がりをもたなくても僕は型式として成り立つと考えています。というのはあくまでもそれはそこにある土器を整理して系統だてて考えるための一つの単位であって、仮に一遺跡でも型式というのは成り立つと考えています。ですから二ッ池式というのは、あくまでもこの久ヶ原式系土器群の東京湾西岸でのあり方を整理するための一つの単位であって、根本的に比田井さんと方法的に違うわけです。僕はなにも比田井さんがおっしゃっている南武蔵様式というのを細別して二ッ池様式を立てているわけではなくて、二ッ池式という、あくまでも実際にあるこの資料を基準にしているというふうに理解していただきたいと思います。

司会 では比田井さんお願いします。

比田井 どうも二ッ池式が何かということになりますと、先ほどの白楽とこの83頁〔144頁〕の二ッ池を比べると、普通の人だと随分違うという認識があると思うのです。それが前後になるかならないかという問題もあるかと思いますので、このようなことでは型式として成り立つのかなという素朴な疑問がありまして、そういう点でカバーされておりますのが追加資料〔157頁〕で、昔菊池先生が言った久ヶ原Ⅲみたいなごちゃごちゃ文様1、2、3というふうに変遷を黒沢さんは

想定されておりますが、これはこれで一つの壺の変化を想定するという点では、菊池先生の手法と基本的には同じで、間違っていることではないと思います。ただ、菊池先生の手法が大事だったというのは、それを一つの物差しとみた時に、物差しは単に古い、新しいだけではなくて、横の広がりをも含めた分度器的な役割を21世紀は持たなければならない、そのような観点がないと難しい。ベターっと地図上にこうあてられないというような感想はもっていますので、ある器種のある形のものを古い順から並べていく作業。これはもう型式として正しい作業だと思いますから、菊池先生もおやりになっている。ただ、先ほど言いましたように同じ二ッ池式の範疇に入れたいという83頁〔144頁〕と白楽は誰が見ても全然違う。もしかしたら84頁〔145頁〕の下の方は新羽大竹式でしたっけ。こういうようなことを型式と言っちゃっていいのかな、このこんなに違いが出ちゃって。フォームの一つの流れというのは、これは追究していかなければならないので、その一つ一つを追究していくのは型式学的方法ということになりますけれど、その観点でいったらそれを横の広がりの中に、地域の中にどこにどれ位分布が広がっているかということを、最初の作業上におく必要はなく、分布を欠く型式というものを重視しちゃってよいというのが黒沢さんの意見のように聞こえてしまうんですけれども、いかがなものでしょうか。

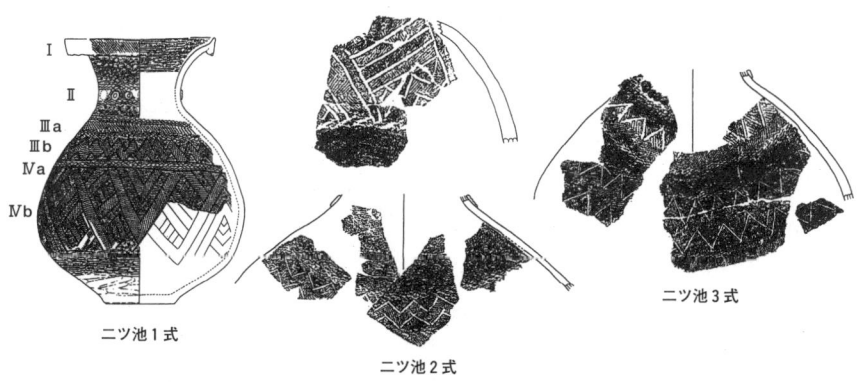

黒沢追加資料　図　二ッ池式土器

黒沢　まず白楽の扱いなんですけれども、先ほど訂正させていただきました82頁（註：予稿集82頁10・11行目「二ッ池遺跡の土器群は新羽大竹遺跡とは区別され、白楽遺跡・神之木台遺跡、そして久ヶ原遺跡出土土器とは同じ類型に含める。」）には同じ類型に含めると書いてありますが、白楽は二ッ池とは別物であると今は考えております。繰り返しになりますけども、二ッ池というのは、あくま

でも房総の山田橋式系のものと、健田式系のものとが融合したものです。白楽のものは、むしろ山田橋式系の系統を強く残しているという意味で別物として扱いたいと思います。それで、広がりがあるかどうかというよりは、実際にある土器群が一体どういう成り立ちをもって、どのように展開していくのかということを僕は考えたいわけです。そうなると何が問題かというと、たぶん編年表に書けないということが最大の問題になってくるのだろうと思います。そういう意味では、比田井さんのおっしゃる地域的な広がりとか、型式の広がりということは念頭においていない。僕のいう二ッ池式というのは、あくまでもその地域の土器群、実際にある土器群を整理するための一つの単位であって、必ずしも僕はそれが一定の広がりをもつ必要はないと感じているからであります。

比田井 今のお話ですと二ッ池遺跡がドットでポツンと一つ落ちることになると。その他に提示されている遺跡は、例えば新羽大竹式とおっしゃいましたよね。それから神之木台式とは言ってないですね。そうすると横浜の大体同じ時間帯と言われるところのドット図がたくさんの型式が集合している状態になるということで、それはそれで遺跡ごとの個性とその遺跡に住んでいる人々の個性を、それぞれ意味するための表現ということに陥ってしまうと、本来の型式、考古学辞典でいう型式とは非常に遠のいていってしまうような気もするのですけれども、いかがなものでしょう。縦の意識というかもちろん横の意識もあるのですけれども、横浜の地域の分布図を見ると、二ッ池とか何とか式とかがどんどんでき上がってきてしまう。もしこれに刷毛調整かなんかが加わって、隣の遺跡にあると思うのですけれども、そういった遺跡を〇〇式と言い始めると、とてもすばらしいことになる。まあ、それはそれでいいかもしれません。東京が23区になっちゃうみたいに。東京は東京だと思いますけれども、どうなんですかね。僕も方法論的なことは弱いのでよくわからないのですけれども、黒沢さんのやり方を推し進めていくと、極端なことをいうと、横浜の地域がこうなってしまうぞということになっちゃいそうな気もするのですけれど。

黒沢 現実に型式として分離出来るものであればいくつドットが落ちても僕は全く構わないと思っています。大事なことはその土器群がまとまりとして違うということだけでなくて、その成り立ちとその後の発展という変化の論理が同じかどうかということだろうと思うのです。ですから白楽と新羽大竹と二ッ池を違うと言ったのは、その見た目の違いだけでなくて、それぞれの土器群が成り立っている元々の由来が違うのだということが大きな点です。逆に比田井さん、二ッ池と

白楽は誰が見ても違うのじゃないかとおっしゃっていますが、それを南武蔵様式としてくくる理由は一体なんなのでしょう。

比田井 全然準備してないところで背後から来たなという感じでなんですけれども。南武蔵様式というのは、いいかげんと言えばいいかげん、ファジーでありまして、図に示してある通り、輪積痕の甕を使う人々の系統、それは黒沢さんのいう健田式もしかりで、山田橋式もしかりですよね、それと刷毛調整を使っている立花さんのクニの人達、そういった人達の遭遇点での両者が非常に混沌した形でのあり方。狭い幅ではなくて非常に広い幅で、南から北の端まで展開しているという部分に房総的なものと言えないし、相模的なものとも言えないという、こういう部分をどう処理するかと。その部分こそが弥生町、久ヶ原が併行しているんじゃないかという発端の土地になるわけですから、そこに大きいくくりをもっていなけりゃならない。ですから、黒沢さんのようにいろんなものが当然あっていいというのは大前提になっているので、それは横浜の中でいろんな型式が成立してはいけないというのは本来的には思ってはいないのですけれども。ただ、混乱が大きくなる方向になるのは嫌だなという感想があっただけなのですけれども。

司会 松本さんから見て二ッ池式というのは成立しますか。その後に立花さんからもコメントをいただきたいのですけれども。

松本 83頁〔144頁〕で黒沢さんが示された1の幾何学文の壺というのは、菊池義次さんが言われたTⅢですか。要するに「久ヶ原Ⅲ式」と1の土器は同じなの？
　それで、違うのは何かと言いますと、菊池義次さんが設定された「久ヶ原Ⅲ式」というのは、幾何学文の壺と11の圧痕を伴う段のついた甕で構成される。実際のこの「二ッ池式」というのは違うな、と言うのは、結節文区画の縄文帯をもった4の広口壺があり、7もおそらく2帯形の壺です。つまり、これは菊池さんが「弥生町Ⅰ式」とした要素です。
　私自身が考えているのは、この幾何学文の壺というのを一応別個に非常に特殊な土器であると考える。で、二ッ池の壺なのですが、菊池義次さんの編年というのは、装飾要素とか装飾帯のあり方とかいろいろあるわけですが、多くは装飾要素、この場合は文様要素と言いますか、そういう要素の一つを一段階としています。幾何学文の壺に関しては違います。また編年的な流れから見ても突如として幾何学文が入ってきます。本来この幾何学文の壺というのは、特殊な壺と言いますか、とくにこの文様自体、それまでの文様要素を使ってそれらが組み合わされ

る複合から成り立っている。例えばこの1の壺、あるいは浦島山の壺（32頁〔50頁〕第3図M6）などもそうなのですが、胴部のこの沈線で区画された結節文の細い帯より上は、これだけ見るとS字状結節文で区画された2帯の縄文帯の下に山形文をもってくる文様と変わらないわけです。そうした文様が上に持ち上げられて、その下に通常施文部位として用いられない胴部下位まで重山形文や重菱形文などで埋められるのです。幾何学文というのは、いくつかの文様が結合され合成されてできている。そこが菊池さんが「異質性」を強調されたゆえんで、そうした文様をもつ土器自体特殊なものであると考えています。

このように考えてみますと、それを除くと、「山田橋式」と同じように2帯の結節文区画の縄文帯の壺と有段の甕という構成になります。それと白楽の土器の距離、つまり白楽の土器に幾何学文の壺を加えると、二ッ池の土器になる。ただ、白楽出土の甕の一部には刷毛目があり、段や圧痕がない。28頁〔47頁〕第4図9・10とか明らかに刷毛目の入った刷毛甕です。10の輪積甕ですが、これは多分、二ッ池でも破片が出ている輪積甕と同じような段階の輪積甕のかなり確かな例です。しかも刷毛目を加えている。そうやって整理してみますと、甕の一部には刷毛目があり、段や圧痕がない。白楽の土器というのは、二ッ池から幾何学文を除いた土器に刷毛甕を加えた土器群である。同時期性という問題も考えねばならないのですが、同じような段階でしょう。

かなり錯綜した土器様相ですが、もっと整理していけるんじゃないかと考えているわけです。とくに東京湾西岸地域に関しては、極めて複雑な刷毛甕の影響とか、また刷毛甕に伴なう壺に変化が起こるとかそういう影響があるので、そうした複雑な様相を一つ一つ解きほぐしてゆくしかないと考えています。「二ッ池式」に対する答えになっていないかもしれませんが、考え方だけ述べさせていただきました。

甕	頸部装飾帯		壺	頸部・腹部装飾帯
KⅠ	多段		TⅠ	沈線区画　羽状縄文　幅広な羽状縄文帯か山形文
KⅡ	多段　最下段に圧痕		TⅡ	沈線区画　羽状縄文・網目状交叉絡縄文　山形文・菱形文等
KⅢ	一段　圧痕あり		TⅢ	S字状結節文区画　腹部装飾帯全体にわたる煩瑣な山形文・菱形文
KⅣ	一段　圧痕なし		TⅣ	S字状結節文区画　腹部装飾帯の整頓
KⅤ	なし		TⅤ	結節消失　頸腹部装飾帯の合体
KⅥ	刷毛目			

(菊池1954)

黒沢　松本さんのご意見に僕の見解を述べたいんですけど。まず、菊池義次さんの久ヶ原Ⅲ式です。以前私信で松本さんから二ッ池は久ヶ原Ⅲ式と呼んでもいい

のではないかとご意見をいただきました。今の説明だとそれとはちょっと違うという展開のようですね。あえて二ッ池に一番近いものを挙げると、鴨居上の台もありますが、もう一つは久ヶ原遺跡の材料ではないかと思うんです。ただ何故久ヶ原式をとらなかったかというと（今度は久ヶ原もやめちゃおうかという話にもなり兼ねないので、あまりその辺は言いたくないのですけれども）、久ヶ原式の実体が最も安定的に系統がたどれるのが房総半島であるということが一つ。それから久ヶ原式という名前の中で細別しているかのような印象をもって欲しくないということ。久ヶ原というイメージがあまりにも強いので、それとは別に考えたいというのがこの二ッ池式という名前をたてた一つの理由であります。それから、刷毛甕のことが出ましたけれど、僕も刷毛甕の存在が非常に気になっていまして、前に二ッ池の報告を書いた段階では本来的に刷毛甕は組成するのではなかろうかと考えたのですけれども、今はそうは考えていません。刷毛甕はもちろんあるのですけれども、おそらく二ッ池式には組成しないと思います。それから台付甕が主流になるということ、壺の文様帯の上位移行化傾向や壺口縁に受口の複合口縁が出てくるという背景には、相模以西との関係を考えるべきでしょう。その結果としてこの刷毛甕がこの地域に決して主流ではないにしても、存在している理由というのは、そういうことなのかなと考えています。

司会 相模からはどうでしょう。

立花 私自身、この二ッ池式が成り立つかどうかという直接の話はできないんですが、土器それぞれの成り立ちとか由来を重視するという話は、非常に重要だと思っています。先程もお話したとおり、相模ではいろいろな系譜の土器が生まれています。それも、製作技法自体が融合していますので、一つの土器に様々な地域の要素が盛り込まれるということになります。一つの土器自体をどこどこ系ということ自体なかなか難しい状況になってきています。例えば壺の文様を重視すれば、幾何学文は房総半島までたどれるという系譜が一つ見つかったということになり、一方で今話題になりました台付甕は房総に系譜をたどれるわけはありませんので、全く別の系譜をもつことになります。同様に、口縁のあり方は、胴部の調整はと調べていけば、結局一つの土器にもいろいろな系譜が混ざっており、また一つの住居址から違う系譜の土器が一緒に出てくるというのが実態ではないかなと思います。そうした中で、土器のどこを重視して、どこに土器群の特徴を見出すのかという優先順位をどうやって整理するのかということが重要なのだと思います。ですから人により優先順位が異なれば、その土器の位置付けも変わっ

てくるし、型式が変わることもあることになります。二ッ池式の場合、壺の文様を重視した評価ということになると思いますが、土器群全体をみたときにその評価だけでいいのかという疑問は残ります。ですから、より複雑な系譜を持つ相模の場合、同じ作業をやってみろと言われても、私は断念するしかないなというふうに思います。それに、一つの特徴で全体を代表させるというのは、かえって相模のもつ多様性を過小評価してしまう恐れも出てこようかと思います。

司会 黒沢さんへの総攻撃のような状態になってきました。安藤さん、話がかなり錯綜してしまったので、一つ軌道修正する意味でもコメントを。〈笑〉

安藤広道 黒沢さんを総攻撃ですけれども、僕は黒沢さんの側に立って話をします。まず型式というものをどう捉えるかということとも関連するのですが、ある地域のある時期の土器が、南関東地方の後期のように複雑な状況を呈している場合などでは、その錯綜した状況を解きほぐして理解するのに数多くの型式設定が必要になることがあると考えます。そうした細かな型式を設定することで、例えば安房方面の土器の影響を受けたものと、上総方面の土器の影響を受けたものが横浜地域で共存するという具体的な状況が把握できるわけですし、そうした状況をどう解釈するかという議論にも進んでいけるわけです。このような土器の時空間的展開を、単純化するのではなく、その複雑さをも含めて理解するための分析方法として型式学を位置づけるならば、仮に一遺跡からしか出土していない土器群であっても、二ツ池式といった型式を設定する意義は充分にあるわけです。横浜地域に、今、二ツ池式といえるものが何遺跡から出土しているかわかりませんが、数が少なくても、方法論的には全く問題ないということを強調しておきたいと思います。

　ただし、そのようにやっていきますと、立花さんがおっしゃったようにお手上げだということもあるでしょう。個人の研究者の能力を超えてしまうようなことがあるかも知れない。そうした場合にいわゆる様式論的な考え方（今日は比田井さんが様式という言葉を、黒沢さんが型式という言葉を使っています）、比田井さんはファジーとおっしゃいましたが、つまり複雑な状況を大づかみに捉えてゆく方法が、ある程度の有効性をもつことがあるだろうと思うわけです。錯綜した状況を型式学的に整理して理解できるようになるまで、様式論的な考え方による研究が、我々の理解を支えることになるということです。

　こうした意味では、どちらかが絶対的に正しいということではないのかも知れません。理想的には、黒沢さんの立場のように、型式学的方法によって地域の複

雑な状況を深く理解できるように到達すべく研究を進めていかなければならないのだけれども、立花さんが言うようにそう簡単には到達できない。故に、そこにたどりつくまでは、比田井さんの立場のように様式論的な方法で大きな枠組みを捉えておく。そんな感じにまとめることができるのではないでしょうか。

司会 奇麗に整理されていました。〈笑〉
　それで唯一つ質問が来ております。加納さんからですけれども、まず黒沢さんに答えていただきたいのは「型式措定の方向性と検証」について。自分で問題を出してしまったみたいですね。

黒沢 本当ですね。非常に厳しい質問です。型式組列といっても今回はこの幾何学文の土器の組列化ということに終始したわけでありまして、検証ということになりますと、やはり複数の組列の相互チェックという手続きが必ず必要であろうと思っています。そういう意味で今回は充分果たしていないという自覚はあります。組列の方向性としては、先ほど二ッ池1式・2式・3式としましたけれども、オリジナルの幾何学文がどんどんそのオリジナルから離れていくという方向性で考えています。組列化するというのは手続きとしては非常に大事な部分であると思うのですが、ただ相互検証したらそのまま時間差が保証されるのかというと、実は必ずしもそうは考えていなくて（これまで自分で宮ノ台の研究の中でやってきたことなのですけれども）、やはり土器の変化は変化として見るとして、それ以外の方法で時間的な流れをチェックしていく必要もあるのではないかと考えています。宮ノ台をやっていた中では、遺構の重複関係ですね。これを復元していくことである程度の流れ、まず時間的な流れを作り、その中で時間差があると認められた部分を相互につなげていく努力、これが型式学であり、型式の組列化であろうというふうに考えています。今回、二ッ池に関しては、そういう材料ではなかったので、あくまで型式学的な方法を使うことになりますけれども、本来的には僕はまず、遺跡の中でチェックということが大前提だと思います。ただ、ここで勘違いして欲しくないのは、これは集落の変遷ではありません。集落の変遷から土器を見ているわけであります。あくまで遺構の重複関係です。これは層位学です。まずそれによって時間的に違う部分をまず認識していこうというのが、僕は本来の方法というふうに思っています。ちょっと、答えになってないので申し訳ないのですけれども。

司会 黒沢さんにもう一つ。黒沢さんは型式という言葉を使い、様式という言葉

は使っておられませんが、地域的な大様式・小様式と系統・系列との違い、特に系統と系列はどう違うのですかというご質問。

黒沢　すみません。あまり意識せず使っていました。言葉の出てくるままに使ってしまいますので、整理していないので申し訳ありません。型式・様式ということですけれども、実は時間の関係で省きました。結論から言いますと、先ほど安藤さんから非常に丁寧な整理をしていただき、それに水を差すようで申し訳ないんですけれども、様式論というのを僕はとらない。様式論を捨てようと思いました。きっかけはあります。先ほど立花さんの言われたような複数の異系統の混じったような状態を一体どうやって整理するかと頭を悩めていたのですけれども、直接のきっかけは今月（2004年9月）の初めに福岡で埋蔵文化財研究会がありまして、テーマは弥生中期土器の併行関係というものでした。そこでの印象として、西日本の人達は自分達で様式の問題を分析しているという前提があるわけですけれども、そこで言われている様式論で分析してもおそらく土器の厳密な併行関係なんてわかりっこないんじゃないかというふうに思ったのです。

　様式論にはいくつか前提があります。皆さんよくご存知のように、複数の器種の組み合わせを様式としてとらえるわけですけれども、本来土器組成というのは、編年とは関係ない作業のはずですが、それを前提として単位として認識していく。そしてそこに土器以上の背景があることを想定しているわけです。そういう方法にまず問題があるのではないか。それと、土器が連続的に変化しているという前提です。関東の方ではどこでもそうですけれども、異系統のものをどうやって整理するかということで頭を悩めるわけですが、様式論というものの前提としてはおそらくそれがなくて、連続しているものだから全部自家生産という前提。そういう前提がないと様式論というのは成り立たないのですね。このような分析手法、特に連続しているものをどこで切るかという、画期の型式の認識が、いや様式ですけれども、問題になりますけれども、どこで切るかと。その時の溝口孝司さんの基調報告では（溝口2004）、結局「連続しているものを切ると、どこで切っても同じことだ」と非常に当たり前のことをおっしゃっていた。ですから西日本の編年研究を見ていくと、その切り方が人によって物差しがまちまちなわけですから、決して厳密に併行関係がたどれるというふうにはならないだろうとその時思いました。比田井さんがそうだとは言いませんけれども、関東でも様式というふうに考える中ではそういう前提が共有されているのではないかと思うのですね。ですから、それから逃れるためにはその逆のことをしたいと。まず型式というのは、先ほど言いましたように、連続しているものではなくて単位であって、それ

は縄文土器の型式がそうであるように、相互に離れた独立した存在であるということです。それを関係づけるのが型式学であるというふうに思っています。

　それから、様式論的な土器組成を編年上の問題とはしないということ。基準となる組列を確定し、それが複数あればモンテリウス流に言えば組列が確認されていくわけです。それと第3点としては、やはりここら辺が多分、比田井さんとも松本さんとも違うところですけれども、編年に関して分析の対象とするのはやはり、精製土器である壺であって、甕ではないということ。この三つの点を考えた時に、僕は様式論とさよならしようと決意しました。ですから自分では今後、様式という言葉は一切使いたくないという考えです。もちろん、お叱りの言葉はいっぱいあるかと思います。それは甘んじて受けます。

司会　黒沢さんが鈴木正博さんに見えてきました。〈笑〉

　比田井さんにも質問がきていまして、相模様式・南武蔵様式・房総様式、これは様式名として適当なのか。また、相模様式とは一体何なのか。これは私たちずっと悩んできた問題ですけれども。

比田井　相模様式と言いますのは、加納先生が相模を駿河の方面と同じ舞台に置かれたいということですね。『弥生土器の様式と編年　東海編』の…まあ、それはともかくとしまして、立花さんの発言にありましたように基本的に37・38頁〔58・60頁〕あたりのことなのですが、相模様式と呼んでおりますのは、よそから来た人達、寄道あるいは西遠山中式の影響によって成立した遺跡は確かに存在するんですが、そのほかに端末結節縄文を施す壺と刷毛調整台付甕というのは、三河とか伊場式・寄道式といった影響を受けるということとは別問題で、相模の方には広く広がっております。もしこれを仲間に入れてもらえるのであれば、北上して八王子盆地あたりの土器もかなりのシェアでこういった刷毛調整端末結節壺というようなシンプルな形での様相というものを見ることができるのではないかと思っております。それが、隣の沼津とか東駿河、雌鹿塚遺跡とかそれとはまた少し異なったニュアンスをもって存在しているというところに、相模の一つの顔を見たいということを思っているわけです。相模の顔には一方、この相模川流域において本郷遺跡、宮の里遺跡や綾瀬市の神崎遺跡といった外国人の居留地みたいなものもあるわけなんですが、大元にある相模様式というのはこれらのイメージとは違った意味で使っております。ですから、端末結節と刷毛調整甕というものを基本的な大きな顔として、相模地方に広がっているものが、横浜地域あたりで輪積をもつ房総の顔と遭遇するという模式図をもっているわけです。それで、

房総の方も当然、久ヶ原の系統をもつ輪積の甕、かつて菊池義次先生がKのIからVIとか壺の文様帯の分析をされましたが〔160頁〕、現在東京湾西岸では使用しにくい分類でもまだまだ基準として操作が可能なくらいピュアな輪積痕の蔓延する地域、これが房総であると。それで地名に対して様式を付けるのが正しいかどうかと言われますと、よく分かりませんとしか言いようがないのですが、その同じ顔をもった土器群がいる範囲のところを、大きくくくったのが相模様式と房総様式とで、この様式は狭い時間幅ではありませんでして、久ヶ原式から古墳時代の顔を見るまでの間全部その中にひっくるめて見ることができる。その幅の中でさらに時間割りを出す段階でもしかしたら黒沢さんのやり方のように、二ッ池遺跡の系統と系譜という観点で追究していくということは当然その中でできていくというようなニュアンスはあると思います。それから立花さんが言ったように、大くくりの相模様式の中身ももうちょっと細かく見ていくと、いくつかに系統を求められる遺跡というのは多々ありますというところ。それはその相模様式の中でさらにどんな動き方があるのか、あるいは房総様式の中で、どんな係累と展開があるのかというようなことになるのかなと。で、両者の要素がなかなかピッチリとした線でくくれない部分に南武蔵の部分が入ってきちゃうという形ですね。それが両方の顔つきが見られる分布のおおよその範囲としてくくって、南武蔵の地域の様式というような言い方になっているわけです。ですから、久ヶ原式から古墳時代から何百年だか何千年だか分かりませんけれども、それをさらに細かくしていった時に様式という名前は、多分私は使わないと思います。あくまでもこの大きな範囲だけでということなんですが。返事になってないような気がします。

司会 加納さん、返事になっていないと自ら言っておりますが、これに対して意見をいただけますか。

加納俊介 分からないので質問したので教えてもらいたいです。〈笑〉私に考えがあってしたわけではないですけれども、古くから南関東の第1様式、第2様式とかいう形の使い方はあったんですが、そういう相模様式というのは、私が学ぶ中にはなかったものですから、新しい最先端の考えなのかなと。私非常に遅れておるもんで聞いただけなんです。別に代案があるわけではないんですけど、質問し忘れたことがあるので、それだけ教えてもらいたいんです。79頁〔129頁〕に弥生町の代表遺跡で駿河の土器という形で引っ張ってあるわけですけれども、これ非常に誤解を生む並べ方をしているわけで、静岡市の登呂遺跡の土器というのは、かなり後期でも古い段階のもので、二番目は一番右の沼津市の雌鹿塚で、三番

目が長崎という形に多分なるんだろうと思うんです。弥生町のはこの長崎かもっと新しいものと比べていかなくてはならないと思います。新しい段階になりますと、私駿河の西部はあまり詳しくないんですけれども、少なくとも駿河の東部の場合にはその右下に秦野市根丸島の土器があり、同じように頸部外面と口縁部の内面に文様帯をもつというのが一般的な形になるわけです。だから、頸部外面の文様帯にも縄文と共に円形浮文とS字状結節をもつんですけれども、少なくとも駿河東部では、文様の上端に円形浮文を置くということはない。もし32頁〔50頁〕の図で小林先生のように文様帯の1番上段に円形浮文があるとしますと、その下の方にあります武蔵なんかと同じ形になるわけで、文様要素、縄文とS字状結節と円形浮文、一緒であってもその並べ方、置き方、配列の違いがある。全く意味が違うはずで、例えばＴＯＰという三つのアルファベットを使っても、ＴＯＰとＰＯＴというのはもう全然意味が違ってくるわけですよね。で、そういう面からすると（これ篠原さんに後から聞いてもらえればいいんですけれども）文様帯の上位下端に置くという形にあるとすれば、文様の配列では少なくとも駿河湾、特に駿河東部とは全く違ってきているというようなことはあるわけで、そういう点で駿河東部系かもしれないんですけれども、文様構成という形でいくとかなり顕著に違いがある。で、こういう点も含めていろいろやっていかないと議論というのは先に進まないんじゃないかと。

　先ほどの黒沢さんのことに関連して少し言いますと、例えば壺を中心にやると言われましたけれども、壺と言ってもこういうふうに口縁でも複合口縁や折返し口縁があり、折返し口縁でも様々な文様構成の細かい違いがあるわけで、器種類別というような簡単な壺という大きな分類ではやっていけないわけで、それと付くのはもっと下の単位ということをきちんと押さえていかないと。分類単位というのは、壺の中にも細かく分類をして、どういうものが最初の分類にタイプしてあるかというのを、きちんと見極めないと関東なんかでも先ほど黒沢さんの言われたことは、研究として成り立たないんじゃないかと。分類・組成という面で、そういうのをおろそかにするというのは、ちょっと私としては納得できないというようなことを少し反論というか感想としてお話させていただきました。

司会　はい、ありがとうございました。終わりの時間が迫っていますが、どうしても確認しておきたいことがあるという方がいらっしゃいましたら、個別的なことでも結構ですので…

鈴木敏弘　僕が口を開くとみんなが嫌るんですけれども、要するに土器の研究で、

皆さん何を知りたいのかということをそれぞれバラバラに議論しているんではないかと。土器を研究する目的を、何のために土器の研究をしているのかと。要するに、僕らが学生時代からやっていることを、全く混乱して受けとっているんじゃないか。もう40年前の話、僕は菊池義次先生の編年を見た時に、もうこれ以上のことはできないなあと思いました。菊池先生は杉原先生の研究をどうしたら乗り越えられるかということで、やっぱりきちんと細分したいと。杉原先生の足りない所をやりたいと。だから壺においても、甕、台付甕においてもどうしたら新旧がもっと細かく分かるかということでやられたわけで、おそらく菊池先生が並べられたこと自体は間違いないことだろうと、ひっくり返ることはないんだろうと思います。もちろん杉原先生が並べたのも上下にひっくり返ることはなかったですね。まあ、細かい所であったかもしれませんが。で、先ほど黒沢さんが住居址の切り合いで層位学だと。確かにそうなんです。しかし、切り合う住居址というのは、その間にまだ住居址がある可能性があります。だから切り合ってれば確実に新旧は判断できますけれども、しかし住居址から出てくる土器というのは、全て一括して使われるという証明が必要です。それともう一つは、僕なんかがやっているやり方というのは、やっぱり同時に建ちそこで同時に使われた土器でないと、同時性の証明ができないということで、まことに説得力に乏しいのかもしれませんが、僕は1981年の成増一丁目の報告以来全部、同時存在の住居址が同時に使っていた土器を縦に並べる。しかしそれを遺跡の外には出さないというやり方で報告書をずっと作ってきました。だから少なくとも僕の発掘した遺跡の土器で縦に並んでいるのは、新旧に狂いはないだろうと思います。混入がもしあれば、破片なんかであればある程度、見落としはあるかもしれません。

　それで、今日は後期の土器ですから、先ほど議論していた壺形土器でも甕形土器でも、壺と甕を作っている人は、使用者なんでしょうか。要するに後期段階になると、土器の生産というのは使用者を離れている可能性がたとえ南関東でもあったんだというふうに僕は考える。それは丹塗りで壺形土器やなんかがかなり特殊な精緻な技術、文様、今日のお話にあったようなものがあるわけですから、そうなると例えば胎土で、台付甕の胎土と壺形土器の胎土と混合物が同じ場合があります。だけど違う場合ももちろんあります。特殊な飾られた土器だとか丹塗りの土器の場合には、かなり方法と言うか製作の限られてるもんだと思います。そういうものがまして同一地域や同一の交易圏の中で取り引きされる場合と、他地域から入ってくる場合とあると思います。少なくとも壺と甕だけ見ても、今日みたいな議論じゃなくて、この土器は誰が作ったのかということを、つまりこの土器とこの土器、同時に出てきた壺形土器で、若干文様が違うと。同じ所で手に入れ

られたのか別の人が作ったのかという。もう今の研究では、そこまでやった上で土器論をやるべきだろうと思うんです。だから、まず遺跡の外に出す前に遺跡の中でそういう分析をした上で、型式を設定しないとならないし、しかもそれを縦に並べていかないといけない。ただ残念ながらもう一つ言えることは、後期の土器というのは、住居址百軒掘っても平箱に何杯も出ないという非常に少ない場合も多いんですね。僕らもたくさん掘ってますが、その割に土器が少ないということは経験でよく知ってますから。そういう意味で皆さん方に何のために土器の研究をしているのか、今日の研究はどういうことを基本的な方法としてやっているのかということを、もう少しきちんと押さえておくべきじゃないかなという感想をもちました。これ、質問じゃなくて感想といった方がいいのかもしれません。

司会 質問ですよね、やっぱり。質問ととらえて黒沢さん。

黒沢 今のご指摘ですけども、確かにある遺跡で出土した土器はそこで生産され、その土器の用途は何であり、そこで生産されてそれが廃棄されたものなのか、それとも一種の流通のプロセスの中で、そこに集積されたものが出てきたのかという違いをはっきり識別しろということだと思うんですね。それはおっしゃる通りです。ただその手続きとして我々が一番具体的に扱うのは、そこで出てきたまとまりとしての土器だと思うんですね。それをハッキリ位置づけた上で、その先にそういう議論が成り立つんだと思うんです。ですから鈴木さんとは逆に、それを前提にして議論するんではなくて、それを結果として議論に向かいたいと考えているわけです。

　それと、土器を研究する目的ということですが、そう言われると確かにかみ合わない所もあるのかもしれないんです。原則的には僕はバラバラであっても構わないと思うんですけれども、やはりこういう場でかみ合わせるとしたら、何か必要なわけだと思います。その中で今日は、比田井さんと僕の間での一つの対立点といいますか、ある地域の土器群をどうやってまとめて整理していくかという、その方法論的な所にあったような気がするんですね。ですからそういう意味では、僕自身はむしろこれをきっかけにこれから議論がより活発化していくことが望ましいのであって、その過程で二ッ池なんか有り得ないというふうに否定されれば、「はいそうですか」と言うしかない。むしろこれをきっかけにいろんな議論が起こってくれれば、より研究が活発になるんではないかと思っています。ちょっと優等生的な発言で申し訳ないですけれども。

比田井　土器を作った人と使用した人ということ、当然工人の習慣とかそういったものがイメージ的には存在しているんだと思いますが、残念ながら私共が使わせていただいているのは、極端なことを言うと包含層の土器の可能性もありますし、それから住居から出土した土器。これは明らかに使用している人が最後に残していったという。もうそれ以上のことが言えない事実として、資料が与えられているわけですね。これが自然界から。ですから、その中に土器の生産者までいく余地が残念ながら、予言者ではないのでできないのではないかと。で、もし製作の遺跡なんかを掘ってしまえばそれは間違いなく土器生産者の問題というのはクローズアップされてきますけれども、住居の中にあってころころ転がっている土器を対象にする限りは、住んでいた人が作ったかどうかという問題は見えないわけです。土器そのものに同じ手法のものがあったよということは、これは言えると思います。ですからどうしても、この見えないところをどこまで見ていくかというのを、黒沢さんのお嫌いな関西方面の人は〈黒沢：違う違う〉、相当すばらしい。最近私も自重しておりますが歴史上の人物の名前を持ち出してみちゃったりするような方向性があるもんですが、ちょっとそこまで難しいかなという。まあ、関東の場合はもう間違いなく、歴史上の弥生に生きていた人達の名前というのは出てくるわけがありませんので、率直に遺跡から与えられた資料のみを対象とするしか、情けないながら可能な力を発揮できないと考えられます。ただ、土器そのものの製作技術というものの類似性、近似性みたいなものを追究する視点が欠けていたという点では、鈴木先生のご指摘は非常に新鮮なもの、新しい視点として必要になるかもしれないわけです。一つの遺跡の中でも、この人とこの人とこの土器は作り手が一緒だというような実態はありますが、それはそのまんまそうかで終わっているケースがほとんどですので、鈴木先生のおっしゃる視点、これから別の方向での新しい展開というのは、注意しなければいけない部分にはなるだろうとは思います。ただ、調査者でないとなかなかそこのレベルに足が踏み入れられない。難易度で言えば、偏差値が80越えるような難しい仕事であります。それからその目標なんですが、黒沢さんがおっしゃったように、今日は後期の久ヶ原式をみんなで承認するのか、それとも弥生町式をなくしちゃうのをなんとなく納得しちゃうのか。後期の方は混乱がすごいから、黒沢さんのような方法もあれば、いつまでたってもファジーな様式ばっかり言ってる私みたいな変なおっさんの方法もあるわみたいなところで、お互いに反省しあうというところが、レベルが非常に低いですけど、目的になるのかなと思っております。

黒沢　誤解のないように言っておきますが、僕、西日本の人が嫌いなわけではな

いですので…

司会 そろそろおしまいの時間になってしまいまして、はなはだ中途半端で申し訳ないですけれども、最後に石川さん一言。

石川日出志 一言だけ言いますと鈴木敏弘さんのご意見はとても刺激的なんですが。僕は自分を土器屋だと思っています。土器から何を引き出すか、それから土器を使って何をするかというのは、とにかく何でもありだと思うんですね。年代ということにしても使う、それから土器の作り手という問題にアプローチする、集落論にも使う。いろんなところに土器は使えるだろうと思っております。そして遺跡から出てくる遺物で、とりわけ弥生後期なんて言うのは90％、もうほとんど土器ですよね。そんなに大量にある土器を使わないで、考古学者は何をやるんだと思うんです。いろんな可能性が土器の中にあると思います。まだまだこれだけ資料が増えても、だからこそ混沌が出てくるのかもしれませんけど、それをどうにか議論し、何かを解きほぐす、試行錯誤をやっぱり続けていくべきだろうというふうに思います。何やらわけのわからない話になってしまいました。以上をもちまして今日のシンポジウムは閉じたいと思います。それでは半日どうもご苦労様でした。

第2日　中期について　宮ノ台式を中心に

司会（石川日出志）　それではシンポジウムを始めます。今日は宮ノ台式土器を中心に取り上げますが、問題が多岐にわたると思います。およそ大きく四つの点にふれたいと思います。一つ目が宮ノ台式土器の成立、宮ノ台式土器とは何なのか。どのように成立したのか。またその前段階の土器とどこが違うのか。その辺のところをハッキリさせてみよう。二つ目が地域差ですね。宮ノ台式の中で、東京湾東岸と西岸だけでなく各地でどういう違いがあるのか、場合によりますと静岡県の有東式とどう違うのか、その辺も取り上げたいと思います。三つ目が周辺との関係。宮ノ台式土器の隣接する周辺の土器型式、栗林式、北島式、足洗式等々あります。白岩式以外の周辺型式を含む関係を取り上げてみようと思います。そして最後に宮ノ台式の終末。後期の土器型式、久ヶ原式とどうつながるのか、西日本との併行関係はどうなるのか。宮ノ台式の終末が後期にくいこむこういう意見もあります。その辺を取り上げたい。さらに、宮ノ台式を中期、久ヶ原式を後期と言ってますが、そうした全日本的な弥生時代の前・中・後期という時期区分を関東に持ち込んで中期、後期と言っているわけですが、それが適切なのかどうか、あるいは関連付けて理解することが可能なのかどうか。時間の許す限りよろしくお願いします。

　まず最初に宮ノ台式土器とは何かです。今日は、その辺の問題については大島さんと、鈴木さんは欠席ですが、安藤さんと考えが出されたと思うんですが、大島さん、安藤さん、それぞれこういうところをもって宮ノ台式と考えるという、宮ノ台式の定義、どこから宮ノ台式とみるか、その基準を教えてください。

大島慎一　午前中、私は宮ノ台式をどういうふうにとらえるかという話をした時に、あえて文様をあまり取り上げないで、宮ノ台式の成立ということについて整形という観点から申し上げました。発表があまり上手にできなかったわけなんですけれども、宮ノ台式とは何かと考えた時に、実は悩んでしまったわけです。と言いますのは、確かに宮ノ台式の成立において、櫛描文というのは非常に大きな要素としてあるわけなんですけれども、それだけでくくってしまうと、宮ノ台式の後半までを説明しきれるのかということなのです。また、そういった構成要件というものが出てくるところをもって、宮ノ台式が成立するんだという考え方は果たして成り立つのかというところが、実は今日の発表の準備を始めた時の悩みだったわけです。上手に説明できなかったわけなんですけれども、そんなことでございまして、私自身は現象の面で押さえよう、というレベルならば刷毛調整

と櫛描文の登場ということでいいと思っているのですが、その背景にある土器作りの変化とそれをもたらした要因ということですね。そういった次元までなんとか深めた上で、宮ノ台式の成立を理解できるところまでもっていきたいということをお話したつもりです。無論このような切り口では文様論のようには編年の精度は上げられないでしょうし、私自身対立軸になり得ると思っていませんけれども。

安藤広道 宮ノ台式が成立する以前、相模地域に中里式や子ノ神式があり、それから房総半島には勢至久保遺跡併行期の土器群、埼玉県方面には池上式、東京湾西岸には飛鳥山式などが分布しています。その後、そうした土器群が展開しているところに、私が言うところの白岩式的な装飾のあり方、文様の構造が浸透し始めるのですが、そうした浸透が始まる段階を、土器の変遷上の一つの画期として理解したいと思っています。現状では、そこを宮ノ台式の成立期と考えておきます。ただし、当然それ以前の地域的な基盤があるわけですから、すぐにどこでも白岩式的なものが色濃く現れるというのではありません。そうしたものがジワジワ浸透していった結果、次の段階で、いわゆる宮ノ台式的な装飾の基本的なあり方が成立するわけです。こうした段階をもう一つの画期と理解することもできるはずです。宮ノ台式の始まりをめぐっては、そのどちらの画期を重視するかで意見が変わってくると思います。

　それから、宮ノ台式の終わりについても、やはり白岩式的な装飾のあり方を重視します。つまり、そうしたものが再編されて久ヶ原式的な装飾のあり方に変わる時点で線を引きたいと思っています。宮ノ台式の範囲となりますと、静岡方面も視野に入れて議論しなければなりませんが、白岩式的な装飾のあり方が浸透する以前の各地の土器の様相と、その後の浸透の地域差を細かく整理していけば、その範囲を理解することもできるかな、と思っています。

司会 はい、今お二人からお聞きしましたが、鈴木正博さんは宮ノ台式とは別に小田原式を設定され、再度強調する中で宮ノ台式をもう一度見直そう、あるいは成立を見直そうという作業をおやりだと思うんですけれども、その小田原式について大島さんは午前中は一旦留保するということを明言されましたので、安藤さんの方、小田原遺跡の２点の土器についてどういう判断をされているのかそこをお願いします。大島さんの配布資料の第３の一番下、左端（谷津遺跡）〔104頁第３図13・14〕。

安藤 小田原谷津遺跡出土の有名な2点の土器ですね。実は谷津遺跡からは他にもたくさんの土器が出土しているので、本来はその他の土器も含めて議論しなければならないのですが、ここではとりあえず2点のみのコメントをしておきます。

まず、3の上の方の土器〔104頁第3図13〕、これは口縁部がないので、確実なことは言えないのですが、白岩式土器の文様構成そのものと言っていいと思っています。頸部から胴部上半にかけて櫛描を主とする文様が幅広く施され、その下に幅の狭い1本描沈線を充填した櫛描の山形文が付加されます。文様が胴部最大値まで達していない点が重要です。この土器の文様については、白岩式初頭の過渡的な文様と対比させるべきか、あるいは典型的な白岩式の櫛描文が成立した段階のものと対比させるべきか悩むところではありますが、少なくとも私の言うところの白岩式の文様帯成立以後であることは間違いありません。仮に白岩式的な文様が浸透し始める時点を宮ノ台式の成立とするならば、この土器は宮ノ台式の中で理解できることになります。ただ、小田原式という型式名については、この土器を標準とするような西相模地域の土器型式が見えてくるのであるならば、宮ノ台式から分離するかたちで復活させてもいいと思っています。

なお、下の土器〔104頁第3図14〕については、今問題にしている宮ノ台式の成立期にさかのぼることはありえないと考えています。図ではわかりませんが、この土器の頸部から胴部にかけての擬似流水文に注目しますと、1本1本が細い櫛描の横線を施文した後に、1本描の太い沈線の対弧線を付け加えていく手法によって描かれています。この手法の擬似流水文は、白岩式にしても宮ノ台式にしても、過渡期的な様相を脱した、櫛描文が中心になる段階に出てくるようですので、この土器は典型的な宮ノ台式土器が成立した後の土器ということになります。

司会 小田原式の基準となった資料は宮ノ台成立以後と判断するわけですね。安藤さんは、宮ノ台式の成立は先行型式とりわけ中里式、神奈川県・千葉県域の中里式併行の土器型式を母体・基盤としながら、白岩式の文様コードが浸透した状況が確認できるものをもって宮ノ台式としようということでした。そういう基準でいくと小田原遺跡の2点は明らかに宮ノ台式成立後のものだと判断できるということですね。大島さんは留保すると言われましたが、基本的には同じ意見ですよね。

大島 そうなのですが、もう一つ加えさせていただきますと、鈴木さんの論文を私が充分理解できていないということもあるのかもしれません。鈴木さんが「小田原式」を語る際『日本先史土器図譜』の中の小田原の資料をもって語っている

場合と、例えば王子ノ台遺跡なども「広義の小田原式」として扱っている場合があるわけですね。ですからその両者の関係がちょっと私には分からないわけなんです。文様帯の構造上そういうふうに言えるのかも知れないんですけれども、そういった点も含め、私の中で鈴木さんのおっしゃっている「小田原式」がどうもまだ理解できていないという点もあるわけですね。

司会 大島さん、それぜひメモをして鈴木さんへの質問として突きつけましょう。この場においでなら当然お答えいただくわけです。もう一つ念のため添えますと、司会ですからあんまり私見を述べてはいけないかもしれませんが、小田原の谷津遺跡の２点の土器のうち、山内清男は広口壺の方だけを取り上げて『日本先史土器図譜』で示したんです。縄文の各土器型式の標準資料を示した本ですが、小田原遺跡の場合この１点だけを選んだ意味がどこにあるのか。山内清男ですから相当意図的だと思うんです。細頸壺を加えて議論していいかどうかということは、留意すべきことかもしれません。ですから２点一緒に考える場合と、広口壺１点だけで考える場合と、二通りの判断をする必要があるのじゃないかと、ちょっと気になるところであります。

　もう一度同じ大島さんの資料の上〔104頁第３図１～12〕、鎌倉市の手広八反目遺跡（15号住）は、相模でも東寄りのわけですけれども、これは櫛描文が極めて明瞭。１番は箆描ですよね、確か。それとは全く異なる６番のような結紐縄文。この二通りの土器がそれぞれ融合しない状態です。宮ノ台式土器の中でも異質な土器群で、とりわけ櫛描文の浸透がものすごいわけですね。しかしこれは、宮ノ台式土器の範疇で皆さん理解されると思うんです。当然ながら。安藤さんはこれを宮ノ台のⅡ期と位置づけていますが、この後のⅢ期には折本西原遺跡や大塚遺跡という宮ノ台の代表的な遺跡の資料、その中でも古い資料というのが来るわけです。これも当然ながら宮ノ台式土器の範疇と理解しているところです。櫛描文の定着も極めて明瞭です。しかし、それ以前の土器群が前の頁〔102頁〕の子ノ神遺跡とか坊田ですとか、これらには刷毛目、櫛描文があることにはあるんですが、手広八反目や折本西原の宮ノ台式とかなり様相が異なると思うんですね。で、1980年だったでしょうか。石井寛さんが折本西原遺跡の報告書で、折本西原遺跡の詳細な分析をされました。そこで宮ノ台式を細分した中で、折本西原以前の土器群も宮ノ台式土器の範疇に入れたんですね。当時、僕は宮ノ台式にはあまり関心がなかったんですが、宮ノ台式土器をそんなに古い資料まで含めて考えるのかと大変驚きました。思いっきり宮ノ台式の範疇を広げる考え方でした。ですから1980年代の折本西原遺跡の報告以前の宮ノ台式のイメージと、それ以後の

宮ノ台式のイメージとではかなり違って来ているんじゃないかと思うんですね。そこで、安藤さんに確認なんですけれども、安藤さんも石井さんの意見を踏襲されて、坊田や子ノ神遺跡の資料を宮ノ台式の範疇で理解するんですね。先ほどの定義にかなった土器群であるということだと思います。僕らの違和感を払拭してくださるような説明をしてください。これらを宮ノ台式土器の中で理解するべきであることを。

安藤　私自身は、以前私がⅠ期とした土器群を、宮ノ台式から分離して別の型式として扱っても一向に構いません。とりあえずここで申し上げたいのは、典型的な宮ノ台式土器というか、そういう言い方もよくないんですけれども、そこに見られる装飾のあり方がどのように成立したのかを考える時に、白岩式の文様帯を抜きにしては考えられないということです。そして、そうした白岩式の装飾のあり方が浸透し始めるのが、坊田遺跡の時期になることから、そこに一つの画期を想定したいということなのです。

　一方、白岩式に関しても、嶺田式のなれのはてのような土器と、櫛描文が中心になる典型的な白岩式の過渡的な様相をもつ段階というのがありまして、それを私は白岩式最古段階と呼んでいます。そこでは必ずしも櫛描文は主体化していないように見えます。まだそんなに資料がないので、はっきりしない部分も多いのですが、例えば私の65頁〔108頁〕の第1図1番・2番（野際遺跡）、3番（白岩遺跡）、4番（梵天遺跡）、5番・6番（鹿島遺跡）あたりがおそらく最古段階のものになると思っています。ここでは櫛描がわりとしっかりしている3・4番もありますが、嶺田式土器のモチーフだった複合鋸歯文を重ねる6番なんかもありますし、2番のような嶺田式的な1本描沈線による文様も存在します。つまり、この段階は、必ずしも櫛描文が中心になるわけではないんですね。ただ、この段階には、それ以前には無かった、私が白岩式文様帯と呼んだ装飾のあり方が成立している。そこでここから白岩式と考えるわけです。

　そこで、改めて坊田遺跡など、私のⅠ期の土器群にみられる白岩式的な装飾をみてみると、どうやら白岩式最古段階のものとよく似たものがみられる。そこで両者を併行関係で捉えてみたわけです。つまり、白岩式の文様帯が形成され始めると同時に、その影響が関東地方にまで及んだということになります。

　白岩式土器は、最古段階の次の時期になりますと、7〜10番のように櫛描文が主体になるような段階に移行します。これを白岩式古段階と呼んでいるのですが、それと同時に、宮ノ台式の方でも櫛描文が急速に普及することが判っています。これが私のⅡ期にあたります。つまり、ここでも両者には密接なつながりがある

わけですね。むしろⅠ期における白岩式文様帯の浸透よりも、この時期の方がよりインパクトが大きいようにもみえます。ですから、ここを型式区分の画期とする意見があっても、全く不思議はありません。ただ一つ注意したいのは、この時期に白岩式的な櫛描文が定着すると言っても、そのあり方は必ずしも一様ではないということです。そこには少なからぬ濃淡があることが判っていまして、例えば手広八反目遺跡や大塚遺跡のように、白岩式的な櫛描文が数多くみられる遺跡がある一方で、千葉県一帯など、そこまで明瞭でない地域もみられるわけです。

　重要なことは、このような土器の様相の違いを、どのように把握し、理解していくかということでありまして、私はそうした土器研究を目指したいと思っています。ですから、私自身は、正直に申しまして、今ここでここからここまでが宮ノ台式ということを決めることにかかわりたくはありません。もちろん、それでも宮ノ台式土器の範囲を明確にしておかなければ、今こうして話をしていても、皆さんに通じなくなっちゃいますので、とりあえず、現在、広く理解されていると思われる宮ノ台式の範囲に対して、説明をつけてみたわけです。昨日の話しと関連するところがありますが、将来的に、白岩式的な櫛描文の浸透濃度の違いなどに注目して、手広八反目式や大塚式というような型式を設定することも充分可能だろうと考えています。

司会　白岩式土器分布の中心は、東遠江、天竜川以東です。その土器型式の成立展開と連動していくその姿を確認できる。そして櫛描文が定着しているということで、坊田や子ノ神等を宮ノ台式の範疇で理解するということですね。

安藤　一つだけ。まず、石井寛さんが、折本西原以前として子ノ神遺跡を挙げているのですが、それは今ここでいう32・84号住居址出土土器を含めています。その時点では、三宅島を除くと坊田遺跡段階の良好な資料がまだなくて、それで32・84号住出土土器を宮ノ台式の中に含めたのだと思います。私は、32・84号住居出土土器は、子ノ神式と理解しておりまして、白岩式文様帯の浸透以前に位置づけています。

司会　子ノ神の32号住・84号住は白岩式土器との連動が確認できない。先ほどの小田原遺跡出土土器の扱いや、今の話とかはみんな連動していますからもう一度確認します。鈴木さんと石井さんとは宮ノ台式の成立プロセスが違うわけです。それから資料の位置づけも違うわけですが、鈴木さんは例えば仮屋塚を宮ノ台式土器の範疇で理解しています。鈴木さんの3枚目の図〔97頁第3図〕5・6・7・8・

9についで安藤さんはこれをどう位置づけますか。

安藤　手広よりも古いとは思いますけれども。

司会　手広がⅠ期？

安藤　手広はⅡ期です。仮家塚遺跡出土土器は、それ以前のⅠ期の中で理解しております。鈴木さんは、〔95頁〕第2図（池子：1〜9・坊田：10〜15）の坊田式を宮ノ台式以後と考えておられますので、実は、そのあたりの土器の評価は近いんです。違いは、鈴木さんが坊田式の前に小田原の土器を置いていることでありまして、一方、私は、先ほど説明しましたように、小田原の2点の土器を宮ノ台式成立以後に含めているわけです。

司会　ということは、鈴木さんは小田原遺跡の2点を基準とされていますので、この2点の土器の評価が全く異なる。その違いは宮ノ台式土器の成立のプロセスの理解の仕方に原因があるんじゃないかということです。この宮ノ台式の成立について、どなたか発言・質問あるいは疑問なりございますか。会場の方でもかまいませんが、私たちはたまたま壇上に上がっているだけで、皆さんシンポジウムの参加者ですからどんどんご発言いただければ…。ないですか。では少し西の方に目を向けてみましょう。白岩式はどんな特徴を持った土器なのかということ、あるいは静岡側から見た宮ノ台式土器の成立について。また、宮ノ台式土器をどんなふうに見ているか、その辺まで含めて萩野谷さんよろしくお願いします。

萩野谷正宏　白岩式はどのような特徴をもった土器をさすのかということについて、私のレジュメの49頁〔77頁〕と、安藤さんの65頁〔108頁〕を用いて簡単に述べたいと思います。白岩式は49頁第2図1番から6番を標識資料として、久永春男さんによって提唱されたものです。その研究史や課題についてはレジュメにまとめてありますが、本文の中では白岩式の特徴については触れておりませんでしたので、ここで補足したいと思います。白岩式は、主に嶺田式直後の櫛描文の導入と高坏・台付甕の出現を画期として、後期の菊川式の折返し口縁広口壺成立までの間の土器群を漠然と指しているようです。しかし、定義は非常に曖昧ですし、資料が限られているものですから、必ずしも上限や下限について研究者間の意見が一致しているわけではありません。上限については、例えば49頁第2図7番の掛川市不動ヶ谷遺跡の壺ですが、これを嶺田式の段階に比定して瓜郷式

と嶺田式との折衷的な特徴をもつ土器と理解するのか、あるいはこれを白岩式の最古の段階の土器とみるかで意見は異なると思います。私は、これを嶺田式段階の土器と理解しております。それから下限については、同じ頁の26番から28番・30番の土器についてですが、これらを白岩式の終末とするのか、あるいは後期初頭とするかで意見が分かれると思います。私はこれを白岩式の範疇で捉えています。

　次に、細かく説明する余裕はありませんが、白岩式の前半期に限って壺の文様の特徴を大ざっぱに説明したいと思います。私は白岩式を4段階に区分しておりますが（萩野谷2000）、この中の1段階と2段階が先ほどの安藤さんのお話の中にでてくる時期と考えて下さい。安藤さんの「白岩式初頭」が、私の呼ぶ1段階にほぼ相当します。

　1段階の壺は、櫛描文を主文様とするものと、箆描文を主文様とするものがあり、それが2段階になると櫛描文を主文様とするものに統一される。そうした変化があります。また、1段階の特徴としましては、49頁第2図11番（権現山遺跡）や13番（梵天遺跡）のような単帯構成の丁字文が多いことがあげられます。安藤さんは、白岩式成立において貝田町式の関与は薄いと考えられていますが、私はこの単帯構成の丁字文について、貝田町式からの影響を受けているものと、別に瓜郷式の貝田町式模倣壺からの影響を受けたものの両者があると考えています。13番の土器は瓜郷式の貝田町式模倣壺との関連が考えられ、11番は貝田町式かまたは瓜郷式の貝田町式模倣壺の系譜につながるものと理解しています。それから、16番の複帯構成の丁字文については瓜郷式の影響が認められます。安藤さんの66頁〔109頁〕第5図の梶子遺跡の瓜郷式と比べてみれば、両者の系譜関係は一目瞭然だと思います。また65頁第1図7番は、本来の複帯構成の丁字文から縦方向の櫛描文が脱落したもので、その後2段階以降に主体化する構成であると考えています。このほかの文様としましては、49頁第2図15番の擬流水文があげられます。擬流水文の系譜は、天竜川流域の嶺田式や阿島式の箆描の擬流水文に求められますが、白岩式では櫛描による擬流水文が主体であると理解しております。このほか、安藤さんの65頁第1図2番の重四角文や6番の複合鋸歯文など箆描文も、文様要素は嶺田式からの系譜でしょう。

　最後に、白岩式の成立を考える上で重要な土器を2点あげます。49頁第2図12番と65頁第1図6番です。49頁12番は、形態的には口頸部のくびれと頸胴部のくびれがはっきりとする特徴は嶺田式からの系譜ですが、胴部が潰れたような、やや算盤玉形となる特徴は東海地方西部からの影響と考えられます。文様では、口頸部のくびれ付近の半裁竹管による爪形文と、頸胴部のくびれ付近の半裁竹管

による刺突文、これらの施文部位が嶺田式からの系譜である。ただし、それを無視するかのように口頸部から胴部最大径付近に単帯構成の櫛描文が覆っており、これはやはり東海地方西部からの系譜であろう。このように在来の系譜と西方からの系譜が融合している土器です。次に65頁第1図6番ですが、これは安藤さんによる口1、ロなどの文様帯構成は白岩式の特徴です。とくに口1の刺突文や、胴部の複合鋸歯文などの文様要素は嶺田式からの系譜です。ただし横帯を多段に重畳させてそれぞれを沈線で区画する特徴は貝田町式か瓜郷式の貝田町式模倣壺の影響であるし、算盤玉形の胴部形態も同様に考えられます。さらに胴部下半のミガキ調整ですが、これは瓜郷式にはなく貝田町式からの影響と考えられます。私は、こうした特徴を有する土器群をもって、白岩式の成立と考えています。

司会 僕の質問の前半部分についてお答えいただいた。今のお話で在来伝統の嶺田式という先行型式の系統が基盤となり、その伝統を受け継ぎながら貝田町式や瓜郷式。西側の櫛描文を用いる土器型式の影響を取り入れた、そういう意味では地域は違いますけれども、安藤さんの宮ノ台式土器の形成メカニズムと同じようなプロセスでお考えということですね。

安藤 一言だけよろしいでしょうか。萩野谷さん、ちょっと誤解されているようですが、私は白岩式の成立に貝田町式の影響がないとは言っていません。文様帯の構成が貝田町式的ではない、貝田町式とは全く異なると言っているわけです。文様の要素としては当然貝田町式のものが入ってきます。そのあたりは分けて考えていただきたいと思います。

萩野谷 わかりました。

司会 思ったより二人の意見が似ている。今、貝田町式というふうにおっしゃいましたが、この白岩式成立期の一群は、愛知県にもっていったらどの段階の土器ともっとも関連が強いのか。これは、宮ノ台式土器の成立が近畿でいう凹線文土器の出現あるいは、その濃尾平野に定着した高蔵式土器の成立と宮ノ台式の成立がどういう年代的な関係なのかということと直結しますので、石黒さんお願いします。

石黒立人 予定外ということで、答えは用意しておりませんが、安藤さんが示された67頁〔111頁〕の第8図（橋良遺跡）2の壺はいわゆる凹線文系の複合口縁

の壺の口縁部になります。これが凹線文出現以後の変遷で言えば、真ん中より後半かなという感じがします。ですから、この1番の土器がいつなのかということが、相当に関わってくると思います。貝田町式の変遷過程の中で台付甕の出現時期がどこなのか現在も問題となってますけれども、基本的に文様帯構成が無文帯を挟んで何段も施されるというものから、どんどん多段化して、第3図〔109頁〕（阿弥陀寺遺跡）の2が新しい何かになるわけですけれども、これがさらに連続的な文様配置になるということがありますので、貝田町式の非常に新しい、最終末あたりまで下がってくるとしますとかなり凹線文の出現には近い。少なくとも現状でいう高蔵式が、凹線文の全体を言うんであれば高蔵式に近いということですけれども、凹線文の時期幅そのものが、前半は貝田町式的要素そのものを残す段階と、そうした在地的な要素が消える後半と大きく2分されますので、高蔵式という言い方と凹線文という言い方は区分したほうがいいと思います。ですから、凹線文出現という言い方で言い直すならば、貝田町式と凹線文の端境というか、そういうところを念頭におかざるを得ないだろうという気はします。

司会　ありがとうございます。安藤さん、今のお話で何か一言ありますか？

安藤　石黒さんは橋良遺跡の〔111頁〕第8図の2番を高蔵式の真ん中より新しいとおっしゃいましたが、私は真ん中より古いと考えています。この土器にみられる細めの口頸部の形態は、凹線文出現期にむしろ近いと評価しております。

司会　西の方の状況がつかめたかと思います。それで、もう一度関東、南関東に戻りまして、宮ノ台式土器の成立以前と考えられている土器群、あるいは場合によると宮ノ台式成立期、その辺のところを確認したいと思います。その場合に焦点となるのが、逗子市池子遺跡群の土器群ではないかと思うんですね。で、谷口さん。

谷口　肇　逗子市の池子遺跡群についてということですが、神奈川県でも三浦半島付け根の西側、相模湾側に位置します。ここでは米軍住宅建設に伴って以前に実施された発掘調査の結果、弥生時代以降各時代の遺跡が発見されていますが、弥生時代中期の資料は、遺跡群が立地する谷戸部でも最も海寄りのNo.1－A地点という調査区で検出された旧河道から出土したものがほとんどでして、報告書における記述は私がまとめさせていただきました。
　ここで話題になっております池子遺跡群の資料は、鈴木正博さんの当日資料

〔95頁〕中、第2図の1から9までの土器です。私としては鈴木さんがどのような意図で、今回このあたりの資料を取り上げられたのか、正しく理解しているとは言えませんが、自分も報告書の中でこの第2図1から4までの池上式など武蔵方面に関連する資料はともかくとしても、やや新しめの5から8、また9のような結紐文が施されている資料についても、報告書においては宮ノ台式からはずして記述したわけです。報告書でははっきり書かなかったのですが、この5から9あたりが三浦半島の付け根周辺における、鈴木さんがおっしゃられるところの在地化基盤といった資料にはならないかなとは個人的に考えております。

　ただし、話の順番が逆になりますが、これらの土器群は、宮ノ台期旧河道の最下層から、それ以前の前期末および中期初頭の資料も含めてほぼ同一層位でごちゃごちゃとした状況で出土しましたので、層位的にこれとこれが共伴とか、宮ノ台式との明確な層位差だとかといった問題は曖昧なままなのですが、例えば胎土などを見ると多少は特徴的なところも認められまして、5から9などの割とペラペラとした薄手の器壁に黒色の砂粒を含み金雲母などは含まれないといった独特の胎土が、やはり旧河道最下層で量的にまとまって出土した横走羽状条痕紋や内面鎖状紋が施された甕類のそれと共通しますので、ほぼセットになるとみなしてよいのではないかと考えています。今まで類似した資料は、神奈川県では厚木市の子ノ神遺跡のような内陸部での出土例が目立っていましたが、池子のような相模湾沿岸部でも出土したことで、例えば三宅島の大里東遺跡をはじめとする伊豆半島から伊豆諸島での出土資料などと、きちんと比較検討する必要を感じています。

　それであくまでも個人的なイメージなのですが、宮ノ台式期の直前にこのような土器群を有する集団がなんというかひっそりと小規模分散的に存在していたところに、急激に分布圏を広げてきた大勢力・宮ノ台が乗り込んできてそれらを吸収してしまう、そのため初期の宮ノ台式土器に直前のこういった在地的土器群の要素が部分的に引き継がれるのではないかと考えております。

司会　僕、聞き逃したのかもしれないんですけれども、これら池子の土器群には刷毛目は使用されていますか？　櫛描文はないんですね。

谷口　このあたりの資料を整理する時に、まず膨大な宮ノ台式をまとめるのに非常に苦労したわけですが、宮ノ台式とそれ以前を分別する際に、悩んでいる時間もあまりなかったもので単純に刷毛目の有無を一つの目安にしてしまった経緯があります。つまり刷毛目調整が施された資料は全て宮ノ台に含めたわけです。甕など内面鎖状紋・外面横走羽状条痕紋が同様に施されている試料も刷毛目の有無

だけで安易に分けてしまったのですが、先に申し上げたように層位的な根拠は薄弱です。ただ、一見新しく見える資料でもしつこく条痕を使用しているものも見られますし、そういう意味では刷毛目の出現期と申しましょうか、条痕との端境のような時期にあたるのではないかと思っています。それと壺で面白いのは、鈴木さんの資料〔95頁〕第2図9のような太描の沈線をしつこく使う資料が見られることで（一方、5・6のように細い沈線も見られますが）、このかなり大型に復元できる9の資料は、弥生前期段階から伝統的に使用されている太描沈線の最後の姿になるのではないかと、そういう意味で結紐紋といった宮ノ台式に盛行する紋様が施されてはいますが、太描沈線が全く採用されない宮ノ台式には含めない方がよいと考えています。

司会 はい、ありがとうございます。大島さん、安藤さん。これは宮ノ台式なんですか、宮ノ台式以前ですか。

大島 先ほどから私は、刷毛目と櫛描文という構成要件がセットでと言っているわけなんですけれども、午前中の話の中でも少し申し上げましたが、この辺の時期の土器様相が明らかになってくる中で、刷毛目がいつから入ってくる、櫛描文がいつから入ってくる、というのがもうちょっと見えて来るだろうと思うんですよね。そんな段階の土器ということで、特に9番なんかは今まで何て言うんでしょう、先験的に宮ノ台に入れちゃったかもしれないんですけれども、今日お示ししましたような小田原の最近の資料とかですね、そういったものなどを見ていくと、小林青樹さんが大里東遺跡の報告の際提唱されていた「刷毛目ホライズン」という考え方を思い出します。そんなこともあり一線引いてみておいた方がいいんじゃないかというのが、今現在の私の考えです。

安藤 私は、この池子遺跡の資料を、谷口さんがどういう方法で抽出されたのかを聞いていましたので、これらのみで一つの型式となるのか、それとも櫛描文をもつような土器が組み合わさるのか、ということについては、ちょっと判断が難しいと思っていました。ただし、ここでまとめられた土器群が、例えば大里東遺跡出土土器から、白岩式的な要素のみられる土器や駿豆地域以西的な土器を除いたものに、よく似ているということは言えると思います。甕形土器の羽状文や内面装飾なんかは特によく似ていますね。ただ、僕も見させていただきましたけど、これらの土器には、確かに刷毛調整はありません。そうした点では、大島さんのように宮ノ台式以前ということも言えるのですが、大里東遺跡などでも類似した

土器には刷毛は目立ちませんので、判断に迷う本当に微妙な時期なんだろうなあという気がしております。また、大里東遺跡にも、おそらく白岩式的な要素が入ってくる以前の土器があると思いますので、そういったものを含めて、整理していく必要があります。谷口さんが抽出した資料が全て一つの時期と考える必要もないので、細かく検討していけばいいんじゃないかなと思います。

司会 小林さん、刷毛目の定着の問題（刷毛目ホライズン）や宮ノ台式の成立あるいは池子に対するコメントなどお願いします。

小林青樹 久しぶりに刷毛目ホライズンという言葉を聞きました。まだ言葉として生きていたのかなと思った次第です。先ほど大島さんが可能性を指摘されましたが、私も今のところ中里遺跡については詳しく触れることができませんし、破片資料のすべてを見たわけではないので明言はできませんが、おそらく刷毛目の出現は、所謂中里式段階ではわずかではありますがあるのではないかと考えています。中里遺跡の土器というのは、安藤さんのご指摘の通り、おそらく3段階くらいの土器が混じっています。まず王子ノ台段階に相当する土器群の段階。次に王子ノ台段階の一群と大里東段階の古い土器群を引いた土器群の段階。この段階が、おそらく「中里式」の本体と思われます。最後に大里東段階の古い土器群に相当する土器群がくると思われます。この最終段階に刷毛目の導入がみられるわけで、これは子ノ神遺跡など南関東東京湾の東側の各地でもみられるので、これを「刷毛目ホライズン」と呼びました。そして、このころにはさらに櫛描文が一斉に普及する段階を重視して、「刷毛目ホライズン」というものが訪れるとかつて考えたわけです。中里遺跡の発見以降の今、再びこの問題について振り返って考えた時に、先ほど大島さんが指摘された中里段階での刷毛目導入は、新しい土器製作技術の導入時期と契機を考える上で非常に重要な問題提起であると思います。ここから先は、この問題提起に対して私が考えた想像ですが、弥生時代中期に瀬戸内の集団は、海を使ったかなり遠隔地の広域交流を行っているという背景のなかで、彼の地の集団は南関東の中里の地に到達したのでしょう。当初は、おそらく瀬戸内系の土器製作者の移動も少なく、刷毛目のような土器の生産技術の基本的な要素がまず導入されたようです。おそらくいまだに在地集団は、瀬戸内の文様原理まではすぐには理解できないため、「須和田式」の系統の文様を駆使して過渡的な土器製作をしていました。この段階が中里段階です。それが次の段階、大里東段階くらいにおそらく土器の生産が人口増加の影響でしょうか、大量生産を指向し、そこに規格化が生じていったのではないか。ラーメンではないですが、

こてこての文様をなくしてあっさりタイプになるという傾向になり、それに伴って一気に櫛描文という非常にシンプルな文様が好まれるようになったと考えます。同時に大量生産に向いた刷毛目技術もより導入が進んだようです。以前に大里東式段階を設定した理由は、このような「刷毛目ホライズン」のような画期が一気に進行する段階があり、それは「宮ノ台式」に先行する段階であると考えたからです。

司会 小林さんには独立して発表してもらえばよかったですね。刷毛目の導入については微妙な問題がありますが、そのあとか、連動してか、白岩式土器の櫛描文およびその構成原理というものが、南関東の宮ノ台式土器に波及定着して、在来の伝統と一体化・構造化するわけですね。白岩式土器の目から見て宮ノ台式土器の櫛描文や文様帯構成とか、共通する部分やある異質な部分、どんなふうに見えるか。地域差の方に移って行きます。

萩野谷 白岩式を研究してきた目からみた宮ノ台式の印象ですが、おもに櫛描文や篦描文の文様構成について気づいた点を述べたいと思います。横浜市の大塚遺跡環濠出土土器などを拝見しますと、安藤さんの類型化されたような白岩式の文様帯構成を維持するものが確かに多い。それから櫛描文を主文様とするものが多く、非常に酷似した構成も目につきますね。これらは安藤編年のⅢ期の古い段階に位置づけられていますが（安藤1990）、例えば東遠江では掛川市原遺跡方形周溝墓出土土器と酷似する点も多く、併行関係としては白岩式の古い段階、最古ではなくて2段階くらいに近いと理解しております。鎌倉市の手広八反目遺跡15号住居跡の土器も、櫛描文を主文様とするものが多くて篦描文はないようです。

〈司会：大島さん資料〔104頁〕の第3図になります〉 特に2番の単帯構成の丁字文など古相の特徴も認められますが、白岩式系の篦描文がないということで、大塚遺跡環濠出土土器よりは若干古いとしても、それほど大きな時間差はないのかなという印象をもちます。

それから、私が気になる点をもう一点述べますと、安藤さんが先ほどおっしゃっていましたように、白岩式の初頭では篦描文がある。つまり、宮ノ台式の成立当初から白岩式の影響があるのであれば、それは櫛描文だけではなく、篦描文の影響がどのようにあるんだろう。そのあたりについて少し気がかりでした。そうしたなかで注目されるのは、佐倉市大崎台遺跡169号住居址出土の鈴木正博さんの〔98頁〕第4図4番の土器で、これは重四角文を2段重ねて上下を半単位ずらす構成です。かつて飯塚博和さんが、「横帯文として一帯に組み込まれている」と

表現されて前段階からの変化を指摘されています（飯塚1994）。私はこの重四角文を、縄文を地文としないこと、四角形を入子状に非常に密に充填して内部に隙間を残さないことなどの特徴から、例えば掛川市掛之上遺跡出土土器（松井2002）など白岩式の古い段階で確認できる重四角文の構成と類似すると考えています。つまり、こうした宮ノ台式の箆描文の一部には、実は白岩式の箆描文と関係のあるものも含まれているのではないかという疑いをもっています。このように、宮ノ台式の箆描文における白岩式との系譜関係をどのように理解するのか、この点も宮ノ台式の成立を考える上で一つの大事な視点になるのではないかと考えています。

司会 擬似流水文についてはどうですか？　箆描文の擬似流水文は遠江まであって、それ以西にはない。嶺田式や阿島式に関係するのでは？

萩野谷 例えば三宅島の大里東遺跡では　〈司会：67頁〔111頁〕です〉　櫛描の擬流水文もあるのですが、どちらかといえば箆描きによる擬流水文が多いというのが気にかかっています。67頁第12図3番は、嶺田式あるいは阿島式の壺で、こうした箆描きの文様が天竜川流域では多く用いられていますから、大里東遺跡における箆描の擬流水文やそれに類似した構成は当然ながら天竜川流域からの系譜として考えられます。しかし、先ほど申しましたように白岩式では櫛描による擬流水文が主体となるようで、白岩式の1段階にこうした箆描きによる擬流水文がどの程度あり、宮ノ台式に直接影響を与えたのかということについては検討課題であり、私自身まだよくわかっておりません。

司会 宮ノ台式土器の地域差を今、西の方から見てみたわけですが、関東地方では白岩式の櫛描文が非常に強く浸透します。とりわけ手広段階から以後の、折本西原・大塚段階、安藤さんのⅡ期・Ⅲ期です。それが神奈川以外でどういう状況なのか。先ほど千葉県方面では、大崎台遺跡のように櫛描文が定着してはいるものの、神奈川と比べたら、千葉側はその定着率が低いようですね。小倉さんその辺をお願いします。

小倉淳一 先ほどお話をしましたように、櫛描文の少ない地域というのは印旛沼周辺地域に中心としてある。ただこれも私が基本的に大崎台遺跡の分析をしようと思って、着手した時からそのように感じていたということであります。したがって、基本的にはもうちょっと南の方、市原台地から君津・木更津にかけての地域

においてはもう少し例数が多く、かなり普遍的に見られるんじゃないかという認識はもっております。数の上だけの話ですが。

司会 埼玉方面ではどうでしょうか、柿沼さん。

柿沼幹夫 小倉淳一さんの資料の21頁〔37頁〕に、安藤広道さんが『YAY!』に書かれた中期後半の南関東各地の編年表が掲載されています。大宮台地の欄に明花向B7号住とありまして、さいたま市の遺跡ですが、これが大宮台地では最も古い宮ノ台式土器になります。B7号住では、擬流水文の下に舌下文をもつ土器や、丁字文のような櫛描文土器が出土しております。この住居では櫛目鎖状文をもつ甕が出土していて、それでⅡ期にしていると考えられます。B2号住では擬流水文とその下部に櫛描コの字重ね文がある壺が出土していて、Ⅲ期としてもB7号住と大きな時期差はないと思います。川口市小谷場台遺跡では、櫛描の「し」字状文が出土しています。さいたま市上野田西台遺跡でも擬流水文や丁字文があり、岩槻市平林寺遺跡では、箆による丁字文と櫛描の波状文が組み合わさった壺が出土しています。こういったところが、大宮台地における白岩式系の櫛描文の実例です。また、箆描といえば、さいたま市東裏遺跡で、4本の横位沈線を箆で縦方向斜めに切る壺が出土していますが、静岡県鶴松遺跡、萩野谷正宏さんの資料49頁〔77頁〕21の土器に近い。大宮台地の特徴は、白岩式系の櫛描文土器が北島式系の土器と共伴するところにあり、一緒に出土して土器群を構成しますね。ところが、Ⅳ期になりますときれいに白岩式系の櫛描文がなくなり、同時に北島式系も姿を消してしまいます。安藤編年のⅢ期以前とⅣ期以降とでは、同じ宮ノ台式土器かと思われるほど大きな変化があります。黒沢浩さんのように大きく1式、2式に分けるべきではないかと思いますが。そうしますと宮ノ台式土器を貫く共通要素は何かというと、横帯の縄文、結紐文、刷毛甕だけになってしまうのではないか。それから地域的な様相ですと、最終末のさいたま市円正寺遺跡の段階になりますと、幅の広い羽状縄文帯とともに、壺の無文化が進行しています。これは松本完さんも分析されていて、坂戸市附島遺跡など無文化が著しいことを指摘されています。安藤さんの『YAY!』〔37頁〕では御蔵山中や大北・松木に？印がついています。松木は北島式系統の土器が出る段階と回転結節文の土器が出る住居がありましてⅢ期とⅤ期に分けることができます。大北は幅広の羽状縄文帯と回転結節文という状況がありましてⅤ期です。御蔵山中もやはり回転結節文の広口壺等でして、これもⅤ期以降であるということです。

司会 ありがとうございます。白岩式系統の櫛描文の定着は、千葉・埼玉まで非常に広範囲に及んでいる。非常に広範囲に強いインパクトがあったことがわかります。しかしながら千葉県方面、とりわけ下総台地ですと、櫛描文定着度の低いことが特徴として挙げられるということでした。埼玉の櫛描文の定着はどうでしたっけ。

柿沼 古い時期の宮ノ台式があるのは、今のところ大宮台地だけでして、白岩式系の櫛描文は安藤編年のⅢ期以前ですね。後半段階になると、変形した櫛描文はわずかに残りますが、羽状縄文帯や結節文主体の房総の様相に近づきます。櫛描文で伴うのは、中部高地型です。武蔵野台地では新しい宮ノ台式がほとんどです。ただ、入間川を遡った附島遺跡に白岩式系の櫛描文が見られます。初期の段階には主要な構成要素となっていることも考えられまして、部分的な発掘調査しかされていませんので、これから出土例が増えることも予測されます。しかし、中部高地型の櫛描文も伴っており、後期前半には中部高地型に席巻されます。思い出しましたが、和光市花ノ木遺跡で白岩式系の壺が出土しています。資料49頁〔76頁〕26の土器に類似するもので、これまで話題になっていた白岩式系の時期より新しい萩野谷編年の終末の土器群です。白岩式系も地域によって波状的に及んでくるようで、後の菊川式系の進出につながるものかとも思います。

司会 強く櫛描文手法が拡散するけれども、若干地域差がある。その櫛描文の波及は宮ノ台式土器の成立初期に特徴づけられるけれども、柿沼さんのお話にありますように宮ノ台式の後半段階になると急速にその櫛描文手法が薄らぐ。それから地域ごとの違いも非常に顕著になってくると思うんですね。そういう目で前半と後半とで地域的な差異も微妙に違う。後半になると地域差が拡大するということですよね。そういう目で西を見たいですね。僕、実は駿河の有東式土器と宮ノ台式土器ってどこが違うのかよくわかんなくなって、一緒でいいじゃないか、関東地方の中の宮ノ台式土器の地方差の中で、駿河の有東式土器と呼ばれる土器群を扱っていいんじゃないかと先走って書いてしまったことがあるんですが、どうでしょうね。まず、壇上の方から大島さん、安藤さん。

大島 私も実はよくわからないんですけれども、宮ノ台の最終の時期と言いますと、例えば秦野の砂田台遺跡で新しいと言っている羽状縄文の2帯構成の下に山形文がつくような土器ですね。そういったものが小田原のあたりでも、羽根尾堰ノ上遺跡ですとか、三ツ俣遺跡でも出ています。おそらくそういったも

のが小田原のあたりは少なくとも下末吉台地あたりとほぼ連動して終わりの方向へ向かっているのではないかなと私は思っています。では伊豆半島の反対側はどうかということなんですけれども、何度かこういう勉強会の機会に向こうの資料を見させていただいているんですが、全部が真赤になって2帯構成の縄文帯があってというような感じの土器がまとまって出ているというのには、あんまり出会ってない。じゃあそういうかけらもないのかというと、破片では入っているのを見ることがあるんですね。向こうの地域でそういう時間帯にそういう土器があるのかというのが、今一つ私、確信もてないでいるところです。ですから今の印象では沈線文の文様とかが伊豆の方では長く続いているように思えてまして、果たしてどうなんだろうなというのが正直なところです。

安藤 各地の土器を見に行きますと、地域ごとの土器の顔つきの違いに気がつくことがよくあります。宮ノ台式と有東式の関係とおっしゃいましたが、有東式とされる中でも、沼津一帯と静清平野では様相がかなり違います。静清平野では、萩野谷さんの48頁〔75頁〕の17番川合遺跡群なんかが典型例ですが、複合鋸歯文をもつものが目立っていたり、壺形土器の口縁部に縄文装飾帯をもつものとかが数多くみられます。やっぱり、南関東も含めて、それぞれの地域の基盤となる土器の違い、それから櫛描文をはじめとした白岩式的要素の受け容れられ方の違い、その後の変遷の仕方の違いによって、相当多様な様相が現れているように見えるわけです。現状では、そうしたものを、宮ノ台式と有東式の二つの型式名で分けることが多いのですが、先ほど説明したように宮ノ台式土器とされる中にもいろいろと違いが見えてきていますし、有東式にも地域ごとに違いがある。その中で、房総半島の宮ノ台式と相模の宮ノ台式の違いよりも、相模の宮ノ台式と伊豆の有東式の違いのほうが小さいなんていう主張もでてくるかも知れません。そうした点も、今後はしっかりと研究していかなければならない点だと思います。今は、とりあえず、こうしてある程度言葉が通じていますので、従来どおりの型式名を使って説明しておくということです。

司会 宮ノ台式土器の成立の時に、白岩式の影響が非常に強いというふうに言いました。途中の駿河をすっ飛ばして話をしてしまったんですけれども、宮ノ台前半段階はやっぱり駿河を含めて、東遠江から南関東まで白岩式の影響として、ローラーをかけたような状態で櫛描文があります。そういう意味では地域差というのは小さい？

安藤 いや、そうは思ってなくて、白岩式的な要素だけが過度に強調されるのは、やはりまずいかなと思うんですよね。確かに白岩式的な文様のあり方というのが、駿河から伊豆にかけても定着しているのですが、それらは、地域ごとに受け入れられ方が違っていますし、その後もそれぞれの地域でどんどん在地的なものに変化していきます。これまでの議論で、ずっと気になっていたんですが、私が強調しているのは文様構成上の問題でありまして、私は、文様の要素までも含めて、白岩式的なものが、どこでも同じように浸透するとは考えていないわけです。確かに大塚遺跡などをみますと、白岩式そのものと言っていいような土器が多くありまして、もちろん胎土は違うんですが、実測図でみれば非常によく似ている。ただし、先ほどから何度も登場しております手広八反目遺跡出土土器は、白岩式文様帯をもつ土器がしっかりと定着しているわけですが、白岩式そのものとは言えないものが目立つようです。例えば、手広八反目遺跡にみられる、櫛描波状文と直線文を重ねたり、波状文のみで文様を構成するような土器は、必ずしも白岩式では一般的ではありません。逆にそうした文様が目立つ背景に、鈴木正博さんが挙げた池子遺跡の土器〔95頁〕（第2図の5番）にみられるような、帯縄文と波状文が組み合わさるような在地の文様が影響を与えているかもしれない。白岩式の装飾のあり方が浸透すると言っても、白岩式そのものが入ってくるということを強調しすぎない方がいいと思っています。

司会 ごめんなさい。僕、単純なものですから。そうは言っても宮ノ台の後半段階になると前半よりも地域ごとのカラーって強くなるわけですよね。小倉さんは東京湾東岸を例に挙げて回転結節文の普及の問題を挙げました。会場からそれに関連するご質問がありまして、今白岩式との関係を強調しすぎるなということとも関連すると思うんですが。杉山浩平さんからで、「宮ノ台後半を特徴づける回転結節文について、この回転結節文は小倉さんのお話から推察する限り、東京湾東岸おそらくは、印旛から市原あたりを起源とするような印象を受けました。この羽状縄文の起源について伺いたい」。このご質問は東京湾西岸と東岸との関係や宮ノ台は西から来た土器文化だというイメージが強いんだけれども、時期が進むにつれて相互に影響を与え合う関係へと変化する意味で、とても重要なんではないかと思います。結節回転文の起源はどこに？

小倉 羽状縄文の方は、東京湾東岸西岸を問わず広く認められる文様ですので、どこが淵源かということはハッキリ言えません。実のところ、回転結節文の起源についても私は定見をもっているわけではないんです。報告の中で印旛沼周辺に

あるいは東京湾東岸でもって広く採用され、それが広まっていくという過程はよくおわかりいただけたかと思うんですけれども。東京湾西岸に少なくて、さらに相模の地域では完全に客体的だということですから、当然その分布の中心というのはそれ以外の地域、私はほとんど埼玉県にはふれませんでしたけれども、関東の中でも東側のどこかにその起源があるんではないかということは考えておりますが、千葉県で発明されたというふうには、実は考えておりません。おそらくもうちょっと北、東関東、茨城県あたりで結節の縄文が作られる、使われるところから来るかもしれないなと漠然と思ってはいるんですが、さて具体的にどこだと言われるとハッキリしたことは言えません。逆に茨城県の方に伺いたい。

司会 小玉さんお待たせしました。よろしく。

小玉秀成 妙なところで振られてしまったんですけど〈笑〉、今の小倉さんの問いかけに対してですね、「はい、そうですか」ってちょっと答えられない状況です。確かにイメージ的に東関東では多様な縄文原体を使うというようなイメージはあるんですが、実は甕の胴部あるいは壺の胴部に地文として施文するものがほとんどです。特に宮ノ台の後半段階になってくるとそういう土器群になってきます。そうしますと、縄文原体の種類としては単節縄文が少し、異条縄文が少しで、たいがいのものは附加状1種と呼ばれている原体です。これらの土器に使う原体に結節文は基本的には存在しません。あるかもしれませんが、今私の記憶の中にはないぐらいです。ですから最終的には小倉さんごめんなさいということです。

司会 はい、ありがとうございます。この問題に関して僕は妄想をもっていまして、結節回転の起源を考えた時に非常に気になるのが女方遺跡なんです。これとっても古くて中期前半なんですが、女方遺跡は下館市ですから茨城県でも西部ですね。ここの縄文がある土器の中に結節回転が結構あるんですね。縄目がびっしり施された中に結節がチョロチョロ入る。茨城県西部の筑波山よりも西側の中期中頃から後半ってまだわかってないです。そこにずっと連綿と結節縄文があるんじゃないかと思うんです。気になる土器群がいるわけで、千葉県域からみると可能性はやっぱり捨てないでおいたほうがいい。藤田さん、ご指名です。

藤田典夫 結節縄文で女方に擬似するタイプですが、栃木県内でも中期前半の肩が張った大形壺の外面に縄文が施された中に結節縄文のようなものがあったと記憶しておりますが、それ以降になるとやはり、今思い浮かぶ資料はありません。

司会 はい、でもまだ可能性はある。私ってしつこいですね。

　次に宮ノ台式土器と周辺の土器型式との関係ということに入ってまいります。中部高地の栗林式土器もしくはその関連型式が、宮ノ台式土器にしばしば伴っている。とりわけ神奈川、埼玉両県で明瞭です。栗林式土器以外の土器型式ではどうかということで、埼玉県北部には北島式土器という土器型式が分布しております。設定されたばかりのほやほやの土器型式ですけれども、北島式土器の特徴をちょっとご説明いただいて、今まで多少安藤さんが触れていましたが、改めて宮ノ台式との関係についてもお願いします。

吉田　稔 最初に北島式についてのごく簡単な説明をしたいと思います。予稿集の45頁〔71頁〕をお開き下さい。上段の1から13番までが石川先生の設定されました御新田式です。その下の段、14番以降22番までが北島遺跡で調査した時に出てきました土器の代表的なものです。北島式の特に主たる文様は精製の壺形土器です。例えば14番、15番、16番、17番あたりの土器文様を特徴としておりますが、その主な内容は、まず頸部に上向きの三角の鋸歯文、縄文を充填する三角の鋸歯文をもつのが大きな特徴です。それからその下の頸部と胴部の境に段を有する列点文を施文する。これも一つの大きな特徴となります。それからその下に胴部の主文様帯をもちます。主に単位文様として14番の土器のようにフラスコ文と重四角文を組み合わせた文様の下に三角文を連繋させて描く文様。特に三角文というのは北島式の大きな構成の要素を示します。それから15番の土器です。安藤さんの方にも通じる土器なんですが、フラスコ文と弧線文を組み合わせた文様をもつもの。その他に、16、17番などに三角文ですとか、重四角文を単体構成で施文する土器などがある。これらが北島式の一番大きな特徴を示す土器であります。宮ノ台式との関係ですが、北島遺跡の中から篦描の擬似流水文の土器の破片が1点出ております。それから結紐文。2本描の沈線で縁取りをした結紐文の破片、これも1点だけ出ております。さらに大きな楕円文ですが、この中に実は普通縄文だけなんですけれど、北島の場合には篦描の波状文を充填しております。そういった土器と、安藤さんが指摘されました68頁〔113頁〕の317号住の1番のような赤彩された宮ノ台系の土器が伴う例があります。先ほど柿沼さんの方からもご指摘いただきましたように、図版の46頁〔72頁〕に戻っていただきたいんですが、例えばその中の30番、これは川口市の戸塚上台遺跡、こちらの方にはやはりフラスコと重四角文を重ねた文様モチーフがあります。それから31番。これは先ほど柿沼さんが説明されました上野田西台遺跡のフラスコ文と、弧線文を施文した土器。こういった大宮台地には多く北島式の土器が見られます。

また32番、33番、34番のように赤羽台遺跡。それからそのすぐ近くにあります環濠集落として有名な飛鳥山遺跡。34番の土器は特に鋸歯文をもちまして、段を有する列点文が施文されております。ただこの34番の土器につきましては、実は環濠から出土している土器であります。また先ほど安藤さんの方から言われましたように、39番の大塚遺跡。これもやはり環濠の中から出てますが、これも北島系の土器と理解していいのだろうと思います。それらの土器に伴う宮ノ台式の土器がおおむね安藤さんが言われるSiⅢ、いわゆるⅢ期の中にほぼ収まるものというふうに見てよいのだろうというふうに思いますので、大体その辺で北島式との接点についてはつかめると思います。

司会 宮ノ台式土器の中に北島式土器の要素が取り込まれているような例はどうでしょうか。例えば46頁〔72頁〕の40番といった土器の位置づけは？

吉田 これは神奈川県池子桟敷戸（さじきど）遺跡の土器です。頸部の鋸歯文については縄文の充填が逆ですが、様相的には似ていると思います。その下に、これは非常に薄くて沈線で描かれているのかよくわからないんですけど、重四角文があります。この場合には重四角文の中に三角文を充填してしまうというちょっと乱れた形です。また、その下は弧線文でしょうか（註：完璧なフラスコ文であることを後日実見して確認）。このような構成を考えれば北島式的な要素がだいぶ変形した形で取り込まれているのかという感じは伺えます。

司会 安藤さん。北島と宮ノ台との関係について何か思うところありませんか？なんかあいまいな質問なんですが。

安藤 思うところいっぱいあるんですけれども。〈司会：少しだけ〉重要な例として、まず46頁〔72頁〕の29番、掛貝塚出土土器を挙げたいと思います。この土器は、私の資料の大塚遺跡、67頁〔111頁〕の13図の1と本当によく似ています。実見してみると、もっとその類似性がよくわかります。掛貝塚とこの大塚遺跡の土器（おそらくⅢ期古段階の資料になります）は、併行するとみて間違いないと思います。掛貝塚例は、北島式の古いところに併行すると思っていますので、そこに一つの接点を考えたいと思います。

一方、北島式の前には、鈴木さんの上敷免新式があります。上敷免新式と宮ノ台式土器の関係は、具体的な共伴関係はないのですが、〔72頁〕菊間遺跡の36番の土器でありますとか、伊皿子貝塚の35番、それから赤羽台遺跡の33番などは、

上敷免新式に近い時期のものと考えております。これらは、いずれも私の編年で言いますと、Ⅱ期あたりに併行するようです。櫛描文の普及と連動して、これらの土器群も、2本描以上や多条の沈線を文様に用いるようになったのだと思います。有名な37番の千葉寺遺跡の土器も同じころの土器と考えています。

司会 今、埼玉県北部の北島式と宮ノ台式土器の関連を追ってきました。もう少し目を東に向けて小玉さん、茨城県で宮ノ台式土器の姿は見えるのかどうか、あるいは分布の境界はどうなのか。さらには宮ノ台式土器分布圏の中に、茨城の土器型式がどのように存在するのか、北島の話が今ありましたので、その辺をお話いただきたいと思います。

小玉 先ほど石川先生は「茨城、茨城」と連呼したんですが、私は地域区分としては東関東と呼んでいます。というのも茨城と同じ土器が千葉の印旛沼や利根川流域南側で出土していて、北側に行けば土器は少し異なりますけどもいわき市域のあたりまで見なければいけないだろうなと思うわけです。そこらへんを総括して私は東関東と呼んでいます。まず東関東と宮ノ台式との関わりということですが、古い例としてはレジュメ67頁〔111頁〕第12図に三宅島の大里東遺跡出土土器というのがございます。この中の1番の土器は狢式と呼ばれている東関東の渦巻文土器です。足洗式が成立する以前、文様構成は野沢2式に非常によく似ているので、野沢2式併行と言われています。大里東の宮ノ台式が3期ぐらいの時期があるということで、この狢式がどこらへんに伴って出て来ているのかというのは、私ちょっとよくわからないんですが、一番古い段階だと狢式の時期にすでに交流が始まっているということが言えるかと思います。それから安藤さんの原稿の中に菊間の2号住（註：11住の誤り）〔113頁〕（第14図）を足洗式に比定できるんじゃないかと思われる土器が出土していると書いてありますが、不勉強ながら私、未確認です。足洗式は1式、2式、3式と3段階位の区分が可能なんですが、1式は単沈線で渦巻きが描かれ、2式は2本の施文具、3式は2式までの文様帯構成が崩れる段階です。

司会 当日資料の一番最後〔67頁〕に小玉さんのプリントがありまして、そこに足洗式土器の図面が入っています。

小玉 足洗1式は分布域が狭い段階で、いわき市から霞ヶ浦北岸まで見られます。これが利根川を越えて出ると言われると、にわかには信じがたいんです。ただ、

自分では確認していないのでそういうこともあるのかもしれない。狢式との交流があるぐらいですから、あるかもしれないと思うんですけど、帰ったら早速確認したいと思います。基本的に足洗式と宮ノ台式との交流が非常に活発化してくるのはやはり足洗2式以降だと思います。これぐらいになると足洗式の分布域は利根川下流域、印旛沼、そこらへんまで一気に拡大します。佐倉市の大崎台遺跡ですとか東金市の道庭遺跡ですとか、そういうところで足洗2式が出土して、宮ノ台式との交流が本格化したのは足洗2式以降という認識をもっております。ところがこの足洗式が、千葉県内で検出される例は宮ノ台式との伴出関係がとらえにくいものばかりです。宮ノ台式の一括資料の中で確実に共伴していると言い切れる例があまりにもない状態ですね。道庭の段階ではそれが独立した土器棺墓だったりとか、あるいは大崎台の例は住居址覆土からの出土とかそんな状況ばかりなんです。これが確実に宮ノ台式と共伴して併行関係が追えるのは足洗式が終焉を迎えた後まで待たなければいけない。渦巻文の終焉をもって足洗式の終焉とするんですが、私はその後、阿玉台北式と大崎台1式という型式を設定しております〔68頁〕。ただ、阿玉台北式段階ですと宮ノ台っぽい甕が共伴していたり、大崎台1式段階の大崎台431号住などでは確実に宮ノ台式と共伴し、一括資料の中に組み込まれていると言ってもいい状態になってきます。確実な例は大崎台の431号住ですね。口縁部に連弧文を施文した甕が出ています。小倉さんの編年のETⅢ期、いわゆる宮ノ台の最終末にあたり、私も東関東系の土器では中期の最終末にあてています。東関東の編年観と小倉さんの作った宮ノ台の編年図で合っているのはここだけです。あとは全然合ってない。〈註：小倉、大きく頷く…小玉情報〉二人とも大変困っております。

司会 東関東、とりわけ茨城県内で宮ノ台式の分布・出土例はどうですか？

小玉 先ほどの東関東系の土器がいかに宮ノ台式の中に入っていっているかという話と逆の話になりますが、北限はひたちなか市です。

司会 宮ノ台式土器を主体とする遺跡の北限はどこですか？

小玉 今のところ利根川の左岸、竜ヶ崎市の竜ヶ崎ニュータウン遺跡群と呼んでいる遺跡群。ここには屋代遺跡とか長峰遺跡とかがあります。そこが宮ノ台式を主体的に出す遺構がある北限と言えると思います。環濠集落も検出されています。

司会 時期は微妙に違うんだろうと思うんですが、主たる分布圏を越えて宮ノ台式土器の発見例がある。やっぱり安藤さんに聞きましょう。ひたちなかにもあるんですね？　〈安藤：3点〉　ひたちなか市まで破片としては確認例があります。ですから、一方通行ではないですね、宮ノ台との関係としては。ただ宮ノ台式土器というのは北島式土器の分布圏内にもそうでした。意外に外に出ないですよね。これ不思議。むしろ北の世界、周辺の土器型式の栗林式もそうです。北島式もそうです。足洗式もそう、けっこう宮ノ台式の中に分布圏内では出て来ますが、この逆は非常に少ない。栃木県方面はどうですか？　藤田さん。一言で。　〈藤田：宮ノ台式土器はありません〉　ありませんね。はい、ということです。　〈伊丹：時間です〉　もう定刻？　はい。

安藤　ごめんなさい。私がレジュメに足洗1式と書いてしまったのは、ちょっと希望的観測を入れすぎたと思っています。指している土器は68頁〔113頁〕第14図の8番の土器なんです。僕自身はちょっと位置づけに困っておりまして、北系の土器であることは間違いないのですけれども、ちょっとよくわからなくって。この土器は沈線の後に縄文を入れているんですね。足洗式は、この土器のように口頸部に縄文を入れることはないのですが、縄文を施文する前の沈線のみが引かれた状態を想定すると、足洗1式に類似するのでは、と思っただけのことなんです。それで、足洗1式と併行する時期の土器かなあという印象を持ったわけなんですが、それをちょっと短く表現しすぎて「足洗1の可能性がある」と書いてしまいました。済みません。

司会　菊間遺跡のこの土器については、かつて1976年に中村五郎さんが東日本の弥生土器の広域編年をされた時に取り上げまして、これが南御山2式であって、それに伴う古い時期の宮ノ台式土器と、東北地方の南御山2式は併行関係にあると主張された重要な遺物です。ところが実物を1997年の明大の考古学博物館で展示をする時、お借りしてみんなで観察しました。図面では南御山2式に見えるんですね、口縁部が内彎する器形、それから頸部の横沈線、それから縄文。ところがこの縄文は南御山2式とはまるで違うんです。藁を編んだようなものすごく太い縄なんですね。南御山2式土器というのは、極めて繊細な縄文を使う、縄文原体にものすごくこだわる土器型式なんです。図だけ見て判断しちゃいけないといたく反省したいわく付きの土器です。今なお問題の多い土器ということです。

　予定の時間、もう過ぎておりますが、あと10分位時間いただきたいですね。宮ノ台式のお尻の方、それから昨日話題にしませんでした久ヶ原式土器の問題で

すね。宮ノ台式から久ヶ原式にどうつながっていくのか。誰に聞いたらいいんですかね。小倉さん、皆さん宮ノ台式の後継型式はやっぱり東京湾の東岸だというニュアンスでお話されていますので。

小倉 このあいだ埼玉土器観の会が千葉にやってこられたときにお邪魔して大厩や菊間の土器を見る機会があったんですけれども、宮ノ台式土器の中で最終末であるETⅢ期に山形文の構成をとる壺形土器の例がやっぱりいくつか出ていたんです。その中でも大厩遺跡のY44号址出土土器。これは羽状縄文帯プラス2段沈線区画山形文帯ですね。市原市姉崎東原遺跡は、その時は拝見しなかったんですが、やはり報告書の中に羽状縄文帯と2段の沈線区画山形文が掲載されています（007住-1）。それから袖ヶ浦市滝ノ口向台遺跡。その平場遺構には羽状縄文帯と沈線区画と山形文があってやっぱり目立っていました。それらは比較的粗雑な山形文というかフリーハンドで沈線を描いた山形文でありまして、そういったものを小高春雄さんが滝ノ口向台遺跡の報告書を1993年にまとめられたときに移行期の資料になるのではないかと書いておられたと記憶しています。実物の大厩遺跡の資料などを見ているときに松本さんからアドバイスをいただきまして、やはりこれは久ヶ原のものとは沈線の描き方が違う、もっと久ヶ原のものはシャキッとまっすぐ描いて山形になるという、それからもう1段階前のものだろうとおっしゃったのが私としては印象的でした。そこに画期があるのかどうかはよくわかりません。私自身は後期の土器についてはあまり勉強している方ではないので、そういうものが宮ノ台から続いていって久ヶ原の構成になるのかなという印象はもちました。

司会 松本さんにも同じ質問。宮ノ台式から久ヶ原式への移行について一言。

松本 古い資料なんですが載せておきました。25頁〔41頁〕第1図の1と2とかはやや古い可能性があるわけです。あるいは17、18は新しい。これを除いたものを典型久ヶ原式と考えます。そこからさかのぼれる資料がいくつかあって、それが久ヶ原式の最も古い段階、私の考えでは後期初頭、1期の土器である久ヶ原1式と考えています。そういう資料を見ますと、細かく点在していても多くの地域で多少なりとも1期というのがあるのですが、非常にまとまっているのがやはり現在の千葉県。東京湾東岸でも旧国上総の地域にその段階の資料がまとまっています。とくに上総、あるいは市原市域と言ってもいいのですが、その辺ですと宮ノ台式からの連続性が非常によく見える。壺でも東京湾西岸の横浜あたりで

すと、安藤さんが前に指摘していますが、胎土なども相当変わるのです。後期になりますとガラッと変わる様相が見られるのですが、この市原市域の菊間とか大厩の資料などを見てますと、宮ノ台式終末の土器から胎土も非常によく似て変化があまりない。連続性がハッキリしているわけです。過渡的な要素をもったものもあるにはあるのですが、どうもその地域でかなり連続的に変化してゆく様相がとらえられる。全く切れ目がない。そこから波及していったと私は考えています。ただもう一つ言えるのは、その段階というのはいろいろな土器が交錯するような状況というのが見られる。東京湾の西側では朝光寺原式が出てくるというようなこともある重要な変化のある時期でもあるのです。

司会 やっぱり東京湾東岸が非常に気になるところだろうと思いますが、相模方面はどうなのでしょう。

大島 この問題は私よりも立花さんの方がいいのですが、いつのまにか会場からいなくなってしまいましたので（市長選開票事務）、代わりに。立花さんの41頁〔62頁〕の資料（真田・北金目遺跡群）を見てください。昨日立花さんのお話でもありましたが、『様式と編年』をまとめた後で見つかった新しい資料ということで非常に注目しているとおっしゃっていました。19区SI004とかSI005。相模地域の宮ノ台式から考えていくとどうしてナデ甕になるのかちょっと納得行かないところもあったんですけれども。これまでは相模地域ではこういった後期の古手の資料というのは認識されていなかったんです。こういったものが入って来て、宮ノ台式と後期がつながるのか、あるいは久ヶ原式とは別のあり方のものだけどその段階のものが存在するということなのか、まだちょっと検討が必要なんでしょうけれども、今までは宮ノ台式が終わった後、少し間をおいて東三河・西遠江系の土器がくるという認識でした。こういう土器群も見つかり出したということで、少し相模での後期初頭のイメージが変わりつつあるということです。

司会 相模の神奈川県方面の宮ノ台最終段階に縄文帯を沈線で区画する手法っていうのがあるんですか。この41頁〔62頁〕にある久ヶ原式は沈線区画、当然のことながらありますよね。

大島 沈線の区画はどうでしょう。私ちょっと記憶が曖昧になってしまいましたけれども、一番最後になりますとむしろあまり沈線の区画というのは、行わないような印象ですけれども。谷口さん、どうですか。

谷口 そうですね、ほとんどありません。あってもほんの少しだけですね。

大島 ということです。

司会 その沈線区画というふうにとらえてみても、やはり相模の宮ノ台式からこれからの土器群が出てくるとはあまり考えにくい、しかもナデ甕ですからね。やはり東の方が気になる。先ほど安藤さんが宮ノ台式土器の文様帯構成ですか、イ、ロ、ハですか。そのハという目で東京湾東岸の宮ノ台式あるいは久ヶ原式を見るとどうなるか。

安藤 まず東京湾西岸でいいますと、宮ノ台式の終末において、ロの装飾帯がどんどん頸部にまとまってきます。相模の方は若干複雑性を保つのですが、それでも同じように頸部にまとまる傾向がハッキリしています。一方、東京湾東岸や東京湾西岸でも飛鳥山遺跡のある北部などでは、新しい段階になっても、久ヶ原式に継続するような複雑な文様構成が残ります。まだロの部分が比較的幅広のままのものが多く、さらに、しっかりとしたハがつくものも目立ちます。
　久ヶ原式の典型的な文様構成は、ロに相当する頸部と胴部上半の2帯の縄文帯が基本で、そこにハとして山形文が付加されるというものであります。ですから、頸部に装飾帯がまとまってしまう東京湾西岸以西では、そうした文様構成が成立する素地がありません。そうした点からみて、やはり久ヶ原式土器は、上総地域の宮ノ台式土器から生まれてくる。この点は間違いないわけです。
　41頁〔62頁〕の土器は、相模地域の人たちが、上総地域で成立した久ヶ原式土器の要素を受け入れてつくったものと考えられます。ですから、ここには宮ノ台的な文様が残ることになったのだと思います。特に、一番下の21区環濠SD001出土土器などは、宮ノ台式的な装飾、特に沈線区画のない羽状縄文がしっかりと残っています。しかし、一方で、久ヶ原式的な折返し口縁や沈線区画の縄文帯も定着しているわけです。SI004出土土器なんかもそうですね。しっかりした典型的な久ヶ原式の文様構成ではなく、それらが宮ノ台式的な要素と融合したような土器だと言っていいでしょう。東京湾西岸においても、典型的な久ヶ原式の壺形土器に共伴する甕形土器に、宮ノ台式かと思うような形態が残ることが明らかになっています。こうした状況の背景には、上総地域で成立した久ヶ原式土器の受け入れ方の違いがあるんだろうと思っています。

司会 はい、20分過ぎちゃいましたが、もうちょい行きましょう。

谷口　予稿集の 41 頁〔62 頁〕に立花さんが掲げた真田・北金目遺跡群の資料を見ていて気付いたのですが、19 区 005 出土土器にしても環濠 SD001 出土土器にしても、スタイルは言われるように東京湾沿岸的ですが、壺の内面に縄文帯を有するといった東海的な技法が認められます。このような貫入的な資料にも東海的な要素が折衷されるということになりますが、実際東京湾沿岸久ヶ原式の壺は口縁部など宮ノ台式と結びつかない要素も多分に有していて、実際その口縁部の特徴は東海的です。つまり久ヶ原式の生成には東海地方もある程度の影響を与えていて、内面縄紋の技法などは結果的に久ヶ原式初期だけに採用され、その後は消滅した技法なのではないのかな、とこういった資料を見て感じた次第です。

司会　あと二つだけ話題にして終わりにしたいと思います。一つは宮ノ台のおしりから久ヶ原の時期は西にもっていったらどうなるのか。これ今の谷口さんのコメントと関係してくるんですよね。例えば 41 頁〔62 頁〕にみえる静岡方面の特徴を持つ土器が向こうではどういう位置づけなのか、中嶋さん、見える？〈笑〉

中嶋郁夫　41 頁〔62 頁〕の 19 区 SI005 の左側の図の土器を言っておられるんですよね。　〈**司会**：あと 21 区、下の環濠。〉　まず 21 区環濠下層は菊川式の古段階。昔、二之宮式と言っていたものそのものではないかと思います。特にこの下層という字の書いてあるすぐ上にあるやつ。めずらしく古段階のものが入っている。それから 19 区 SI005 出土土器の左側のものは相模のものではないかと思うんですね。少なくとも駿河より西には行かないと。時代はというともう後期の真ん中よりもうちょっと新しい方です。時代が多分言われているもの、右側のものとは違うと。これ一括なのかしらと逆に思います。

司会　宮ノ台のおしりはどうなんでしょう。安藤さん、文章ではふれてますけど。

安藤　こういう議論のためにあえて書いたんですけれども。立花さんの資料のSD001 下層という字の上の土器〔62 頁〕。二之宮式っぽいんですけど、これ二之宮式そのものじゃないですね。ちょっと縄文帯が狭いと思うんですよ。ダメですかね。　〈**中嶋**：ダメじゃないけど…〉　私は菊川式もしくは二之宮式の一番古いところに 65 頁〔108 頁〕第 1 図の 12 番の鶴松の土器なんかをあてているんですが、SD001 出土の壺形土器がそれと同じ時期ということであるならば、菊川式の始まりと久ヶ原式の始まりが同時期ということになります。私は、もしかしたら菊川式よりも久ヶ原式が 1 段階新しく始まるんじゃないかなあとも思っており

まして、根拠はあまりたいしたものではないんですが、下戸塚遺跡などでは、在地の後期初頭の土器と共伴する菊川式系の土器に、菊川式の古い段階のものが見られないということがありまして、そこに若干タイムラグがあるのかなというふうに思っているわけです。

司会 宮ノ台式を取り上げると必ず問題になることがあります。宮ノ台式の終末、関東で中期の終末と言っている段階が、実は西に行くと後期の始めに食い込んでしまうという点です。そのことを確認した上で最後に会場からのご質問を取り上げたいと思います。澤田大多郎さんから「各報告者は、南関東の時期区分をどのように考えるのか。時期区分と器である土器編年とをどう位置づけますか。すなわち今日の区分はどのように考えるか。時期区分の問題」。

安藤 中期、後期の境というのは、石器の消滅という点を重視する学史的な意義付けがあるわけでありまして、その点にこだわるとなかなか評価が難しいなあという気になります。まず、土器研究の問題として、宮ノ台式の終末や久ヶ原式初頭が、近畿地方のどこに併行するのかということになりますと、おそらく、近畿で言うところの中・後期の境とは、若干ずれてくるようです。さらに西へと視野を広げていくと、最近はだんだんその差がなくなってきていますが、それでも各地の中期と後期の境界に、細別1型式位かあるいは2型式位の差を想定される方が多い。もちろんそこには、各地における土器の変遷上の画期にズレがあるということもあるのでしょうが、石器の消滅をはじめとする歴史的評価が時期区分に深く絡んでしまっていることが、地域ごとに中期・後期の境がズレてしまう原因になっていることは間違いありません。ただその一方で、中・後期における石器の消滅、鉄器の普及という変化に関しては、全国的にまだまだ評価は不安定で、あくまで漸移的に進行したとする見方もあります。土器は土器、石器の消滅という歴史的評価は歴史的な評価、というふうに分けて考えたうえで、中期と後期の境をどう設定するか、議論していかなければならないと思っています。

司会 はい、弥生時代の前期・中期・後期という3区分。早期を認めるかはさておき。こういう前・中・後期というのは、歴史的な意味を目論んで設定されたものです。ところが縄文時代の早前中後晩期、山内清男の場合はあくまで機械的な割り振りで、歴史の意味なんて言うのは将来考えるべきだという。ですから縄文の前・中・後と、弥生の前・中・後と意味が、目論見がかなり違っている。その辺も合わせて考える必要があるだろうと思います。僕は、たぶん安藤さんもそう

ですよね、土器の編年は編年でまずきちんと整える。各地域でどういうズレがあるのか、ズレがあったら正す。これは絶対譲ってはいけない柱だ。しかしその中で時間軸、地域間の年代単位をきちんと決めた時の各地域の展開、社会の動きがどう関連し合って、どうズレていくのか、そういう歴史的な議論も常に併行してやっていかなくちゃいけないんですが、これは別の枠組みっていうか、議論なんだということは大事にしたいと思います。僕も「様式」を使わなくて「型式」を使うので、ついつい縄文的な発想で物事を考えてしまいがちですが、弥生についてもそんなふうに思います。

　すいません。予定の時間を28分過ぎてしまいました。もうすぐ5時になります。そろそろ終わりにしたいと思います。本来ですと黒沢浩さんがここで閉会の挨拶をすべきなんですが、入試業務のために今日は欠席しております。代わって一言だけお礼のご挨拶を申し上げます。

　2日間どうもありがとうございました。十分な掘り下げはできなかったと思います。その点、申し訳なかったと思います。しかし、不満を感じた部分は、ぜひ皆さんご自分でそのテーマに取り組んでいただきたい。パネラーに全部かぶせるんじゃなくて自分で答えを探して欲しいと思います。そういう意味でいろんなストレス、不満、問題はお持ち帰りいただきたいと思います。昨日、今日の記録については六一書房さんの方で、考古学リーダーの一冊として刊行致します。来春（註：当日は「年明け」と言った）には出来るだろうと思いますので、その節はぜひお買い求めいただきたい。よろしくお願い致します。2日間どうもありがとうございました。〈拍手〉

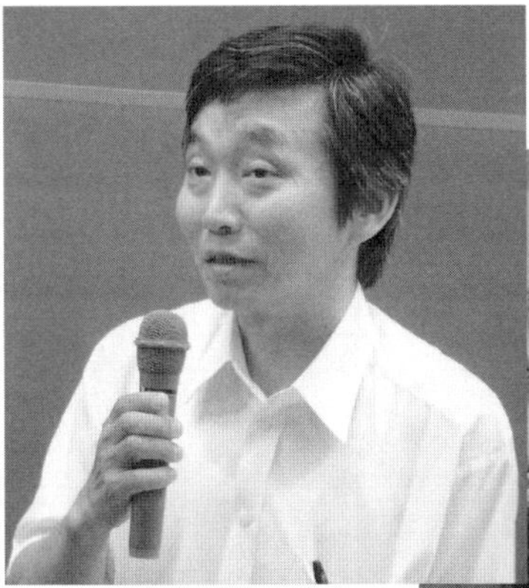

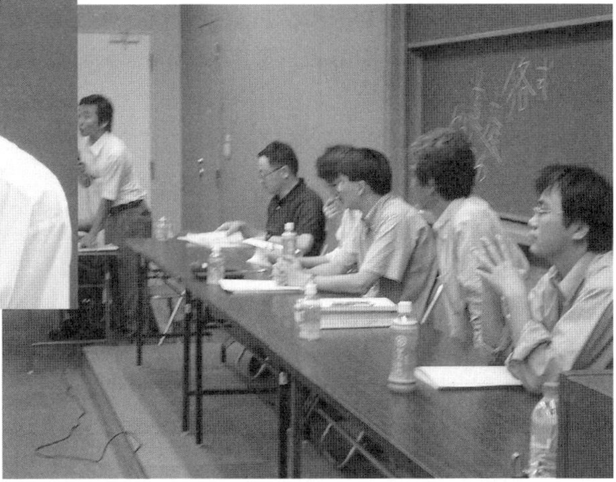

引用遺跡一覧表

本文・図版および討議の発言で登場した遺跡・型式名について都府県ごとに並べた。
第Ⅰ部　伊：伊丹　谷：谷口　石：石川　倉：小倉　松：松本　黒：黒沢　立：立花
　　　　萩：萩野谷　吉：吉田　玉：小玉　橋：橋本　柿：柿沼　高：高花
第Ⅱ部　鈴：鈴木　大：大島　安：安藤　倉：小倉　比：比田井　黒：黒沢
第Ⅲ部　後：1日目の討議　中：2日目の討議
→：別項参照

いせきめい けいしきめい	遺跡名 型式名	文　献	引用箇所 第Ⅰ部	引用箇所 第Ⅱ部	引用箇所 第Ⅲ部	備　考
青森県						
すなざわ	砂沢	芹沢1960、須藤1983、成田ほか1991	伊			
岩手県						
おおほら	大洞	山内1930	伊			
福島県						
けがや	毛萱	馬目1972	玉			
さくらい	桜井	伊東信1955、竹島1968	玉			
てんじんばら	天神原	馬目1982	玉			
みなみおやま	南御山	小瀧1956、杉原1958、中村1976			中	
茨城県						
あかはま	赤浜	川崎1972	玉			
あしあらい	足洗	伊東重1955、井上1956・59	玉、吉	安	中	
おざかた	女方	田中1944			中	
こうやてらばたけ	高野寺畑	鈴木1979b	高			
しもおおつ	下大津	出島村1971、弥生時代研究班1995、鈴木1999b	高			
じゅうおうだい	十王台	山内1939、藤本1983、茨城県考古学協会1999	玉			
たてやま	館山	小玉2000				
とのうち	殿内	杉原ほか1969	谷			
ながおか	長岡	伊東1952、井上1969	玉、高			
ながみね	長峯	井上1973				
ながみね	長峰	中村ほか1990			中	長峰違い 宮ノ台式 の北限
ひがしなかね	東中根	勝田市1982、藤本1983	玉			
むじな	狢	藤本1983		安	中	
やしろ	屋代	久野1982、根本1986、鈴木美1987、佐藤正1988			中	
りゅうがさき	竜ヶ崎	→屋代			中	
栃木県						
いずるはら	出流原	杉原1981a	石、吉			
おおつかこふん	大塚古墳群内	亀田2001	吉			
かぬまりゅうつうだんち	鹿沼流通団地	山口ほか1991	吉	鈴		
かみのやま	上山	塙ほか1974	吉			
からすもり	烏森	藤田1985	吉			
ごしんでん	御新田	細谷ほか1987	吉	安	中	
せいろく	清六Ⅲ	上原ほか1999	石			
ときうち	戸木内	石川均1985	石			
のざわ	野沢	山内1932a・39、田中1939	谷、石	鈴、安	中	
ふじまえ	富士前	細谷ほか1987	吉	安		
へびづか	ヘビ塚	田村ほか2001		安		

いせきめい けいしきめい	遺跡名 型式名	文　献	引用箇所 第Ⅰ部	引用箇所 第Ⅱ部	引用箇所 第Ⅲ部	備　考
群馬県						
あかいど	赤井戸	周東1967、薗田1975	柿			
あらときたさんきどう	荒砥北三木堂	石坂1991	吉、柿			
あらとまえはら	荒砥前原	藤巻1985		安		
いわびつやま	岩櫃山	杉原1967b	石			
おき	沖Ⅱ	荒巻ほか1986	伊、石			
くろかわこづか	黒川小塚	中村2001				小塚違い
こづか	小塚	井上1987	吉			
じんぼふじづか	神保富士塚	小野1993	石	安		
たつみちょう	竜見町	杉原ほか1939	吉	安		
たる	樽	杉原1939b	橘、柿			
ちあみ	千網	薗田1950・54・72	伊			
ちあみがやと	千網谷戸	→千網				
ながねあつぼ	長根安坪	菊池1997		安		
なんじゃいぞうこうじ	南蛇井増光寺	伊藤ほか1992、大木ほか1997	吉			
はさま	雲間	外山1978、宮田1989	吉			
埼玉県						
あんぎょう	安行	鈴木加津子1990〜93	伊			
いけがみ	池上	中島1984	石、吉、柿	鈴、安	中	
いわはな	岩鼻	→天神裏				
えんしょうじ	円正寺	柳田1963、高山1976、笹森2003			中	
おおぎた	大北	小倉1982・83、桝田1992			中	
おおにし	大西	鈴木孝1991	柿			
かけ	掛	柿沼2000	吉	安	中	
かみのだにしだい	上野田西台	小倉ほか1987、青木ほか1987、大塚ほか1988	吉	安	中	
きじやま	雉子山	栗原1973	柿			
きたじま	北島	吉田2003a	石、吉、柿	安	中	
こしきだ	小敷田	吉田ほか1991	吉、柿	鈴、安		
こまぼり	駒堀	栗原1974	柿			
こやばだい	小谷場台	柿沼1988	吉			
ごりょう	五領	杉原ほか1955、金井塚ほか1963・71、杉原1971	黒			
さるかいきた	猿貝北	山本1985、柿沼1988	谷			
しじゅうさか	四十坂	栗原1960、栗原ほか1983	谷			
しもにいくら	下新倉	森本ほか1938	松			
じょうしきめん	上敷免	蛭間ほか1978、瀧瀬ほか1993	谷、石、吉、柿	鈴、安	中	
しらはたほんじゅく	白幡本宿	青木ほか1977	谷			
すがま	須釜	長谷川ほか2003	石			
すもうば	相撲場	谷井1973	柿			
だいしょうじ	代正寺	鈴木孝1991	柿			
たまふとおか	玉太岡	高崎1990	柿			
つきがわ	附川	今泉1974	柿		中	
つきしま	附島	加藤1985・88			中	
てんじんうら	天神裏	金井塚1964	柿			
とづかうわだい	戸塚上台	川口市1981、斉藤1985、柿沼1986・88	吉		中	
にしうら	西浦	山本1997	柿			
にょらいどう	如来堂	増田1980	谷			
ねだいら	根平	水村1980	柿			
はなかげ	花影	谷井1974	柿			

いせきめい / けいしきめい	遺跡名 / 型式名	文　献	引用箇所 第Ⅰ部	引用箇所 第Ⅱ部	引用箇所 第Ⅲ部	備　考
はなのき	花ノ木	西井1994			中	
ひがしうら	東裏	山田2000、笹森2003			中	
ふねがわ	船川	金井塚ほか1987	柿			
へいりんじ	平林寺	横川ほか1972			中	
まえぐみはねくら	前組羽根倉	書上ほか1986	石			
まつき	松木	青木1983、青木ほか1987、大塚ほか1988			中	
みくらやまなか	御蔵山中	渡辺ほか1989			中	
みょうばなむかい	明花向	劒持1984			中	
やけやつ	焼谷	村松1991	柿			
よこまくり	横間栗	木戸1995、鈴木敏昭1999	谷、石			
よしがやつ	吉ヶ谷	金井塚1965	柿、橋	比	(後)	
千葉県						
あたまだいきた	阿玉台北	矢戸ほか1975	玉	安	中	
あねさきひがしはら	姉崎東原	高橋1990			中	
あらんみ	荒海	西村1961	谷、石			
あらんみかわおもて	荒海川表	渡辺2001	谷			
いんで	印手	滝口編1961	高	比		
いんば・てが	印旛・手賀	→印手				
うすいみなみ	臼井南	伊礼ほか1975	高			
うちくろだ	内黒田	渡辺1991	谷			
うちこし	打越	酒巻1992		比		
えばらだい	江原台	高田1977、田村1979a	高		後	
おおさきだい	大崎台	米内1975、柿沼ほか1985・86・87・97	玉、高	鈴、安、倉	(中)・(後)	
おおたようがえ	太田用替	大槻ほか1999	倉			
おおでら	大寺	小林ほか1968c	倉			
おやま	御山	渡辺1994	谷			
おんまや	大厩	三森ほか1974	倉		中	
かりやづか	仮家塚	大渕ほか1994		鈴	中	
きくま	菊間	斎木ほか1974	倉、吉	安	中	
さのはら	佐野原	舘野1975	玉	安	後	
しいづちゃのき	椎津茶ノ木	木對1992			後	
しまじょうあと	志摩城跡	荒井2003・04ab	谷			
しもむかいやま	下向山	黒澤1994		比		
じょうざやばし	上座矢橋	末武1986	高			
じょうのこし	城の腰	菊池ほか1979	倉			
しんでんやま	新田山	杉原1943	石			
すごう	菅生	大場ほか1980		鈴、倉		
すわだ	須和田	森本ほか1938、杉原1967a	谷、石、倉、黒、萩			
せきど	関戸	谷ほか1984	玉			
せしくぼ	勢至久保	下津谷ほか1982		安		
たきのくちこうだい	滝ノ口向台	小高ほか1993		倉	中・後	
たけだ	健田	玉口1975、玉口ほか1977～90、小金井1985、林原1985		黒	後	
たご(の)だい	田子台	早稲田大学1954	松	比		
ちばでらちょう	千葉寺町	小林ほか1968c	倉、吉	鈴、安	中	
ちばにゅーたうん	千葉ニュータウン	→復山谷				
てんじんまえ	天神前	杉原ほか1974	石			
どうにわ	道庭	小高1983		安	中	
とこしろ	常代	甲斐ほか1996		鈴、安		

いせきめい けいしきめい	遺跡名 型式名	文　献	引用箇所 第Ⅰ部	引用箇所 第Ⅱ部	引用箇所 第Ⅲ部	備　考
ねがたかみのしばじょうり	根方上ノ芝条里	野中ほか2000		黒		
ふくざんや	復山谷	清藤ほか1978、古内1982		比		
まえみふねだい	前三舟台	君津郡市1992b		倉		
みやのだい	宮ノ台	杉原1935・42	石、倉、松、立、玉、吉、萩、柿	鈴、大、安、倉、比	中・後	
みょうがねざき	明鐘崎	森本ほか1938	黒			
やまだばしおおやまで	山田橋大山台	大村2004a		比	後	
東京都						
あかばねだい	赤羽台	大谷1986、大谷ほか1992	吉		中	
あすかやま	飛鳥山	篠崎1937、森本ほか1938、小林ほか1968c、鈴木直1996・97	黒、吉	鈴	中	
あずさわ	小豆沢	小林ほか1968c	倉			
あやべはら	綾部原	林ほか1998	谷			
いさらご	伊皿子	高山1981	吉	鈴	中	
うつぎだい	宇津木台	八王子市宇津木台1984・85・87・89	谷			
えんじょういん	円乗院	菊池1962	黒			
おおさき	大崎	小林ほか1968c	松			
おざとひがし	大里東	青木ほか1995		大、安	中	
かすがちょう	春日町	堀野1934、森本ほか1938	黒	比		
かみやはら	神谷原	石川1982、大村1982	谷、黒			
きたみじんや	喜多見陣屋	寺畑ほか1989、寺田ほか1996	松			
くがはら	久ヶ原	中根1927・28・32・35、中根ほか1929ab・30、甲野1930、片倉1931、森本ほか1938、杉原1940b、小林ほか1968c、菊池ほか1974	伊、倉、松、黒、立、橋	比、黒	(中)・(後)	
ごてんやま	御殿前	陣内1988		比		
しがらきやま	シガラキ山	森本ほか1938	黒			
しまじも	島下	伊豆諸島1978	谷			
しもとつか	下戸塚	松本1996		黒	(後)	
しもぬまべ	下沼部	森本ほか1938	松			
たばら	田原	杉原ほか1967	谷			
たまにゅーたうん	多摩ニュータウンNo.388・421・930	金持1987、斉藤ほか1991、及川1996、斉藤1999	谷			
どうがやと	堂ヶ谷戸	十菱ほか1982、久末ほか1988・2001			後	
どうかんやま	道灌山	蒔田1902、後藤1934、森本ほか1938c、小林ほか1968、滝口ほか1955	伊、倉、松			
なりますいっちょうめ	成増一丁目	鈴木敏弘ほか1981・92			後	
にしまち	西町	森本ほか1938	黒			
ひらやま	平山	清野1984	谷			
ほうた	坊田（ボウタ）	大塚1958・65、橋口1983		鈴	中	
まえだこうち	前田耕地	橋口ほか1977、斉藤ほか1991	谷			
まえのちょう	前野町	杉原1940a、小林ほか1968c、星1986	黒	比		
みずさき	水崎	松井ほか1990	石			

いせきめい けいしきめい	遺跡名 型式名	文　献	引用箇所 第Ⅰ部	引用箇所 第Ⅱ部	引用箇所 第Ⅲ部	備　考
むこうがおか	向ヶ岡	→弥生町				
やよいちょう	弥生町	坪井1889、森本ほか1938、杉原1940c、東京大学1979、鮫島1996、篠原1999ab	松、黒、橋	比	後	
よつば	四葉	依田ほか2000		黒		
わだぼり	和田堀	森本ほか1938	黒			
神奈川県						
あいなとりやま	愛名鳥山	杉山1974、杉山2003		鈴		
あかさか	赤坂	小林ほか1968c、岡本ほか1992	倉			
あかだ	赤田	渡辺1994・98	橋			
あそびがさき	遊ヶ崎	浜田ほか1961・63	石			
いけご	池子	谷口1999ab	谷	鈴、安	中	
いけごさじきど	池子桟敷戸	若松2000	吉		中	
いこのべちょう	池辺町	小林ほか1968c	倉			
いずみおおばやし	和泉大林	未報告	橋			
うえのだい	上ノ台	小林ほか1968	倉			
うけちだいやま	受地だいやま	橋本1986	橋			
うすくぼ	臼久保	井辺1999	立			
うらしまやま	浦島山	石野1930、小林ほか1968	黒			
えだ	荏田	杉原1939b	橋			
おいがわみやのにし	及川宮ノ西	香村1996	谷			
おうじのだい	王子ノ台	宮原ほか2000	立	大、安、比	中	
おおぞひがしはら	大蔵東原	小林義1993・97、小林秀2000	立			
おおつか	大塚	小宮ほか1994	吉	安	中	
おかざきごんげんどう	岡崎権現堂	若林1990	立			
おかつこく	岡津古久	青木ほか1987	石			
おだわら	小田原	→谷津				
おやしきぞえ	御屋敷添	西川1998a	立			
おりもとにしはら	折本西原	石井1980、松本1988	倉	倉		
おんなおきはら	恩名沖原	小山2000	立			
かぬまやしき	香沼屋敷	小林義典ほか2004		大		
かみのきだい	神之木台	神之木台1977		黒	後	
かみのざいけ	上ノ在家	→比々多				
かみやまのかみ	上山神	河合1988		大		
かもいうえんでー	鴨居上ノ台	岡本ほか1981	黒	黒	後	
かんざき	神崎	小滝ほか1992	立		後	
きたのかいと	北ノ開戸	→平沢				
きたばら	北原	谷口1994	谷			
ぎょうあんじ	行安寺	小林ほか1968c	倉			
くのたこさかい	久野多古境	小林義2004、小池ほか2004a		大		
こぐろだに	小黒谷	谷ほか1973	橋			
さかいぎ	境木	山内1940、小林ほか1968c	伊、谷			
さかいだ	境田	小林ほか1968c、伊藤ほか1979	倉			
さくらばた	桜畑	安藤文一1982	立			
さなだきたかなめ	真田・北金目	平塚市真田・北金目2003	立		中・後	
さんのうやま	山王山	宍戸1985		黒		
しゃかんど	釈迦堂	渡辺1989		比	後	
じょうがしま	城ヶ島	→遊ヶ崎				
すなだだい	砂田台	宍戸ほか1989・91	倉、立	大、倉	中	

いせきめい けいしきめい	遺跡名 型式名	文献	引用箇所 第Ⅰ部	第Ⅱ部	第Ⅲ部	備考
せきこうち	関耕地	田村1997	橋			
たかだ	高田	高田遺跡2003	立			
たこさかい	多古境	→久野多古境				
ちょうこうじっぱら	朝光寺原	岡本ほか1969	橋	比	中・後	
ちょうじゃはら	長者原	未報告	橋			
てびろはため	手広八反目	永井ほか1984		鈴、大	中	
てらなかのはら	寺中ノ原	坂本ほか2000	橋			
てらやと	寺谷戸	鹿島1988		比		
どうやま	堂山	神沢1959a・62、安藤文一1988	谷、倉			
とのやしき	殿屋敷	相原ほか1985		比		
なかざと	中里	杉山1970b、杉山1998	石、倉	大、安	中	
なかのはら	中の原	未報告	橋			
なかはらかみじゅく	中原上宿	小島ほか1981	立			
なかやしき	中屋敷	吉田1958、佐々木ほか2000、舘ほか2001、今井ほか2002、石井ほか2003	谷			
にしふじづか	西富士塚	小林ほか1968c	倉			
にっぱおおたけ	新羽大竹	岡本1980a		黒	後	
ねぎし	根岸B	後藤1999	立			
ねのかみ	子ノ神	望月ほか1978・83・90・98	立	鈴、大、安	中	
ねまるしま	根丸島	曽根ほか1987	立	比	後	
のがわやかますだい	野川ヤカマス台	→ヤカマス台				
はくらく	白楽	京都大学1960、小林ほか1968c	松	黒	後	
はねおせぎのうえ	羽根尾堰ノ上	矢納ほか1986			中	
ひがしだい	東台	森本ほか1938、小林ほか1968c	倉、黒			
ひびた	比々多	滝沢ほか1987	立			
ひらさわ きたのかいと・どうめい	平沢 北ノ開戸・同明	亀井1955・61、杉山1967・85	谷、石	安		
ひるばたけ	ひる畑(蛭畑)	小林ほか1968c	倉			
ふたついけ	二ッ池	杉原ほか1968、黒沢2003	松	比、黒	後	
ふとお	太尾	八幡1930、森本ほか1938、小林ほか1968c	倉、松			
ほんごう	本郷	小出ほか1985、後藤1990、合田ほか1993・95、大坪ほか1994、小林克ほか1998ab・2000	立		後	
みかげ	三ヶ木	神沢1960・63	谷			
みつまた	三ツ俣	市川ほか1986			中	
みなみかせ	南加瀬	山内1940、小林ほか1968c	伊、倉、吉	鈴、安	中	
みやがせ・きたばら	宮ヶ瀬・北原	谷口1994	谷			
みやがせ・はんばら むかいはら	宮ヶ瀬・半原 向原	谷口1990b	谷			
みやのさと	宮の里	田村1993	立		後	
むかいはら	向原	嶋村1982	立			
やがしら	矢頭	白石1997	谷			
やかますだい	ヤカマス台	杉原1939b、山内1940	橋			
やつ	谷津	杉原1936ab、山内1940、小林ほか1968c	石、倉、吉	鈴、大、安	中	
やつだっぱら	谷津田原	神沢1959b、小林ほか1968c	倉			

いせきめい けいしきめい	遺跡名 型式名	文　　献	引用箇所 第Ⅰ部	引用箇所 第Ⅱ部	引用箇所 第Ⅲ部	備　考
やまのかみ	山ノ神	杉山1970a		大		
やまのかみした	山神下	小池ほか2004b		大		
よこはましどうこうそく	横浜市道高速2号線	松本1984	橋			
静　岡　県						
いちりだ	一里田	向坂ほか1980	萩	安		
いば	伊場	国学院1953、向坂ほか1982			後	
うとう	有東	杉原1951b、岡村1997	萩	安	中	
うまさか	馬坂	竹内1998		安		
かくえ	角江	岩本1996		安		
かけのうえ	掛之上	松井2002			中	
かじこ	梶子	鈴木敏1991・2004		安	中	
かしま	鹿島	塚本1992		安	中	
かみやぶたもみだ	上藪田モミダ	鈴木隆ほか1981			後	
かもがいけ	鴨ヶ池	佐藤1938	萩			
かわい	川合	山田1992	萩		中	
きくがわ	菊川	久永1956	立、萩	安	中・後	
ごんげんやま	権現山	竹内1992	萩	安	中	
しみず	清水	鈴木隆ほか1992		安		
しみずてんのうざん	清水天王山	大塚1968	萩			
しらいわ	白岩	田辺1951、久永1955、市原1968	萩	安	中	
せな	瀬名	中山ほか1994	萩			
つるまつ	鶴松	鈴木敏則1983、袋井市1987・88	萩	安	中	
とろ	登呂	杉原1949a、日考協1954	萩	比	後	
ながさき	長崎	静岡県埋文研1995		比	後	
なかじま	中島	森本ほか1938	萩			
ながぶせ	長伏	小野1965・79	萩			
にたなかみち	仁田仲道	秋本1976、小野1979	萩			
にのみや	二之宮	鈴木敏則1983			中	
のきどおり	軒通	小野1979	萩	安		
のぎわ	野際	竹内ほか1994	萩	安	中	
はら	原	大熊ほか2002、萩野谷2002		安	中	
はらぞえ	原添	杉原1951a	萩			
ふどうがや	不動ヶ谷	大熊2001	萩	安	中	
べんてんじま	弁天島	市原ほか1972	萩			
ぼんてん	梵天	竹内1992	萩	安	中	
まみやかわむこう	間宮川向	長野1988	萩			
まりこ	丸子	杉原1962	谷			
みねた	嶺田	久永1955・56、向坂1978	萩	安	中	
むかいばら	向原	鈴木宏1971、小野ほか1972、小野1979	萩			
めがづか	雌鹿塚	沼津市1990	立	比	後	
もみだ	モミダ	→上藪田モミダ				
やざき	矢崎	江藤1937・38	萩			
やました	山下	松井1984、掛川市2000		安		
山　梨　県						
うしいし	牛石	喜多1986		鈴		
しょうぶいけ	菖蒲池	森原1996	石			
長　野　県						
あじま	阿島	大澤1938、戸澤1950、佐藤ほか1967		安	中	
いどした	井戸下	下平ほか2001		安		

いせきめい けいしきめい	遺跡名 型式名	文　献	引用箇所 第Ⅰ部	引用箇所 第Ⅱ部	引用箇所 第Ⅲ部	備　考
くりばやし	栗林	桐原1963、笹沢1977	吉、橋	安	中	
こおり	氷	永峯1965、永峯編1998	伊			
じょうにのき	十二ノ后	笹沢1976	石			
ちゅうじょう	中条	千野1989		安		
ねねいしばみや	根々井芝宮	羽毛田1998		安		
はこしみず	箱清水	桐原1961、笹沢1977	橋			
めとばがわ	女鳥羽川	原ほか1972、設楽1982	伊			
愛　知　県						
あつた	熱田	→高蔵				
あみだじ	阿弥陀寺	石黒1990a		安	中	
うりごう	瓜郷	久永1963	萩	安	中	
かいだちょう	貝田町	杉原1949b	萩	安	中	
かけやま	欠山	久永ほか1963	立			
すいじんびら	水神平	久永1953・55・63、紅村1963b	石			
だいち	大地	吉田1951、大参1955、江崎1965、永井1995		安	中	
たかくら	高蔵	鍵谷1908、杉原1949b、紅村1963a、大参1975、南山大1979		安	中	
はさま	廻間	赤塚1990	立			
はしら	橋良	小林久1994		安	中	
みはらしだい	見晴台	吉田ほか1966・68、石黒1987、村木2001		安		
やなべ	岩滑	立松1968	石			
やまなか	山中	大参1968、赤塚ほか1992			後	
よりみち	寄道	→瓜郷　鈴木敏1988			後	
石　川　県						
こまつ	小松	橋本1968		安		
ようかいちぢかた	八日市地方	→小松				
奈　良　県						
からこ・かぎ	唐古・鍵	末永ほか1943		安		
大　阪　府						
にしのつじ	西ノ辻	小林1958		安		

文 献

あ

愛知考古学談話会　1985『〈条痕文系土器〉文化をめぐる諸問題 ― 縄文から弥生 ― 資料編Ⅰ』・『同　発表要旨』

愛知考古学談話会　1987『欠山式土器とその前後』　第3回東海埋蔵文化財研究会

相原俊夫・河合英夫・田村良照・麻生順司　1985『殿屋敷遺跡群C地区発掘調査報告書』　殿屋敷遺跡群C地区発掘調査団

青木克尚　1999「深谷市上敷免遺跡出土弥生土器の共伴関係」『埼玉考古』第34号　埼玉考古学会

青木義脩　1983『松木北遺跡・松木遺跡発掘調査報告書』　浦和市遺跡調査会報告第23集　浦和市遺跡調査会

青木義脩・中野あけ美・中村誠二　1987「松木遺跡」『馬場北遺跡（第6次）　北宿遺跡（第10次）松木北遺跡（第3次）　松木遺跡（第5次）』　浦和市東部遺跡群発掘調査報告書第8集　浦和市教育委員会　浦和市遺跡調査会

青木義脩ほか　1977『白幡中学校校庭遺跡発掘調査報告書』　浦和市遺跡調査会報告書第3集　浦和市遺跡調査会

青木義脩ほか　1987『上野田西台遺跡発掘調査報告書』　浦和市遺跡調査会報告書第73集　浦和市遺跡調査会

青木幸一　1983「荒海式土器の再検討」(1)『史館』第14号　史館同人

青木幸一　1984「荒海式土器の再検討」(2)『史館』第16号　史館同人

青木文彦ほか　2001『木曽良・上野六丁目・西原・村国道下』　岩槻市文化財調査報告書第22集　岩槻市教育委員会

青木　豊・内川隆志・小林青樹　1995『大里東遺跡発掘調査報告書』　大里東遺跡発掘調査団

青木　豊・野本孝明　1987「神奈川県岡津古久遺跡の弥生中期前半の土器と土坑について」『考古学資料館紀要』第3輯　國學院大學考古学資料館

赤塚次郎　1990『廻間遺跡』　愛知県埋蔵文化財センター調査報告書第10集　愛知県埋蔵文化財センター

赤塚次郎・石黒立人ほか　1992『山中遺跡』　愛知県埋蔵文化財センター調査報告書第40集　愛知県埋蔵文化財センター

赤星直忠　1955「各地域の弥生式土器　南関東」『日本考古学講座 4 弥生文化』　河出書房

秋本真澄　1976「田方郡函南町仁田仲道遺跡発掘調査報告」『駿豆の遺跡研究』(2)　加藤学園沼津女子高等学校郷土研究部

安孫子昭二　1969「勝坂式土器 B.文様展開図作成の意義 ～ Ⅰ.一括土器以外の土器の編年位置」『多摩ニュータウン遺跡調査報告 Ⅶ』　多摩ニュータウン遺跡調査会

荒井世志紀　2003「志摩城跡（多古町）」『加止里』第8号　香取郡市文化財センター

荒井世志紀　2004a「志摩城跡」『発掘された日本列島 2004 新発見考古速報』　文化庁編　朝日新聞社

荒井世志紀　2004b「多古町 志摩城跡」『考古学ジャーナル』No.521　ニュー・サイエンス社

荒巻　実ほか　1986『C11 沖Ⅱ遺跡』　藤岡市教育委員会

安藤文一　1982『桜畑遺跡』　桜畑遺跡発掘調査団

安藤文一　1988『カラス山・堂山遺跡』　山北町カラス山・堂山遺跡調査会

安藤広道　1990「神奈川県下末吉台地における宮ノ台式土器の細分」上・下『古代文化』第42巻　第6・7号　古代学協会

安藤広道　1991「相模湾沿岸地域における宮ノ台式土器の細分」『唐古』　田原本唐古整理室OB会

安藤広道　1996「編年編　南関東地方（中期後半・後期）」『YAY!（やいっ!）　弥生土器を語る会20回到達記念論文集』　弥生土器を語る会

安藤広道　2002　「静岡県沼津市東椎路久保出土の弥生土器について」『民族考古』第6号　慶應義塾大学

　　　　　　　　　民族学考古学研究室
飯塚博和　1988「東葛台地北部地域弥生文化研究史の現在」『東葛上代文化の研究』　小宮・下津谷両先生還暦記念祝賀事業実行委員会
飯塚博和　1993「小田原式土器再考」『異貌』13　共同体研究会
飯塚博和　1994「小田原式土器再考（続）」『異貌』14　共同体研究会
石井寛子・領家玲美・小泉玲子　2003「神奈川県足柄上郡大井町中屋敷遺跡第4次発掘調査報告」『昭和女子大学文化史研究』第7号　昭和女子大学文化史学会
石井　寛　1980『折本西原遺跡』　横浜市埋蔵文化財調査委員会
石岡憲雄　1982「『吉ヶ谷式』と『岩鼻式』土器について」『研究紀要』第4号　埼玉県立歴史資料館
石川日出志　1982「神谷原遺跡出土の弥生時代前半の土器について」『神谷原』Ⅲ　八王子市椚田遺跡調査会
石川日出志　1985「関東地方初期弥生式土器の一系譜」『論集日本原史』　吉川弘文館
石川日出志　1992「宮ノ台式土器」『日本土器事典』　雄山閣
石川日出志　1993「弥生中期の栃木県域を考える」『平成5年度栃木県考古学会講演資料』　栃木県考古学会
石川日出志　1996「東日本弥生中期広域編年の概略」『YAY！（やいっ！）　弥生土器を語る会20回到達記念論文集』　弥生土器を語る会
石川日出志　1997「御新田式土器をめぐって」『弥生土器シンポジウム　南関東の弥生土器』　弥生土器を語る会　埼玉土器観の会
石川日出志　1998「弥生時代中期関東の4地域の併存」『駿台史学』第102号　駿台史学会
石川日出志　2001「関東地方弥生時代中期中葉の社会変動」『駿台史学』第113号　駿台史学会
石川日出志　2002「東日本から見た併行関係と実年代資料」『日本考古学協会2002年度橿原大会　研究発表資料集』　日本考古学協会
石川日出志　2003a「神保富士塚式土器の提唱と弥生中期土器研究上の意義」『土曜考古』第27号　土曜考古学研究会
石川日出志　2003b「関東・東北地方の土器」『考古資料大観1　弥生・古墳時代　土器Ⅰ』　小学館
石川　均　1985『戸木内遺跡』　粟野町埋蔵文化財調査報告第1集　粟野町教育委員会
石黒立人　1985「〈条痕文系土器〉研究をめぐる若干の問題」『マージナル』第5集　愛知考古学談話会
石黒立人　1987「高蔵式から山中式へ（予察）─「仮称見晴台式」をめぐって─」『欠山式土器とその前後』　第3回東海埋蔵文化財研究会
石黒立人　1988a「〈条痕紋系土器〉文化の理解をめぐる2、3の問題について」『〈条痕文系土器〉をめぐる諸問題』　愛知考古学談話会
石黒立人　1988b「弥生時代の美濃地方とその特質」『マージナル』No.8　愛知考古学談話会
石黒立人　1990a『阿弥陀寺遺跡』　愛知県埋蔵文化財センター調査報告書第11集　愛知県埋蔵文化財センター
石黒立人　1990b「弥生中期土器にみる複数の〈系〉」『考古学フォーラム』1　愛知考古学談話会
石黒立人　1993「鈴鹿・信楽山地周辺の土器」『古代文化』第44巻　第8号　古代学協会
石黒立人　1994a「"中間者"としての弥生土器」『弥生文化博物館研究報告』第3集　大阪府立弥生文化博物館
石黒立人　1994b「考察・分析　朝日遺跡出土土器について A.Ⅱ期・Ⅲ期をめぐって B.Ⅳ期以降の諸系」『朝日遺跡　Ⅴ』　愛知県埋蔵文化財センター調査報告書第34集　愛知県埋蔵文化財センター
石黒立人　1996a「烏帽子遺跡をめぐる問題群」『烏帽子遺跡』　愛知県埋蔵文化財センター調査報告書第63集　愛知県埋蔵文化財センター
石黒立人　1996b「〈展望〉伊勢湾地方、とくに西岸部地域を中心とする弥生中期土器研究の現状と課題」

　　　　　　　　　　『Mie History』Vol.8　三重歴史文化研究会
石黒立人　2004「中部地方における凹線紋系土器期以前の認識」『考古学フォーラム』№16　考古学フォーラム
石坂　茂　1991『荒砥北三木堂遺跡 Ⅰ』　昭和56年度県営圃場整備事業荒砥南部地区に係る埋蔵文化財発掘調査報告書　群馬県埋蔵文化財事業団報告第110集　群馬県教育委員会　群馬県埋蔵文化財調査事業団
石野　瑛　1930「神奈川県内の顕著なる弥生式遺跡と遺物」『考古学』第1巻　第5・6号　東京考古学会
伊豆諸島考古学研究会　1978「東京都三宅島・島下遺跡調査概報」『考古学雑誌』第64巻第2号　日本考古学会
泉谷憲俊　1981「研究史宮ノ台式土器」『法政考古学』第6集　法政考古学会
伊丹　徹　2000「『弥生時代の幕開け ─ 縄文から弥生への移行期の様相を探る ─ 』を終えて」『公開セミナー弥生時代の幕開け 記録集』　かながわ考古学財団　神奈川県教育福祉振興会
伊丹　徹　2001a「現代弥生研究者論」『シンポジウム銅鐸から描く弥生社会 予稿集』　一宮市博物館
伊丹　徹　2001b「『モノの移動はヒトの移動』にたどりつきたい」『シンポジウム 弥生後期のヒトの移動 ─ 相模湾から広がる世界 ─ 資料集』　西相模考古学研究会
伊丹　徹　2002a₁「地域別様式編年の対照表 相模対照表」『弥生土器の様式と編年 東海編』　木耳社
伊丹　徹　2002a₂「相模地域 コラム ハケ目と条痕」『弥生土器の様式と編年 東海編』　木耳社
伊丹　徹　2002b「引き戻されて」『弥生時代のヒトの移動 ─ 相模湾から考える ─ 』　考古学リーダー1　六一書房
伊丹　徹　2002c「宮ノ台式土器の研究（1）　宮ノ台式土器研究の流れ」『研究紀要 7 かながわの考古学』　かながわ考古学財団
伊丹　徹　2004「弥生土器1号の周辺」『西相模考古』第13号　西相模考古学研究会
伊丹　徹・池田　治　2000「神奈川県における弥生後期の土器編年」『東日本弥生時代後期の土器編年』第9回東日本埋蔵文化財研究会　東日本埋蔵文化財研究会福島県実行委員会
市川正史・伊丹　徹　1986『三ツ俣遺跡』（第1分冊）　神奈川県立埋蔵文化財センター調査報告13　神奈川県立埋蔵文化財センター
市原寿文　1968「静岡県小笠郡菊川町白岩遺跡発掘調査概報」『東名高速道路関係埋蔵文化財発掘調査報告書』　日本道路公団　静岡県教育委員会
市原寿文・内藤　晃　1972『浜名湖弁天島遺跡湖底遺跡発掘調査概報』　舞阪町教育委員会
伊藤淳史　1996「太平洋沿岸における弥生文化の展開」『YAY!（やいっ!）　弥生土器を語る会20回到達記念論文集』　弥生土器を語る会
伊藤淳史　1997「太平洋沿岸における弥生文化の展開・補遺」『西相模考古』第6号　西相模考古学研究会
伊東重敏　1952「常陸国東茨城郡長岡村長岡遺跡略報」『常北考古学研究所学報』9
伊東重敏　1955「茨城県足洗発見の幼児葬に使用されていた弥生式土器について」『考古学雑誌』第40巻第40号　日本考古学会
伊東信雄　1955「各地域の弥生式土器 東北」『日本考古学講座 4 弥生文化』　河出書房
伊藤　肇ほか　1992『南蛇井増光寺遺跡 ⅠB区・縄紋・弥生時代』　群馬県埋蔵文化財調査事業団調査報告第142集　関越自動車道（上越線）地域埋蔵文化財発掘調査報告書第14　群馬県教育委員会　財団法人群馬県埋蔵文化財調査事業団　日本道路公団
伊藤　郭・坂本　彰　1979「境田遺跡の調査」『調査研究集録』第4冊　港北ニュータウン埋蔵文化財調査団
稲垣佳世子・鈴木宏昭・亀田達也　2002『認知過程研究』　放送大学教育振興会
稲田孝司　1972「縄文式土器文様発達史・素描」上『考古学研究』第18巻 第4号　考古学研究会
犬木　努　1997「古墳時代 土器・埴輪」『考古学雑誌』第82巻 第3号　日本考古学会

稲生典太郎　1937「須和田発見の縄文ある弥生式土器」『先史考古学』第1巻　第1号　先史考古学会
井上　太　1987「小塚・六反田・久保田遺跡発掘調査報告書」　富岡市教育委員会
井上　太　1992『南蛇井増光寺遺跡 I』　群馬県埋蔵文化財調査事業団調査報告第142集　関越自動車道（上越線）地域埋蔵文化財発掘調査報告書第14集　群馬県教育委員会　群馬県埋蔵文化財調査事業団　日本道路公団
井上義安　1956「常陸足洗発見の弥生式甕棺」『古代』第19・20合併号　早稲田大学考古学会
井上義安　1959「北茨城市足洗における甕棺調査概報」『古代』第32号　早稲田大学考古学会
井上義安　1969『茨城県弥生式土器集成』I
井上義安　1973『茨城県大洗町長峯遺跡』　大洗町教育委員会
犬木　努　1992「宮ノ台式土器基礎考 ― 施文帯の検討を中心として ― 」『考古学研究室紀要』第11号　東京大学文学部考古学研究室
伊庭　功　2003「近江南部の中期弥生土器 ― 様式と器種構成 ― 」『古代文化』第55巻　第5号　古代学協会
茨城県考古学協会　1999『十王台式土器制定60周年記念シンポジウム　茨城県における弥生時代研究の到達点 ― 弥生時代後期の集落構成から ― 』
井辺一徳　1999『臼久保遺跡』　かながわ考古学団調査報告60　かながわ考古学財団
今井明子・藤井　恵・舘まりこ・佐々木由香・小泉玲子　2002「神奈川県足柄上郡大井町中屋敷遺跡第3次発掘調査報告」『昭和女子大学文化史研究』第6号　昭和女子大学文化史学会
今泉泰之　1974『田木山・弁天山・舞台・宿ヶ谷戸・附川』　埼玉県遺跡発掘調査報告書第5集　埼玉県教育委員会
今村啓爾　1983「文様の割りつけと文様帯」『縄文文化の研究 5 縄文土器Ⅲ』　雄山閣
今村啓爾　2002「自然と人工」『季刊生命誌』32（Vol.9 No.3）　JT生命誌研究館
伊礼正雄・熊野正也編　1975『臼井南』　佐倉市教育委員会　佐倉市遺跡調査会
岩上照朗・藤田典夫　1997「栃木県における弥生時代中期後半の土器群 ― 『上山系列』の提唱 ― 」『研究紀要』第5号　栃木県文化振興事業団埋蔵文化財センター
岩本　貴　1996『角江遺跡 Ⅱ 遺物編1（土器・土製品）』　静岡県埋蔵文化財調査研究所調査報告第69集　静岡県埋蔵文化財調査研究所
上原康子・篠原祐一　1999『清六Ⅲ遺跡』　栃木県埋蔵文化財調査報告書第226号　栃木県教育委員会
宇佐美哲也　1995「縄文時代晩期終末の居住形態解明にむけて」『論集 宇津木台』第1集　宇津木台地区考古学研究会
江崎　武　1965「所謂〈大地式土器〉の再検討」『いちのみや考古』No.6　一宮考古学会
江藤千萬樹　1937「駿河矢崎の弥生式遺跡調査略報」『考古学』第8巻　第6号　東京考古学会
江藤千萬樹　1938「矢崎遺跡予察」『上代文化』16輯　上代文化研究会
江原昌俊　1993『岩鼻遺跡（第2次）』　東松山市文化財調査報告書第21集　東松山市教育委員会
海老沢稔　1986「茨城県における中期後半の弥生土器について」『東日本における中期後半の弥生土器』第7回三県シンポジウム　北武蔵古代文化研究会　千曲川水系古代文化研究所　群馬県考古学談話会
海老沢稔　1987「十王台式と伴出する土器群の考察」（1）『婆良岐考古』第9号　婆良岐考古同人会
大川　清・鈴木公雄・工楽善通編　1996『日本土器事典』　雄山閣
大木紳一郎　1991「赤井戸式土器の祖型について」『研究紀要』8　群馬県埋蔵文化財調査事業団
大木紳一郎ほか　1997『南蛇井増光寺遺跡 V』　群馬県埋蔵文化財調査事業団調査報告第217集　群馬県教育委員会　群馬県埋蔵文化財調査事業団　日本道路公団
大熊茂広　2001『不動ヶ谷遺跡・不動ヶ谷古墳群』　掛川市教育委員会
大熊茂広・井村広巳　2002『原遺跡・原横穴群・次郎丸古墳群』　掛川市教育委員会

大澤和夫　1938「信濃阿島出土の弥生式土器」『考古学』第9巻　第10号
大沢　孝　1983「下総地方における北関東系と称される後期弥生式土器について」『史館』第14号　史館同人
大島慎一　1983「神奈川県下の古式弥生土器と地域性について」『東日本における黎明期の弥生土器』　第4回三県シンポジウム　北武蔵古代文化研究会　千曲川水系古代文化研究所　群馬県考古学談話会
大島慎一　1996「東日本の布目痕土器」『YAY!（やいっ!）　弥生土器を語る会20回到達記念論文集』　弥生土器を語る会
大島慎一　2002「相模地域」『弥生土器の様式と編年　東海編』　木耳社
大谷　猛　1986『赤羽台・袋低地・船渡』　東北新幹線建設工事に伴う遺跡発掘調査概要　東北新幹線赤羽地区遺跡調査会
大谷　猛・橋本具久ほか　1992『赤羽台遺跡 ― 弥生時代～古墳時代前期 ―』　東北新幹線建設に伴う発掘調査　東北新幹線赤羽地区遺跡調査会　東日本旅客鉄道株式会社
大塚和男・柳田博之ほか　1988『上野田西台遺跡（第4次）発掘調査報告書』　浦和市遺跡調査会報告書第108集　浦和市遺跡調査会
大塚和男・高山清司　1988「松木遺跡」『馬場北遺跡（第7次）　松木遺跡（第7次）　松木北遺跡（第4次）』　浦和市東部遺跡群発掘調査報告書第10集　浦和市教育委員会　浦和市遺跡調査会
大塚達朗　1997「縄文時代　土器」『考古学雑誌』第82巻　第2巻　日本考古学会
大塚初重　1958「三宅・御蔵両島に於ける考古学的調査　三宅島ボウタ遺跡の調査」『伊豆諸島文化財総合調査報告』第1分冊　東京都文化財調査報告書6　東京都教育委員会
大塚初重　1959「北伊豆五島における考古学的調査　利島・ケッケイ山遺跡の調査」『伊豆諸島文化財総合調査報告』第2分冊　東京都文化財調査報告書7　東京都教育委員会
大塚初重　1965「三宅島ボウタ遺跡の調査」『考古学集刊』第3巻　第1号　東京考古学会
大塚初重　1968「東海地方Ⅱ」『弥生式土器集成　本編2』　東京堂出版
大塚　実　1986「吉ヶ谷式及び岩鼻式土器の背景」『土曜考古』第11号　土曜考古学研究会
大槻恵理香・宮　文子　1999『佐倉市埋蔵文化財発掘調査報告書　平成9年度　太田用替遺跡』　佐倉市教育委員会
大沼忠春　1986「新道4遺跡　昭和59年度Ｂ地区の調査　包含層出土の遺物」『建川1・新道4遺跡』　北埋調報33　北海道埋蔵文化財センター
大場磐雄・乙益重隆ほか　1980『上総菅生遺跡』　中央公論美術出版
大場磐雄・関　俊彦　1969「弥生土器の編年」『新版考古学講座　4　原史文化（上）弥生文化』　雄山閣
大渕淳志・小川和博　1994『安房仮家塚 ― 房総半島最南端弥生時代中期の方形周溝墓の調査 ―』　三芳村教育委員会
大坪宣雄・小林克利　1994『海老名本郷』（ⅩⅡ）　富士ゼロックス株式会社　本郷遺跡調査団
大参義一　1955「大地遺跡」『古代学研究』第11号　古代学研究会
大参義一　1968「弥生式土器から土師器へ」『名古屋大学文学部研究論集』ⅩⅬⅦ　名古屋大学文学部
大参義一　1975「弥生式土器」『環状2号線関係　朝日遺跡群第一次調査報告』　愛知県教育委員会
大村　直　1982「前野町式・五領式の再評価」『神谷原』Ⅲ　八王子市椚田遺跡調査会
大村　直　2004a『市原市山田橋大山台遺跡』　市原市文化財センター調査報告書第88集　市原市　市原市文化財センター
大村　直　2004b「久ヶ原式・山田橋式の構成原理」『史館』第33号　史館同人
大村　直　2004c「前野町式土器の過去と現在」『杉原荘介と前野町遺跡』　板橋区郷土資料館
大村　直・菊池健一　1984「久ヶ原式と弥生町式」『史館』第16号　史館同人

岡村　渉	1997	『有東遺跡　第16次発掘調査報告書』　静岡市埋蔵文化財調査報告39　静岡市教育委員会	
岡本　勇	1978	『神奈川県史　通史編　1　原始・古代・中世』　神奈川県	
岡本　勇	1986	「神奈川のあけぼの」『図説　神奈川の歴史』上　有隣堂	
岡本　勇・武井則道	1969	「朝光寺原式土器について」『横浜市埋蔵文化財調査報告書　昭和43年度』　横浜市埋蔵文化財調査委員会	
岡本　勇ほか	1981	『鴨居上の台遺跡』　横須賀市文化財調査報告書第8集　横須賀市教育委員会	
岡本　勇ほか	1992	『赤坂遺跡 ― 第3次調査地点の調査報告 ― 』　赤坂遺跡調査団	
岡本　勇ほか	1994	『大塚遺跡　弥生時代環濠集落址の発掘調査報告 Ⅱ 遺物編』　港北ニュータウン地域内埋蔵文化財調査報告ⅩⅤ　財団法人横浜市ふるさと歴史財団	
岡本孝之	1974	「東日本先史時代末期の評価」(1)～(5)『考古学ジャーナル』№97～99・101・102　ニュー・サイエンス社	
岡本孝之	1979	「久ヶ原・弥生町期弥生文化の諸問題」(1)『異貌』8　共同体研究会	
岡本孝之	1980a	『新羽大竹遺跡』神奈川県埋蔵文化財調査報告17　神奈川県教育委員会	
岡本孝之	1990b	「縄文土器の範囲」『古代文化』第42巻　第5号　古代学協会	
岡本孝之	1991	「杉原荘介と山内清男の相剋」『神奈川考古』第27号　神奈川考古同人会	
岡本孝之	1993a	「攻める弥生・退く縄文」『新版　古代の日本 7 中部』　角川書店	
岡本孝之	1993b	「桃と栗」『異貌』13　共同体研究会	
岡本孝之	1993c	「大森時代と弥生時代」『牟邪志』第6号　武蔵考古学研究会	
岡本孝之	1994a	「東北大森文化続期論序説」『神奈川考古』第30号　神奈川考古同人会	
岡本孝之	1994b	「弥生時代の利根川流域」『利根川』15　利根川同人会	
岡本孝之	1994c	「南関東弥生文化における北からの土器」『西相模考古』第3号　西相模考古学研究会	
岡本孝之	1995	「山内清男・弥生式東部文化圏論批判」『利根川』16　利根川同人会	
小倉淳一	1993	「千葉県佐倉市大崎台遺跡の宮ノ台式土器について」『法政考古学』第20集　法政考古学会	
小倉淳一	1996	「東京湾東岸地域の宮ノ台式土器」『史館』第27号　史館同人	
小倉淳一	2003	「宮ノ台式土器にみる回転結節文の分布と変遷」『法政考古学』第30集　法政考古学会	
小倉淳一	2004	「宮ノ台式土器にみる櫛描文の地域的変遷 ― 印旛沼周辺地域の概要理解のために ― 」『法政史学』第61号　法政大学史学会	
小倉　均	1982	『大北遺跡』『井沼方・大北・和田北・西谷・吉場遺跡発掘調査報告書』　浦和市遺跡調査会報告書第20集　浦和市遺跡調査会	
小倉　均	1983	『大北遺跡』『西谷・和田南・大北・大間木内谷遺跡発掘調査報告書』　浦和市遺跡調査会報告書第25集　浦和市遺跡調査会	
小倉　均・大塚和男ほか	1987	『上野田西台遺跡発掘調査報告書』　浦和市遺跡調査会報告書第73集　浦和市遺跡調査会	
小高春雄	1983	『道庭遺跡』　道庭遺跡調査会	
小高春雄	1986	「『北関東系土器』の様相と性格」『研究紀要』10　千葉県文化財センター	
小高春雄ほか	1993	『滝ノ口向台遺跡・大作古墳群』　千葉県文化財センター調査報告第232集　千葉県文化財センター	
小野和之	1993	『神保富士塚遺跡』　群馬県埋蔵文化財調査事業団調査報告第154集　関越自動車道（上越線）地域埋蔵文化財発掘調査報告書第184集　群馬県埋蔵文化財調査事業団	
小野真一	1957	『静岡県東部古代文化総覧』　蘭契社	
小野真一	1958	『駿河湾地方の弥生文化』　沼津古文化教室(沼津女子商業高等学校内)	
小野真一	1962	「駿河・伊豆地域における弥生文化前半の様相」『弥生文化研究会研究発表要旨』　駿豆考古学会	

小野真一　1963「静岡県の弥生文化」『静岡県の古代文化』　静岡県文化財調査報告書第2集　静岡県教育委員会
小野真一　1965「駿河湾地方における中期弥生文化について」『上代文化』第36輯　上代文化研究会
小野真一　1969「東海地方東半の弥生文化」(1)(2)『信濃』第21巻　第4・5号　信濃史学会
小野真一　1976「入門講座弥生土器　中部・東海東部」(2)『考古学ジャーナル』№127　ニュー・サイエンス社
小野真一　1979『駿豆地方の弥生式土器集成』　駿豆考古学会
小野真一　1988「三島市長伏遺跡の概要」『加藤学園考古学研究所報』11　加藤学園考古学研究所
小野真一・秋本真澄・藪下　浩・原　茂光　1972「北伊豆函南町向原遺跡発掘調査報告」『駿豆考古』第13号　駿豆考古学会
及川良彦　1996「№211・930・931遺跡　弥生時代　遺物」『多摩ニュータウン遺跡』　東京都埋蔵文化財センター調査報告第26集　東京都埋蔵文化財センター
及川良彦・池田　治　1995「遺物」『海老名本郷』Ⅹ　本郷遺跡調査団

か

甲斐博幸ほか　1996『常代遺跡群』　君津郡市文化財センター発掘調査報告書第112集　君津市常代土地区画整理組合　君津郡市文化財センター
書上元博・柿沼幹夫・駒宮史郎・坂本和俊・関　義則・利根川章彦　1986『埼玉県児玉郡神川村前組羽根倉遺跡発掘調査報告』　前組羽根倉遺跡発掘調査団（『埼玉県立博物館紀要』13）
鍵谷徳三郎　1908「尾張熱田高倉貝塚実査」『人類学雑誌』第23巻　第266号　日本人類学会
柿沼修平　1984「大崎台遺跡出土の弥生式土器 ― とくに中期後半から後期初頭にかけての弥生式土器について ― 」『奈和』第21号　15周年記念論文集　奈和同人会
柿沼修平ほか　1985『大崎台遺跡発掘調査報告』Ⅰ　佐倉市大崎台B地区遺跡調査会
柿沼修平ほか　1986『大崎台遺跡発掘調査報告』Ⅱ　佐倉市大崎台B地区遺跡調査会
柿沼修平ほか　1987『大崎台遺跡発掘調査報告』Ⅲ　佐倉市大崎台B地区遺跡調査会
柿沼修平・高橋　誠　1997『大崎台遺跡発掘調査報告』Ⅳ　佐倉市教育委員会
柿沼幹夫　1976「埼玉県における弥生式土器の成立とその系譜」『埼玉県土器集成 4　縄文晩期末葉〜弥生中期』　埼玉考古学会
柿沼幹夫　1982「吉ヶ谷式土器について」『土曜考古』第5号　土曜考古学研究会
柿沼幹夫　1983「美里村河輪神社境内出土の弥生式土器」『紀要』10　埼玉県立博物館
柿沼幹夫　1986「戸塚上台遺跡」『川口市史　考古編』　川口市
柿沼幹夫　1988「稲作をめぐる生活」『川口市史　通史編』上巻　川口市
柿沼幹夫　1994「吉ヶ谷式土器を出土する方形周溝墓」『検証！ 関東の弥生文化』　埼玉県立博物館
柿沼幹夫　1996「北関東　埼玉県」『関東の方形周溝墓』　同成社
柿沼幹夫　1997「岩鼻式と吉ヶ谷式土器」『弥生土器シンポジウム　南関東の弥生土器』　弥生土器を語る会　埼玉土器観の会
柿沼幹夫　2000「岩槻市掛貝塚1号住居址出土の弥生土器」『土曜考古』第24号　土曜考古学研究会
柿沼幹夫　2003「芝川流域の宮ノ台式土器」『埼玉考古』第38号　弥生時代特集　埼玉考古学会
掛川市史編纂委員会　2000『掛川市史　資料編　古代・中世』　掛川市
鹿島保宏　1988『寺谷戸遺跡発掘調査報告』　横浜市埋蔵文化財調査委員会
片倉信光　1931「池上町久ヶ原の弥生式竪穴に就て」『上代文化』第6号　上代文化研究会
勝田市史編さん委員会　1982『勝田市史　Ⅲ　東中根遺跡』
加藤修司　1983「『印手式』予察 ― 型式としての印手式へ ― 」『研究連絡誌』第4号　千葉県文化財センター
加藤恭朗　1985『附島遺跡 ― 附島遺跡発掘調査報告書Ⅰ ― 』　坂戸市教育委員会

加藤恭朗　1988『附島遺跡 ― 附島遺跡発掘調査報告書Ⅲ ― 』　坂戸市教育委員会
金井塚良一　1964「東松山市天神裏遺跡第1次調査」『埼玉考古』第2号　埼玉考古学会
金井塚良一　1965「埼玉県東松山市の吉ヶ谷遺跡調査」『台地研究』No.16　台地研究会
金井塚良一　1972『中原遺跡』　中原遺跡調査団
金井塚良一・小峰啓太郎　1977『雄子山』　市史編さん調査報告第8集　東松山市
金井塚良一・高柳　茂　1987『船川遺跡 ― 埼玉県比企郡滑川村船川遺跡発掘調査報告書 ― 』　船川遺跡調査会
金井塚良一ほか　1963「五領遺跡B地区発掘調査中間報告」『台地研究』No.13　台地研究会
金井塚良一ほか　1971「シンポジューム五領式土器について」『台地研究』No.19　台地研究会
金持健司　1987「No.421遺跡　弥生時代」『多摩ニュータウン遺跡　昭和60年度』（第1分冊）　東京都埋蔵文化財センター調査報告第8集　東京都埋蔵文化財センター
加納俊介・石黒立人編　2002『弥生土器の様式と編年 東海編』　木耳社
神之木台遺跡調査グループ　1977「神之木台遺跡における弥生時代の遺構と遺物」『調査研究集録』第3冊　港北ニュータウン埋蔵文化財調査団
亀井正道　1955「相模・平沢出土の弥生式土器に就いて」『上代文化』第25輯　上代文化研究会
亀井正道　1961「神奈川県秦野市平沢遺跡の土器」『弥生式土器集成 資料編2』　弥生式土器集成刊行会
亀田幸久　2001『大塚古墳群内遺跡・塚原遺跡』　県営広域農道整備事業下都賀西部地区における埋蔵文化財発掘調査　栃木県埋蔵文化財調査報告第244集　栃木県教育委員会　とちぎ生涯学習文化財団
河合英夫　1988「上山神」（相模の方形周溝墓）『第8回三県シンポジウム 東日本の弥生墓制』　群馬県考古学談話会　千曲川水系古代文化研究所　北武蔵古代文化研究会
川口市　1981『戸塚上台遺跡発掘調査報告書』　総務部市史編さん室
川崎純徳　1972『赤浜遺跡発掘調査報告』　高萩市教育委員会
川西宏幸　2000「土器生産の変容と地域社会の圏域」『西アジア考古学』第1号　日本西アジア考古学会
神沢勇一　1959a「神奈川県足柄上郡堂山の弥生式土器について」『足柄の文化』第2号　山北町地方史研究会
神沢勇一　1959b「横浜市谷津田原出土の弥生式土器について」『貝塚　考古ニュース』第87号　平井尚志
神沢勇一　1960「津久井町三ヶ木遺跡出土の弥生式土器」『神奈川県文化財調査報告』26　神奈川県教育委員会
神沢勇一　1962「山北町堂山出土の弥生式土器」『神奈川県文化財調査報告』27　神奈川県教育委員会
神沢勇一　1963「神奈川県三ヶ木遺跡出土の弥生式土器」『考古学集刊』第2巻 第1号　東京考古学会
神沢勇一　1966「弥生文化の発展と地域性 関東」『日本の考古学 Ⅲ 弥生時代』　河出書房
神沢勇一　1968「相模湾沿岸地域における弥生式土器の様相について」『神奈川県立博物館研究報告』第1巻 第1号　神奈川県立博物館
神沢勇一　1969『神奈川県考古資料集成 1 弥生式土器』　神奈川県立博物館
神沢勇一ほか　1973『神奈川県考古資料集成 5 弥生式土器』　神奈川県立博物館
神沢勇一ほか　1989「シンポジウム 房総の弥生文化 ― 後期北関東系土器の分布と変遷 ― 」『千葉県立房総風土記の丘年報』12（昭和63年度）　千葉県立房総風土記の丘
菊池真太郎ほか　1979『千葉市城の腰遺跡』　千葉県文化財センター
菊池　実　1997『長根安坪遺跡』　群馬県埋蔵文化財調査事業団調査報告第210集　群馬県埋蔵文化財調査事業団
菊池義次　1953「久ヶ原遺跡に於ける弥生式竪穴調査（予報）」『古代』第9号　早稲田大学考古学会
菊池義次　1954「南関東弥生式土器編年への一私見」『安房勝山田子台遺跡』　早稲田大学考古学研究室編　千葉県教育委員会

菊池義次　1961「印旛・手賀沼周辺地域の弥生式文化　弥生文化期遺跡の分布 ― 弥生土器の新資料を中心として ―」『印旛手賀』　早稲田大学考古学研究室報告第 8 冊　早稲田大学調度課印刷所（復刻 1985 早稲田大学出版部）

菊池義次　1962「代田一丁目円乗院遺跡出土の弥生土器」『世田谷区史 付編 世田谷の考古学調査』　世田谷区史編さん室

菊池義次　1974「南関東後期弥生式文化概観」「東日本弥生文化内部における久ヶ原遺跡の占める地位（政治的・経済的特殊性）」『大田区史 資料編 考古Ⅰ』　東京都大田区

菊池義次　1987「久ヶ原式・弥生町式・円乗院式土器」『弥生文化の研究 4 弥生土器Ⅱ』　雄山閣

菊池義次ほか　1974「第Ⅲ編 弥生文化　2 （資料編）」『大田区史 資料編 考古Ⅰ』　東京都大田区

喜多圭介　1986「牛石遺跡」『都留市史 資料編 地史・考古』　都留市

北島シンポ準備委員会　2003『シンポジウム「北島式土器」とその時代 ― 弥生時代の新展開 ―』　埼玉考古別冊 7　埼玉県考古学会

北武蔵古代文化研究所・千曲川水系古代文化研究所・群馬県考古学談話会　1983『東日本における黎明期の弥生土器』　第 4 回三県シンポジウム

木對和樹　1992『市原市椎津茶ノ木遺跡』　市原市文化財センター調査報告書第 49 集　千葉ホーム株式会社　市原市文化財センター

木戸春夫　1995『根絡・横間栗・関下』　埼玉県埋蔵文化財調査事業団報告書第 153 集　埼玉県埋蔵文化財調査事業団

君津郡市文化財センター　1992a『千葉県袖ヶ浦市美生遺跡群』Ⅰ　君津郡市文化財センター調査報告書第 71 集

君津郡市文化財センター　1992b『千葉県富津市前三船台遺跡』　君津郡市文化財センター調査報告書第 82 集

ギャンブル C.　田村　隆訳　2004『入門現代考古学』　同成社（原著 2001）

京都大学文学部　1960『京都大学文学部博物館考古学資料目録』　第一部

清野利明　1984「日野市・平山遺跡出土の水神平系土器」『東京の遺跡』№3　東京考古談話会

桐原　健　1961「長野県須坂市須坂園芸高校校庭出土の弥生式土器について」『信濃』第 13 巻 第 8 号　信濃史学会

桐原　健　1963「栗林式土器の再検討」『考古学雑誌』第 49 巻 第 3 号　日本考古学会

久野俊度　1982「成沢遺跡 屋代 A 遺跡」　竜ヶ崎ニュータウン内埋蔵文化財調査報告書 6　茨城県教育財団文化財調査報告書ⅩⅣ集　茨城県教育財団

熊野正也　1977「入門講座弥生土器 関東南部」(1) 〜 (3)『考古学ジャーナル』№135・138・139　ニュー・サイエンス社

熊野正也　1978「佐倉市・臼井南遺跡出土の後期弥生式土器の意味するもの」『MUSEUM ちば』第 9 号　千葉県博物館協会

熊野正也　1979「南関東における弥生文化の特徴　弥生式土器の文様を中心にして」『どるめん』23 号　JICC 出版局

熊野正也　1983「関東南部」『弥生土器』Ⅱ　ニュー・サイエンス社

栗原文蔵　1960「四十坂遺跡の初期弥生式土器」『上代文化』第 30 輯　上代文化研究会

栗原文蔵　1973『岩の上・雉子山遺跡』　埼玉県遺跡発掘調査報告書第 1 集　埼玉県教育委員会

栗原文蔵　1974『駒堀』　埼玉県遺跡発掘調査報告書第 4 集　埼玉県教育委員会

栗原文蔵・石岡憲雄　1983「四十坂遺跡の初期弥生式土器再論」『研究紀要』第 5 号　埼玉県立歴史資料館

黒澤　聡　1994「下向山遺跡」　君津郡市文化財センター発掘調査報告書第 94 集　君津郡市文化財センター

黒沢　浩　1987「神奈川県伊勢山遺跡出土の弥生式土器」『明治大学考古学博物館館報』№3　明治大学考古学博物館

黒沢　浩　1993「宮ノ台式土器の成立 ― 東海地方の櫛描文土器群の動向から ― 」『駿台史学』第89号　駿台史学会
黒沢　浩　1997「房総宮ノ台式土器考 ― 房総における宮ノ台式土器の枠組み ― 」『史館』第29号　史館同人
黒沢　浩　1998「続・房総宮ノ台式土器考 ― 房総最古の宮ノ台式土器 ― 」『史館』第30号　史館同人
黒沢　浩　2003「神奈川県二ツ池遺跡出土弥生土器の再検討」『明治大学博物館研究紀要』第8号　明治大学博物館
黒沢　浩　2004「五領遺跡出土土器の再検討に向けて ― 「五領式土器」見直しへの序説 ― 」『明治大学博物館研究紀要』第9号　明治大学博物館
劔持和夫　1984『住宅・都市整備公団　浦和南部地区　埋蔵文化財発掘調査報告　明花向・明花上ノ台・井沼方馬堤・とうのこし』　埼玉県埋蔵文化財調査事業団報告書第35集　埼玉県埋蔵文化財調査事業団
小池　聡ほか　2004a『久野多古境遺跡（第2分冊 ― 第Ⅳ地点 ― ）』　小田原市文化財調査報告書第120集　小田原市教育委員会
小池　聡ほか　2004b『久野山神下遺跡第Ⅴ・Ⅵ地点　中村原前畑遺跡第Ⅱ・Ⅲ地点』　小田原市文化財調査報告書第122集　小田原市教育委員会
恋河内昭彦　1991「樽式甕の製作技法と施文順序に関する覚書」『真鏡寺後遺跡Ⅲ』　児玉町文化財調査報告書第14集　児玉町教育委員会
小出輝雄　1983『「弥生町式」の再検討』『人間・遺跡・遺物』　文献出版
小出輝雄　1986「弥生時代末期から古墳時代前期にかかる土器群の検討」『土曜考古』第11号　土曜考古学研究会
小出輝雄　1990「弥生時代末期から古墳時代前期にかかる土器群の検討　その2」『東京考古』第8号　東京考古談話会
小出輝雄　1992「円乗院式施文の評価とその位置」『人間・遺跡・遺物』2　発掘者談話会
小出輝雄　1996a「縄文時代末期から弥生時代中期前半の遺跡について ― 富士見市打越遺跡出土の追加資料の紹介をかねて ― 」『埼玉考古』第33号　埼玉考古学会
小出輝雄　1996b「吉ヶ谷式の系譜」『YAY！（やいっ！）　弥生土器を語る会20回到達記念論文集』　弥生土器を語る会
小出輝雄　2003「関東初期弥生土器の一様相 ― 『在地型突帯文壺』を中心として ― 」『埼玉考古』第38号　埼玉考古学会
小出義治・柳谷　博　1985『海老名本郷』（Ⅰ）　富士ゼロックス株式会社　本郷遺跡調査団
合田　濤編　1982『現代のエスプリ別冊　現代の文化人類学1　認識人類学』　至文堂
合田芳正・大坪宜雄ほか　1993『海老名本郷』（Ⅸ）　富士ゼロックス株式会社　本郷遺跡調査団
合田芳正・及川良彦・池田　治　1985『海老名本郷』（Ⅹ）　富士ゼロックス株式会社　本郷遺跡調査団
甲野　勇　1930「東京府下池上町久ヶ原弥生式竪穴に就て」『史前学雑誌』第2巻　第1号　史前学会
香村紘一　1996『及川宮ノ西遺跡』　国道412号線発掘調査団
紅村　弘　1963a『東海の先史遺跡　綜括編』　東海叢書第13巻　名古屋鉄道株式会社
紅村　弘　1963b「水神平式土器とその周辺」『信濃』第19巻　第4号　信濃史学会
小金井靖　1985「南関東における弥生時代後期土器の一視点」『南総考古』Ⅰ　房総南部考古学研究グループ
国学院大学伊場遺跡調査隊編　1953『伊場遺跡』　浜松市文化財調査報告書　浜松市役所
小島純一　1983「赤井戸式土器について」『人間・遺跡・遺物』　文献出版
小島弘義・明石　新・村山　昇　1981『中原上宿』　中原上宿遺跡調査団
小杉　康　1995「土器型式と土器様式」『駿台史学』第94号　駿台史学会
ゴスレン O.P.　ファンベルグ P-L.　西田泰民訳　1997「カメルーン・バフィアの陶工に見る様式、個人差、

分類体系」『古代文化』第49巻　第1号　古代学協会（原著1992）
小滝　勉・村上吉正　1992『神崎遺跡発掘調査報告書』　綾瀬市埋蔵文化財調査報告書2　綾瀬市教育委員会
小瀧利意　1956『南御山遺蹟出土の土器に就いて ― 会津地方弥生式土器の編年的研究　第一 ― 』（孔版）
小玉秀成　1996「根田上遺跡出土の足洗式土器」『玉里村立史料館報』第1号　玉里村立史料館
小玉秀成　2000「館山遺跡出土の中期末葉土器群 ― 佐野原甕の成立と展開をめぐって ― 』『玉里村立史料館報』第5号　玉里村立史料館
小玉秀成　2002「湧井遺跡の桜井式土器 ― 桜井式土器の南下と阿玉台北式および周辺型式の設定 ― 』『玉里村立史料館報』第7号　玉里村立史料館
後藤喜八郎　1990『海老名本郷』（Ⅵ）　富士ゼロックス株式会社　本郷遺跡調査団
後藤喜八郎　1999『平塚市根岸B遺跡発掘調査報告書』　平塚市根岸B遺跡発掘調査団
後藤守一　1934「東京帝室博物館所蔵の弥生式土器」『考古学』第5巻　第3号　東京考古学会
小林克利・守屋照代　1998a『海老名本郷』（ⅩⅤ）　富士ゼロックス株式会社　本郷遺跡調査団
小林克利・守屋照代　1998b『海老名本郷』（ⅩⅥ）　富士ゼロックス株式会社　本郷遺跡調査団
小林克利・守屋照代　2000『海老名本郷』（ⅩⅦ）　富士ゼロックス株式会社　本郷遺跡調査団
小林青樹・加藤里美　1995「まとめ　出土遺物　土器」『大里東遺跡発掘調査報告書』　大里東遺跡発掘調査団
小林達雄　1977「縄文土器の世界　土器の製作　施文」『日本原始美術大系 1　縄文土器』　講談社
小林久彦　1994『橋良遺跡』　豊橋市埋蔵文化財調査報告書第18集　豊橋市教育委員会
小林秀満　2000『大蔵東原遺跡第9次発掘調査報告書』　大蔵東原遺跡発掘調査団
小林行雄　1958「大阪府枚岡市額田町西ノ辻Ⅰ遺跡地点の土器」「大阪府枚岡市額田町西ノ辻遺跡N地点の土器」「大阪府枚岡市額田町西ノ辻遺跡D・E・F・H地点の土器」『弥生式土器集成　資料編』（第1分冊）　日本考古学協会弥生式土器文化総合研究特別委員会
小林行雄編　1939『弥生式土器聚成図録　正編解説』東京考古学会学報第1冊　東京考古学会
小林行雄・杉原荘介編　1958『弥生式土器集成　資料編』（第1分冊）　日本考古学協会弥生式土器文化総合研究特別委員会
小林行雄・杉原荘介編　1961『弥生式土器集成　資料編』（第2分冊）　日本考古学協会弥生式土器文化総合研究特別委員会
小林行雄・杉原荘介編　1968a『弥生式土器集成　資料編』（合本冊）　日本考古学協会弥生式土器文化総合研究特別委員会　弥生式土器集成刊行会
小林行雄・杉原荘介編　1968b『弥生式土器集成　本編1』　日本考古学協会弥生式土器文化総合研究特別委員会　東京堂
小林行雄・杉原荘介編　1968c『弥生式土器集成　本編2』　日本考古学協会弥生式土器文化総合研究特別委員会　東京堂
小林義典　1993『大蔵東原遺跡発掘調査報告書』　大蔵東原遺跡発掘調査団
小林義典　1997『大蔵東原遺跡第7・8次発掘調査報告書』　大蔵東原遺跡発掘調査団
小林義典　2004『久野多古境遺跡（第1分冊 ― 第Ⅰ・Ⅱ地点 ― ）』　小田原市文化財調査報告書第120集　小田原市教育委員会
小林義典ほか　2004『小田原城下　香沼屋敷跡第Ⅲ・Ⅳ地点』　小田原市文化財調査報告書第121集　小田原市教育委員会
小宮恒雄ほか　1994『大塚遺跡 ― 弥生時代環濠集落址の発掘調査報告 ― Ⅱ　遺物編』　港北ニュータウン地域内埋蔵文化財調査報告ⅩⅤ　横浜市ふるさと歴史財団
小山裕之　2000『恩名沖原遺跡発掘調査報告書』　恩名沖原遺跡発掘調査団

さ

斎木　勝　1978「東京湾東岸における弥生中期遺跡の集落構成と出土土器」『研究紀要』3　千葉県文化財センター

斎木　勝　1987「宮ノ台式土器」『弥生文化の研究 4 弥生土器Ⅱ』　雄山閣

斎木　勝ほか　1974『市原市菊間遺跡 ― 市原市菊間地区における公営住宅建設工事に伴う埋蔵文化財調査報告 ―』　千葉県都市部　千葉県都市公社

斉藤吾郎　1985『上台遺跡群 ― B 地点 ― 七郷神社裏遺跡』　川口市遺跡調査会報告書第 5 集　川口市遺跡調査会

斉藤　進　1999「№388 遺跡　弥生時代」『多摩ニュータウン遺跡』　東京都埋蔵文化財センター調査報告第 73 集　東京都埋蔵文化財センター

斉藤　進・及川良彦　1991「東京都」『東日本における稲作の受容』Ⅱ　第 1 回東日本埋蔵文化財研究会　東日本埋蔵文化財研究会

酒巻忠史　1992「打越遺跡・神明山遺跡」　君津郡市文化財センター発掘調査報告書第 64 集　富津市　君津郡市文化財センター

坂本　彰・久世辰男　2000「横浜市中ノ原遺跡の朝光寺原式土器」『紀要』第 4 号　横浜市歴史博物館

坂本和俊　1976「埼玉県美里村河輪神社境内採集の弥生式土器」『史峰』第 8 号　新進考古学同人会

桜井準也　1997「相模湾沿岸の弥生時代遺跡の立地と海洋環境」『西相模考古』第 7 号　西相模考古学研究会

佐々木由香・小泉玲子　2000「神奈川県足柄上郡大井町中屋敷遺跡第 1 次発掘調査報告」『昭和女子大学文化史研究』第 4 号　昭和女子大学文化史学会

笹沢　浩　1976「十二ノ后遺跡」『長野県中央道埋蔵文化財包含地発掘調査報告書 ― 諏訪市その 4 ― 昭和 50 年度』　長野県教育委員会　日本道路公団名古屋建設局

笹沢　浩　1977「入門講座弥生土器 中部高地」(1) ～ (3)『考古学ジャーナル』№131・133・134　ニュー・サイエンス社

笹森紀己子　1984「久ヶ原式から弥生町式へ」『土曜考古』第 9 号　土曜考古学研究会

笹森紀己子　2003「東裏遺跡」「円正寺遺跡」『東裏遺跡 (第 6 次調査)　円正寺遺跡 (第 4 次調査)　附島遺跡 (第 3・4 次調査)　並木貝塚 (第 1 次調査)　宿宮前遺跡 (第 3・4 次調査)』　さいたま市内遺跡発掘調査報告書第 2 集　さいたま市教育委員会

佐藤悦夫　2004「生活を復元する ― 土器」『マヤ学を学ぶ人のために』　世界思想社

佐藤康二　1997「吉ヶ谷式高坏について ― 弥生時代後期土器の一様相 ―」『人間・遺跡・遺物』3　発掘者談話会

佐藤甦信・宮沢恒之　1967「喬木村阿島遺跡」『長野県考古学会誌』第 4 号　長野県考古学会

佐藤民雄　1938「伊豆仁科鴨ヶ池弥生式遺蹟」『考古学』第 9 巻 第 3 号　東京考古学会

佐藤正好　1988「屋代 B 遺跡 Ⅲ」　竜ヶ崎ニュータウン内埋蔵文化財調査報告書 17　茨城県教育財団文化財調査報告第 45 集　茨城県教育財団　住宅・都市整備公団つくば開発局

佐藤由紀男　1983「西遠地区の弥生後期の土器」『静岡県考古学会シンポジューム 5 弥生後期の集団関係』静岡県考古学会

佐藤由紀男　1986「遠江の弥生時代中期後葉の土器」『東日本における中期後半の弥生土器』　第 7 回三県シンポジウム　北武蔵古代文化研究所・千曲川水系古代文化研究所・群馬県考古学談話会

佐藤由紀男　1990「中期弥生土器 ― 東遠江から西と東を見る ―」『伊勢湾岸の弥生中期をめぐる諸問題』第 7 回東海埋蔵文化財研究会

佐藤由紀男　1994「中期弥生土器における朝日遺跡周辺と天竜川以東との対応関係」『朝日遺跡』Ⅴ　愛知県埋蔵文化財センター調査報告書第 34 集　愛知県埋蔵文化財センター

佐藤由紀男　1996「編年編　遠江・駿河 (中期)」　『YAY! (やいっ!)　弥生土器を語る会 20 回到達記念

論文集』　弥生土器を語る会
佐藤由紀男・篠原和大・萩野谷正宏　2002「遠江・駿河地域」『弥生土器の様式と編年　東海編』　木耳社
佐原　真　1970〜82「土器の話」(1)〜(13)『考古学研究』第16巻　第4号、第17巻　第1・2・4号、第18巻　第1〜4号、第19巻　第1・3号、第20巻　第3・4号、第21　第2号　考古学研究会
佐原　真　1975「農業の開始と階級社会の形成」『岩波講座日本歴史 1 原始および古代 1』　岩波書店
佐原　真編　1983『弥生土器』Ⅰ・Ⅱ　ニュー・サイエンス社　(1972〜83「入門講座弥生土器」『考古学ジャーナル』No76〜219　ニュー・サイエンス社)
佐原　真・金関　恕　1975「米と金属の世紀 弥生文化の系譜」『古代史発掘 4 稲作の始まり』　講談社
鮫島和大　1994a「南関東弥生後期における縄文施文の二つの系統」『考古学研究室研究紀要』第12号　東京大学文学部考古学研究室
鮫島和大　1994b「壺型土器」『東アジアの形態世界』　東京大学出版会
鮫島和大　1996「弥生町の壺と環濠集落」『考古学研究室研究紀要』第14号　東京大学文学部考古学研究室
三森俊彦　1977「市原市大廐遺跡の弥生文化」『MUSEUM ちば』第8号　千葉県博物館協会
三森俊彦ほか　1974『市原市大廐遺跡』　千葉県都市公社
宍戸信悟　1985『山王山遺跡』　神奈川県立埋蔵文化財センター調査報告8　神奈川県立埋蔵文化財センター
宍戸信悟ほか　1989『砂田台遺跡Ⅰ』　神奈川県立埋蔵文化財センター調査報告20　神奈川県立埋蔵文化財センター
宍戸信悟・谷口　肇　1991『砂田台遺跡Ⅱ』　神奈川県立埋蔵文化財センター調査報告20　神奈川県立埋蔵文化財センター
宍戸信悟　1992「南関東における宮ノ台式期弥生文化の発展」『神奈川考古』第28号　神奈川考古同人会
静岡県埋蔵文化財研究所　1995『長崎遺跡Ⅳ　遺物・考察編』　静岡県埋蔵文化財研究所調査報告第59集
設楽博己　1982「中部地方における弥生土器の成立過程」『信濃』第34巻　第4号　信濃史学会
設楽博己　1985「関東地方の〈条痕文系〉土器 ― 西部東海系条痕文土器を中心として ― 」『〈条痕文系〉土器文化をめぐる諸問題 ― 縄文から弥生 ― 資料編Ⅰ』　愛知考古学談話会
設楽博己　1997「弥生土器の様式論」『考古学雑誌』第82巻　第2号　日本考古学会
篠崎四郎　1937「飛鳥山の古式土器」『星岡』第77号　星岡茶寮
篠原和大　1998「弥生土器の生産と規格性」『人文学部人文論集』第48号の2　静岡大学
篠原和大　1999a「タイプサイトの実像 ― 弥生町遺跡 ― 」『文化財の保護』第31号　東京都教育委員会
篠原和大　1999b「工学部全径間風風洞実験室新営支障ケーブル移設その他に伴う埋蔵文化財発掘調査略報」『東京大学構内遺跡調査研究年報』2（1997年度）　東京大学埋蔵文化財調査室
篠原和大・山下英郎　2000「静岡県における後期弥生土器の編年」『東日本弥生時代後期の土器編年』　第9回東日本埋蔵文化財研究会　東日本埋蔵文化財研究会福島県実行委員会
嶋村友子　1982「遺物について」『向原遺跡』第2分冊　神奈川県立埋蔵文化財センター調査報告1　神奈川県教育委員会
下津谷達男・飯塚博和　1982『千葉県野田市半貝・倉之橋・勢至久保』　遺跡調査会報告1　野田市遺跡調査会
下平博行・小林正春　2001『井戸下遺跡』　飯田市教育委員会
十菱駿武ほか　1982『堂ヶ谷戸遺跡Ⅰ』　世田谷区遺跡調査会
陣内康光　1985「弥生時代後期の南関東地方（序）」『史館』第18号　史館同人
陣内康光　1988『御殿前遺跡』　北区埋蔵文化財調査報告第4集　東京都北区教育委員会
陣内康光　1991「千葉県市原市周辺の後期弥生土器 土器編年と東海系土器」『東海系土器の移動から見た東日本の後期弥生土器　第Ⅰ分冊 発表要旨・追加資料篇』　第8回東海埋蔵文化財研究会

　　　　　　　　　　東海埋蔵文化財研究会
末武直則　　1986『千葉県佐倉市第2ユーカリヶ丘宅地造成地内埋蔵文化財調査報告書 上座矢橋遺跡』　印
　　　　　　　　旛郡市文化財センター発掘調査報告書第4集　山万株式会社　印旛郡市文化財センター
末永雅雄・小林行雄・藤岡謙二郎　1943『大和唐古弥生式遺跡の研究』　京都帝国大学文学部考古学研究
　　　　　　　　報告第16冊　桑名文星堂
杉原荘介　　1935「上総宮ノ台遺跡調査概報」『考古学』第6巻　第7号　東京考古学会
杉原荘介　　1936a「相模小田原出土の弥生式土器に就いて」『人類学雑誌』第51巻　第1号　日本人類学会
杉原荘介　　1936b「相模小田原出土の弥生式土器に就いての補遺」『人類学雑誌』第51巻　第4号　日本人
　　　　　　　　類学会
杉原荘介　　1939a「南関東を中心とせる土師部祝部土器の諸問題」『考古学』第10巻　第4号　東京考古学
　　　　　　　　会
杉原荘介　　1939b「上野樽遺跡調査概報」『考古学』第10巻　第10号　東京考古学会
杉原荘介　　1940a「武蔵前野町遺跡調査概報」『考古学』第11巻　第1号　東京考古学会
杉原荘介　　1940b「武蔵久ヶ原出土の弥生式土器に就いて」『考古学』第11巻　第3号　東京考古学会
杉原荘介　　1940c「武蔵弥生町出土の弥生式土器に就いて」『考古学』第11巻　第7号　東京考古学会
杉原荘介　　1942「上総宮ノ台遺跡調査概報補遺」『古代文化』第13巻　第7号　日本古代文化学会
杉原荘介　　1943「下総新田山遺跡調査概報」『人類学雑誌』第58号　第7号　日本人類学会
杉原荘介　　1949a「土器」『登呂 前編』　日本考古学協会
杉原荘介　　1949b「尾張西志賀遺跡調査概報」『考古学集刊』第3冊　東京考古学会
杉原荘介　　1950「古代前期の文化 弥生式土器文化の生成」『新日本史講座 古代前期』中央公論社
杉原荘介　　1951a「静岡県安倍郡原添遺跡」『日本考古学協会年報』1　日本考古学協会
杉原荘介　　1951b「静岡市有東第一遺跡」『日本考古学協会年報』1　日本考古学協会
杉原荘介　　1955「弥生文化」『日本考古学講座 4 弥生文化』　河出書房
杉原荘介　　1956「農耕生活の発達」「弥生式土器」『図説日本文化史大系 1 縄文・弥生・古墳時代』　小学
　　　　　　　　館
杉原荘介　　1958「福島県会津若松市南御山遺跡の土器」『弥生式土器集成 資料編』（第1分冊）　日本考古
　　　　　　　　学協会弥生式土器文化総合研究特別委員会
杉原荘介　　1962「駿河丸子及び佐渡出土の弥生式土器に就いて」『考古学集刊』第4冊　東京考古学会
杉原荘介　　1963「日本農耕文化生成の研究」『明治大学人文科学研究所紀要』第2冊　明治大学
杉原荘介　　1964「縄目文土器」『日本原始美術 3 弥生式土器』　講談社
杉原荘介　　1967a「下総須和田出土の弥生式土器に就いて」『考古学集刊』第3巻　第3号　東京考古学会
杉原荘介　　1967b「群馬県岩櫃山における弥生時代の墓址」『考古学集刊』第3巻　第4号　東京考古学会
杉原荘介　　1968「南関東地方」『弥生式土器集成 本編2』　日本考古学協会弥生式土器文化総合研究特別
　　　　　　　　委員会　東京堂
杉原荘介　　1971「五領遺跡出土の土器」『土師式土器集成 本編1（前期）』　東京堂
杉原荘介　　1974「弥生式土器と土師式土器との境界」『駿台史学』第34号　駿台史学会
杉原荘介　　1977「須和田式土器の細分について」『わかしお』No.1　若潮会
杉原荘介　　1981a「栃木県出流原における弥生時代の再葬墓群」　明治大学文学部研究報告 考古学第8冊
　　　　　　　　明治大学
杉原荘介　　1981b「北関東における弥生式土器の成立」『特別展 東日本の弥生土器 ― 初期弥生土器の系譜 ―』
　　　　　　　　茨城県歴史館
杉原荘介・大塚初重　1974「千葉県天神前における弥生時代中期の墓址群」　明治大学文学部研究報告 考
　　　　　　　　古学第4冊　明治大学
杉原荘介・大塚初重・小林三郎　1967「東京都(新島)田原遺跡における縄文・弥生時代の遺跡」『考古学集

杉原荘介・乙益重隆　1939「高崎市附近の弥生式遺跡」『考古学』第10巻　第3号　東京考古学会
杉原荘介・乙益重隆　1939「高崎市附近の弥生式遺跡」『考古学』第10巻　第10号　東京考古学会
杉原荘介・神澤勇一・工楽善通　1975『ブック・オブ・ブックス　日本の美術44　弥生式土器』　小学館
杉原荘介・小林三郎・井上裕弘　1968「神奈川県二ツ池遺跡における弥生時代後期の集落」『考古学集刊』第4巻　第2号　東京考古学会
杉原荘介・戸沢充則・小林三郎　1969「茨城県殿内(浮島)における縄文・弥生両時代の遺跡」『考古学集刊』第4巻　第3号　東京考古学会
杉原荘介・中山淳子　1955「土師器」『日本考古学講座5　古墳文化』　河出書房
杉山浩平　1998「小田原市中里遺跡の土弥生器から」『史峰』第24号　新進考古学同人会
杉山浩平　2003「愛名鳥山遺跡出土土器の再検討」『西相模考古』第12号　西相模考古学研究会
杉山博久　1967「秦野市平沢出土の弥生式土器について」(私家版)
杉山博久　1969a「神奈川県南足柄郡上原遺跡出土の土器」『史観』第80冊　早稲田大学史学会
杉山博久　1969b「小田原式土器について」『小田原考古学研究会会報』創刊号　小田原考古学研究会
杉山博久　1970a「小田原市山ノ神遺跡発掘調査報告」「山ノ神遺跡周辺の弥生中期の遺跡とその出土資料」『小田原市文化財調査報告書』第3集　小田原市教育委員会
杉山博久　1970b「中里遺跡出土の土器と二・三の問題」『小田原地方史研究』2　小田原地域史研究会
杉山博久　1974『愛名鳥山遺跡』　愛名鳥山遺跡調査会
杉山博久　1985「平沢遺跡」『秦野市史　別巻　考古編』　秦野市
鈴木加津子　1990〜93「安行式土器の終焉」(1)〜(4)『古代』第90・91・94・95号　早稲田大学考古学会
鈴木公雄　1970「後・晩期縄文土器におけるDesign Systemについて」『人類学雑誌』第78巻　第1号　日本人類学会
鈴木公雄　1982「縄文波状縁土器の文様配置について」『史学』第52巻　第3号　三田史学会
鈴木公雄　1983「日本先史土器の分類学的研究 ─ 山内清男と日本考古学 ─ 」『総合研究資料館展示解説』東京大学総合研究資料館
鈴木公雄ほか　1981『伊皿子貝塚遺跡』　日本電信電話公社　伊皿子貝塚遺跡調査会
鈴木隆夫・池田将男　1981『上藪田モミダ遺跡　上藪田川の丁遺跡　鳥内遺跡』　国道1号藤枝バイパス(藤枝地区)埋蔵文化財発掘調査報告書第6冊　建設省中部地方建設局　静岡県教育委員会　藤枝市教育委員会
鈴木隆夫・椿原靖弘　1992『清水遺跡』　藤枝市教育委員会
鈴木孝之　1991『代正寺・大西』　埼玉県埋蔵文化財調査事業団報告書第110集　埼玉県埋蔵文化財調査事業団
鈴木敏昭　1983「縄文土器の施文構造に関する一考察」『信濃』第35巻　第4号　信濃史学会
鈴木敏昭編　1999『横came栗遺跡』　平成10年度熊谷市埋蔵文化財調査報告書　熊谷市教育委員会
鈴木敏則　1983「二之宮式土器について」『森町考古』18　森町考古学研究会
鈴木敏則　1988「中山様式三河型(寄道様式)」『三河考古』創刊号　三河考古刊行会
鈴木敏則　1991『梶子遺跡Ⅷ』　浜松市文化財協会
鈴木敏則　2004『梶子遺跡Ⅹ』　浜松市文化財協会
鈴木敏弘ほか　1981『成増一丁目遺跡発掘調査報告書』　成増一丁目遺跡調査会
鈴木敏弘ほか　1992『成増一丁目遺跡発掘調査報告 ─ B地区の調査 ─ 』　成増一丁目遺跡(B地区)調査会
鈴木直人　1996『飛鳥山遺跡』　東京都北区教育委員会
鈴木直人　1997『飛鳥山遺跡Ⅱ』　東京都北区教育委員会
鈴木徳雄　1989「諸磯a式土器研究史(1) ─ 型式論的研究の基本的問題を探る ─ 」『土曜考古』第13号

		土曜考古学研究会
鈴木宏子	1971	「函南町向原遺跡の弥生式土器」『駿豆考古』第 11 号　駿豆考古学会
鈴木正博	1976a	「『十王台式』理解のために(1) ― 分布圏西部地域を中心として ― 」『常総台地』7　常総台地研究会
鈴木正博	1976b	「『十王台式』理解のために(2) ― 前号の追加 1 とリュウガイ第Ⅳ群 a 類土器について ― 」『常総台地』8　常総台地研究会
鈴木正博	1978	「『赤浜』覚書」『常総台地』9　常総台地研究会
鈴木正博	1979a	「『十王台式』理解のために ― 分布圏南部地域の環境（上）― 」(3)『常総台地』10　常総台地研究会
鈴木正博	1979b	「高野寺畑の弥生式土器に就いて」『高野寺畑遺跡』　勝田市教育委員会　高野寺畑遺跡調査会
鈴木正博	1981	「『荒海』断想」『利根川』1　利根川同人
鈴木正博	1983a	「『如来堂』事情」『利根川』4　利根川同人
鈴木正博	1983b	「利根川下流域に於ける縄紋式の終焉（予察）」『東日本における黎明期の弥生土器』　第 4 回三県シンポジウム　北武蔵古代文化研究会　千曲川水系古代文化研究所　群馬県考古学談話会
鈴木正博	1984	「『王子台』の頃」『利根川』5　利根川同人
鈴木正博	1985a	「三宅島島下遺蹟 13 層の土器について」『古代』第 78・79 合併号　早稲田大学考古学会
鈴木正博	1985b	「『荒海式』生成論序説」『古代探叢』Ⅱ　早稲田大学出版部
鈴木正博	1985c	「弥生式への長い途」『古代』第 80 号　早稲田大学考古学会
鈴木正博	1985d	「続・『岩櫃山』之声 ― 関東条痕文系土器の特質 ― 」『〈条痕文系土器〉文化をめぐる諸問題 ― 縄文から弥生 ― 発表要旨』　愛知考古学談話会
鈴木正博	1987a	「続　大洞 A₂ 式考」『古代』第 84 号　早稲田大学考古学会
鈴木正博	1987b	「『白幡本宿式』土器考」『埼玉考古』第 23 号　埼玉考古学会
鈴木正博	1987c	「埼玉県に於ける縄紋式の終焉」『埼玉の考古学』　新人物往来社
鈴木正博	1991a	「荒海貝塚の特殊壺」『利根川』12　利根川同人
鈴木正博	1991b	「栃木『先史土器』研究の課題」(2)『古代』第 91 号　早稲田大学考古学会
鈴木正博	1992	「隠蔽された荒海式」『婆良岐考古』第 14 号　婆良岐考古同人会
鈴木正博	1999a	「栃木『先史土器』研究の課題」(3)『婆良岐考古』第 21 号　婆良岐考古同人会
鈴木正博	1999b	「本邦先史考古学における『土器型式』と縦横の『推移的閉包』― 古鬼怒湾南岸における弥生式後期『下大津式』の成立と展開 ― 」『古代』第 106 号　早稲田大学考古学会
鈴木正博	2000	「『宮ノ台式』成立基盤の再吟味」『日本考古学協会第 66 回総会 研究発表要旨』　日本考古学協会
鈴木正博	2001a	「『小田原式』研究序説 ― 『十王台式』研究法である『土器 DNA 関係基盤』から観た『小田原式』の真相 ― 」『茨城県考古学協会誌』第 13 号　茨城県考古学協会
鈴木正博	2001b	「弥生式中期『雲間式』と『富士前式』の間」『栃木県考古学会誌』第 22 集　栃木県考古学会
鈴木正博	2001c	「貝田町ばくり事件は迷宮入りか、それとも型式学の復権は可能か！ ― 埼玉土器観会『秩父』の論点は『中里式』概念を止揚する ― 」『関東弥生研究会 第 1 回研究発表会資料』　関東弥生研究会
鈴木正博	2003a	「『脱条痕文縁辺文化』研究序説」『婆良岐考古』第 25 号　婆良岐考古同人会
鈴木正博	2003b	「『遠賀川式』文様帯への型式構え ― 埼玉における『綾杉文様帯系土器群』の位相と『綾杉文様帯系土器群』への『文様帯クロス』― 」『埼玉考古』第 38 号　埼玉考古学会
鈴木正博	2004a	「『境木式』の行方」『婆良岐考古』第 26 号　婆良岐考古同人会

鈴木正博　2004b「南関東弥生中期『小田原式』研究の基礎」『土曜考古』第 28 号　土曜考古学研究会
鈴木正博　2004c「隠蔽された『小田原式』」『考古論叢神奈川』第 12 集　神奈川県考古学会
鈴木正博・鈴木加津子　1980「『女方文化』研究」(1)『第 4 回茨城県考古学研究発表会要旨』　茨城県考古学協会
鈴木美治　1987『屋代 B 遺跡 Ⅱ』　竜ヶ崎ニュータウン内埋蔵文化財調査報告書 15　茨城県教育財団文化財調査報告第 40 集　茨城県教育財団　住宅・都市整備公団つくば開発局
周東隆一　1967「北関東の後期弥生式土器」『考古学ジャーナル』No.5　ニュー・サイエンス社
須藤　隆　1983「東北地方の初期弥生土器 ― 山王Ⅲ層式 ― 」『考古学雑誌』第 68 巻　第 3 号　日本考古学会
須藤　隆・書上元博　1984「出土遺物　弥生時代の土器　調整・装飾・施文方法　偽縄文」『福島県会津若松市墓料遺跡　1980 年度発掘調査報告書』　会津若松市教育委員会
清藤一順ほか　1978『千葉ニュータウン埋蔵文化財調査報告書 Ⅵ』　千葉県企業庁　千葉県文化財センター
関　義則　1983「須和田式土器の再検討」『紀要』10　埼玉県立博物館
関根隆夫　1983「土器の文様 ― その変化の型 ― 」『歴史公論』第 9 巻　第 9 号（通巻 94 号）　雄山閣
芹沢長介　1960『石器時代の日本』　築地書館
曽根博明・比田井克仁　1987「根丸島遺跡」『西相模の土器（本文編）』　西相模考古学会
曽根博明ほか　1987『西相模の土器（本文編）』　西相模考古学会
蘭田芳巳　1950「群馬県川内村千網谷戸石塚調査予報」『両毛古代文化』2
蘭田芳雄　1954『千網谷戸』　両毛考古学会
蘭田芳雄　1966「桐生市およびその周辺の弥生式文化」　両毛考古学会
蘭田芳雄　1972「千網谷戸 C-ES 地点の調査（須永式土器予報）」　両毛考古学会
蘭田芳雄　1975『群馬県新里村峯岸山遺蹟発掘調査報告』（第一次）・（第二次）　新里村教育委員会

た

高崎光司　1990『玉太岡遺跡』　埋蔵文化財調査事業団報告書第 90 集　埼玉県埋蔵文化財調査事業団
高田遺跡発掘調査団　2003『神奈川県高座郡寒川町高田遺跡発掘調査報告書 ― 第 3 次調査ほか ― 』
高田　博ほか　1977『佐倉市江原台遺跡発掘調査報告書 Ⅰ ― 第 1 次・第 2 次調査 ― 』　千葉県教育委員会　千葉県文化財センター
高橋一夫・鈴木敏昭　1976「諏訪神社境内境内遺跡」『埼玉県土器集成 4　縄文晩期末～弥生中期』　埼玉県考古学会
高橋康男　1990「市原市姉崎東原遺跡」　市原市文化財センター調査報告書第 37 集　新昭和住宅　市原市文化財センター
高花宏行　1999「印旛沼周辺地域における弥生時代後期の土器の変遷について」『奈和』第 37 号　奈和同人会
高花宏行　2001「臼井南遺跡群出土弥生土器の再評価」『佐倉市史研究』第 14 号　佐倉市
高花宏行　2004「下総地域における弥生後期土器の成立を巡る現状と課題」『研究紀要』3　印旛郡市文化財センター
高山清司　1976「円正寺遺跡」『埼玉県土器集成 4　縄文晩期末～弥生中期』　埼玉県考古学会
高山　優　1981「伊皿子貝塚遺跡」　日本電信電話公社　港区伊皿子貝塚遺跡調査会
滝口　宏編　1961「印旛手賀」　早稲田大学考古学研究室報告第 8 集　早稲田大学調度課印刷所（復刻 1985 早稲田大学出版部）
滝口　宏ほか　1955「荒川区日暮里道灌山遺跡 ― 開成学園内弥生期住居址調査報告 ― 』　早稲田大学考古学研究室編　荒川区
滝沢　浩・星　龍象　1979「赤塚氷川神社北方遺跡」　板橋区教育委員会
滝沢　亮ほか　1987『比々多遺跡群』　比々多第一地区遺跡調査団

瀧瀬芳之ほか　1993『上敷免遺跡 ― 一般国道17号深谷バイパス関係埋蔵文化財発掘調査報告 ― 』　埼玉県埋蔵文化財調査事業団報告書第128集　埼玉県埋蔵文化財調査事業団
竹内直文　1988「東日本における弥生文化の発展 ― 静岡県の土器編年を中心として ― 」『史館』第20号　史館同人
竹内直文　1992「弥生時代」『磐田市史 史料編』1　磐田市
竹内直文　1998『馬坂 馬坂遺跡・馬坂上古墳群発掘調査報告書』　磐田市教育委員会
竹内直文ほか　1994『野際遺跡発掘調査報告書』　磐田市教育委員会
竹島国基　1968「先史時代 弥生時代」『原町市史』　原町
武末純一　1991「近年の時代区分論議」『横山浩一先生退官記念論文集Ⅱ 日本における初期弥生文化の成立』　横山浩一先生退官記念事業会
武末純一　1993「縄文晩期農耕論への断想」『古文化談叢』第30集（下）　九州古文化研究会
武末純一　1998「弥生時代のはじまりはいつか」『シンポジウム日本の考古学 3 弥生時代の考古学』　学生社
武末純一　2003「弥生時代の年代」『21世紀を拓く考古学 2 考古学と暦年代』　ミネルヴァ書房
武末純一・石川日出志　2003「総説 弥生早期から中期の土器」『考古資料大観 1 弥生・古墳時代 土器Ⅰ』　小学館
立花 実　1991「相模における後期弥生土器編年と東海系土器」『東海系土器の移動から見た東日本の後期弥生土器 第Ⅰ分冊 発表要旨・追加資料篇』　第8回東海埋蔵文化財研究会　東海埋蔵文化財研究会
立花 実　1993「相模における東海系土器の受容」『転機』4号　東海埋蔵文化財研究会
立花 実　1997「土器の移動から見た弥生時代後期の社会」『考古学講座 かながわの弥生時代の社会 ― 後期の環濠集落から考える ― 』　神奈川県考古学会
立花 実　2000「出土土器の分析」『王子ノ台遺跡Ⅲ 弥生・古墳時代』　東海大学校地内遺跡調査団
立花 実　2001a「相模の後期弥生土器」『シンポジウム 弥生後期のヒトの移動 ― 相模湾から広がる世界 ― 資料集』　西相模考古学研究会
立花 実　2001b「相模 土器 相模川西岸」『シンポジウム 弥生後期のヒトの移動 ― 相模湾から広がる世界 ― 資料集』　西相模考古学研究会
立花 実　2002「相模地域 第Ⅴ様式」『弥生土器の様式と編年 東海編』　木耳社
立花 実　2003「土器の地域差とその意味」『日々の考古学』　東海大学考古学研究室
舘野 孝　1975「千葉県銚子市佐野原遺跡発掘調査概報」　国学院大学考古学第一研究室編　千葉県教育委員会
立松 宏　1968「岩滑遺跡」『半田市誌資料編』Ⅰ　半田市
田中國男　1939「野沢の土器に就て」『下野史談』第16巻 第1号　下野史談会
田中國男　1944『縄文式 弥生式 接触文化の研究』大塚巧藝社（復刻1972 田中國男博士遺著刊行会）
田辺昭三　1951「小笠郡加茂村白岩下流遺跡調査報告」　掛川西高等学校郷土研究部（再版1972）
田辺昭三　1952「菊川流域における弥生式文化」『ふるさと』第7号　掛川西高等学校郷土研究部
谷　旬ほか　1973『小黒谷遺跡発掘調査概報』　中央大学考古学研究会
谷　旬ほか　1984『成田新線建設事業地内埋蔵文化財発掘調査報告書Ⅱ（関戸遺跡）』　日本鉄道建設公団　千葉県文化財センター
谷井 彪　1973『山田遺跡・相撲場遺跡発掘調査報告』　埼玉県遺跡調査会報告第18集　埼玉県遺跡調査会
谷井 彪　1974『関越自動車道関係 埋蔵文化財発掘調査報告Ⅰ 南大塚・中組・上組・鶴ヶ丘・花影』　埼玉県遺跡発掘調査報告書第3集　埼玉県教育委員会
谷井 彪　1979「縄文土器の単位とその意味」上・下『古代文化』第31巻 第2号・第3号　古代学協会

谷口　肇	1990a	「『堂山式土器』の再検討」『神奈川考古』第26号　神奈川考古同人会	
谷口　肇	1990b	「まとめ ― 弥生時代初頭の土器 ― 」『宮ヶ瀬遺跡群　Ⅰ（上村遺跡・半原向原遺跡）』神奈川県立埋蔵文化財センター調査報告21　神奈川県立埋蔵文化財センター	
谷口　肇	1991a	「津久井町中野大沢遺跡出土の条痕紋系土器について」『神奈川考古』第27号　神奈川考古同人会	
谷口　肇	1991b	「神奈川『宮ノ台』以前」『古代』第92号　早稲田大学考古学会	
谷口　肇	1991c	「神奈川県」『東日本における稲作の受容』Ⅱ　第1回東日本埋蔵文化財研究会　東日本埋蔵文化財研究会	
谷口　肇	1993	「弥生文化形成期における相模の役割」『古代』第95号　早稲田大学考古学会	
谷口　肇	1994	「縄文時代晩期終末～弥生時代初頭の遺構・遺物」『宮ヶ瀬遺跡群　Ⅳ（北原（No.9）遺跡（2）　北原（No.11）遺跡）』　神奈川県立埋蔵文化財センター調査報告21　神奈川県立埋蔵文化財センター	
谷口　肇	1996	「編年編　神奈川県地域（前期～中期中葉）」『YAY!（やいっ!）　弥生土器を語る会20回到達記念論文集』　弥生土器を語る会	
谷口　肇	1997	「まとめ　縄紋時代末期～弥生時代初期」『宮畑遺跡・矢頭遺跡・大久保遺跡』　かながわ考古学財団調査報告25　かながわ考古学財団	
谷口　肇	1999a	『池子遺跡群　Ⅸ』　かながわ考古学財団調査報告45　かながわ考古学財団	
谷口　肇	1999b	『池子遺跡群　Ⅹ』　かながわ考古学財団調査報告46　かながわ考古学財団	
谷口　肇	2003	「ポスト浮線紋 ― 神奈川周辺の状況（その2） ― 」『神奈川考古』第39号　神奈川考古同人会	
谷口　肇	2004	「『細密条痕』の復元」『古代』第116号　早稲田大学考古学会	
玉口時雄	1975	『健田遺跡発掘調査報告書』　千葉県教育委員会　千倉町教育委員会	
玉口時雄ほか	1977	『健田遺跡』　朝夷地区教育委員会	
玉口時雄ほか	1978	『健田遺跡』　朝夷地区教育委員会	
玉口時雄ほか	1980a	『健田遺跡発掘調査概報 ― 第4次調査 ― 』　朝夷地区教育委員会	
玉口時雄ほか	1980b	「房総半島内部における弥生時代文化の研究」『紀要』34　東洋大学文学部	
玉口時雄ほか	1981	『千葉県安房郡千倉町埋蔵文化財調査報告書 ― 健田遺跡関連第5次調査 ― 』　朝夷地区教育委員会	
玉口時雄ほか	1982	『千葉県安房郡千倉町埋蔵文化財調査報告書 ― 健田遺跡関連第6次調査 ― 』　朝夷地区教育委員会	
玉口時雄ほか	1983	『千葉県安房郡千倉町埋蔵文化財調査報告書 ― 健田遺跡関連第7次調査 ― 』　朝夷地区教育委員会	
玉口時雄ほか	1984	『千葉県安房郡千倉町埋蔵文化財調査報告書 ― 健田遺跡関連第8次調査 ― 』　朝夷地区教育委員会	
玉口時雄ほか	1985	『千葉県安房郡千倉町埋蔵文化財調査報告書 ― 健田遺跡関連第9次調査 ― 』　朝夷地区教育委員会	
玉口時雄ほか	1985	『房総半島南半部における考古学的研究』	
玉口時雄ほか	1987	『千葉県安房郡千倉町埋蔵文化財調査報告書 ― 健田遺跡関連第10次調査 ― 』　朝夷地区教育委員会	
玉口時雄ほか	1988	『千葉県安房郡千倉町埋蔵文化財調査報告書 ― 健田遺跡関連第11次調査 ― 』　朝夷地区教育委員会	
玉口時雄ほか	1989	『千葉県安房郡千倉町埋蔵文化財調査報告書 ― 健田遺跡関連第12次調査 ― 』　朝夷地区教育委員会	
玉口時雄ほか	1990	『千葉県安房郡千倉町埋蔵文化財調査報告書 ― 健田遺跡関連第13次調査 ― 』　朝	

夷地区教育委員会
田村言行　1979a『江原台』　江原台第1遺跡調査団
田村言行　1979b「弥生時代後期における南関東の動向 ― 久ヶ原・弥生町を取巻く小文化圏 ― 」『どるめん』23号　JICC出版局
田村雅美ほか　2001『ヘビ塚遺跡』　栃木県埋蔵文化財調査報告第258集　栃木県教育委員会　とちぎ生涯学習文化財団
田村良照　1993「宮の里遺跡」『日本考古学協会1993年度新潟大会 シンポジウム2 東日本における古墳出現過程の再検討』　日本考古学協会新潟大会実行委員会
田村良照　1997『関耕地遺跡発掘調査報告書』　観福寺北遺跡発掘調査団
田村良照　1998「朝光寺原式の属性（前編）― 観福寺遺跡群の検討から ― 」『神奈川考古』第34号　神奈川考古同人会
千野　浩　1989『中条遺跡』　長野市の埋蔵文化財第32集　長野市教育委員会
千葉県史料研究財団編　2003『千葉県の歴史 ― 史料編 考古2 （弥生・古墳時代）― 』　県史シリーズ10　千葉県
千葉県都市公社　1974『市原市菊間遺跡』
塚本和弘　1992『鹿島遺跡発掘調査報告書』　菊川町埋蔵文化財報告書第24集　菊川町教育委員会
坪井正五郎　1889「帝国大学の隣地に貝塚の跟跡有り」『東洋学芸雑誌』第6巻 第91号　東洋学芸社
出島村教育委員会　1971『出島村史』
寺born良喜ほか　1996『喜多見陣屋遺跡 III』　世田谷区教育委員会　喜多見陣屋遺跡調査会
寺畑滋夫ほか　1989『喜多見陣屋遺跡 I』　世田谷区教育委員会　喜多見陣屋遺跡調査会
東海埋蔵文化財研究会　1991『東海系土器の移動から見た東日本の後期弥生土器』　第8回東海埋蔵文化財研究会
東京大学文学部考古学研究室　1979『向ヶ岡貝塚』東京大学文学部
戸澤充則　1950「所謂阿島式土器の新資料」『古代学研究』第3号　古代学研究会
富田和夫・中村倉司　1986「埼玉県における中期後半の櫛描紋土器について」『第7回三県シンポジウム　東日本における中期後半の弥生土器』　北武蔵古代文化研究会　千曲川水系古代文化研究所　群馬県考古学談話会
外山和夫　1978「群馬県地域における弥生時代資料の集成 I」『群馬県立博物館研究報告』第14集　群馬県立博物館

な

永井宏幸　1995「浮線紋系土器について」『考古学フォーラム』7　考古学フォーラム
永井正憲ほか　1984『手広八反目遺跡発掘調査報告書』　手広遺跡発掘調査団
中嶋郁夫　1993「東海地方東部における後期弥生土器の『移動』・『模倣』『転機』4号　転機刊行会
中島利治　1976「比企地方の弥生土器」『北武蔵考古学資料図鑑』　校倉書房
中島　宏　1984『池守・池上』　埼玉県教育委員会
中園　聡　2003「型式学を超えて」『認知考古学とは何か』　青木書店
中根君郎　1927「武蔵国荏原郡池上村久ヶ原に於ける弥生式土器遺蹟」『考古学雑誌』第17巻 第10号　考古学会
中根君郎　1928「武蔵国荏原郡池上村久ヶ原及びその附近に於ける弥生式遺蹟」『考古学雑誌』第18巻 第7号　考古学会
中根君郎　1932「再び東京府下久ヶ原の遺跡に就いて」『人類学雑誌』第47巻 第1号　日本人類学会
中根君郎　1935「大形壺形土器に就て ― 久ヶ原弥生式土器補遺 ― 」『考古学』第6巻 第9号　東京考古学会
中根君郎・德富武雄　1929a「東京府久ヶ原に於ける弥生式の遺蹟、遺物並に其の文化階梯に関する考察」

　　　　　　　　　（一）『考古学雑誌』第19巻　第10号　考古学会
中根君郎・徳富武雄　1929b「東京府久ヶ原に於ける弥生式の遺蹟、遺物並に其の文化階梯に関する考察」
　　　　　　　　　（二）『考古学雑誌』第19巻　第11号　考古学会
中根君郎・徳富武雄　1930「東京府久ヶ原に於ける弥生式の遺蹟遺物並に其の文化階梯に関する考察」（三）
　　　　『考古学雑誌』第20巻　第4号　考古学会
長野県考古学会　1968「シンポジューム『弥生文化の東漸とその発展』」『長野県考古学会誌』第5号
長野康敏　1988『間宮川向遺跡』　函南町教育委員会
永峯光一　1965「氷遺跡の調査とその研究」『石器時代』第9号　石器時代文化研究会
永峯光一編　1998『氷遺跡発掘調査資料図譜』　氷遺跡発掘調査資料図譜刊行会
中村五郎　1967「東北地方南部の弥生式土器編年」　第9回福島県考古学会大会（研究発表）
中村五郎　1972「野沢1式土器の類例とその時代」『小田原考古学研究会会報』第6号　小田原考古学研究
　　　　会
中村五郎　1976「東北地方南部の弥生式土器編年」『東北考古学の諸問題』　東出版寧楽社
中村五郎　1978「東部・西部弥生式土器と続縄紋式土器の編年 ― 福島県の資料を中心として ― 」『北奥古
　　　　代文化』第10号　北奥古代文化研究会
中村五郎　1982『畿内第Ⅰ様式に並行する東日本の土器』（私家版）
中村幸雄・後藤義明　1990『長峰遺跡』　竜ヶ崎ニュータウン内埋蔵文化財調査報告書19　茨城県教育財
　　　　団文化財調査報告第58集　茨城県教育財団　住宅・都市整備公団開発局
中村喜雄　2001『黒川小塚遺跡　Ⅲ』　富岡市黒川小塚遺跡調査会　富岡市教育委員会
中山正典・中鉢賢治　1994『瀬名遺跡　Ⅲ（遺物編Ⅰ）』　静岡県埋蔵文化財調査研究所調査報告第47集
　　　　静岡県埋蔵文化財調査研究所
成田正彦・矢島敬之ほか　1991『砂沢遺跡発掘調査報告書 ― 平成2年度 ― 』　弘前市教育委員会
南山大学人類学博物館　1979「高蔵貝塚Ⅰ」『人類学博物館紀要』第1号
西井幸雄　1994「花ノ木遺跡」『花ノ木・向原・柿ノ木坂・水久保・丸山台』　埼玉県埋蔵文化財調査事業
　　　　団報告書第134集　埼玉県埋蔵文化財調査事業団
西川修一　1994「相模・多摩丘陵における弥生後期後半～古墳前期の土器と集落の様相」『東日本における
　　　　古墳出現過程の再検討』　日本考古学協会新潟大会実行委員会
西川修一　1998a「弥生時代」『御屋敷添遺跡　高森・一ノ崎遺跡　高森・窪谷遺跡』　かながわ考古学財団
　　　　調査報告33　かながわ考古学財団
西川修一　1998b「東三河と相模　雑感」『西相模考古』第7号　西相模考古学研究会
西相模考古学研究会　2001『シンポジウム　弥生後期のヒトの移動 ― 相模湾から広がる世界 ― 資料集』
西相模考古学研究会　2002『弥生時代のヒトの移動 ― 相模湾から考える ― 』　考古学リーダー1　六
　　　　一書房
西田泰民　1986～89「土器録」（1）～（12）『東京の遺跡』№11～24　東京考古談話会
西田泰民　2000「土器用途論基礎考」『新潟県立歴史博物館研究紀要』創刊号　新潟県立歴史博物館
西田泰民　2002「土器の器形分類と用途に関する考察」『日本考古学』第14号　日本考古学協会
西村正衛　1961「千葉県成田市荒海貝塚 ― 東部関東地方縄文文化終末期の研究 ― 」『古代』第36号
　　　　早稲田大学考古学会
日本考古学協会　1954『登呂　本編』　東京堂
沼津市教育委員会　1990『雌鹿塚遺跡発掘調査報告書』Ⅰ・Ⅱ　沼津市文化財調査報告書第50集
根本康弘　1986『屋代B遺跡　Ⅰ』　竜ヶ崎ニュータウン内埋蔵文化財調査報告書13　茨城県教育財団文
　　　　化財調査報告第33集　茨城県教育財団　住宅・都市整備公団茨城開発局
野中　徹・杉山春信・杉山奈津子・高梨俊夫　2000『千葉県鴨川市東条地区遺跡群発掘調査報告書　中原
　　　　条里跡・根方上ノ芝条里跡・西郷氏館跡』　鴨川市遺跡調査会埋蔵文化財調査報告第6集

鴨川市遺跡調査会　鴨川市教育委員会
野本孝明　1983「東京都の縄文時代から弥生時代の遺跡と土器について」『東日本における黎明期の弥生土器』　第4回三県シンポジウム　北武蔵古代文化研究会　千曲川水系古代文化研究所　群馬県考古学談話会

は

萩野谷正宏　2000「『白岩式土器』の再検討」『転機』7号　転機刊行会
萩野谷正宏　2002「東遠江地域　第Ⅳ様式」『弥生土器の様式と編年 東海編』　木耳社
萩野谷正宏　2003「関東中期弥生土器の展開過程における一様相」『法政考古学』第30号　法政考古学会
羽毛田卓也　1998『宮の上遺跡群　根々井芝宮遺跡』　佐久市埋蔵文化財調査報告書第49集　佐久市教育委員会　佐久市土地開発公社
橋口定志・加藤修司　1977『前田耕地Ⅰ　予備調査報告書』　秋川市埋蔵文化財調査報告書第4集　秋川市教育委員会　前田耕地遺跡調査会
橋口尚武　1983『三宅島坊田遺跡』　東京都埋蔵文化財調査報告第10集　東京都教育委員会
橋本澄夫　1968「石川県八日市地方遺跡の調査」『石川県考古学研究会々誌』第11号　石川考古学研究会
橋本具久ほか　1992『赤羽台遺跡』　東北新幹線赤羽地区遺跡調査会　東日本旅客鉄道株式会社
橋本裕行　1986「弥生時代の遺構と遺物について」『奈良地区遺跡群Ⅰ　発掘調査報告（第2分冊）　№11地点　受地だいやま遺跡』上巻　奈良地区遺跡調査団
橋本裕行　2000「朝光寺原式土器成立過程の枠組み」『大塚初重先生頌壽記念考古学論集』　東京堂
長谷川清一・鬼塚知典　2003「須釜遺跡」　庄町文化財調査報告第9集　庄町教育委員会
八王子市宇津木台地区遺跡調査会　1984『宇津木台遺跡群　Ⅳ　1981年～1982年度発掘調査報告書』(1)
八王子市宇津木台地区遺跡調査会　1985『宇津木台遺跡群　Ⅴ　1981年～1982年度発掘調査報告書』(2)
八王子市宇津木台地区遺跡調査会　1987『宇津木台遺跡群　Ⅷ　1982～84年度（D地区）発掘調査報告書』(1)
八王子市宇津木台地区遺跡調査会　1989『宇津木台遺跡群　ⅩⅣ　1984・1985年度発掘調査報告書』
塙　静夫・竹澤　謙・山ノ井清人　1974『上山遺跡』　栃木県埋蔵文化財調査報告書第13集　栃木県教育委員会　日本道路公団東京支社
浜田勘太・神沢勇一　1961「三浦市城ヶ島出土の弥生式土器」『横須賀市博物館研究報告（人文科学）』第5号　横須賀市博物館
浜田勘太・神沢勇一　1963「三浦市遊ヶ崎遺跡調査概報」『横須賀市博物館研究報告（人文科学)』第7号　横須賀市博物館
浜田晋介　1983「印旛沼周辺地域における弥生時代後期の様相 ― あじき台遺跡出土土器を中心として ― 」『物質文化』41　物質文化研究会
浜田晋介　1995「朝光寺原式土器の成立過程」『史叢』第54・55合併号　日本大学史学会
浜田晋介　1999「朝光寺原式土器の成立をめぐって」『川崎市市民ミュージアム紀要』第11集　川崎市市民ミュージアム
林　克彦ほか　1998『綾部原遺跡』　都内遺跡調査会綾部原遺跡調査団
林　謙作　1990a「縄紋時代史 6. 縄紋土器の型式」(1)『季刊考古学』第32号　雄山閣
林　謙作　1990b「縄紋時代史 6. 縄紋土器の型式」(2)『季刊考古学』第33号　雄山閣
林　謙作　1991「縄紋時代史 6. 縄紋土器の型式」(3)『季刊考古学』第34号　雄山閣
林　謙作　2004「第4章　縄紋土器の型式」『縄紋時代Ⅰ』雄山閣（林 1990ab・91を再録）
林原利明　1985「安房郡千倉町健田遺跡・薬師前遺跡の調査」『南総考古』Ⅰ　房総南部考古学研究グループ
林原利明　1987「弥生時代終末から古墳時代初頭の土器について」『比々多遺跡群』　比々多第一地区遺跡調査団
林原利明　1989「考古学的に見た安房地方」『白山史学』25　東洋大学

原　嘉藤ほか　1972『長野県松本市女鳥羽川遺跡緊急発掘調査報告書』　松本市教育委員会
原　祐一・森本幹彦　2002「東京大学本郷構内の遺跡 ― 工学部武田先端知ビル地点で検出した方形周溝墓と遺物 ― 」『東京考古』20　東京考古談話会
東日本埋蔵文化財研究会　1991『東日本における稲作の受容』　第1回東日本埋蔵文化財研究会
久末康一郎・寺畑滋夫ほか　1988『堂ヶ谷戸遺跡 Ⅲ』　世田谷区教育委員会　堂ヶ谷戸遺跡調査会
久末康一郎・生田哲朗ほか　2001『堂ヶ谷戸遺跡 Ⅴ』　世田谷区教育委員会　堂ヶ谷戸遺跡第32次調査会
久永春男　1953『豊橋市公民館郷土室目録』
久永春男　1955「東海」『日本考古学講座 4 弥生文化』　河出書房
久永春男　1956「大井川および菊川流域の弥生式土器」『大井川流域の文化』第Ⅲ号　静岡県立島田高等学校郷土研究部
久永春男　1963「弥生式土器」『瓜郷』　豊橋市教育委員会
久永春男・田中　稔　1963「尾張・三河地方における古墳出土須恵器の編年」『守山の古墳』　守山市教育委員会
比田井克仁　1981「古墳出現前段階の様相について」『考古学基礎論』3　考古学談話会
比田井克仁　1991「西相模の弥生後期から古墳前期の土器様相」『足もとに眠る歴史 西相模の三・四世紀』東海大学校地内遺跡調査団
比田井克仁　1997「弥生時代後期における時間軸の検討」『古代』第103号　早稲田大学考古学会
比田井克仁　1999a「遺物の変遷 ― 遺物相から見た後期の社会変革 ― 」『文化財の保護』第31号　東京都教育委員会
比田井克仁　1999b「弥生後期南武蔵様式の成立過程」『西相模考古』第8号　西相模考古学研究会
比田井克仁　2001『関東における古墳出現期の変革』　雄山閣
比田井克仁　2002「関東・東北地方の土器」『考古資料大観 2 弥生・古墳時代 土器Ⅱ』　小学館
比田井克仁　2003「久ヶ原式土器成立考」『法政考古学』第29集　法政考古学会
比田井克仁　2004『古墳出現期の土器交流とその原理』　雄山閣
平塚市真田・北金目遺跡調査会　2003『平塚市真田・北金目遺跡群発掘調査報告書』4
蛭間真一・庄野靖寿　1978『上敷免遺跡』　深谷市教育委員会
深沢克友　1978「房総地方弥生後期文化の一様相 ― 印旛・手賀沼系式土器文化の発生と展開について ― 」『研究紀要』3　千葉県文化財センター
深谷　昇　1997「臼井南式土器について」『弥生土器シンポジウム ― 南関東の弥生土器 ― 』　弥生土器を語る会　埼玉弥生土器観の会
福井勝義　1984「認識人類学」『文化人類学 15の理論』　中公新書
福井勝義　1991『認知科学選書21 認識と文化 ― 色と模様の民族誌 ― 』　東京大学出版会
袋井市教育委員会　1987『鶴松遺跡 Ⅱ』
袋井市教育委員会　1988『鶴松遺跡 Ⅸ』
藤岡孝司　1986「印旛沼南部地域における後期弥生集落の一形態 ― 八千代市権現後・ヲサル山遺跡の分析 ― 」『研究紀要』10　千葉県文化財センター
藤田典夫　1985『烏森遺跡』　栃木県埋蔵文化財調査報告第80集　栃木県文化振興事業団　住宅・都市整備公団
藤巻幸男　1985『荒砥前原遺跡 赤石城址』　群馬県教育委員会　群馬県埋蔵文化財調査事業団
藤本弥城　1983『常陸那珂川下流の弥生土器』Ⅲ
古内　茂　1974「房総における北関東系土器の出現と展開」『ふさ』第5・6合併号　ふさの会
古内　茂　1982『千葉ニュータウン埋蔵文化財調査報告書 Ⅶ』　千葉県企業庁　千葉県文化財センター
古庄浩明　1989「子ノ神遺跡における弥生時代後期後半から古式土師器の編年試案」『法政考古学』14　法

政考古学会

古庄浩明　1995「西相模地域における弥生時代後期後半から古墳時代前期の土器編年 ― 子ノ神遺跡編年再考 ―」『西相模考古』第4号　西相模考古学研究会

星　龍象　1986「東京都板橋区前野町遺跡出土の土器に就いて」『駿台史学』第67号　駿台史学会

細谷正策・尾花源司　1987『御新田遺跡　富士前遺跡　ヤッチャラ遺跡　下り遺跡 ― 宇都宮競馬場附属きゅう舎建設地内遺跡 ―』　栃木県埋蔵文化財調査報告第85集　栃木県教育委員会

堀野良之助　1934「東京地方発見の弥生式土器」『史前学雑誌』第6巻　第1号　史前学会

ま

蒔田鎗次郎　1896「弥生式土器(貝塚土器ニ似テ薄手ノモノ)発見ニ付テ」『東京人類学会雑誌』第11巻　第122号　東京人類学会

蒔田鎗次郎　1902「弥生式土器と共に貝を発見せし事について」『東京人類学会雑誌』第17巻　第192号　東京人類学会

増田逸郎　1980「如来堂C遺跡包含層出土土器群について」『甘粕山』　埼玉県遺跡発掘調査報告書第30集　埼玉県教育委員会

松井　泉・関塚英一　1990『八王子市水崎遺跡』　水崎遺跡発掘調査団

松井一明　1984『山下遺跡』　掛川市教育委員会　袋井市教育委員会

松井一明　2002『平成13年度　掛之上遺跡Ⅵ・Ⅷ』　袋井市駅前第二地区土地区画整理事業に伴う発掘調査報告書3　袋井市教育委員会・袋井市役所建設経済部区画整理課

松井　健　1983「民俗分類の論理」「自然認識の人類学から認識人類学へ」『自然認識の人類学』　どうぶつ社

松井　健　1991「エスノ・サイエンスと民俗分類」『認識人類学論攷』　昭和堂

松井　健　1994「コスモロジーの類型学 ― 民俗分類の視点から ―」『東洋文化研究所紀要』第125冊　東京大学東洋文化研究所

松村　瞭　1920『琉球荻堂貝塚』　東京帝国大学理学部人類学教室研究報告第3編　東京帝国大学（復刻1983 第一書房）

松本　完　1984「朝光寺原式土器の細別とその変遷についての試案」『横浜市道高速2号線埋蔵文化財発掘調査報告書 №6遺跡―Ⅳ 1983年度』　横浜市道高速2号線埋蔵文化財発掘調査団

松本　完　1988『折本西原遺跡 ― Ⅰ』　折本西原遺跡調査団

松本　完　1993「南関東地方における後期弥生土器の編年と地域性」『翔古論聚』　久保哲三先生追悼論文集刊行会

松本　完　1995「武蔵野台地東部における弥生文化の展開過程」『古代探叢』Ⅳ　早稲田大学出版部

松本　完　1996「出土土器の様相と集落の構成」『早稲田大学安部球場跡地埋蔵文化財調査報告書 下戸塚遺跡の調査 第2部 弥生時代から古墳時代前期』　早稲田大学

松本　完　1997「久ヶ原式・弥生町式土器について」『弥生土器シンポジウム 南関東の弥生土器』　弥生土器を語る会　埼玉土器観の会

松本　完　2003「後期弥生土器形成過程の一様相」『埼玉考古』第38号　埼玉考古学会

松本　完　2004「シンポジウム『北島式土器とその時代』を振り返って」『埼玉考古』第39号　埼玉考古学会

松本直子　2000『認知考古学の理論と実践的研究』　九州大学出版会

松本直子・中園　聡・時津裕子　2003『認知考古学とは何か』　青木書店

馬目順一　1972『毛萱遺跡』　南奥考古学研究叢書

馬目順一　1982『楢葉天神原弥生遺蹟の研究』　楢葉町教育委員会

水村孝行　1980『根平』　埼玉県遺跡発掘調査報告書第27集　埼玉県教育委員会

溝口孝司　2004「須玖式土器様式と凹線文土器様式」『第53回埋蔵文化財研究集会 弥生中期土器の併行関

係』　埋蔵文化財研究集会
道又　爾ほか　2003『認知心理学』　有斐閣
三中信宏　1997『生物系統学』　東京大学出版会
三宅米吉　1894「日本上古ノ焼物」『東京人類学会雑誌』第10巻　第105号　東京人類学会
三宅米吉　1897a「上古の焼物の名称」『考古学会雑誌』第1編　第9号　考古学会
三宅米吉　1897b「上古の焼物の名称（第九号の続き）」『考古学会雑誌』第1編　第12号　考古学会
宮田　毅　1989「雲間遺跡」『板倉町史 考古資料 編別巻9 板倉町の遺跡と遺物』　板倉町史基礎資料第93号　板倉町史編さん委員会
宮原俊一ほか　2000『王子ノ台遺跡 III 弥生・古墳時代』　東海大学校地内遺跡調査団
向坂鋼二　1967「遠江地方を中心とした櫛描文と縄文の系譜」『信濃』第19巻　第1号　信濃史学会
向坂鋼二　1978「榛原郡榛原町西川出土の嶺田式土器」『静岡県考古学研究』1　静岡県考古学会
向坂鋼二・辰巳　均　1980『浜名郡新居町一里田遺跡調査概報』　新居町教育委員会
向坂鋼二・辰巳　均　1982『伊場遺跡遺物編』3　伊場遺跡発掘調査報告書第5冊　浜松市教育委員会
向坂鋼二・永房　熙　1968「有東式土器」『遠江考古学研究』2　遠江考古学研究会
村木　誠　2001「『仮称見晴台式』を考える」『研究紀要』第3号　名古屋市見晴台考古資料館
村松　篤　1991『焼谷・権現堂・権現堂北・山ノ腰遺跡』　川本町発掘調査報告書第5集　川本町教育委員会
望月幹夫ほか　1978『子ノ神』　厚木市教育委員会
望月幹夫ほか　1983『子ノ神』（II）　厚木市教育委員会
望月幹夫ほか　1990『子ノ神』（III）　厚木市教育委員会
望月幹夫ほか　1998『子ノ神』（IV）　厚木市教育委員会
森岡秀人　2003a「真正弥生時代の終焉」『第4回播磨考古学研究集会の記録 播磨の弥生社会を探る』　播磨考古学研究集会
森岡秀人　2003b「考古年代・年輪年代・実年代」『関西大学考古学研究室開設五拾周年記念 考古学論叢』上巻　同朋舎
森岡秀人　2004「農耕社会の成立」『日本史講座 1 東アジアにおける国家の形成』　東京大学出版会
森田安彦　1998「江南台地における弥生時代の土器の様相」『千代遺跡群』　埼玉県江南町千代遺跡群発掘調査報告書2　江南町教育委員会・江南町千代遺跡群発掘調査会
森原明廣　1996『菖蒲池遺跡』　山梨県埋蔵文化財センター調査報告書第119集　山梨県教育委員会　山梨県土地開発公社
森本六爾　1933「弥生式文化と原始農業問題」『日本原始農業』　東京考古学会
森本六爾　1934「弥生式の住居址」『考古学評論』第1巻　第1号　（日本原始農業新論）　東京考古学会
森本六爾・小林行雄編　1938・39『弥生式土器聚成図録 正編』・『同 解説』　東京考古学会学報第1冊　東京考古学会

や

舘まりこ・佐々木由香・小泉玲子　2001「神奈川県足柄上郡大井町中屋敷遺跡第2次発掘調査報告」『昭和女子大学文化史研究』第5号　昭和女子大学文化史学会
八木奘三郎　1908「中間土器(弥生式土器)の貝塚調査報告(二五一号の続き)」『東京人類学会雑誌』第22巻　第256号　東京人類学会
矢戸三男ほか　1975『阿玉台北遺跡』　千葉県土地開発公社　千葉県都市公社
柳田敏司　1963「太田窪円正寺遺跡発掘調査」『文化財の調査』第9集　浦和市教育委員会
桝田博之　1992『大北遺跡発掘調査報告書（第6次）』　浦和市遺跡調査会報告書第156集　浦和市遺跡調査会
矢納健志・井辺一徳　1986『羽根尾堰ノ上遺跡』　小田原市文化財調査報告書第19集　小田原市教育委員

山口　仁ほか　1991『鹿沼流通業務団地内遺跡』　栃木県埋蔵文化財調査報告第121集　栃木県教育委員会
山田成洋　1992『川合遺跡　遺物編1（土器・土製品図版編）』　静岡県埋蔵文化財調査研究所調査報告第41集　静岡県埋蔵文化財調査研究所
山田尚友　2000「東裏遺跡（第4次調査）」『東裏西遺跡（第2次）・東裏遺跡（第4次）・下野田稲荷原遺跡（第3次）・大門西裏南遺跡（第2次）発掘調査報告書』　浦和市遺跡調査会報告書第277集　浦和市遺跡調査会
山内清男　1925「石器時代にも稲あり」『人類学雑誌』第40巻　第5号　日本人類学会
山内清男　1930「所謂亀ヶ岡式土器の分布と縄紋式土器の終末」『考古学』第1巻　第3号　東京考古学会
山内清男　1932a「下総河内郡国本村野沢の土器」『史前学雑誌』第4巻　第1号　史前学会
山内清男　1932b「日本遠古の文化 Ⅳ 縄紋式以後」『ドルメン』第1巻　第8号　岡書院
山内清男　1937「日本に於ける農業の起源」『歴史公論』第6巻　第1号　雄山閣
山内清男　1939「十王台式」「野沢式」『日本先史土器図譜』第Ⅰ輯　先史考古学会
山内清男　1940「弥生式土器」『日本先史土器図譜』第Ⅴ輯　先史考古学会
山内清男　1958「縄文土器の技法」『世界陶磁全集 1 日本古代篇』　河出書房
山内清男　1964「縄文式土器総論 文様帯統論」『日本原始美術 1 縄文式土器』　講談社
山内清男　1979『日本先史土器の縄紋』　先史考古学会
山本　禎　1985『猿貝北・道上・新町口』　埼玉県埋蔵文化財調査事業団報告書第52集　埼玉県埋蔵文化財調査事業団
山本　禎　1997『山王裏/上川入/西浦　野本氏館跡』　埼玉県埋蔵文化財調査事業団報告書第184集　埼玉県埋蔵文化財調査事業団
弥生時代研究班　1995「茨城後期弥生式土器編年の検討 Ⅳ ― 上稲吉式土器について（1）― 」『研究ノート』4号　平成6年度　茨城県教育財団
弥生時代研究プロジェクトチーム　1996「弥生土器の容量について」（1）『研究紀要 1 かながわの考古学』　神奈川県立埋蔵文化財センター　かながわ考古学財団
弥生時代研究プロジェクトチーム　1997「弥生土器の容量について」（2）『研究紀要 2 かながわの考古学』　神奈川県立埋蔵文化財センター　かながわ考古学財団
八幡一郎　1930「武蔵太尾発見の遺物」『考古学』第1巻　第5・6号　東京考古学会
横浜市港北ニュータウン埋蔵文化財調査団　1986『古代のよこはま』
吉川國男　1982「西関東における弥生文化の始原について」『埼玉県史研究』第9号　埼玉県
横川好富・塩野　博・増田逸朗ほか 1972『加倉・西原・馬込・平林寺』　東北縦貫自動車道埋蔵文化財発掘調査報告書Ⅱ　日本道路公団　埼玉県　埼玉県遺跡調査会
吉田　格　1958「神奈川県中屋敷遺跡 ― 所謂土偶形容器発掘遺跡の考察 ― 」『銅鐸』第14号　立正大学考古学会
吉田富夫　1951「接触式土器の一新例」『考古学雑誌』第37巻　第4号　日本考古学会
吉田富夫ほか　1966『見晴台遺跡　第Ⅰ・Ⅱ・Ⅲ次発掘調査概報』　名古屋市教育委員会
吉田富夫・紅村　弘　1968『見晴台遺跡　第Ⅳ・Ⅴ次発掘調査概報』　名古屋市教育委員会
吉田　稔　2003a『北島遺跡 Ⅵ ― 熊谷スポーツ文化公園建設事業関係埋蔵文化財発掘調査報告書― 』　埼玉県埋蔵文化財調査事業団報告書第286集　埼玉県埋蔵文化財調査事業団
吉田　稔　2003b「北島式の提唱」『北島式土器とその時代』　埼玉考古学会シンポジウム
吉田　稔ほか　1991『小敷田遺跡』　埼玉県埋蔵文化財調査事業団報告書第95集　埼玉県埋蔵文化財調査事業団
吉野　健　2002『前中西遺跡Ⅱ』　平成13年度熊谷市埋蔵文化財調査報告書　熊谷市教育委員会

吉野　健　　2003『前中西遺跡Ⅲ』　平成14年度熊谷市埋蔵文化財調査報告書　熊谷市教育委員会
依田賢二ほか　2000『四葉地区遺跡』平成11年度　板橋区四葉地区遺跡調査報告Ⅶ　板橋区四葉遺跡調査会　東京都遺跡調査会
米内邦雄　1975『大崎台遺跡』　六崎大崎台発掘調査団　藤倉電線株式会社　佐倉市遺跡調査会

わ
若林勝司　1990「相模中部地域における弥生時代後期後半から古墳時代初頭の土器について」『岡崎権現堂遺跡』　平塚市埋蔵文化財調査報告書第7集　平塚市教育委員会
若松美智子　2000『池子桟敷戸遺跡（逗子市№100）発掘調査報告書』　東国歴史考古学研究所調査研究報告第26集　東国歴史考古学研究所
早稲田大学考古学研究室編　1954「南関東弥生式土器編年への一私見」『安房勝山田子台遺跡』　千葉県教育委員会
渡辺修一　1986「関東地方における弥生時代中期前半の地域相」『研究紀要』10　千葉県文化財センター
渡辺修一　1991「縄文から弥生へ ― 晩期後葉土器群の変遷（予察）― 」『四街道市内黒田遺跡群』　千葉県文化財センター調査報告第200集　千葉県埋蔵文化財センター
渡辺修一　1993「『荒海式土器』と『須和田式土器』の間」『史館』第24号　史館同人
渡辺修一　1994「縄文晩期終末から弥生時代中期の土器」『四街道市御山遺跡』　千葉県文化財センター調査報告第242集　千葉県文化財センター
渡辺修一　2001「荒海川表遺跡出土土器の編年的位置」『千葉県史編さん資料　成田市荒海川表遺跡発掘調査報告書』　千葉県
渡辺　務　1989『釈迦堂遺跡』　日本窯業史研究所
渡辺　務　1994『赤田地区遺跡群　集落編Ⅰ』　日本窯業史研究所
渡辺　務　1995「朝光寺原様式の基礎的研究」『王朝の考古学』　雄山閣
渡辺　務　1997「長尾台北遺跡出土の朝光寺原式土器について」『川崎市多摩区長尾台北遺跡発掘調査報告書』　長尾台北遺跡発掘調査団
渡辺　務　1998『赤田地区遺跡群　集落編Ⅱ』　日本窯業史研究所
渡辺正人・宮崎由利江　1989『御蔵山中遺跡Ⅰ』　大宮市遺跡調査会報告第26集　大宮市遺跡調査会

跋 ― 四半世紀 ―

　石井寛さんによる折本西原遺跡の報告書刊行から四半世紀が過ぎようとしている。それ以前から弥生土器を手にした者と、この書から弥生土器にのめりこんでいった者とでは、宮ノ台式に対する意識はかなり違うのではなかろうか。実態や認識はともあれ、1980年代初頭まで「小田原式」という呼称は確実に存在していた。初めて触ることのできた弥生土器が伊皿子貝塚の方形周溝墓出土土器であった私は、ギリギリの前者である（理解の程度では石川さんたちとは雲泥の差だが…）。本書の執筆者では半分もいない。一つ違いの大島君が最古の新段階に属することを知ったとき、逆に少し驚いた。

　この折本西原遺跡をはじめ本書に登場する遺跡の数は302もある。千葉(40)・埼玉(41)・東京(32)・神奈川(79)では192にのぼり、その中で神奈川が群を抜くのは、静岡の例数(38)が東京よりも多いことからも明らかなように、今回の関心の地理的傾斜が南関東でも南西に偏っていることを表わしている。また執筆者の四割が西相模考古学研究会関係者ということもあるのかもしれない。しかし、ことさらこの地域が注目される原因に、極一部の方を除いてこの地域の研究者全体の実力不足やアピール不足にあるとすれば、その一人として素直に反省する。

　改めてテープを聴くと、当日の熱気と己の拙さが蘇り複雑な気持ちになる。校正稿とつき合せて初めて合点がいくという為体でもある。好きなことを勝手気ままにやってきたが、少し背伸びをしながらついて行けば楽しいことがあるという誘いには抗しきれず、聞き取りにくいテープを繰り返し聴けば、足りない人間でも研究の現状がおぼろげながら見えてくる。編集だ、校正だと称して何度も読み返せば、遺跡の名前や型式名も自ずと頭に入ってくる。平均寿命が男性でも3四半世紀を越えるようになって久しいが、二番目の四半世紀が重要で、三番目は余禄と考えたほうがよい。楽しい三番目を送れるようにするには、どこかで苦行しなければならないのだろう。その準備運動にはうってつけの編集作業であり、楽しい宿題の提出者諸氏にお礼申し上げたい。ただ、いつものことながら、こちらの答案用紙を埋めるのが手間取ったのに輪をかけて、答合わせまでかなりの時間を要した。これを待つのはちょっと辛かった。

さて、本書が対象とする読者には幅があるが、第一はこれから本格的に弥生土器の勉強をはじめる方々である。研究の現状は問題だらけなので自分の頭で考えて下さいと突き放すのが隠れた主旨でもある。手掛かりは文中だけでなく800弱の文献に潜んでいるはずだ（全部実見した人などいないので安心して。私は30ほど見ていない）。そして、それらの方々の中から一人でも多くの方が、一刻も早く私たちの前に立ち塞がってほしいという願いも込められている。急がないと逢えない人も出てくるかもしれないが（私？）、下手に焦らずじっくりと構えていただき、近い将来暖かい罵詈雑言をぶつけて下さることを願っている。私たちも気持ちの上ではこれらの方々と同じで、他の執筆者に対して、また、自分に対して挑んでいくのは変わりない。

　そして南関東をフィールドとしながら弥生時代以外を専攻されている方や、弥生時代を専攻されている他地域の方にも配慮したつもりである。ただ個人的には息の長い本であってはならないと考えている。2004年の秋の出来事が少しでも早く過去の遺産となってこそ、この催しが成功したと言えるのである。

　最後に雨天で足元の悪い中ご来場いただいた多くの方々、さらに懇親会で大暴れをして盛り上げてくれた人、このような場を考えてくださった六一書房、すべて持ち出しで協力いただいた執筆者の皆様、遠くから気にかけていただいたかつての弥生土器を語る会や土器持寄会の面々、残念ながら来られなかった関東弥生時代研究会のメンバー、不安を隠し編集を任された実行委員の各位に篤くお礼申し上げます。なお、遅れた編集を挽回するべく、本来執筆者各位に諮るべきことを石川・伊丹の独断で処理させていただいたことが多々あります。この件につきましてはすべて両人が責を負い、お詫び申し上げる次第です。

2005年3月
梅が散り桜のころ　編集担当　伊丹　徹

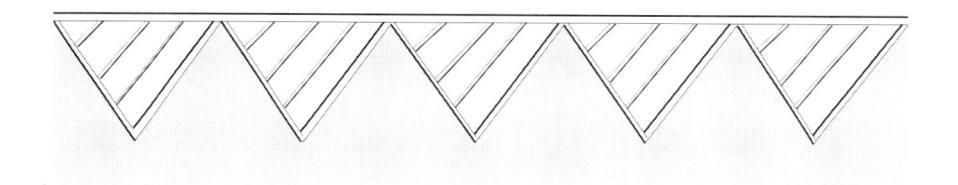

考古学リーダー5
南関東の弥生土器

2005年7月10日　初版発行

編　　集　シンポジウム 南関東の弥生土器 実行委員会
　　　　　石川日出志・伊丹　徹・黒沢　浩・小倉淳一

発 行 者　八 木 環 一

発 行 所　有限会社 六一書房　　http://www.book61.co.jp/
　　　　　〒101-0064　東京都千代田区猿楽町1-7-1 高橋ビル1階
　　　　　電話03-5281-6161　FAX03-5281-6160　振替00160-7-35346

印刷・製本　有限会社 平電子印刷所

ISBN4-947743-29-8 C3321　　　　　　　　　　　　Printed in Japan

『考古学リーダー』発刊にあたって

　六一書房を始めて18年が経った。安斎正人先生にお願いして『無文字社会の考古学』の新装版を出させていただいてから7年になる。これが最初の出版であった。

　思えば六一書房の仕事は文字通り、「隙間産業」であったかも知れない。最初から商業ベースに乗らない本や資料集ばかりを集め、それを売ることに固執した。今、研究者が何を求め、我々に何を要求しているのかを常に考えた。「本を売るのではない、情報を売るのだ。そうすれば本は売れる。」と口ぐせのように言ってきた。

　六一書房に頼めばこの本を探してくれるかも知れないと、問い合わせが入るようになった。必死で探した。それが情報源となり、時にはそのなかからベストセラーも生まれた。研究会や学会の方からも声がかかるようになった。循環路ができ、毛細血管のような情報回路が出来てきた。

　本を売ることに少しだけ余裕が出来てきたら、本を作りたくなった。そしてふだん自分達が売っている本を自分で作ってもいいじゃないかと考えてみた。時には著者に迷惑をかけながらも、本を出してみた。数えたら、もう10冊を越えていた。

　今回、本書の出版準備を進めていくなかで、シンポジウムを本にまとめあげていただいた西相模考古学研究会の伊丹さんと立花さんの情熱に感心しているうちに『叢書』を作りたいという以前からの思いが頭に浮かんできた。最前線で活動している研究者の情熱を伝えてこそ、生きた情報であり、今までそうした本を一生懸命売ってきたのだから、今度はそういう『叢書』を作ろうと思った。伊丹さんに相談したら、思いを理解していただき、『考古学リーダー』という命名までしていただいた。

　世に良書を問うというのは出版する者の責務であるが、独自な視点を堅持してゆきたいと思う。多くの方々の助言、苦言を受けながら頑張ってゆきたい。皆さんにおもしろい、元気のでる企画をお持ちいただけたら幸せである。

2002年11月

六一書房　　八木環一

考古学リーダー1

弥生時代のヒトの移動
～相模湾から考える～

西相模考古学研究会編

2002年12月25日発行／Ａ５判／209頁／本体2800円＋税

※シンポジウム『弥生後期のヒトの移動ー相模湾から広がる世界ー』開催記録
小田原市教育委員会・西相模考古学研究会共催　2001年11月17・18日

―― 目　次 ――

シンポジウム当日編

地域の様相1　相模川東岸	池田	治
地域の様相2　相模川西岸	立花	実
用語説明	大島	慎一
地域の様相1　相模湾沿岸3	河合	英夫
地域の様相1　東京湾北西岸	及川	良彦
地域の様相2　駿河	篠原	和大
地域の様相2　遠江	鈴木	敏則
地域の様相2　甲斐	中山	誠二
地域を越えた様相　関東	安藤	広道
地域を越えた様相　東日本	岡本	孝之
総合討議	比田井克仁・西川修一・パネラー	

シンポジウム後日編

ヒトの移動へ向う前に考えること	加納	俊介
引き戻されて	伊丹	徹
シンポジウムの教訓	立花	実

── 推薦します ──

　弥生時代後期の相模は激動の地である。人間集団の移動や移住、モノや情報の伝達はどうであったのか。またどう読み取るか。
　こうした問題について、考古誌『西相模考古』でおなじみの面々が存分に語り合うシンポジウムの記録である。この一冊で、当日の舌戦と愉快な空気をよく味わえた次第である。

明治大学教授　石川日出志

Archaeological L & Reader　Vol.1

六一書房

考古学リーダー2

戦国の終焉
～よみがえる 天正の世の いくさびと～

千田嘉博 監修
木舟城シンポジウム実行委員会 編

2004年2月16日発行／Ａ5判／197頁／本体2500円＋税

木舟城シンポジウム開催記録
木舟城シンポジウム実行委員会・福岡町教育委員会主催　2002年11月30日

―― 目　次 ――

第Ⅰ部　概説
　木舟城の時代　　　　　　　　　　　　　　　　　　栗山　雅夫
第Ⅱ部　基調講演
　戦国の城を読む　　　　　　　　　　　　　　　　　千田　嘉博
第Ⅲ部　事例報告「その時、木舟城は…」
　戦国の城と城下町の解明　　　　　　　　　　　　　高岡　徹
　木舟城のすがた　　　　　　　　　　　　　　　　　栗山　雅夫
　木舟城の城下町　　　　　　　　　　　　　　　　　酒井　重洋
　天正大地震と長浜城下町　　　　　　　　　　　　　西原　雄大
　木舟城の地震考古学　　　　　　　　　　　　　　　寒川　旭
　越前一乗谷　　　　　　　　　　　　　　　　　　　岩田　隆
第Ⅳ部　結語「シンポジウムから見える木舟城」
　戦国城下町研究の幕開け　　　　　　　　　　　　　高岡　徹
　地道な調査を重ね知名向上を願う　　　　　　　　　栗山　雅夫
　木舟を知って遺跡保護　　　　　　　　　　　　　　酒井　重洋
　協力して大きな成果をあげましょう　　　　　　　　西原　雄大
　地震研究のシンボル・木舟城　　　　　　　　　　　寒川　旭
　激動の13年　　　　　　　　　　　　　　　　　　　岩田　隆
　これからが楽しみな木舟城　　　　　　　　　　　　千田　嘉博
第Ⅴ部　「木舟シンポの意義」

―― 推薦します ――

　本書は、北陸・富山県のある小さな町、福岡町から全国発信する大きな企画、木舟城シンポジウムを収録したものである。考古学・城郭史・地震研究の研究者が集まった学際的研究としてももちろん評価できるが、このシンポジウムの対象を、歴史に興味を持ちはじめた中高生などの初心者から研究者さらには上級者まで観客にしたいと欲張り、それを実現した点も高く評価できる。いかに多様な読者に高度な学術研究を理解させるかということに最大限の努力の跡が見える。「21世紀の城郭シンポジウムはこれだ！」といった第一印象である。

中央大学文学部教授　前川　要

Archaeological L & Reader　Vol. 2

六一書房

考古学リーダー3
近現代考古学の射程
〜今なぜ近現代を語るのか〜

メタ・アーケオロジー研究会 編
2005年2月25日発行／Ａ５判／247頁／本体3000円＋税

シンポジウム「近現代考古学の射程—今なぜ近現代を語るのか—」開催記録
メタ・アーケオロジー研究会主催　2004年2月14・15日

―― 目　次 ――

第Ⅰ部　シンポジウムの概要
第Ⅱ部　近現代考古学の射程
　１．都市
　　考古学からみた江戸から東京　　　　　　　　　　　小林　　克
　　都市空間としての都市の時空　　　　　　　　　　　津村　宏臣
　　避暑・保養の普及と物質文化　　　　　　　　　　　桜井　準也
　　都市近郊漁村における村落生活　　　　　　　　　　渡辺　直哉
　　考古学からみた近現代農村とその変容　　　　　　　永田　史子
　２．国家
　　日系移民にとっての「近代化」と物質文化　　　　　朽木　　量
　　旧日本植民地の物質文化研究とはどのようなものか？　角南聡一郎
　３．制度
　　「兵営」の考古学　　　　　　　　　　　　　　　　浅川　範之
　　物質文化にみる「お役所」意識の変容　　　　　　　小川　　望
　　〈モノ―教具〉からみる「近代化」教育　　　　　　大里　知子
　４．身体
　　衛生博覧会と人体模型そして生人形　　　　　　　　浮ヶ谷幸代
　　胞衣の行方　　　　　　　　　　　　　　　　　　　野尻かおる
　　身体の近代と考古学　　　　　　　　　　　　　　　光本　　順
　５．技術
　　近現代における土器生産　　　　　　　　　　　　　小林　謙一
　　「江戸―東京」における家畜利用　　　　　　　　　姉崎　智子
第Ⅲ部　近現代考古学の諸相
　　近現代考古学調査の可能性　　　　　　　　　　　　角南聡一郎
　　近現代考古学と現代社会　　　　　　　　　　　　　桜井　準也
　　歴史考古学とアメリカ文化の記憶　　　　　　　　　鈴木　　透
　　社会科学と物質文化研究　　　　　　　　　　　　　朽木　　量

推薦します

　「近現代考古学」は、文字通り私たちが生きている「現在」につながる考古学である。わが国の「近現代考古学」が追究するべき課題のひとつは、物質文化からみた日本の「近代化」の様相を解明することであろう。日本の「近代化」のプロセスは単なる「西洋化」ではなく、他方で、近代以前に遡る日本文化の伝統と変容に関わる複雑な様相を呈している。すなわち、日本の「近代化」の様相は、今の私たち自身の存在と深く関わっているのである。本書は、そうした「近現代考古学」の世界にはじめて果敢に切り込んだ、意欲あふれるシンポジウムの記録である。

　　　　　　　　　　　　　　　　　　　　早稲田大学教授　谷川　章雄

Archaeological L & Reader Vol. 3

六一書房

考古学リーダー 4
東日本における古墳の出現

東北・関東前方後円墳研究会 編
2005年5月10日発行／A5判／312頁／本体3500円＋税

第9回　東北・関東前方後円墳研究会　研究大会
《シンポジウム》東日本における古墳出現について　開催記録
東北・関東前方後円墳研究会 主催
西相模考古学研究会・川崎市市民ミュージアム共催　2004年2月28・29日

―― 目　次 ――

Ⅰ　記念講演・基調講演
　　基調報告・資料報告

記念講演	東日本の古墳出現の研究史―回顧と展望―	小林　三郎
基調講演	オオヤマト古墳群における古墳出現期の様相	今尾　文昭
基調報告1	相模湾岸―秋葉山古墳群を中心に―	山口　正憲
基調報告2	編年的整理―時間軸の共通理解のために―	青山　博樹
基調報告3	円・方丘墓の様相―中部高地を中核に―	青木　一男
基調報告4	副葬品―剣・鏃・鏡などを中心に―	田中　　裕
基調報告5	土器・埴輪配置から見た東日本の古墳出現	古屋　紀之
資料報告1	房総半島―市原・君津地域を中心に―	酒巻　忠史
資料報告2	関東平野東北部―茨城県を中心に―	日高　　慎
資料報告3	関東平野　北部	今平　利幸
資料報告4	関東平野　北西部	深澤　敦仁
資料報告5	北　陸―富山・新潟―	八重樫由美子
資料報告6	東　北　南　部	黒田　篤史
資料報告7	関東平野　南部―川崎地域を中心に―	吉野真由美

Ⅱ　総合討議　東日本における古墳出現について

　コ ラ ム

古墳出土土器は何を語るか―オオヤマトの前期古墳調査最前線―	小池香津江
前期古墳の時期区分	大賀　克彦
群馬県太田市所在・成塚向山1号墳〜新発見の前期古墳の調査速報〜	深澤　敦仁
新潟県の方形台状墓〜寺泊町屋舗塚遺跡の調査から〜	八重樫由美子
北縁の前期古墳〜大塚森（夷森）古墳の調査成果概要〜	大谷　　基
埼玉県の出現期古墳―そして三ノ耕地遺跡―	石坂　俊郎
廻間Ⅱ式の時代	赤塚　次郎
畿内「布留0式」土器と東国の出現期古墳	青木　勘時

═══ 推薦します ═══

なぜ、古墳が生まれたのか？　弥生時代・数百年間の日本列島は、方形墓が中心だった。それがあるとき円形墓に変わった。しかも、円形墓に突出部とか張出部とよんでいる"シッポ"が付いている。やがてそれが、ヤマト政権のシンボルとして全国に広まったのだという。それならば列島で最も古い突出部付き円形墓（前方後円墳ともいう）は、いつ、どこに現れたか？　よく、ヤマトだというが、本当だろうか？　東北・関東では、初期には突出部の付いた方形墓（前方後方墳ともいう）が中心で、地域によって円形墓が参入してくる。住み分け、入り乱れ、いろいろとありそうだ。本書では近畿だけでは分からない東北・関東の人々の方形墓（伝統派）と円形墓（革新派）の実態が地域ごとに整理されていてありがたい。その上、討論では最新の資料にもとづく新見解が次々と飛び出し、楽しい。討論から入り、ときどき講演と報告にもどる読み方もありそうだ。

徳島文理大学教授　奈良県香芝市二上山博物館館長　石　野　博　信

Archaeological L & Reader Vol. 4

六一書房

六一書房　既刊図書

地域と文化の考古学Ⅰ
　　　　明治大学文学部考古学研究室 編　Ｂ５判上製函入　13,000円（本体）＋税

ロシア極東の民族考古学　―温帯森林猟漁民の居住と生業―
　　　　大貫静夫・佐藤宏之 編　　Ｂ５判上製　9,000円（本体）＋税

海と考古学　　海交史研究会考古学論集刊行会 編　Ｂ５判　8,000円（本体）＋税

縄紋社会研究の新視点 ―炭素14年代測定の利用―
　　　　小林謙一　Ａ５判上製　4,500円（本体）＋税

敷石住居址の研究　　山本暉久　Ｂ５判上製　8,800円（本体）＋税

縄文式階層化社会　　渡辺　仁　四六判　2,500円（本体）＋税

本州島東北部の弥生社会誌　高瀬克範　Ａ５判上製　8,500円（本体）＋税

古墳築造の研究 ―墳丘からみた古墳の地域性―　青木　敬　Ａ４判上製　6,000円（本体）＋税

古代東国の考古学的研究　　高橋一夫　Ｂ５判上製　10,000円（本体）＋税

手焙形土器の研究　　高橋一夫　Ｂ５判　3,000円（本体）＋税

百済国家形成過程の研究　漢城百済の考古学
　　　　朴淳發 著　木下亘・山本孝文 訳　Ａ５変形上製　8,000円（本体）＋税

アラフ遺跡調査研究Ⅰ―沖縄県宮古島アラフ遺跡発掘調査報告―
　　　　アラフ遺跡発掘調査団 編　　Ａ４判　2,000円（本体）＋税

ソ満国境　関東軍国境要塞遺跡群の研究
　　　　関東軍国境要塞遺跡研究会・菊池実 編　　Ａ４判　3,500円（本体）＋税

慶應義塾大学民族学考古学専攻設立25周年記念論集
時空をこえた対話 ―三田の考古学―
　　　　慶應義塾大学文学部 民族学考古学研究室 編　Ｂ５判上製函入　10,000円（本体）＋税

富山大学考古学研究室論集　蜃気楼 ―秋山進午先生古稀記念―
　　　　秋山進午先生古稀記念論集刊行会 編　Ｂ５判上製函入　10,000円（本体）＋税

関西縄文時代の集落・墓地と生業　関西縄文論集１
　　　　関西縄文文化研究会 編　　Ａ４判　4,700円（本体）＋税

縄文土器論集 ―縄文セミナーの会10周年記念論集―
　　　　縄文セミナーの会 編　Ｂ５判上製函入　7,500円（本体）＋税

直良さんの明石時代 ―手紙で綴る―　春成秀爾 編　Ａ５判上製　2,857円（本体）＋税

日本および東アジアの化石鹿　直良信夫 著　春成秀爾 編
　　　　直良信夫論文集刊行会　発売：六一書房　Ｂ５判上製　5,500円（本体）＋税

貿易陶磁研究　第１号～第５号　復刻合本
　　　　日本貿易陶磁研究会 編　　Ｂ５判　8,000円（本体）＋税

六一書房